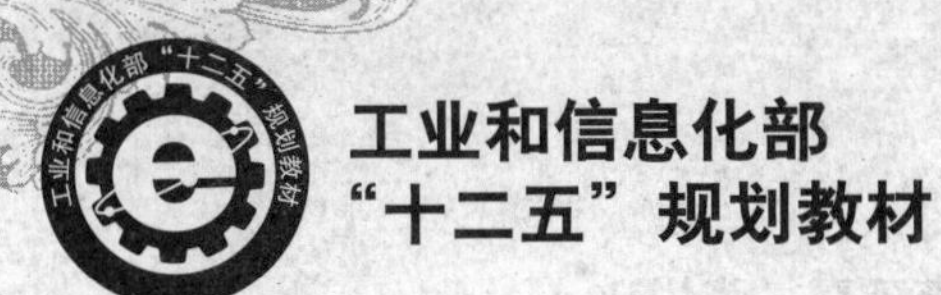

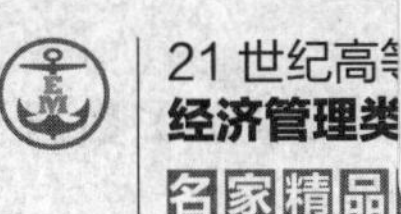

21世纪高等
经济管理类
名家精品

财务管理

原理、案例与实践

李延喜 张悦玫 王哲兵◎编著

FINANCIAL MANAGEMENT
PRINCIPLE, CASE AND PRACTICE

人民邮电出版社
北京

图书在版编目（CIP）数据

财务管理：原理、案例与实践 / 李延喜，张悦玫，王哲兵编著. -- 北京：人民邮电出版社，2015.9（2019.2重印）
21世纪高等学校经济管理类规划教材. 名家精品系列
ISBN 978-7-115-39608-2

Ⅰ. ①财… Ⅱ. ①李… ②张… ③王… Ⅲ. ①财务管理－高等学校－教材 Ⅳ. ①F275

中国版本图书馆CIP数据核字(2015)第168488号

内 容 提 要

财务管理是工商管理学科的核心课程之一。本书吸收了最新的财务管理理论和研究动态，系统介绍了财务管理理论、方法和技术。全书分为五部分共16章。第一部分为企业财务管理概述，第二部分为企业筹资管理，第三部分为企业投资管理，第四部分为企业业绩管理，第五部分为企业财务战略与控制。

本书每一章都包括引导案例、学习目标、正文、讨论案例、专栏或者介绍、关键词语、复习思考题，具有较强的理论性、实践性、针对性和可读性。

本书可用于管理类本科生和MBA、EMBA教学用书或参考用书，也可作为企业中、高级专业管理人员的培训教材和自学用书。

◆ 编　　著　李延喜　张悦玫　王哲兵
责任编辑　武恩玉
责任印制　沈　蓉　彭志环

◆ 人民邮电出版社出版发行　　北京市丰台区成寿寺路11号
邮编　100164　　电子邮件　315@ptpress.com.cn
网址　http://www.ptpress.com.cn
北京鑫正大印刷有限公司印刷

◆ 开本：787×1092　1/16
印张：22.25　　2015年9月第1版
字数：585千字　　2019年2月北京第3次印刷

定价：49.00元

读者服务热线：(010)81055256　印装质量热线：(010)81055316
反盗版热线：(010)81055315

前言

FOREWORD

人们在现代经济社会的生存和发展，离不开理财能力的建立和提升。财务管理正是这样一门学问，它不仅为现代企业设计提升价值的策略，更成为每个经济社会参与者实现和拓展自身价值的利器。本书本着这样的初衷，向上以国内外研究触及理论前沿，向下以通俗的生活案例启发个人理财智慧。海尔、老干妈、苹果、淘宝、新东方、贵州茅台、美国航空等中外知名企业的理财活动，在本书各有解读。如此这般，读者不难发现身边的财务管理竟然无处不在、无时不在。

社会的发展永不停歇，新鲜的经济事件依旧层出不穷。这家公司发行股票了，那家公司发行债券了，而隔壁的公司却发行了可转换债券；这家公司明明是做食品生意的，却买了房地产公司的股票；隔壁邻居公司的月销售冠军居然被辞退了……这些新鲜事儿，我们如何去品评？

无论世界如何发展和变迁，能让读者体会到万变不离其宗的学科之“道”，能够更从容地接受新的变化，谓之好书。这也是我们编写本书的追求。因此，我们在“道”上花了更大的心思——着重价值观念，具体以时间价值、风险与收益、现金流量来统领。本书主要特色如下。

第一，突出广度。海纳百川，博学而多才。本书引入学术前沿和相关知识专栏，呈现多样的学术观点，给读者更多自由的思考空间。

第二，突出实用。知识本身并非学习的目的，关键在于知识能否转化为生产力，能否改变现实，这取决于知识的运用。本书的一大特色正是如此，简明的学习目标引导、规范的习题式知识运用与创造性的案例群讨论并用。

第三，突出案例。前有引导案例，后有讨论案例，中间有案例贯穿。本书像一本故事书，内容风趣幽默，引发读者学习兴趣，也给教师们提供了生动的讲课素材，案例讨论有助于实现教学相长的效果。

第四，突出通俗。理论本来是复杂的，关键在于如何用通俗的文字清楚表达。本书一方面对财务学理论保持了阳春白雪般的尊崇，另一方面对理论的解释追求通俗易懂。

本书由李延喜、张悦玫、王哲兵编写。其中，李延喜负责第 1 章至第 6 章的编写；张悦玫负责第 7 章至第 11 章的编写；王哲兵负责第 12 章至第 16 章的编写。在本书的编写中，编者借鉴了大量的文献资料，在此特向给予灵感的专家学者表示衷心的感谢！

虽然我们一直在努力，但书中难免有缺点及不当之处，恳请广大读者批评指正。您如果有任何指教，敬请向编者反馈（电子邮箱为：zymay@dlut.edu.cn）。

我们相信读者一定能够从本书中受益。

编 者

2015 年 6 月于大连

目录

CONTENTS

第五部分 企业财务战略与控制

第一部分

企业财务管理概述

第1章 绪论

【引导案例】

根据财政部2014年1月发布数据显示：2013年，中国彩票销售突破3,000亿元，比2012年同期增长18.3%。

彩票曾让一个个“一夜暴富”的梦想成真。2002年4月，美国佐治亚州一名20岁的仓管员赢得“大家乐”头奖3.21亿美元的奖金，令人惊讶的是这竟然是她人生中买的第一张彩票！英国17岁少年唐纳利买彩票中了200万英镑大奖，并作为英国最年轻的乐透大奖得主占据了英国各大媒体的头版头条。美国的亚伯拉罕·莎士比亚2006年中购买的“佛罗里达乐透”彩票中得1,700万美元大奖。

但在彩票中奖的幸运背后，也可能是不幸的开始！

上文的唐纳利用巨额奖金买车、旅游、买豪宅，统统玩过之后丧失了人生目标并且患上了抑郁症，29岁那年死于豪宅之中。莎士比亚的命运也没有好到哪里，他于2011年3月被发现暴尸佛州希尔斯伯勒县郊外一所庭院内。他经常挂在嘴边的话是“要是没有中奖多好”。

这引起了我们对财富的思考：彩票能在多大程度上实现我们的财富梦想？除了彩票还有哪些投资途径能帮助我们积累财富？如何才能稳定地创造和增值财富？如何才能真正成为金钱的主人？

这些问题的正确回答有赖于对财务管理的学习。财务管理与小到个人财富、大到企业和国家财富息息相关，树立和培养理财观念对我们的人生是至关重要的。

本章我们将介绍财务管理的基本知识，为后续学习打下良好的基础。

【学习目标】

- 了解财务活动、财务关系等财务管理的基本概念；
- 熟悉财务管理的基本内容；
- 掌握财务管理的基本理念；
- 掌握财务管理目标的主要观点；
- 了解企业的组织形式以及首席财务官的职责；
- 理解影响财务管理的环境因素。

1.1 财务管理的概念和内容

财务管理是企业管理的重要组成部分，表现为对企业资金供需的预测、组织、协调、分析、控制等方面。财务管理以资金运动为对象，利用资金、成本、收入等价值形式组织企业生产经营中的价值组成、实现和分配，并处理这种价值运动中的经济关系的综合性管理活动。简单地说，财务管理就是组织企业获得资金和有效使用资金的财务活动，处理企业中发生的各项财务关系的经济管理工作，其核心是企业的资金。它是一项价值管理，通过有效的理财活动，理顺企业资金流转程序和各项分配关系，以确保企业生产经营的顺利进行，使企业各方面的利益要求得到满足。

与财务有关的中国文字，大都带有“贝”字旁，如“赚”“赔”“财”等。贝是我国最古老的货币，以“朋”为单位，十贝为一朋，历经夏、商、西周，一直沿用到战国。货币，是在特定国家或经济体内的物资与服务交换中充当等价物，或是偿还债务的特殊商品[①②]。

1.1.1 财务管理的产生和发展

西方财务管理的萌芽最早可追溯到15世纪到16世纪，意大利出现了类似基金的商业组织，称之为“大商业公司”，入股者有商人、贵族、廷臣和平民。这些商业大公司负责筹集资本，由专人经营，利润在集资者与经营者之间协商分配。围绕基金管理产生了红利分配和股本回收等问题，由此促生了财务管理的萌芽。不过，当时的财务管理并未作为一项独立职能从商业经营中分离出来。19世纪末20世纪初，股份公司迅速发展，企业规模不断扩大，公司面临如何筹资、资金如何投放、盈利如何分配等问题。于是，能够承担此项职能的财务管理部门在各个公司成立。由此，财务管理作为一项独立职能从企业管理中分离出来，最初出现于19世纪后期，一般以1897年托马斯·格林的《公司财务》一书出版作为财务管理成为一门独立学科的标志。

在不同时期，财务管理的发展也表现出不同特征。大致而言，财务管理主要经历了以下几个主要阶段。

1. 筹资财务管理阶段

20世纪之前，公司理财一直被认为是经济理论的应用学科，是经济学的一个分支。到了20世纪初，西方国家资本市场已经发展到相当的规模，各种各样的证券开始在市场上发行和流通。由于资金市场尚不成熟，会计信息不可靠不规范，以及股票买卖中内幕交易严重，使得投资者对待自己的投资行为十分谨慎，不愿购买股票和债券。“英国南海泡沫事件”正是发生在这一时期。南海公司利用证券市场的投机特性哄抬股价，进行金融诈骗，导致股市暴跌，造成千百万人破产，就连英国国王和科学家牛顿都为此损失了一大笔钱。牛顿在南海泡沫破灭后发出感慨：“我能计算出天体运行的轨迹，却难以预料到人们的疯狂。”另一方面，企业由于扩大规模的需要，急需资金扩大再生产。因而，如何利用股票、债券和其他证券来进行外部资金筹集成为当时财务管理的重要职能。同时，企业也面临着不同的筹资方式，如何减少筹资风险，使筹资成本最小，也是该阶段的主要内容。

2. 内部控制财务管理阶段

20世纪30年代，西方资本主义国家爆发大规模经济危机。美、德、法、英共有29万家企业破产，资本主义世界失业工人达到3,000多万。当恐慌的储户从银行挤兑时，9,000多家美国银行破产。这时，公司理财的重点转到如何维持企业的生存上，如维持企业资产的流动性、防范破产、清偿企业债务、企业合并重组等。到了50年代中期，财务管理研究的重点开始从企业的外部转向企业的内部，注重企

---

① Mishkin, Frederic S.. The Economics of Money, Banking, and Financial Markets (Alternate Edition). Boston: Addison Wesley, 2007. 8.

② Money : The New Palgrave Dictionary of Economics. The New Palgrave Dictionary of Economics.

业的内部决策和控制。如何管好用好资金、降低成本、减少资金浪费和加速资金周转，成为该阶段的主要内容。在实践中，计算与技术开始逐渐广泛应用于财务分析与计划，以及现金、应收账款、库存和固定资产的管理与控制。

3. 投资财务管理阶段

1999 年，海尔决定投资 3,000 万美元，在美国南卡罗莱纳州建立海尔美国工业园，生产家电。此消息一出，质疑声不断，许多人认为海尔是在盲目扩张，去美国无异于以己之短攻人之长。美国的优势在于技术领先，劣势在于人力成本高且市场饱和。其实，海尔正在逐步打造自己的全球竞争体系，通过海尔美国工厂拉动海尔中国低成本制造品的出口，同时提升海尔品牌在全球尤其是在中国市场的影响力与竞争力，这才是海尔在美国建厂的真正动力。到 2004 年，海尔全球营业额突破 1,016 亿元，海尔蝉联中国最有价值品牌第一名，品牌价值高达 616 亿元。企业快速发展的同时，海尔 CEO 张瑞敏也赢得了世界的尊敬，2004 年美国《财富》杂志选出"亚洲 25 位最具影响力的商界领袖"，张瑞敏排名第六位，是入选的中国大陆企业家中排名最靠前的。

随着企业经营的不断变化和发展，资金运用日趋复杂，加上通货膨胀和市场竞争的更加激烈，投资风险日益加大。人们开始发现，在企业资金充足、内部控制严格的情况下，由于决策失误造成的损失更大。资金运用效率和效益的提高，更大程度上取决于投资决策的成功与否，而非日常的财务管理与控制。因此，投资管理日益受到重视，投资管理的思想和方法开始发生重大转变。

总之，财务管理已从描述性转向了严格的分析和研究；从单纯的筹资转到资产管理、资本分配和企业估价；从单纯注重企业外部分析转到注重企业外部分析和内部决策的有效结合上。

1.1.2 财务管理的基本理念

财务管理中，最基本、最重要的理念至少包括以下 4 个方面：货币的时间价值、风险报酬、现金流转和有效市场假说。

1. 货币的时间价值

1626 年 5 月 24 日，荷兰移民用 24 美元的物品从印第安人手中买下曼哈顿岛，取名为新阿姆斯特丹（后又改名为曼哈顿）。380 多年后，如果按照 7%的复利计算，这笔钱价值 3.5 万亿美元，而美国房地产总值 22 万亿美元，照此计算，印第安人可以买下美国将近 16%的国土！这就是资金时间价值的巨大力量！

财务管理中最基本的观念就是货币的时间价值。随着时间的延续，货币不断增值，就是货币的时间价值。在有效经营的状况下，现在的一元钱在未来可以带来价值的增加。同时，现在的一元钱是确定的，而对于未来的不确定性，我们并不能保证未来这一元钱仍然存在。因此，在理想化的资本市场中，货币在资本市场中会不断升值，也就是说现在的一元钱比未来的一元钱更值钱。在财务管理中，为了衡量企业价值，通常使用货币的时间价值理念在同一个可比基础上，将企业现在或未来的现金流入量和现金流出量进行换算。

2. 风险报酬

《犹太人的智慧》中讲述了这样一个小故事：苏联要招聘一名飞行员，分别有一个德国人、法国人和犹太人来面试。苏联人询问他们各自对薪金的要求。德国人说：我要求 3,000 美元，其中 1,000 美元给妻子和家庭，1,000 美元用来购买保险，1,000 美元留给自己用。法国人说：我要求 4,000 美元，其中 1,000 美元给妻子和家庭，1,000 美元用来购买保险，1,000 美元留给自己用，1,000 美元留给我的情人。而犹太人说：先生，请给我 5,000 美元。因为你把这个项目给了我，其中的 1,000 美元应该属于你，

1,000美元属于我自己，另外3,000美元我将用来雇用一个德国飞行员来完成这个项目。我们可以看到犹太人要求的报酬最高，但犹太人在权衡了各方面利益的同时，以最小的风险为代价换取了较高的利润，却是一种最具智慧的做法。

不同投资项目的风险与收益是互不相同的，由于种种的不确定性，导致任何投资都会有风险：风险越高，其预期收益也越高，反之亦然。因此在财务管理过程中，要对风险与收益不断权衡来做出最优的财务决策。需要注意的是，这里所说的收益是对未来收益的预期而不是实际收益。这是因为，人们只能对未来的结果做出预期，但不能预先得知其实际发生的情况。由此引出风险报酬的理念，即承担较高风险的同时，相应的，也会获得较高的报酬。

3. 现金流转

相信全世界的华人都不会对一个穿着白色围裙的妇女感到陌生，众多海外留学生的宿舍中几乎都会有一瓶印有她头像的辣酱，这就是“老干妈”陶华碧。截至2013年老干妈坐拥37.2亿元产值的企业，仍坚持不上市、不贷款、不融资和现款现货的经营原则。老干妈的强硬源于公司充足的现金流。

在财务管理中，由于现金流量的充足与否将影响到公司的偿债能力，因此人们往往更加重视现金流量而不是会计学上的收入与成本。通常来说，为保证正常运营，企业必须保持其所持有的现金流量足以偿还债务和为达到其经营目标所需购置的资产。有时，虽然有利可图，但仍然可能由于现金流量不足，导致无法偿还到期债务而使企业陷入困境甚至倒闭。

4. 有效市场假说

财务管理的目标是企业价值最大化。这个目标实现与否，很大程度上需要借助金融市场来衡量，这就涉及市场的有效性问题。反应灵敏的市场、合理的价格及任何影响市场因素的变化都会在价格上表现出来，它们是衡量市场有效性的标准。

资本市场有效假说最早是由Fama提出的[①]，他借助萨缪尔森（1965）[②]的分析方法和罗伯特（1967）[③]提出的三种有效形式，根据历史信息、全部公开信息和内幕信息对股票价格的不同影响，将市场效率分为三种[④]：弱式有效市场、半强式有效市场和强式有效市场。财务管理中，有效市场假说意味着以下几点。第一，证券价格的合理性。所有与企业价值有关的公开信息都通过证券价格反映，这就说明在其他条件不变的情况下，财务经理可以通过财务决策影响证券市场的价格因素，实现企业价值最大化的目标。第二，会计方法的变更所导致的收益变化不会引发证券市场的价格变化。这时，证券的价格反映企业价值，通过分析证券市场价格，就可以得到企业价值。然而，在现实中，这个假说往往不存在，这就增加了公司经营活动的不确定性。所以，我们后面所阐述的许多财务模型和公式在实践过程中可能需要根据实际情况加以修正。

1.1.3 企业财务活动

财务活动是企业财务管理的重要组成部分，是企业再生产过程中的资金活动，它表现为资金形态的不断转化和增值过程。企业的财务活动包括筹资、投资、日常资金营运和收益分配等一系列活动，而其中的投资活动和日常资金营运活动都属于企业对资金的运用范畴，因此可统称为投资活动。从总体上看，主要包括三个决策过程：筹资决策、投资决策和股利决策，如图1-1所示。

---

① Malkiel B. G., Fama E. F. . Efficient capital markets: A review of theory and empirical work[J]. The Journal of Finance, 1970, 25(2): 383-417.

② Samuelson P. A. . Proof that properly anticipated prices fluctuate randomly[J]. Industrial management review, 1965, 6(2): 41-49.

③ Roberts Harry V. . Statistical versus clinical prediction of the stock market[J]. The Journal of Finance, 1967(22):182-201.

④ 陈雨露, 汪昌云. 远期折价之谜[M]. 金融学文献通论: 微观金融卷. 北京: 中国人民大学出版社, 2006.

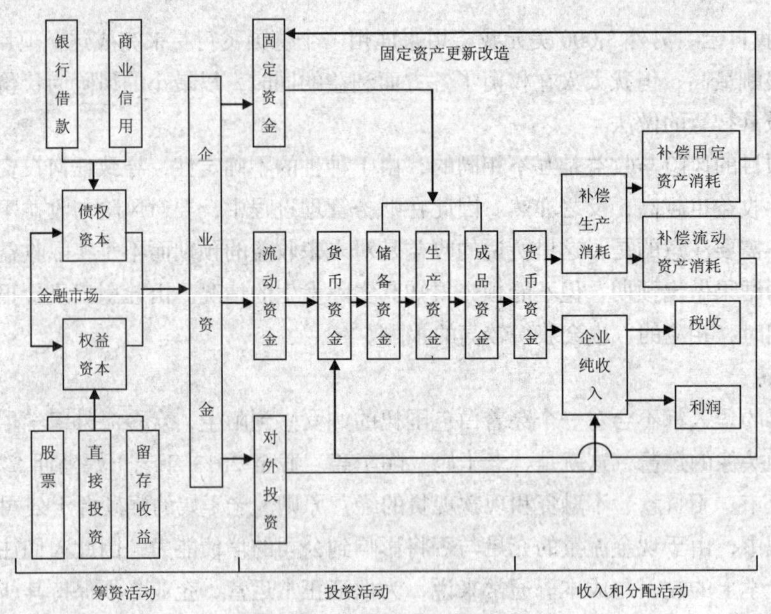

图 1-1 企业财务活动过程

1. 筹资决策

2006 年 9 月 7 日，中国当时最大的民营英语教育机构——新东方教育科技集团以美国存托凭证（ADR）形式，在纽约证券交易所挂牌上市，发行 750 万股存托凭证，公开发售价为每股 15 美元，开盘价为 22 美元，新东方成为中国教育产业海外上市第一例。为了满足集团扩张的需求和投资者对企业财富放大的急切需求，新东方从 2002 年就开始为上市做准备，从其上市招股说明书中我们可以看到其明确了筹集资金的用途：偿债、扩张和充实资金。上市之后新东方的发展进入了新的轨道。新东方的"神话"正式打破了人们关于"教育应与盈利绝缘"的传统观念，"教育产业化"的话题一时间风生水起。

企业筹资是企业根据生产经营、对外投资和调整资本结构等的需要，通过金融机构和金融市场，运用适当的方式获取所需资金的一种理财活动。在筹资过程中，企业一方面要确定筹资总规模，以保证投资所需资金；另一方面，要选择适当的筹资渠道和筹资方式或工具，合理确定筹资结构，降低筹资成本和风险，提高企业价值。

（1）企业筹资目的

① 企业扩张。在扩张阶段，为了提高产品的产量和质量，增加新品种，满足不断扩大的市场需求，企业往往需要扩大生产经营规模，对设备进行更新和技术改造。因此，企业往往需要筹集以长期资金为主的大量的资金。

② 偿还债务。利用一定的负债进行生产经营，是企业获得杠杆利益的一种方式。对于企业而言，如果现有支付能力不足以偿还到期债务，那么必须通过一定的方式筹集资金偿还到期债务。

③ 调整资本结构。资本结构是企业各种资金的构成及其比例关系，它是由企业采用各种筹资方式的不同组合而形成的。当企业的资本结构不合理时，可以通过采用不同的筹资方式对其进行调整。

（2）筹资决策的内容和作用

企业在做出投资决策的同时，就必须要考虑如何进行筹资决策，为企业投资筹集所需要的资金。具体说来，企业的筹资决策应包括预测企业资金的需要量、规划企业资金的来源、研究企业可行的筹资方式和确定企业资本结构等内容。

通过筹资，企业可以形成两种不同性质的资金来源：一是企业权益资金，通过向投资者吸收直接投资、发行股票、用留存收益转增资本等方式取得，其中的投资者包括国家、法人、个人等；二是企业债务资金，企业通过借款、发行债券等方式取得。企业筹集资金，主要表现为现金流入，而企业偿还贷款、支付利息、支付股利以及付出各种筹资费用等，则表现为资金的流出。

由于债务融资成本低于股权融资成本，因而筹资活动会改变企业的资本结构，使得众多企业利用债务融资手段。但是如果负债率过高，将加大企业财务风险，引发财务危机。因此在筹资过程中，企业必须综合考虑企业内外和将来的各种不确定因素，审慎地选择融资方式，确定合理的资本结构，提高企业价值。

2. 投资决策

在美国次贷危机爆发后，众多国内机构投资者纷纷投资海外市场，中国人寿却选择等待，并密切关注金融市场的变化，静候最佳的投资时机。2008 年 3 月 19 日，VISA 公司股票在纽约证券交易所上市，上市首日股价表现强劲，在美国主要指数道指、纳指和标普均大幅收低 3%的情况下，全天逆势大涨近 30%。2008 年 3 月 25 日中国人寿正式宣布参与了 VISA 公司的 IPO 计划，并认购价值 3 亿美元的新股，且没有锁定期。截至 2008 年 3 月底，中国人寿对 VISA 的投资收益达 7.7 亿元，投资收益率为 42%。而此前中国国内大多数的投资都浮亏巨大。

投资是指以未来收回现金并获得收益为目的而发生的现金流出。对于企业而言，所谓投资决策就是为使企业在长时期内生存和发展，在充分估计影响企业长期发展的内外环境等各种因素的基础上，对企业长期投资做出的总体规划和部署。

（1）投资决策的分类

① 稳定性投资决策。在外部环境短期内不发生重大变化的情况下，企业选择将现有决策继续进行下去，最有效地利用现有的资金和条件，继续保持现有市场，维持现有投资水平，降低成本和改善企业现金流量，以尽可能多地获取利润，积累资金为将来发展做准备。这种决策是一种维持现状的决策，实际上是产品转向的一个前期准备阶段。

② 扩张性投资决策。扩张性投资决策的核心是发展和壮大。企业通过扩大生产规模，增加新的产品生产和经营项目，具体包括市场开发决策、产品开发决策和多元化成长决策（即经营新的产品或服务）等。

③ 紧缩性投资决策。紧缩性投资决策是从竞争环境中退下来，从现有经营领域抽出投资，缩小经营范围的投资决策。采用这种决策通常有两种原因：一是当企业受到全面威胁，欲将全部资产清算以收回资金、偿还债务时，这是一种完全紧缩投资决策；二是当企业在经营决策严重失误，经营优势丧失，或者在取得竞争胜利后，欲放慢竞争节奏时，这是一种部分紧缩投资决策。

④ 混合性投资活动。混合性投资决策是指企业在一定时期内同时采取稳定、扩张、紧缩等几种决策，多管齐下、全面出击的投资决策。其核心是在不同阶段或不同经营领域，采取不同的投资决策。

（2）投资决策的内容和作用

财务管理的一个重要任务就是为企业进行投资决策提供方法上的支持，从而最大限度地保证投资决策的科学性。具体来说，企业投资决策应包括预测企业的投资规模、确定企业的投资结构、研究企业的投资环境、评价企业的投资方案和选择可行的投资方案等内容。

对不同的投资活动，将产生不同的资产结构，进而影响企业经营的风险和收益。为实现最佳的资产结构即价值最大化的资产结构，要么在既定的风险程度上带来最高的收益水平，要么在要求的收益水平下承担最小的风险；同时，投资决策的优劣决定了企业在项目运作后所获得的现金流量的多少，也就在很大程度上决定了企业价值的大小。现金流量越多越稳定，企业价值越大；现金流量越少越不稳定，企业价值也越小。

3. 股利决策

贵州茅台是我国白酒业的龙头企业，分红可谓是年年走高：2011 年推出每 10 股派 39.97 元（含税）的分红方案，2012 年向全体股东每 10 股派 64.19 元（含税），共派发股利约 66.64 亿元（含税），创造了史上最高现金分红。然而，如果把 2012 年 66.64 亿元的分红折合在每股上，股息率竟不及银行一年期定期存款利率，这不禁让人大跌眼镜！原来，如此数额巨大的分红是建立在茅台的高股价之上的。相比于茅台的“大手笔”，我国资本市场上不差钱却不分红的“铁公鸡”也比比皆是。

股利分配主要是研究企业税后净利润如何进行分配，即多少用于发放股利，多少用于企业留存，是对企业盈余的管理。在进行利润分配决策时，需要对股东的近期利益和长远利益进行合理权衡①。股利分配水平过低，会使股东近期利益得不到满足；而股利分配水平过高，又会使保留盈余过少，无法进行投资，不利于企业长期发展。同时企业财务人员还要考虑采取现金或者股票的股利分配形式，这将影响到股东的现金收入以及企业的现金流出。另外，随着分配过程的进行，资金无论是退出或是留存企业，都必然会影响企业的资金运动。这不仅表现在资金的运动规模上，而且表现在资金的运动结构上，如筹资结构等。

因此，在进行股利决策时，主要需研究的问题包括：股东对分红的要求；企业发展对保留盈余的要求；影响利润分配政策的各种具体因素；股利政策的连续性问题。

上述三项决策是有机地联系在一起的。正是这相互联系又有一定区别的三个方面，构成了完整的企业财务活动。一般而言，筹资是最基本的环节，在财务管理中，企业如果能采用适当的方式，以较低的成本和较小的风险筹集到所需资金，那么就有可能找到更多有利的机会取得盈利，也可以将更多的股利分配给股东。反之，如果融资成本较高、资本来源有限，就限制了企业的投资机会，也限制了企业股利发放的数额。同样，投资也会影响到资金筹集和股利分配，如果一个企业有较多高回报的投资机会，那就要求其必须筹集较多的资金，保留更多的盈利来实现各种投资。反之，如果企业高回报的投资机会较少，筹资也就不会受到重视，从而发放股利的数额相对增加。

综上所述，企业财务活动的筹资决策、投资决策和股利决策，通过影响企业的风险与收益来影响企业价值。在企业财务管理中，需要在风险和收益之间做出适当的平衡，使企业价值达到最大，如图 1-2 所示。

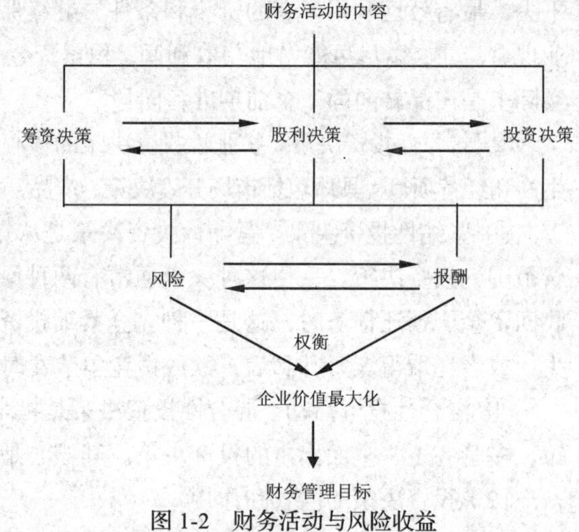

图 1-2 财务活动与风险收益

1.1.4 企业财务关系

企业财务关系是指企业在组织财务活动的过程中与利益相关者所发生的经济利益关系。正确处理财务关系是财务管理的重要内容。主要包括以下几点。

1. 企业与政府的关系

美国学者默里②指出：“政府和企业是现代社会两大最有力量的公共机构，两者之间的关系从合作到竞争，从友好到对立。”政府作为市场上“看得见的手”对企业的发展影响深远，企业与政府体现

① Lintner J. Distribution of incomes of corporations among dividends, retained earnings, and taxes[J]. American economic review, 1956, 46(2): 97-113.

② [美]默里·L. 韦登鲍姆. 全球市场中的企业与政府（第 6 版）[M]. 上海：上海三联书店，上海人民出版社，2002.

出的是强制与无偿的分配关系，正确处理政府与企业的关系是企业发展不可忽视的关键问题。国家以社会管理者的身份无偿参与企业利润的分配，并委托税务机关向企业征收有关税金，包括所得税、流转税和其他形式的税金，这是国家财政收入的主要来源。企业必须按照国家颁布的税法和有关规定及时缴纳各种税款。

2. 企业与所有者（股东）之间的关系

企业与所有者（股东）之间的财务关系就是投资与收益的关系。根据科斯的产权理论[①]，企业的股东就是企业的所有权人，股东对企业享有所有权。企业与所有者形成财务关系时，企业是资金接收者。企业利用资本进行营运，实现利润后，向其所有者支付投资报酬。通常，所有者与企业发生以下财务关系：参与企业利润分配；对企业净资产享有分配权；对企业承担一定经济法律责任。

3. 企业与债权人的关系

除利用资本进行经营活动外，企业还要借入一定数量的资金，以便降低资金成本，扩大企业经营规模。根据债务契约理论[②]，企业同债权人的关系属于一种债务与债权关系，债权人为了保护自身利益会通过限制性条款来规范企业行为。企业的债权人主要有本企业发行的公司债券的持有人、贷款机构、商业信用提供者及其他出借资金给企业的单位和个人。

4. 企业与内部单位的关系

企业内部各单位之间的财务关系是一种企业内部的资金结算关系，它表现在两个方面：一方面是以企业财务部门为中心，企业内部各部门、各单位与企业财务部门之间的收支结算关系，如向财务部门领款、报销及代收、代付等，它体现了企业内部资金集中管理的要求；另一方面是企业内部各单位之间由于提供产品或劳务而发生的资金结算关系，它体现了企业内部资金在分散管理上的要求。这种集中和分散的财务关系反映了企业在生产经营中的分工和协作的权责关系。现代企业要对内部各单位进行充分了解，提高财务信息质量，完善企业内部控制，提高经营质量[③]。

1.2 企业财务管理目标

财务管理目标是在特定的理财环境中，通过组织财务活动，处理财务关系所达到的目的。根本而言，财务管理目标取决于企业生存的目的或企业目标，取决于特定的经济模式。企业财务管理目标具有体制性特征，整个社会经济体制、经济模式和企业所采用的组织制度，在很大程度上决定企业财务目标的取向。根据现代财务管理的理论和实践，具有代表性的财务管理目标主要有以下几种。

1. 利润最大化

“天下熙熙，皆为利来；天下攘攘，皆为利往。”这里所说的“利”，如果用财务语言来解释，那么最接近的应当是“利润”。利润最大化目标假定在企业投资预期收益确定的情况下，财务管理行为将朝着有利于企业利润最大化的方向发展。从传统观点看来，作为经济机构的企业以利润作为衡量其工作效率的公认指标，有一定的合理性。然而，在实践中，利润最大化难以解决以下问题：（1）它不是一个很明确的概念。从不同角度而言，利润有很多指向，是指短期利润抑或长期利润、税前利润抑

① Coase T. H. . The Problem of Social Cost [J]. Journal of Law and Economics, 1960, (3) : 1-44.

② Chava S, Roberts M R. How does financing impact investment? The role of debt covenants [J]. The Journal of Finance, 2008, 63(5): 2085-2121.

③ Doyle J T, Ge W, McVay S. Accruals quality and internal control over financial reporting [J]. The Accounting Review, 2007, 82(5): 1141-1170.

或税后利润、经营总利润抑或支付给股东的利润。另外，在不同企业之间进行比较时，利润总额有时是毫无意义的。（2）没有考虑利润形成的时间，没有体现货币时间价值观念。利润最大化通常是指当期或最近几期的利润总额最大，对于企业经营的较长时期，并不适用。也就是说，利润最大化只适用于企业的短期或单期目标，而不适用于长期或多期目标。（3）没有有效考虑风险问题。高额利润往往导致更大风险，可能导致财务人员盲目追求利润，忽视风险。由于过高的风险会抵消利润的绝对值优势，所以较高利润额和较低利润额之间并不具有可比性。（4）没有考虑所获利润与资本额的关系。有可能会使财务决策优先选择高投入而低效率的项目。（5）容易导致企业行为短期化。以利润最大化为目标的企业很容易只考虑眼前利益，而忽略企业的长远发展。

2. 股东财富最大化

管理学创始人彼得·德鲁克认为，企业存在的目的就是使股东利益最大化[①]。股东财富最大化是指股东持有股份的市场价值达到最大，将利润动机明确集中于公司所有者。通过股东财富最大化，可以直接阐明利润最大化的问题：首先，股东财富非常明确，它基于期望流向股东的未来现金流量，而不是会计上较模糊的利润或收入概念，克服了企业在追求利润上的短期行为。其次，考虑了风险与收益之间的联系，能有效克服企业管理人员不顾风险大小，片面追求利润的倾向。最后，股东财富的计量考虑了风险与收益的时间因素，通过资金时间价值可以对企业价值进行科学的计量。

然而，股东在实现自身价值的同时，往往会损害债权人的利益。由于利润操纵行为的存在，股东会通过操纵利润来影响股票价格，增加了股市风险，使股东潜在风险加剧。同时，由于委托代理关系存在，股东与债权人在企业决策中地位不同，更能影响企业决策，因此股东有可能为了自身利益损害债权人的利益，不利于整个企业价值的增长。

3. 企业价值最大化：适宜的选择

企业价值最大化是指通过企业的合理经营，采用最优的财务决策，在考虑时间价值和风险的情况下使企业的总价值达到最高，进而使股东价值和债权人价值达到最大。这是现代西方财务管理理论普遍公认的目标，是企业衡量财务行为和财务决策的合理标准。

在市场经济条件下，企业理财应以追求企业价值最大化为目标。企业价值最大化在股份制企业里体现为股东财富最大化，在非股份制企业里，体现为企业投资者财富最大化。同时，企业价值最大化也会使债权人价值最大化。由于企业价值由股东权益和债务组成，而在发达市场中由于市场可以证券化，因此企业债务价值可以通过债券市场价格得以体现。当企业不断降低财务风险，提高偿债能力和盈利能力并扩大资产流动性后，债权人的价值会得到提升。

企业价值最大化需要持续的价值增长来实现，而持续的价值增长需要通过科学有效的投资来保证。有效的投资又需要大量的资金支持，企业通过股权融资和债务融资来获取资金。在融资时企业要考虑融资风险和融资成本，以及企业的资本结构。这样，从资金筹集到企业价值最大化，形成了企业价值最大化的实现路径，如图 1-3 所示。

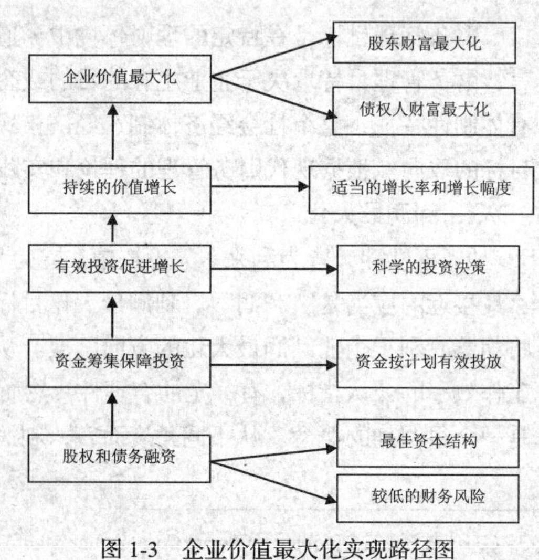

图 1-3　企业价值最大化实现路径图

① （美）彼得·德鲁克. 齐若兰译. 管理的实践[M]. 北京：机械工业出版社，2006.

1.3 财务管理的环境

财务管理环境是指对企业组织财务活动和处理财务关系产生影响的企业内外部各种条件的统称。企业只有适应周围环境，才能够生存和发展。财务管理环境的构成因素十分复杂，它们对公司理财状况的影响方式、方向和强度各不相同。

1.3.1 财务管理的内部环境

企业财务管理的内部环境指各财务个体内部的财务管理环境。主要由企业组织形式、企业执行的基本制度、企业业务类型和财务管理的基础工作 4 部分组成。

（1）**企业的组织形式**。企业的组织形式包括独资企业、合伙企业和公司制企业。其中，公司制企业可分为无限公司、有限责任公司、股份有限公司和两合公司等。由于所有者承担的责任和企业规模不同，不同的组织形式所采取的财务管理模式和组织也不尽相同。

（2）**企业执行的基本制度**。为管理和规范现代企业的组织形式、生产经营活动和财务活动，目前我国企业改革的目标是建立现代企业制度。具体到企业内部，需要自主地制订适合本企业的、合法的管理工作制度。就会计制度而言，国家制定了会计法、企业会计准则、具体会计准则和分行业会计制度等。

（3）**企业的业务类型**。对于不同的行业，财务管理模式也不同。企业的生产特点也会对企业财务管理有所影响。例如，生产型企业的财务管理重点为成本费用控制，而商品流通企业的财务管理则更加注重销售收入的扩大和销售款项的回收。

（4）**财务管理的基础工作**。财务管理的基础工作包括定额管理、物资的计量验收、收发制度、原始记录和内部的计划价格制度等。不同企业财务管理人员的业务水平使财务基础工作的执行情况有所差异。

1.3.2 财务管理的外部环境

企业外部财务管理环境是指处于财务个体之外或间接影响企业财务管理活动的各种条件和因素的总和。这些因素主要包括政治政策环境、市场经济环境、法律环境和金融市场环境。LLSV 开创的“法与金融”文献[①②③]最早研究发现了法律制度、产权保护和证券监管机制等外部因素对企业的经营环境有着重要的影响。

（1）**政治政策环境**。政治政策环境[④]是有关国家法治、社会制度、政治形势、方针政策等条件和因素的统称。政治政策环境是企业财务管理的大环境，从整体上影响着企业财务管理活动的策划和进行。

（2）**市场经济环境**。市场经济环境是一定社会的生产力和生产关系等条件的组合。它主要包括经济体制的类型、经济结构的状况、经济资源的供求等。市场经济环境下，要以市场为基础来合理有效地配置资源。同时由于经济的全球化，竞争的多元性也日益突出。

（3）**法律环境**。法律环境主要包括企业组织法规、税务法规、财务会计法规等，是指企业所处社会的法制建设及其完善程度。企业需考虑不同法治水平下[⑤]对财务管理的影响和约束，在守法的前提下

---

① La Porta R, Lopez-de-Silanes F, Shleifer A, Vishny R. Law and Finance [J]. Journal of Political Economy, 1998, 106(6):1113-1155.

② La Porta R, Lopez-de-Silanes F, Shleifer A, Vishny R. The quality of government [J].Journal of Law, Economics, and organization, 1999, 15(1): 222-279.

③ La Porta R, Lopez-de-Silanes F, Zamarripa G. Related lending [J]. Quarterly Journal of Economics, 2003, 118(1):231-268.

④ Cahan S F, Chavis B M,Elmendorf R G. Earnings Management of Chemical Firms in Response to Political Costs from Environmental Legislation [J]. Journal of Accounting Auditing and Finance, 1997,12(1):37-65.

⑤ Himmelberg C, Hubbard R.G., Palia D., Hauser R. Understanding the Determinants of Managerial Owner ship and the Link between Ownership and Performance [J]. Journal of Financial Economics, 1999,53(1):353-384.

进行财务管理工作，实现企业价值的最大化。

（4）**金融市场环境**。金融市场是指资金融通的场所。它可以为企业实现投资和筹资，也可实现长期与短期资金的相互转化，促使资金合理流动，从而对企业财务管理产生重要影响。有关金融市场的具体内容将在 1.4 节介绍。

（5）**其他外部环境**。地理、自然、社会环境是企业所处社会的地理位置、气候特征、人口特征、民族习惯等条件的总称，它们对企业财务管理工作也会产生一定影响。Perotti 和 Thadden[①]、Bergman 和 Nicolaievsky[②]、Djankov[③]等的研究也认为社会文化、宗教等因素会影响企业的财务环境。

1.4 财务管理的组织与执行

1.4.1 财务管理组织

1. 企业财务管理组织结构

健全的企业财务管理组织机构，是开展财务活动、实现财务目标的重要条件。由于企业财务决策在战略决策中的重要地位，因此，公司均单独设立财务管理组织机构，并设一名专管财务的公司副总，负责制订公司财务政策和决策，解决在企业生产经营活动中所涉及的财务问题，并直接领导财务主任和主管会计。财务经理影响到企业产品开发、生产、经营、销售、人事任免等，兼顾微观与宏观两个方面的管理与调控。在财务经理之下，设有两位重要管理人员：财务长和总会计师。财务长负责资金筹集和使用以及股利分配工作；总会计师主要负责会计税务以及审计方面的工作，如图 1-4 所示。

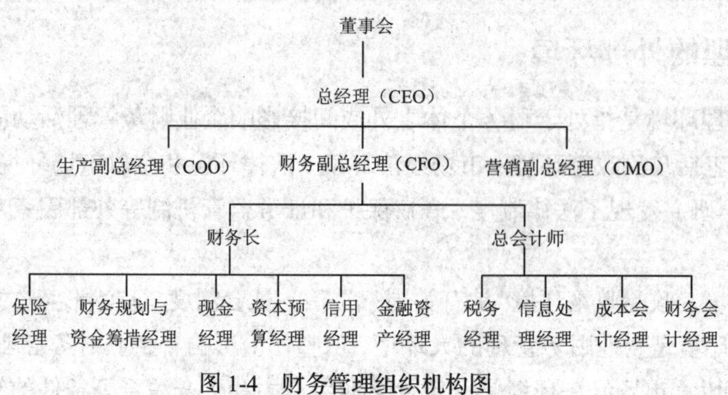

图 1-4 财务管理组织机构图

除财务部门管理财务之外，大型公司往往还采取财务委员会形式，即利用委员会中不同背景和知识结构的委员来制订财务政策并做出大的财务决策。委员们来自各个职能部门和重要的生产经营部门的主要负责人。财务委员会协同董事会对资本投资和经营等重大财务事项进行决策。

2. 首席财务官 CFO

清朝的时候，在店铺里就有账房先生“上奉业主使命，下管全店收支，对内有监督保管之权，对外有制约营业之职能，具左右逢源，上勾下通之管理机能”。现代企业对财务经理人的要求不仅仅体现在日常

① Perotti E C, Thadden V E. The Political Economy of Corporate Control and Labor Rents [J]. Journal of Political Economy, 2006, 114 (1):145-174.

② Bergman N, Nicolaievsky D. Investor Protection and the Coasian View [J]. Journal of Financial Economics, 2007, 84(3):738-771.

③ Djankov S, McLiesh C, Shleifer A. Private Credit in 129 Countries [J]. Journal of Financial Economics, 2007, 84(2): 299-329.

管理上，更注重其对企业战略全局的谋划。企业财务经理，是企业财务部门的负责人，在大型企业中常被称为财务总监、总会计师、财务主管、首席财务官（CFO）。

（1）首席财务官的主要作用

① 约束经理人员行为、限制“内部人控制”。由于现代企业经营权和所有权的分离，企业经营者的利益和所有者的利益并不完全一致，这样就可能产生经营者为了自身利益而背离甚至损害所有者利益的情况，即所谓的“内部人控制”。企业所有者通过授予首席财务官以监督和约束经营者行为的权力，规范企业财务活动。[①]

② 可以发挥其他监督形式所不能实现的作用。首席财务官代表所有者的利益，其监督贯穿于企业生产经营和财务收支的事前、事中和事后的全过程，可以随时掌握企业各部门活动的各种信息。因此，相比企业的其他监督形式，财务总监具有不可替代的优越性。

（2）首席财务官的职责

首席财务官的主要职权有：参与制订公司财务管理制度，监督检查公司各级财务活动和资金收支情况；参与拟订财务预算、决策方案和发行股票、债务方案；审核公司新项目的可行性；同经理共同联签批准规定限额内的经营性、投资性资金支出；参与拟订公司利润分配方案和亏损弥补方案；审核公司财务报告，与经理共同确定其真实性，并上报本公司董事会和国有资产产权部门；定期向国有资产产权部门报告本企业资产和经济效益变化情况，对企业重大经营问题及时报告。

首席财务官的主要责任是：对上报公司财务报告的真实性，与经理共同承担责任；对国有资产的流失承担相应责任；对公司重大投资项目决策失误造成的经济损失承担责任；对公司严重违反财经纪律的行为承担责任。

1.4.2 财务管理的执行环节

1. 代理问题

在财务管理的执行中，代理问题是需要注意的重要问题之一。

传统的委托—代理问题是指由于企业所有权与经营权的分离产生的股东与管理层之间、股东与债权人之间的地理问题。美国学者迈克尔·詹森（Michael Jensen）和威廉·梅克林（William Meckling）在其论文中对这两种委托—代理关系有系统的阐述[②]。如果有人雇佣或者委托他人代表自己的利益行事，他们之间就会形成委托代理关系。所有权与经营权分离的企业，其股东与企业管理者之间的关系就是一种代理关系。在代理关系中，如果委托人和代理人的目标不一致，就会产生利益冲突，这种冲突被称为代理问题。

通常情况下，管理者更在意他们得到的报酬及他们所控制的资产规模，而股东更在意他们所持有的财富，即每股价值的多少。事实上，考虑到所获得报酬的数量以及股东拥有公司的控制权，管理者有很大的积极性按照股东的意愿行事。为了减少股东与管理者之间的委托代理冲突，许多公司也愿意给予能够满足股东目标的管理者丰厚的报酬，包括年薪、奖金、股票、股票期权等。由于股东拥有公司的最终控制权，因而迫不得已的情况下，股东也会考虑更换管理者[③]。不满意的股东采取行动更换现有管理层被称为代理权之争。更换管理层也有另外的方式，如公司并购等。

---

① Indjejikian R, Matejka M. CFO fiduciary responsibilities and annual bonus incentives[J]. Journal of Accounting Research, 2009, 47(4): 1061-1093.

② Jensen M C, Meckling W H. Theory of the firm: Managerial behavior, agency costs and ownership structure[J]. Journal of financial economics, 1976, 3(4): 305-360.

③ Megginson W L, Megginson D, Meggison W. Corporate finance theory [M]. Reading, MA: Addison-Wesley, 1997.

代理问题有时甚至会导致看似荒唐的行为。泰科公司的前 CEO 丹尼斯·科兹洛夫斯基（Dennis Kozlowski）豪掷 200 万美元为妻子庆生，其中一半的费用由公司负担。他还为自己购置豪华生活用品：从 6,000 美元一条的浴帘到 1.5 万美元一个的古董插伞架，科兹洛夫斯基的奢靡无处不在。为了解决上述问题，企业需要设立代表所有者利益的专业人员对经理层进行财务监督，即企业财务经理，建立财务总监制度。

2. 财务管理环节

（1）财务计划

广义的财务计划工作包括很多方面，通常有确定财务目标、制订财务战略和财务政策、规定财务工作程序和针对某一具体问题的财务规则，以及制订财务规划和编制财务预算。狭义的财务计划工作，是指针对特定期间的财务规划和财务预算。

财务规划是个过程，它通过调整经营活动的规模和水平，使企业的资金、可能取得的收益、未来发生的成本费用相互协调，以保证实现财务目标。财务规划受财务目标、战略、政策、程序和规划等决策的指导和限制，为编制财务预算提供基础。其主要工具是财务预测和本量利分析，强调各部分活动的协调，由“木桶理论”可知，规划的好坏是由其最薄弱的环节决定的。

预算是以货币表示的预期结果，它是计划工作的终点，也是控制工作的起点，它把计划和控制联系起来。各企业预算的精密程度、实施范围和编制方式有很大差异。预算工作的主要好处是促使各级主管人员对自己的工作进行详细、确切的计划。

（2）财务决策

财务决策是指有关资金筹集和使用的决策，是财务管理的核心内容。其主要包括确定决策目标、提出被选方案和最优方案的选择三个环节。

在对方案进行选择时，传统的决策理论认为，决策者是“理性人”或“经济人”，在决策时他们受“最优化”的行为准则支配，应当选择“最优”方案。现代决策理论认为，由于决策者在认识能力和时间、成本、情报来源等方面的限制，不能坚持要求最理想的解答，常常只能满足于“令人满意的”或“足够好的”决策。因此，实际上人们在决策时并不考虑一切可能的情况，而只考虑与问题有关的特定情况，使多重目标都能达到令人满意的、足够好的水平，以此作为行动方案。

（3）财务控制

财务控制是在财务管理过程中，利用有关信息和特定手段，对企业财务活动所施加的影响或进行的调节。其主要有制订控制标准，分解落实责任；实施追踪控制，及时调整误差；分析执行结果，进行考核奖励三个步骤。

按照不同标识分类，财务控制按其内容可分为一般控制和应用控制；按其功能可分为预防性控制、侦查性控制、纠正性控制、指导性控制和补偿性控制；按时序分为事先控制、事中控制和事后控制；按其依据分为预算控制和制度控制。

【讨论案例】

龙飞厂的财务问题

2012 年 1 月，刘明理应聘来龙飞重型机厂担任总会计师，刘明理是国内某名牌大学的优秀研究生，今年 33 岁，研究生毕业后，一直在国有大中型企业工作，从会计、科长、财务部部长，一直到总会计师。年纪轻轻就担任大型国有企业的高级领导，主要依靠他丰富的理论基础和勤奋、刻苦的工作态度。

报到后的第一天，刘总会计师开始熟悉工厂的业务。

龙飞厂是全国最大的重型机械专业制造厂，建于1960年，目前资产规模超过20亿元，净资产3亿元。其大型压力容器占全国市场的1/13，拥有雄厚的技术优势和品牌优势，产品质量过硬，一直是全国同类企业的排头兵，而且在生产管理、财务管理等方面积累了丰富的经验。但是进入2012年后，由于竞争激烈，国内经济不景气，导致龙飞厂市场销售遇到麻烦，资金周转非常紧张。

刘明理刚来到公办室，就请来财务处处长，了解了账面资金情况。财务处处长简单地汇报了一下情况，但是刘明理想了解的具体数据，财务处处长都没有讲清楚。同时还发一通牢骚，说工厂待遇低，财务处没有福利，财务人员每天工作非常繁忙，有时还要加班，但是却没有相应的奖励。同时财务人员每天要遭受许多埋怨，工厂各个部门对财务处的工作都不满意，经常在厂长办公会上受到批评，主要原因在于财务处没有钱，耽误了采购、生产和销售等。

财务处处长刚走，就有人进来申请资金。原来是厂办公室的小李，要申请10,000元支票购买办公用品，主管办公室和后勤的张副厂长已经签字同意，刘明理审核了一下申请表，询问了一下用途，正要签字批准。这时从门外又进来一个人，原来是采购处的老王，手里拿着经过主管采购的李副厂长的资金申请单，要求支付供货单位钢材款30万元。刘明理让老王把申请表放在办公桌上，先批准了小李的10,000元支票。

小李刚出去，又来了一位请款者，原来是一生产车间的董主任，他是经主管厂长同意后来申请设备维修资金的。不一会儿，刘明理的办公室里挤满了申请资金的人，都是经过主管副厂长同意的，单等刘明理审批后办理付款手续。

刘明理感觉到非常紧张，看了一下财务处处长提供的资金余额，发现与需求相差很大，于是让所有的请款者把资金申请单留下，自己详细审查和调配。

他详细数了一下请款单，总计36笔，合计金额1,500万元，分为5个方面，包括生产部门、物资采购部门、后勤服务部门、销售部门和设计部门，突然他又想起财务处处长走时给他留下了一张银行的利息催款单，上月利息为300万元。

刘明理发现工厂账面资金只有600万元，根本不够支付所有申请，于是开始给5个部门的主管副厂长打电话，核实资金需求的迫切程度，并在600万元的限度内支付了590万元的资金，只留下了10万元资金预备急需。

他不明白，为什么有这么多的请款者来要钱，为什么主管副厂长都批准，为什么资金如此紧张。

这时销售处长曲宏来了，他带来了一张400万元的汇票，是成都某厂定购产品的预付运款。

刘明理非常高兴，因为这是唯一不向他要钱的人。于是向曲宏了解工厂的情况。

曲宏说，龙飞厂2008年以前经济效益非常好，2009年开始策划股票上市，将工厂划分为几个分厂，将其中的加工、热处理和装配三个主要车间合并，组成有限责任公司，并准备改制为股份有限公司，结果由于行业限制迟迟未能批准。其余的分厂，有的作为全资子公司独立经营，有的作为二级厂，行使子公司权利，有的作为生产车间，依附于总厂。由于层次繁多，而且依附于不同的主管领导，因此造成了目前争资金的情况。这两年，由于经济危机的影响，导致销售量大幅度下落不降，2009年销售收入只有2005年的1/3。

曲宏走后，刘明理又叫来了财务处处长，询问财务处的基本情况。财务部设有4个科室，分别是财务会计科、资金科、销售科和成本核算科，共50人，负责龙飞厂的会计核算、资金管理、成本核算等所有会计业务。

1. 资金科

资金科负责龙飞厂资金收支核算和处理银行事务。

由于目前企业资金紧张，导致采购、生产等环节出现因为资金不足而延误的问题，使企业的所有问题都集中在资金和财务部门。

2. 销售科

销售科负责龙飞厂的销售核算、应收账款回收、内部往来结算、销售发票、合同管理等业务。

由于部分产品拖期，导致经常出现违反合同货期的现象。

3. 成本核算科

成本核算科负责龙飞厂所有产品的成本核算和费用核算。成本实行二级核算，由车间一级进行成本归集和汇总，月末上报到财务处成本核算科，成本核算科进行产品的成本核算。

4. 财务会计科

财务会计科主要负责龙飞厂的记账、过账、结账、科目汇总、报表编制等方面的业务核算。

2009 年龙飞厂改制制订了一套财务核算办法，随着龙飞厂体制不断调整，核算办法也出现了一些调整，目前基本遵照执行。龙飞厂的会计核算及财务科室非常细致，完全是工厂全盛时间 2008 年的组织机构岗位，虽然有些岗位业务大幅度萎缩。

目前由于工厂接不到订单，许多工人下岗，由 5,000 人减少到 2,500 人，但是财务处一直没有裁员，但是有一些大学毕业生在一年的实习期过后全部跳槽。财务处人员由 53 人减少到 50 人。

另外，资金使用方面比较严格，经过部门经理、主管副厂长、总会计师的签字后才能付款。但是基本上天天送款，天天没钱，企业欠了很多债务，尤其是银行的债务，将近 5 亿元，每年的利息大约 4,000 万元。

了解了基本情况后，刘明理准备再对工厂的情况进行详细了解，并采取一些应急措施，但是一时不知如何下手。请你帮助他理出一个头绪。

【关键词语】

财务管理（finance management）
筹资决策（financing decision）
股东财富最大化（shareholder wealth maximization）
投资决策（investment decision）
代理问题（agency problem）
股利决策（dividend decision）
首席财务官（chief finance officer）

复习思考题

一、概念题

1. 财务管理英文名称　2. 财务管理　3. 企业价值最大化

二、单选题

1. 财务管理的基本观念不包括（　　）。
   A. 资金的时间价值　B. 风险报酬
   C. 利率与通货膨胀　D. 核算企业效益
2. 企业财务管理是（　　）的管理活动。
   A. 获得资金和有效使用资金　B. 组织资金活动
   C. 处理企业和各方面财务关系　D. 组织企业经济效益核算

3. 企业价值最大化，包括债权人财富最大化和（　　）。

A. 股东财富最大化　B. 收入最大化　C. 利润最大化　D. 成本最大化

4. 现代企业财务管理最优的整体目标是（　　）。

A. 总产值最大化　B. 利润最大化

C. 股东财富最大化　D. 企业价值最大化

5. 资金活动的起点和投资的前提是（　　）。

A. 投资活动　B. 资金耗费　C. 资金分配　D. 筹资活动

三、判断题

1. 资金在不同的时间点，价值不一样。（　　）

2. 资金在企业经营的各个环节流动，形成企业的财务问题。（　　）

3. 财务管理活动是企业管理的重要组成部分，它是核心并且是唯一的核心。（　　）

4. 企业的财务活动就是企业的资金活动。包括5个方面：筹资、投资、资金耗费、资金流入和资金分配。（　　）

5. 宏观金融是各国的金融活动，公司金融是企业个体的金融活动。（　　）

6. 财务决策的数量化越来越主要，作用越来越大，利率波动、通货膨胀、通货紧缩和汇率对财务的影响越来越重要，国际财务与跨国财务管理也成为大公司的管理内容。（　　）

7. 企业的财务关系就是企业活动的过程中会涉及各方面的经济关系，这些经济关系就是财务关系。（　　）

8. 企业资金的回收是以价值形式反映生产成果的实现，它虽然不能实现企业利润，但它可以补偿产品成本，是企业财务活动中的关键环节。（　　）

9. 股东财富最大化是指股东持有股份的市场价值达到最大，但是股东不会损害债权人的利益。（　　）

10. 宏观环境是指影响企业理财活动的各种宏观因素，它可以概括为5个方面：经济周期、通货膨胀、经济政策、税收环境和金融市场。（　　）

四、简答题

企业财务管理的目标有哪几种？请列举出最适宜的一种并进行简单论述。

第2章 货币时间价值

【引导案例】

1905年，慈善家贝特希·惠特尼女士以3万美元购得毕加索名画——《拿烟斗的男孩》。2004年5月5日，该女士的后人将《拿烟斗的男孩》在美国纽约索思比拍卖行拍卖，并最终以创纪录的1.04亿美元（包括竞拍者的额外费用）价格成交，成为世界上“最昂贵的绘画”。该女士从中可以获利1亿多美元，由此可见当初的投资是多么正确的选择！

可是，倘若当时的惠特尼女士没有购买这幅名画，而是拿着这3万美元去投资，那么按照11%（美国近70年股市的平均投资收益率）的投资收益计算，100年后，这笔投资价值约为10.22亿美元，几乎是现有价值的10倍！如此看来，惠特尼女士当初的投资并没有占到便宜，而是吃了一个大亏。仅仅100年的时间，资产就得以成倍地增长，究竟是什么神奇的力量在推动这些资产增值呢？

答案是货币时间价值，也就是本章所要重点阐述的内容之一。企业财务管理的目标是实现企业价值最大化，而这一目标很大程度上依赖于企业现金流量发生的时间，离开货币时间价值，许多财务决策将无法正确做出；要想取得满意的经济效益，企业就必须研究风险与收益的均衡；利率和通货膨胀直接关系到企业筹资成本高低，从而影响其利润水平。以上这三者共同构成了现代企业财务管理的基础。

【学习目标】

- 掌握货币时间价值的基本概念、表现形式；
- 掌握复利终值和复利现值计算公式并熟练应用；
- 掌握各类年金终值与年金现值计算公式并熟练应用；
- 理解风险和收益的含义，风险的分类、产生原因；
- 理解利率和通货膨胀的含义及其对财务管理活动的影响。

2.1 货币时间价值概述

如果你突然收到一张事先不知道的 1,260 亿美元的账单，你一定会大吃一惊。而纽约布鲁克林法院却做出如下判决：田纳西镇的一家银行应向美国投资者支付 1,260 亿美元。田纳西镇的这家银行本来以为只不过是还一笔钱而已，但当他们收到账单时，却被惊呆了。原来，这个问题源于 1966 年的一笔存款。1966 年，美国的斯兰黑不动产公司在田纳西镇的一个银行存入一笔 6 亿美元的存款，并要求银行按每周 1%的利率（复利）支付利息。1994 年，纽约布鲁克林法院做出判决：从存款日到田纳西镇对该银行进行清算的 7 年中，这笔存款应按每周 1%的复利计息，而在银行清算后的 21 年中，每年应按 8.54%的复利计息，共计 1,260 亿美元。这笔巨额账单的存在正是货币时间价值的驱使所然。

“刻舟求剑”的故事也告诉我们：时间和空间的变化，会导致同一个事物发生变化。货币也是一样，今天的一元钱和明天的一元钱，价值也是不相等的。这就是货币时间价值，即货币在使用过程中随着时间变化发生的增值，即货币经历一定时间的投资和再投资所增加的价值。货币为什么会产生时间价值，主要原因如下。

首先，货币的时间价值是货币在周转使用中产生的，货币投入生产经营过程后，随着时间的持续价值不断增长。马克思指出：“作为资本的货币的流通本身就是目的，因为只是在这个不断更新的运动中才有价值的增值。”“如果把它从流通中取出来，那它就凝固为贮藏货币，即使藏到世界末日，也不会增加分毫。”因此，并不是所有的货币都有时间价值，而只有把货币作为资金投入生产经营才能产生时间价值，即时间价值是在生产经营中产生的①。企业资金循环和周转的起点是投入货币资金，企业用它来购买所需的资源，然后生产出新的产品，产品出售时得到的货币量大于最初投入的货币量。资金的循环和周转以及因此实现的货币增值，是需要时间的，每经过一次循环，货币就增加一定数额，周转的次数越多，增值额也越大。因此，随着时间的延续，货币总量在循环的周转中按几何级数增长，使得货币具有时间价值。

其次，货币时间价值是货币的所有者让渡货币使用权参与社会财富分配的一种形式。在市场经济条件下，货币作为一种必需的生产要素，在投入生产过程后，会取得相应的报酬。经过一段时间的周转之后，货币自身的价值得到增加。

总之，货币资金在资金循环过程中一直不断增值，不同时点上资金的筹集、投放、使用和回收其价值是不等的。钱生钱，并且所生之钱会生出更多的钱。这就是货币时间价值的本质②。所以你整天辛辛苦苦赚钱，可你的钱却整天躺在银行里休闲。为什么不调换一下，让你的钱辛苦去赚钱，然后你去享受休闲的幸福生活呢？

2.2 货币时间价值的意义

在中国，随着投资机会的增多，机会成本越来越高，货币的时间价值显得越来越重要。有人甚至预测未来用以衡量价值的货币将不再是货币，而是时间。根据时间价值的原理，利用复利的特性，成为百万富翁的梦想将变得不再困难。这里有三个简单的致富计划。计划 1：每月将 500 元投入到回报为 10%的投资产品中（如投资基金和股票），30 年后，你就成为百万富翁。计划 2：每月将 2,500 元投入到回报为 2%的投资产品中（如银行存款），26 年后，你就成为百万富翁。计划 3：每月将 1,000

① Marx K. Capital: A critical analysis of capitalist production, Volume I[M]. Moscow: Progress Publishers, 1867.
② 本杰明·M·弗里德曼，弗兰克·H·哈恩. 货币经济学手册[M]，2002: 355-427.

元投入回报为5%的投资产品中（如投资基金和债券），33年后，你就成为百万富翁。由此不难发现，时间长度和回报率决定了时间价值的大小，特别是时间长度。能够活得最久的人一定是最富有的。

其实，货币时间价值原理不仅对个人理财具有很大帮助，而且广泛应用于公司的价值评估、项目投资预算、债券价值评估、股票价值评估等各方面，对公司财务管理影响重大。

利洁公司是辽宁省一家物业保洁公司，在近6年的发展中，处于同行业领先发展的优势，连续3年利润增长率在10%以上。2006年，企业拟扩大经营项目，引进先进的生产设备。该设备的引进不仅可以提高保洁员工的工作效率，同时也为承揽技术含量高的保洁业务做准备。该设备价款100万元，公司计划从银行获取贷款，贷款的年利率为10%，贷款期限10年。银行提出以下4种还款方式让公司自行选定，以便签订借款合同。这4种还款方式为：（1）每年只付利息，债务期末一次付清本金；（2）全部本息到债务期末一次付清；（3）在债务期间每年均匀偿还本利和；（4）在债期过半后，每年再均匀偿还本利和。如何选择正确的还款方式，巧妙地利用货币时间价值，将会对公司财务管理产生重大影响。

由此可见，树立货币时间价值的观念以及对货币时间价值的研究与运用在公司财务管理活动中具有重要意义，主要体现在以下几个方面：衡量公司经济效益，考核经营成果的重要依据；公司进行财务决策的重要条件；有利于减少资金闲置浪费。

因此，公司的财务管理活动有必要对资金时间价值进行研究，主要是对资金筹集、投放、使用和收回从量上进行分析，以便了解不同时点上收到或付出的资金价值之间的数量关系，寻找适用于决策方案的数学模型，改善财务决策的质量。此外，公司要用动态的眼光去看待资金，加强资金管理工作，提高资金使用的经济效率。

理解和掌握货币时间价值的意义，可以帮助企业和家庭改变财务管理的思想和陈旧观念，采取动态、主动、积极的态度来进行财务管理。

首先，货币资金不能存储起来而丧失交换功能，否则货币资金就会随着通货膨胀的持续而贬值。一个典型的例子是中美两国老人购房的比较，美国老人在30年前就贷款购房，在见上帝的前一天终于还清了贷款，房子住了30年；中国老人在见马克思的前一天终于攒够了钱买了新房子，但是只住了1天。这还是不错的结局，毕竟住过新房子，更可悲的是一些居民不断地攒钱准备购房，但是攒钱的速度永远赶不上房价上涨的速度，一辈子也买不起新房子。

其次，货币资金要参与到资本市场中。在理想化的资本市场中，投资方（资金拥有者）和融资方（资金需求者）交换货币资金的使用权，融资方要为使用权付出代价（即资金成本），投资方获取让渡使用权的收益（即投资收益）。在不存在所得税和交易费用、信息完全透明的市场中，投资收益=资金成本。参与到市场的货币资金可以得到市场平均的收益率，从而帮助资金拥有者提高货币的价值。

最后，货币资金要抵御风险。由于未来的投资收益具有风险，目前投入的货币资金在未来回收时可能完全回收并取得收益，也可能血本无归，这就促使资金拥有者在考虑未来收益时要考虑风险承受能力。如同1995年英国巴林银行的事件，因为交易员里森参与并放大了期货投资的损失，而使这家1763年由弗朗西斯·巴林爵士创建的首家商业银行毁于一旦。

2.3 货币时间价值的计算

货币时间价值往往用市场上资金的成本来表示，具体可以分为两种表现形式：一种是相对数，即资金成本；一种是绝对数，即资金成本额。一般来说，资金成本是指在没有风险和没有通货膨胀条件下的社会平均资金利润率，即利率；资金成本额是指资金在生产经营过程中带来的真实增值额，即一定数额的资金与时间价值率的乘积。

我们来看一个简单的例子：假设您今天将10,000元现金存入银行，银行存款税后年利息率为2%，那么一年后的今天，您可以从银行取出10,200元现金。在不考虑通货膨胀的情况下，这200元实质上是10,000元在一年的时间里发生的增值，即货币时间价值的绝对数表现，而2%是相对数表现。

假如你现在手头有100万元现金，你可以有下面4种选择：A. 埋在地下或者藏在鞋盒子里或者天花板上，一年后，还是100万元；B. 选择定期存款，年利率为2%，一年后价值增值为102万，差额为2万元；C. 购买企业债券，年利率为5%，差额为5万元；D. 选择购买股票，预期收益率为10%，差额为10万元。同样是100万元，投资方案不同，在一定时期内的价值差额也不相同，以哪一个为货币时间价值的标准呢？财务上，以没有风险没有通货膨胀条件下的社会平均资金利润率为标准，一般以存款的纯利率为准，或者在通货膨胀率很低的情况下以政府债券利率表示。在这个例子里，货币的时间价值就是用方案B中1.6%来表示。

由于货币具有时间价值，不同时间的单位货币价值不相等，因此，不同时间的货币收入不能直接进行比较，而需要把它们折算到相同的时间基础上，然后才能进行大小的比较和比率的计算。而且，由于货币随时间的增长过程与利息的增值过程在数学上相似，因此，在换算时广泛使用计算利息的各种方法。如主要有单利的现值和终值、复利的现值和终值，以及各种年金的现值和终值。

2.3.1 现金流图

现金流图是把资金的流动作为时间的函数用图形和数字表示出来。在现金流的图上，横轴向右方，表示时点的增加，从各个时点上引出的不同方向的纵向箭线表示发生在那个时点上现金的流入或流出，现金流的大小由箭头线旁的数字表示。

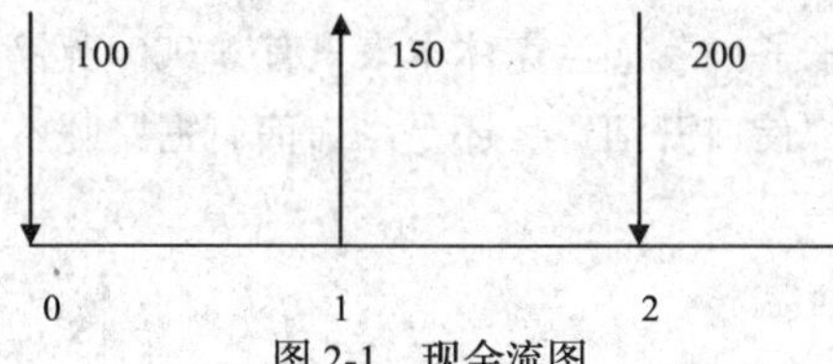

图2-1 现金流图

图2-1所示就是一个现金流图，表示在0时点和2时点分别有100单位和200单位的现金流入，在1时点有150单位的现金流出。

现金流是一种常用的资金运动分析方法，它可以直观地反映出每一时点资金的流动方向和数量（即资金的流出和流入），为进一步的投资分析或其他有关资金时间价值分析打下基础。

2.3.2 单利的现值和终值

单利是指在规定的期限内只计算本金的利息，每期的利息不计入下一期计息的本金，不产生新的利息收入。

假如，期初投入资金P，每期的利息率为i，则经过n期后，可以获得资金F的计算公式为：

$$F=P(1+i\cdot n) \tag{2-1}$$

单利法下的现值为：

$$P=\frac{F}{1+i\cdot n} \tag{2-2}$$

从单利法计算公式中可以看到，在本金P和利息率i一定的情况下，每期的利息是相同的。若期数n相同，则整个期间的利息总额也是相同的，与开始计息的起点无关。

2.3.3 复利的现值和终值

复利现象在生活中是很常见的，就连自然界中也可以找寻到它的存在。初夏时节，荷塘里嫩绿的浮萍开始零星地出现，最初荷塘里只有一两片，然后每天开始都会慢慢地增加，直到蝉声四起的时候，荷塘中还有一半都是空荡荡的。但是一夜之间，浮萍会突然奇迹般地占满整个水面。其实，浮萍是以指数增长的形式分蘖的，越到后来，增长速度就会越快。

看完自然界中的复利现象，让我们来看看身边的复利现象。相信很多人小时候都曾有过小储蓄罐，各种卡通形状的，开一条小缝，只能往里存不能往外取。事实上，如果你能够每天成倍地往储蓄罐里丢一分硬币的话，结果是相当令人吃惊的。也就是说，第一天丢进一枚硬币，第二天丢进两枚，第三天四枚，第四天八枚，每天成倍地投入下去。只要你能按这种方法严格执行一个月，到了月底，你的储蓄罐如果还没有爆裂成碎片的话，你将会成为百万富翁，而且是五个百万富翁，因为里面已经有了 5 亿枚一分钱的硬币，这就是复利的威力。正如爱因斯坦所说："复利的计算是人类世界的第八大奇迹。"

复利，不同于单利，它将每期的利息收入在下期转化为本金，产生新的利息收入，即所谓的"利滚利"[①②]，充分体现了货币的时间价值。企业一旦掌握了可供使用的资金，应尽快将其投入合适的使用中，以获取新的收益。否则，将会造成资金的浪费。在讨论货币时间价值时，都采用复利的计算方法。

1. 终值计算

富兰克林利用风筝捕捉雷电，从而发明了避雷针。这位美国历史上第一位享有国际声誉的科学家，死后留下的遗嘱甚为有趣。遗嘱的内容大概是这样的："我将从财产中拿出 1,000 英镑赠送给波士顿的居民。他们如果接受了这笔钱，就应该挑选公民代表来经营这笔钱。首先，按 5%的年利率，将这笔钱借给年轻的手工业者，那么 100 年之后这笔钱就增加了 130,000 英镑。然后，拿出其中的 100,000 英镑来建一所公共建筑物，剩下的 31,000 英镑继续用来借贷生息，那么第二个 100 年之后，这笔钱就增加到了 4,061,000 英镑。此时，我想拿出 3,000,000 英镑让马萨诸塞州的公众来支配，剩下的仍然由波士顿的居民来管理。之后，这笔钱的管理，我也不敢多作主张了！"富兰克林本来只有 1,000 英镑遗产，但在遗嘱中却包含了几百万英镑财产的分配，这究竟是"信口开河"，还是"言而有据"呢？事实上，只要借助于复利公式，我们完全可以通过计算而做出自己的判断。

如果在期初（第一年年初或第 0 年年末）投入为 P，以后不再投入，n 年后的本利和为 F_n，图 2-2 所示为其现金流图。

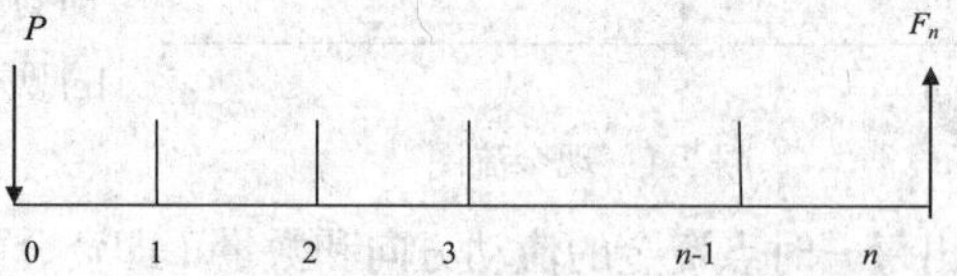

（0 点表示第一年年初，1 点表示第一年年末，同时又是第二年年初，下同）

图 2-2　资金一次投入示图

则按照复利法计算第 n 年年末本利和 F_n，如表 2-1 所示。

表 2-1　复利法各年本利和

年	各年年初的数	各年的利息	各年年末的本利和
1	P	Pi	$P+Pi=P(1+i)$
2	$P(1+i)$	$P(1+i)i$	$P(1+i)+P(1+i)i=P(1+i)^2$
3	$P(1+i)^2$	$P(1+i)^2i$	$P(1+i)^2+P(1+i)^2i=P(1+i)^3$
…	…	…	…
n	$P(1+i)^{n-1}$	$P(1+i)^{n-1}i$	$P(1+i)^{n-1}+P(1+i)^{n-1}i=P(1+i)^n$

① Lewin C G. An early book on compound interest: Richard Witt's arithmeticall questions[J]. Journal of the Institute of Actuaries, 1970: 121-132.

② Lewin C G. Compound interest in the seventeenth century[J]. Journal of the Institute of Actuaries, 1981, 108(03): 423-442.

从表 2-1 中可知，第 n 年年末的本利和为：

$$F_n=P(1+i)^n \tag{2-3}$$

式（2-3）中，P 为现值，F_n 终值，$(1+i)^n$ 常用符号（F/P，i，n）表示，称为复利终值系数。则

$$F_n=P(F/P,\ i,\ n) \tag{2-4}$$

对不同的 i 和 n，其终值系数可通过查阅终值系数表直接得到。

【例 1】某人以年利率 10%从银行借款 10,000 元，期限为 5 年，如图 2-3 所示，采用复利计息，求第 5 年年末时他应该偿还的本金和利息共为多少钱？

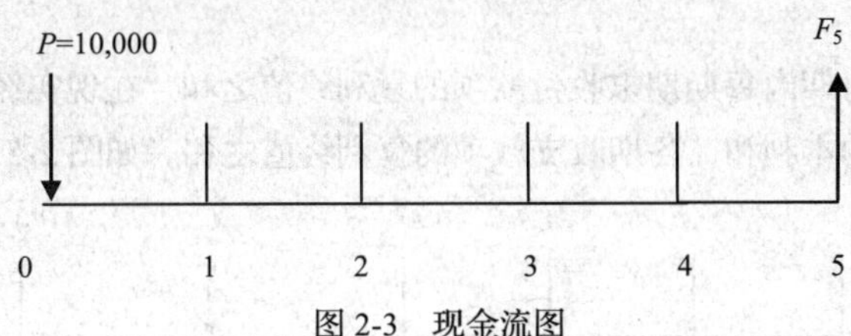

图 2-3　现金流图

解：因为 $F_n=P(1+i)^n$

所以 $F_5=10,000\times(1+10\%)^5=10,000\times1.6105=16,105$（元）

或者

因为 $F_n=P(F/P,\ i,\ n)$

所以 $F_5=10,000(F/P,\ 10\%,\ 5)=10,000\times1.6105=16,105$（元）

2. 现值计算

复利现值是复利终值的逆运算，指未来一定时间的特定资金按复利计算的现在价值，或者说是为取得未来一定本利和现在所需要的本金。

由式（2-3）可以得出：

$$P=F_n\frac{1}{(1+i)^n} \tag{2-5}$$

式（2-5）中，$\frac{1}{(1+i)^n}$ 可以用符号 $(P/F,i,n)$ 表示，称为复利现值系数

$$P=F(P/F,i,n) \tag{2-6}$$

【例 2】某人想进行投资，如果已知投资报酬率为 10%，希望 5 年后能获得本利和 10,000 元，如图 2-4 所示，那么现在他应该投入多少钱？

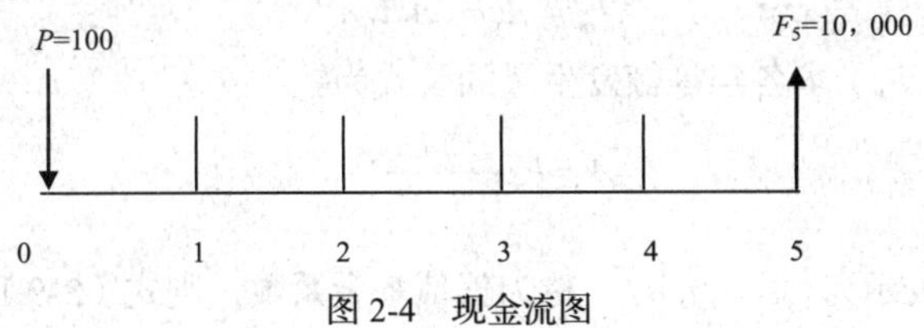

图 2-4　现金流图

解：由式（2-5）或式（2-6）可得：

$$P=F_n\frac{1}{(1+i)^n}=10,000\times\frac{1}{(1+10\%)^5}=10,000\times0.621=6,210\text{（元）}$$

或者

$$P=F_n(P/F,\ i,\ n)=10,000\times(P/F,\ 10\%,\ 5)=10,000\times0.621=6,210\text{（元）}$$

2.3.4 年金的现值和终值

在现实经济生活中，存在很多这样的情形，分期付款赊购、分期偿还贷款、发放养老金等，它们具有每次收付相同金额的特点，这样的系列首付款我们称为年金，即等额、定期的系列收支①。年金按其每次收付发生的时点不同，可分为普通年金、预付年金、递延年金、永续年金。

1. 普通年金

普通年金是指一定时期内每期期末等额收付的系列款项，又称后付年金。

（1）普通年金终值

普通年金终值是一定时期内每期期末收付款项的复利终值之和。在现实经济生活中，这种年金最为常见，它相当于零存整取的本利和，各期收支款项的复利终值之和。如图 2-5 所示。

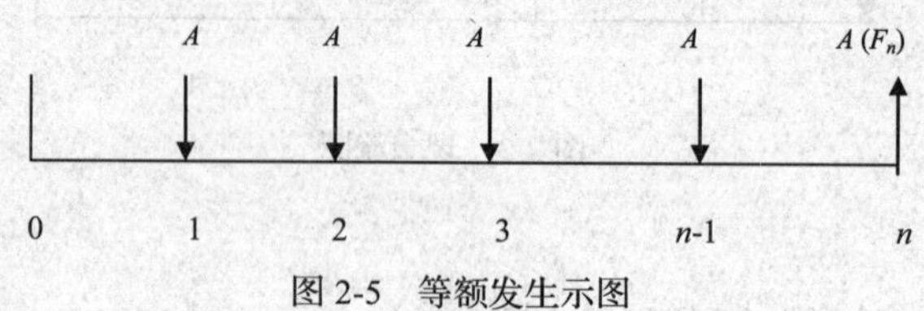

图 2-5 等额发生示图

设各年年末投入等额量 A，年利率为 i，则终值 F_n 为：

第 1 年年末的 A 折到第 n 年年末的本利和为：$A(1+i)^{n-1}$

第 2 年年末的 A 折到第 n 年年末的本利和为：$A(1+i)^{n-2}$

第 3 年年末的 A 折到第 n 年年末的本利和为：$A(1+i)^{n-3}$

第（n-1）年年末的 A 折到第 n 年年末的本利和为：$A(1+i)^{n-(n-1)}=A(1+i)^1$

第 n 年年末的 A 折到第 n 年年末的本利和为：$A(1+i)^{n-n}=A(1+i)^0$

因此

$$\begin{aligned} F_n &= \sum_{j=1}^{n} A(1+i)^{n-j} = A\sum_{j=1}^{n}(1+i)^{n-j} \\ &= A[(1+i)^{n-1}+(1+i)^{n-2}+\cdots+(1+i)^2+(1+i)^1+(1+i)^0] \\ &= A\frac{(1+i)^n-1}{i} \end{aligned} \tag{2-7}$$

将 $\frac{(1+i)^n-1}{i}$ 用符号表示为 $(F/A,i,n)$，称为年金终值系数，则式（2-7）可以表示为：

$$F_n = A(F/A,i,n) \tag{2-8}$$

所以，若已知终值（F_n）求各年等额发生量的公式为：

$$A = F_n\frac{i}{(1+i)^n-1} \tag{2-9}$$

将 $\frac{i}{(1+i)^n-1}$ 用符号表示为 $(A/F,i,n)$，称为偿债基金系数，则式（2-9）可以表示为：

$$A = F_n(A/F,i,n) \tag{2-10}$$

【例 3】某人每年年末均可获得公司分红 5 万元，如果其将这部分进行投资，投资报酬率为 10%，求到第 5 年年末时一次取出的本利和为多少？现金流量如图 2-6 所示。

① Megginson W, Smart S. Introduction to corporate finance[M]. Cengage Learning, 2008.

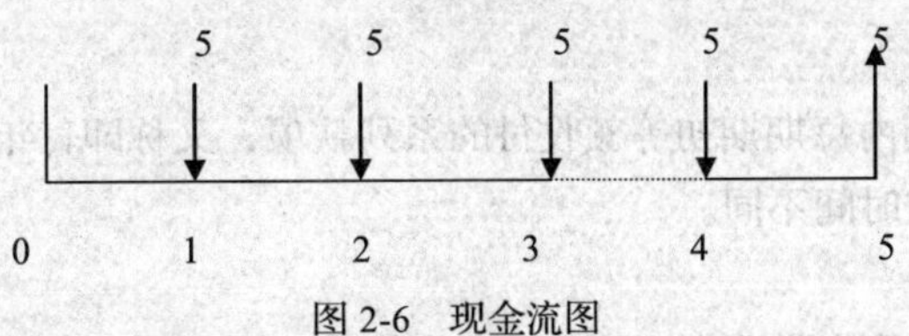

图 2-6 现金流图

解：由式（2-7）得：

$$F_n = A\frac{(1+i)^n - 1}{i}$$

$$F_5 = 5\frac{(1+10\%)^5 - 1}{10\%} = 5\times 6.1051 = 30.5255\text{（万元）}$$

（2）普通年金现值

普通年金现值是指为在每期期末取得相等金额的款项，现在需要投入的金额。如图 2-7 所示。

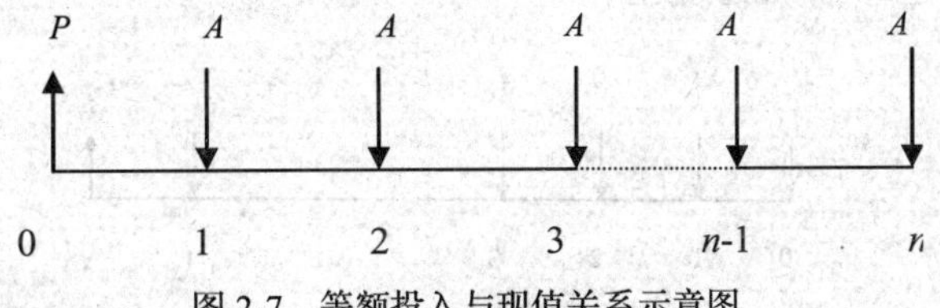

图 2-7 等额投入与现值关系示意图

由式（2-5）和式（2-7）不难得到：

$$P = A\frac{(1+i)^n - 1}{i(1+i)^n} \tag{2-11}$$

将 $\frac{(1+i)^n - 1}{i(1+i)^n}$ 用符号 $(P/A,i,n)$ 表示，称为年金现值系数，则式（2-11）可以表示为：

$$P = A(P/A,i,n) \tag{2-12}$$

由式（2-11）和式（2-12）可知，若已知一次期初（第一年初或第 0 年年末）投入，求各年年末等额量为多少，则很容易得到下式：

$$A = P\frac{i(1+i)^n}{i(1+i)^n - 1} \tag{2-13}$$

将 $\frac{i(1+i)^n}{i(1+i)^n - 1}$ 用符号 $(A/P,i,n)$ 表示，称为投资回收系数，则式（2−13）可以表示为：

$$A = P(A/P,i,n) \tag{2-14}$$

【例 4】某企业从银行贷款 50 万元投资于某项目，若偿还期为 10 年，每年年末偿还相等的金额，贷款年利率为 8%，试求每年年末应偿还多少？现金流图如图 2-8 所示。

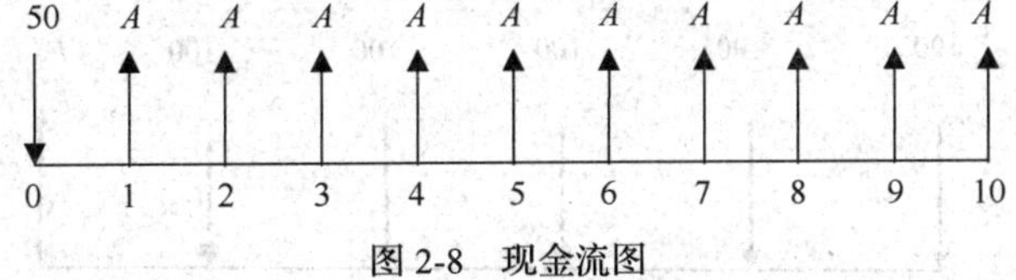

图 2-8 现金流图

解：由式（2-13）可得：

$$A = P\frac{i(1+i)^n}{i(1+i)^n - 1} = P(A/P,i,n)\text{=50(A/P,8\%,10)=7.45（万元）}$$

2. 预付年金

预付年金是指一定时期内每期期初等额收付的系列款项，又称即付年金、先付年金。预付年金与普通年金的区别仅在于付款时间不同。

（1）预付年金终值

预付年金终值是其最后一期期末的本利和，是各期收付款项的复利终值之和。n 期预付年金终值与 n 期普通年金终值之间的关系，如图 2-9 所示。

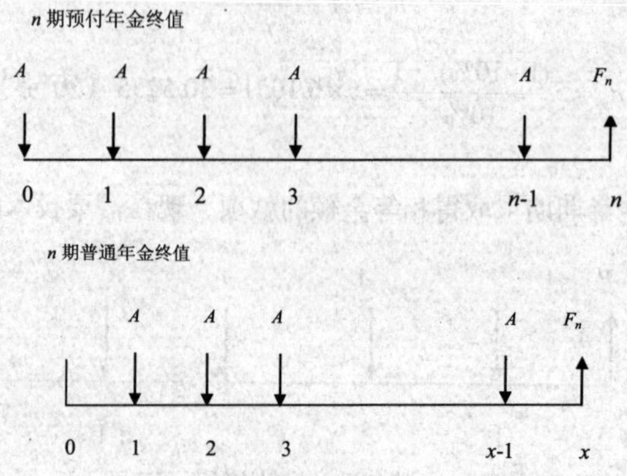

图 2-9　预付年金终值与普通年金终值关系图解

从图 2-9 可知，n 期预付年金与 n 期普通年金的付款次数相同，但由于付款时间不同，n 期预付年金终值比 n 期普通年金终值多计算一期利息。因此，在 n 期普通年金终值的基础上乘以（1+i），就是 n 期预付年金终值。即：

$$F_n = A\cdot[\frac{(1+i)^n-1}{i}]\cdot(1+i)$$

$$= A\cdot[\frac{(1+i)^{n+1}-(1+i)}{i}] \qquad (2\text{-}15)$$

将 $[\frac{(1+i)^{n+1}-1}{i}-1]$ 用符号表示为 $[(F/A,i,n+1)-1]$，称为“预付年金终值系数”，则式（2-15）可以表示为：

$$F_n = A\cdot[F/A,i,(n+1)-1] \qquad (2\text{-}16)$$

“预付年金终值系数”可查“1 元的年金终值系数表”得（n+1）期的值，然后减去 1 便可得到对应的系数。

【例 5】 某公司决定连续 5 年每年年初存入 100 万元作为住房基金，银行存款利率为 10%。则该公司在第 5 年年末一次取出本利和多少元？现金流图如图 2-10 所示。

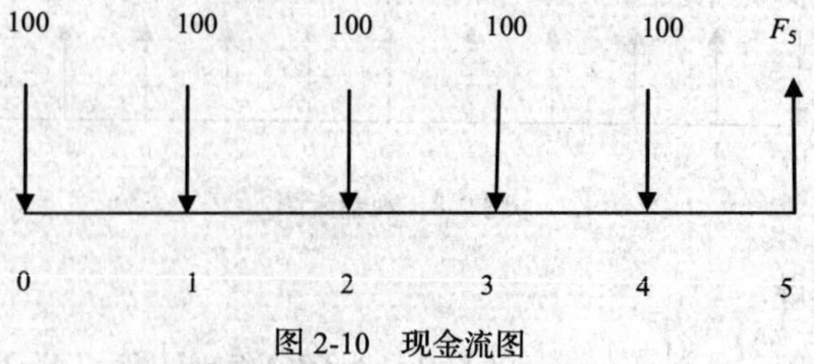

图 2-10　现金流图

解：由式（2-15）可得：

$$F_5 = A\left[\frac{(1+i)^{n+1}-1}{i}-1\right]$$

$$=100\left[\frac{(1+10\%)^{5+1}-1}{10\%}-1\right]=671.56（万元）$$

（2）预付年金现值

n期预付年金现值与n期普通年金现值之间的关系，如图2-11所示。

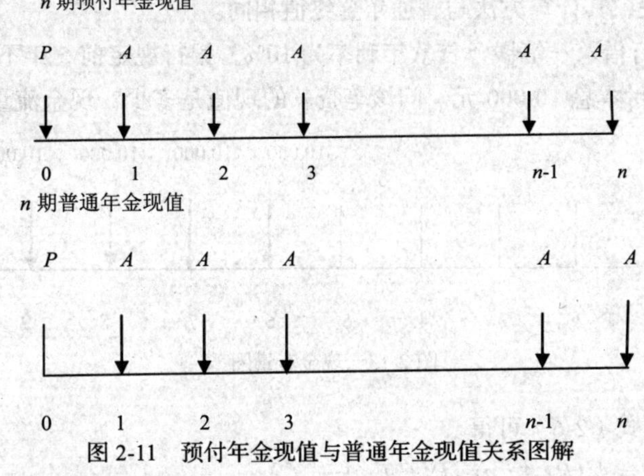

图 2-11 预付年金现值与普通年金现值关系图解

从图2-11可知，n期预付年金现值与n期普通年金现值的期限相同，但由于付款时间不同，n期预付年金现值比n期普通年金现值多折现一期。所以，在n期普通年金现值的基础上乘以（$1+i$），便可求出n期预付年金的现值。即

$$P = A\cdot\left[\frac{(1+i)^n-1}{i(1+i)^n}\right]\cdot(1+i)$$

$$= A\cdot\left[\frac{1-(1+i)^{-(n-1)}}{i}+1\right] \tag{2-17}$$

将$\left[\frac{1-(1+i)^{-(n-1)}}{i}+1\right]$用符号表示为$[(P/A,i,n-1)+1]$，称为“预付年金现值系数”，则式（2-17）可以表示为：

$$P=A[(P/A,\ i,\ n-1)+1] \tag{2-18}$$

“预付年金现值系数”可查“1元年金现值系数表”得（$n-1$）期的值，然后加上1，便可得到对应的系数。

【例6】某公司现购得一台设备，在5年中每年年初支付购买货款10万元，利息率为8%，问分期付款相当于一次现金支付的购价是多少？现金流量如图2-12所示。

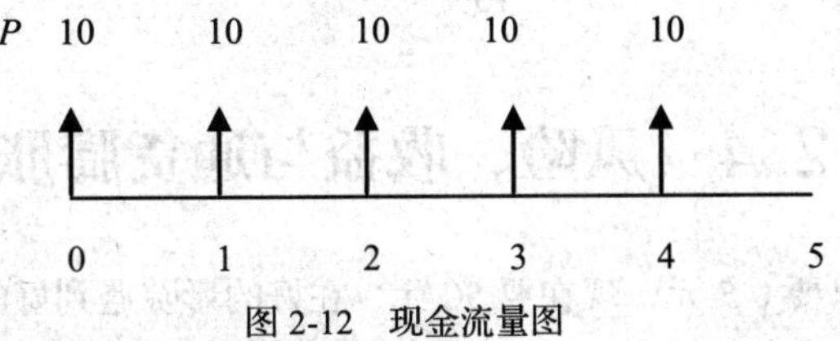

图 2-12 现金流量图

解：由式（2-17）可得：

$$P = A \cdot \left[\frac{(1+i)^{n-1}-1}{i(1+i)^{n-1}}+1\right]$$

$$=10 \cdot \left[\frac{(1+8\%)^{5-1}-1}{8\%(1+8\%)^{5-1}}+1\right]=43.121\text{（万元）}$$

3. 递延年金

递延年金是指第一次收付发生在第二期或以后各期的年金，是普通年金的特殊形式。显然，递延年金终值与递延期数无关，其计算方法与普通年金终值相同。

【例 7】某公司向银行借入一笔钱，贷款年利率为 10%，银行规定前 5 年不用还本付息，但从第 6 年到第 10 年每年年末偿付本息 10,000 元。问该笔贷款的现值是多少？现金流量如图 2-13 所示。

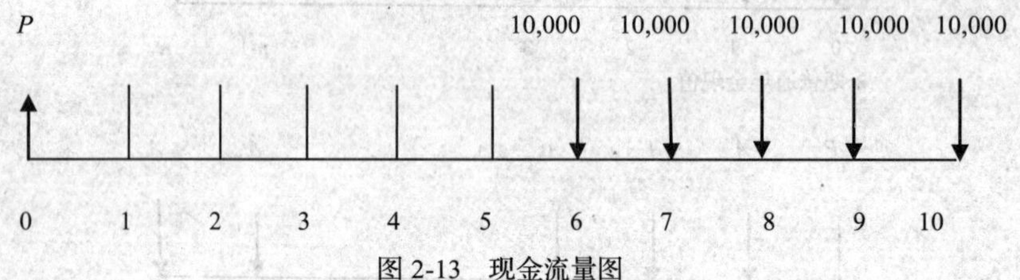

图 2-13　现金流量图

解：由式（2-12）及式（2-6）可得

$$P = A \cdot (P/A,i,n) \cdot (P/F,i,m)$$

$$=10{,}000 \cdot (P/A,10\%,5) \cdot (P/F,10\%,5)=23{,}537.08\text{（元）}$$

4. 永续年金

永续年金是指支付限期为无限的年金。在实际经济生活中，无限期债券、优先股股利、奖励基金都属于永续年金。永续年金没有终止的时间，所以没有终值。英国拿破仑时期，政府曾经发行一种债券，每年可领 90 英镑利息，下一代都可以领。著名的诺贝尔奖是以阿尔弗雷德 · 贝恩哈德 · 诺贝尔的部分遗产作为基金创立的，他在遗嘱中提出，将部分遗产（920 万美元）作为基金，以其利息分设物理、化学、生理或医学、文学及和平（后添加了经济奖）五个奖项，授予世界各国在这些领域对人类做出重大贡献的学者。这些都是典型的永续年金的例子。

永续年金现值可从普通年金现值的计算公式中推导出来：

$$P = \lim_{n \to \infty}\left[A \cdot \frac{(1+i)^n-1}{i(1+i)^n}\right]=\frac{A}{i} \tag{2-19}$$

【例 8】某人持有某公司的优先股，每年年末获得 10,000 元固定股息，若利息率为 10%，则其永续年金现值为多少？

解：根据式（2-19）可得：

$$P=\frac{A}{i}=\frac{10{,}000}{10\%}=100{,}000\text{（元）}$$

2.4　风险、收益与通货膨胀

20 年前，看一场电影只要 0.5 元，现在要 50 元，在好的影院遇到好的影片甚至要 90 元。经济学家一般从消费占收入的比例或者通货膨胀的角度来解释这一现象。但是，即使消费品价格指数是负值，货币不是贬值而是升值，货币的时间价值仍然存在。资金无时无刻、无处不在的机会成本，是用于此后就不能用于彼的代价。投资收益的存在使资金具有增值的可能，从而使得货币具有了时间价值。通货膨胀因素和风险因素只是影响时间价值的量的大小。

在日常经营活动中，风险和通货膨胀通常会对利率产生一定的影响，进而影响企业的财务管理活动，下面将对这些内容进行详细的介绍。

2.4.1 风险与收益

1. 风险的概述

（1）风险的含义与产生

一般来说，风险是指在一定条件下和一定时期内可能发生的各种结果的变动程度。变动程度越大，就说投资风险就越大。风险是事件本身的不确定性，具有客观性。关于“风险”一词的由来，最为普遍的说法是：远古时期，渔民们以打鱼捕捞为生，每次出海前都要祈祷神灵保佑自己在出海时能够风平浪静，满载而归；通过长期的捕捞实践，他们深深地体会到“风”会带来许多不确定的危险，换句话说，“风”即意味着“险”。“风险”的定义便是因此而来。

风险是在“一定条件下”的风险，在不同的条件下，如在不同的时间买不同的股票、买不同数量的股票，其风险是不一样的。这些问题一旦决策下来，风险大小就无法改变了。这就是说，投资的风险是客观存在的，是否愿意去冒风险及冒多大风险则可以选择的，是主观决策的。风险的大小随时间的变化而变化，可以说是“一定时期内”的风险。例如，对一个投资项目进行成本估计，事先的预计可能不很准确，但随着时间延续，事件不确定性在缩小，越接近完工则预计越准确，项目完成，其结果也就完全肯定了。

在决策时，由于取得某些信息的成本过高，或者对有些事情的未来发展事先不能确知，如价格、销量、成本等都可能发生预想不到并且无法控制的变化，以及决策者对事物进程的不可控，如政府政策的变化，顾客需求的改变，供应商的违约等，都会导致风险的产生。

（2）风险与不确定性

严格来说，风险和不确定性是有区别的。风险是指事先可以知道所有可能的结果，以及每种结果发生的概率；而不确定性则是指事前并不知道所有可能的结果，或者虽然知道可能的结果但无法知道它们发生的概率。美国明尼苏达大学教授威廉姆斯和汉斯也进一步指出：风险对于每个人都是同等的、同样存在的，具有客观存在的特点，但不确定性是认识者的主观判断，对于风险的看法会因人而异①。

但是，从投资的实务看，由于风险问题的概率往往不能准确知道，而不确定性问题也可以估计一个概率，因此，在实务操作中对风险和不确定性不做严格区分，都视为“风险”问题对待，把风险理解为“可测定概率”的不确定性。

风险可能给投资人带来超出预期的收益，也可能带来超出预期的损失。从财务的角度来说，风险主要是指无法达到预期收益的可能性。一般来说，投资者对意外损失的关注要比对意外收益的关注要强烈得多。因此，人们研究风险时侧重于减少风险，经常把风险看成是不利事件发生的可能性而要求规避风险。

（3）风险的分类

不同的学者从不同的角度对风险进行了分类，如 Mowbray、Blanchard 等提出风险可以分为纯粹风

① Williams C A, Heins R M. Risk management and insurance[M]. McGraw-Hill Companies, 1985.

险和投机性风险两大类[①]；COSO 将风险分为固有风险和剩余风险[②]。但是本书从单个投资主体和企业经营本身两个角度对风险进行了如下分类。

① 从单个投资主体的角度可以把风险分为市场风险和特有风险。市场风险是指那些影响所有公司即整个市场的因素引起的风险，如经济危机、自然灾害、战争等。这类风险影响所有的投资对象，不能通过多样化投资来分散，因此，又称为系统风险或不可分散风险。对于一个股市来说，发生系统风险是经常性的。如 1993 年 3 月，沪深股市分别从历史的最高点 1558 点、358 点开始下跌，一直跌到 1994 年 7 月末的 330 多点和 94 点，股票的市值下降了 70%以上，这种下跌就是发生了系统风险。

一个民营企业家曾经这样描述过黄灯理论：中国的民营企业时刻站在一个十字路口上，前面是黄灯。黄灯可以变成绿灯，也可以变成红灯。你闯过去，如果接下来变成绿灯，你就一马当先，占尽所有先机和资源，暴富一把，还能被树为典范；如果接下来是红灯，而警察又碰巧站在路边上，你一头撞在枪口上，记分还是小事，多半要被吊销驾照。企业家眼中的黄灯主要是指政策风险，一种典型的系统风险。再来一个最通俗的例子，乘飞机旅行，你不会因为是坐在头等舱，就比坐经济舱的旅客更安全，头等舱和经济舱的危险程度是一样的，这就是系统风险。

特有风险是指只影响个别公司的特有事件而造成的风险。例如，企业新产品开发风险、事故风险等。这种风险是随机发生的，有时是可以避免的，所以，可通过多样化投资来分散。例如，我们在证券投资中所说的“不要把所有的鸡蛋放在一个篮子里”，说的就是要分散风险。这类风险我们又称为非系统风险或可分散风险，如房地产业股票，遇到房地产业不景气时就会出现暴跌。在森林里遇到野兽，逃生的关键不是你能跑多快，而是你能否比同伴跑得更快，这是一种非系统风险。

② 从企业经营本身可分为经营风险和财务风险。经营风险是指生产经营的不确定性带来的风险，它是任何经营活动都具有的。企业经营活动的每一环节都会有风险，而且有时往往是企业所不能控制的。作渺（2002）又将经营风险进一步分为技术风险、市场风险、内部管理运作风险[③]。

财务风险是指企业因负债经营而增加的风险。若企业不借钱，全部使用股东的资本，那么就不会出现财务风险，而只有经营风险。只要企业负债经营，就可能发生财务风险。当今世界上因财务风险而倒闭破产的公司，甚至是特大公司也不少见，如 2002 年世界 500 强之一的安然公司就是一例。因此，忽视财务风险将给我们带来的后果是很严重的。

（4）风险收益的含义

公司的任何活动都是在有风险的情况下进行的。投资者在风险的条件下进行投资而获得的超过资金时间价值的额外收益，我们称之为风险收益，或风险报酬。

吃好还是睡好？这是人的一个两难决策。如果你想吃好，即追求高收益，那么你最好做好冒大风险的思想准备。如果你想晚上睡好，追求安全性，那你就要放弃高收益的可能。高回报一般都会伴随高风险，否则人人都会去追逐它，这是有效市场理论的观点。

传统经济学家在分析风险收益之间关系时，一般都会基于传统经济学的假设认为两者存在正相关，即高风险高收益[④⑤]。然而，1980 年波曼（Bowman）在实证研究中发现风险收益也会存在负相关的关

① Mowbray AH, Blanchard RH, Williams CA. Insurance; its theory and practice in the United States[M]. McGraw-Hill, 1969.

② Committee of Sponsoring Organizations of the Treadway Commission. (COSO). Enterprise Risk Management–Integrated Framework: Executive Summary，2004.

③ 作渺. 企业如何防范风险[M]. 北京：新华出版社，2002.

④ Schwert G W. A Theory of Market Equilibrium under Conditions of Risk[J]. Journal of Finance, 1989, 19: 425-442.

⑤ Fama E F, MacBeth J D. Risk, return, and equilibrium: Empirical tests[J]. The Journal of Political Economy, 1973, (3): 607-636.

系，即两者关系存在不确定性，这就是著名的“波曼悖论”①②。

在企业财务管理中，风险收益通常用相对数即风险收益率来表示。所谓风险收益率，是指投资者因冒风险进行投资活动而获得的超过时间价值率的那部分额外收益率，即风险报酬额与原投资额的比率。风险收益率的大小主要取决于两个因素：风险大小和风险价格。在风险市场上，风险价格的高低取决于投资者对风险的偏好程度。

如果忽略通货膨胀因素的影响，投资收益率就是无风险的投资收益率——资金时间价值率和有风险的投资收益率即风险收益率之和。用公式表示就是：

$$投资收益率 = 无风险收益率 + 风险收益率$$

对一般投资者来说，总是力求冒较小的风险，得到尽可能大的收益，至少是风险与收益大体相当。面对未来的不确定，我们如同站在如海洋般波涛汹涌的大雾面前，茫然无措。如果能够有一阵清风吹散一些迷雾，会把前面的路看得稍微清楚些。就像电影《魔戒》中表现烽火相传的预警系统，在古代中国和古罗马帝国时代都有所使用的烽火台一样，尽管我们掌握不了风向，但是我们应该学会感知风向。所谓“感知方向”，就是指事先对风险进行衡量。

2. 风险衡量

理财人员为了通过理财活动达到企业价值最大化的目标，必须正确地处理风险与收益这一对理财过程中的基本矛盾。这就要对风险进行科学的衡量，以实现在收益最大的情况下风险最小。风险的衡量，主要使用概率和统计的方法。

（1）概率分布

某一事件出现的可能性，可以用概率表示。而把每种可能性或结果列示出来，并给予一种概率，就构成了概率分布。概率分布是指某一事件各种结果发生可能性的概率分配。任何一个事件的概率分布都必须符合以下两个规则：

① $0 \leqslant P_i \leqslant 1$；

② $\sum_{i=1}^{n} P_i = 1$。

【例9】假设某企业有一投资项目，现有A、B两个方案可供选择。这两个方案在未来三种经济状况下的预期收益率及其概率分布如表2-2所示。

表2-2　　AB方案预期收益率及其概率分布表

经济情况	发生概率	A方案预期收益率	B方案预期收益率
繁荣	30%	90%	20%
正常	40%	15%	15%
衰退	30%	-60%	10%
合计	1.0		

在这里，概率既表示每一种经济状况出现的可能性，又表示各种不同预期收益率出现的可能性。例如，当未来经济情况出现繁荣的可能性有30%时，A方案可以获得高达90%的收益率，这也就是说，采纳A方案获利90%的机会是30%。这里为了简化，我们只考虑了经济情况这一个影响收益率因素，

① Bowman E H. A risk/return paradox for strategic management[J]. Sloan Management Review, 1980,21(3) : 17-31.

② Ruefli T W. Mean-variance approaches to risk-return relationships in strategy: Paradox lost[J]. Management Science, 1990, 36(3): 368-380.

当然，收益率还受到其他多种因素的影响。

分析师爱说这样的话："80%的概率你会获得 7%的回报，但是有 20%的可能你会失去你投资的三分之一。"概率的好处是可度量，因而可比较，不好的地方是概率只对长期的普遍的情形有用，对具体的一次性的决策作用不大。仿佛女人说世上的男人都不是好东西本身没有任何意义，女人真正想说的是面前的这个男人不是好东西。财务在起源上就是一种微观经济学，更多情况下是对具体的问题感兴趣。

（2）期望收益率

期望收益率是概率分布的平均值，即对每种可能的收益率按其各自的概率进行加权平均所得的收益率。期望收益率可按下列公式计算：

$$\bar{K}=\sum_{i=1}^{n}K_iP_i \tag{2-20}$$

式中：$\bar{K}$——期望收益率；

K_i——第 i 种可能的收益率；

P_i——第 i 种可能结果的概率；

n——所有可能结果的数目。

如例 9 中 A 方案的期望收益率为：

$$\bar{K}=30\%\times90\%+40\%\times15\%+30\%\times(-60\%)=15\%$$

B 方案的期望收益率为：

$$\bar{K}=30\%\times20\%+40\%\times15\%+30\%\times10\%=15\%$$

两方案的预期收益率相同，但从图 2-14 中我们可以看出其概率分布并不相同，A 项目的收益率的分散程度大于 B 项目。这说明两个项目的报酬率相同，但风险程度不同。这样，我们就要运用离散程度来定量地衡量风险大小。

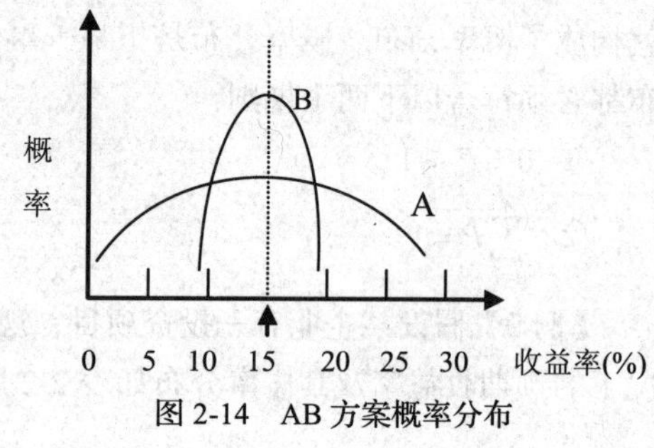

图 2-14　AB 方案概率分布

（3）离散程度

表示随机变量离散程度的最常用的参数是方差和标准差。

采用收益分布的方差对风险进行测算，方差是用来表示随机变量与期望值之间离散程度的一个量数，通常用 σ^2 表示。其计算公式为：

$$\sigma^2=\sum_{i=1}^{n}(K_i-\bar{K})^2\times P_i \tag{2-21}$$

标准差也叫均方差，是方差的平方根。它是各种可能的收益率偏离期望收益率的综合差异。实际上一般都是运用标准差来衡量某一事件的可能结果的概率分布的宽窄程度，以此来对决策对象各种可能结果的离散程度进行衡量。标准差越小，说明离散程度越小，风险也就越小。标准差通常用 σ 表示，其计算公式为：

$$\sigma=\sqrt{\sum_{i=1}^{n}(K_i-\bar{K})^2\times P_i} \tag{2-22}$$

例 9 中方案 A 的标准差为：

$$\sigma_A=\sqrt{(90\%-15\%)^2\times30\%+(15\%-15\%)^2\times40\%+(-60\%-15\%)^2\times30\%}=58.09\%$$

方案 B 的标准差为：

$$\sigma_B=\sqrt{(20\%-15\%)^2\times30\%+(15\%-15\%)^2\times40\%+(10\%-15\%)^2\times30\%}=3.87\%$$

可见，A 方案和 B 方案的期望收益率相同，但相比之下，A 方案的风险要比 B 方案的风险大得多。

（4）标准差率

标准差是反映随机变量离散程度的一个指标。但它是一个绝对值，而不是一个相对量，只能用来比较期望收益率相同的各项投资的风险程度，而不能用来比较期望收益率不同的各项投资的风险程度。要比较不同期望收益率的项目的风险程度，就需用标准差同期望收益的比值，即标准差率，也称标准差系数。其计算公式为：

$$V = \frac{\sigma}{\overline{K}} \times 100\% \tag{2-23}$$

式中：V——标准差率。

例 9 中，A 方案的标准差率为：

$$V_{\mathrm{A}} = \frac{\sigma_{\mathrm{A}}}{\overline{K}_{\mathrm{A}}} \times 100\% = \frac{58.09\%}{15\%} \times 100\% = 387.3\%$$

B 方案的标准差率为：

$$V_{\mathrm{B}} = \frac{\sigma_{\mathrm{B}}}{\overline{K}_{\mathrm{B}}} \times 100\% = \frac{3.87\%}{15\%} \times 100\% = 25.8\%$$

这个结果说明 A 方案为了获得 1%的收益而承担了 387%的风险方差，而 B 方案只承担了 25.8%，所以 B 方案更优。当然，在上例中，两个公司的期望收益率相等，可直接根据标准差来比较两个方案的风险程度，但如果期望收益率不等，则必须计算标准差率才能比较两个方案的风险程度。例如，假设上例中 A 方案的期望收益率为 20%，B 方案的期望收益率为 15%，则在此情况下两方案就无法直接根据标准差来比较，只能通过求出这两个方案的标准差率后才能进行比较。计算方法为：

$$\sigma_{\mathrm{A}} = \sqrt{(90\% - 20\%)^2 \times 30\% + (15\% - 20\%)^2 \times 40\% + (-60\% - 20\%)^2 \times 30\%} = 58.3\%$$

$$\sigma_{\mathrm{B}} = \sqrt{(20\% - 15\%)^2 \times 30\% + (15\% - 20\%)^2 \times 40\% + (10\% - 15\%)^2 \times 30\%} = 3.87\%$$

则标准差率分别为：

$$V_{\mathrm{A}} = \frac{\sigma_{\mathrm{A}}}{\overline{K}_{\mathrm{A}}} \times 100\% = \frac{58.3\%}{20\%} \times 100\% = 291.5\%$$

$$V_{\mathrm{B}} = \frac{\sigma_{\mathrm{B}}}{\overline{K}_{\mathrm{B}}} \times 100\% = \frac{3.87\%}{15\%} \times 100\% = 25.8\%$$

尽管得出的结论仍然与原来的一样，但是 A 方案的标准差率随着收益率的提高而下降。

（5）风险收益率的计算

为了正确地进行投资决策，投资者除了要知道投资风险的大小外，更需要知道投资风险收益的高低。

显然，投资者如果投资时冒了风险，他就应当获得超过时间价值的额外收益，而且所冒风险程度越大，得到的风险收益也应当越多。即风险收益的大小应当与风险的大小成正比。因此，表示风险价值的风险收益率也应与反映风险程度的标准差率成正比关系。但是，收益标准差率并不等于风险收益率。要将收益标准差率转换成风险收益率，还必须借助于另外一个参数——风险价值系数 b。即

风险收益率 = 风险价值系数×标准差率

用符号表示为：

$$R_{\mathrm{R}} = b \cdot V \tag{2-24}$$

于是，投资的总收益率为：

$$K = R_{\mathrm{F}} + R_{\mathrm{R}} = R_{\mathrm{F}} + b \cdot V \tag{2-25}$$

式中：

K——投资收益率；

R_f——无风险收益率；

R_R——风险收益率；

b——风险价值系数；

V——标准差率。

无风险收益率就是加上通货膨胀贴水后的资金时间价值。一般地，把投资于国库券的收益率视为无风险收益率。

通常，风险价值系数由投资者根据以往的同类项目或主观经验加以确定。

例如，例 9 中，假设 A、B 两个方案的风险价值系数分别为 8%和 12%，则两个方案的风险收益率分别如下。

A 方案：$R_{R(A)} = b_A \cdot V_A = 8\% \times 387.3\% = 31\%$

B 方案：$R_{R(B)} = b_B \cdot V_B = 12\% \times 25.8\% = 3.1\%$

（6）风险收益的计算

计算出风险收益率后，就可以根据有关的投资数据资料计算出风险收益的大小。其计算公式为：

$$P_R = C \cdot R_R \text{ 或 } P_R = P_m \cdot \frac{R_R}{K} = P_m \cdot \frac{R_R}{R_F + R_R} \tag{2-26}$$

式中：

P_R——风险收益；

C——总投资额；

P_m——投资总收益。

如例 9 中，假设总投资额为 100,000 元，则两方案的风险收益分别如下。

方案 A：$P_{R(A)} = C_{(A)} \cdot R_{R(A)} = 100,000 \times 31\% = 31000$（元）

方案 B：$P_{R(B)} = C_{(B)} \cdot R_{R(B)} = 100,000 \times 3.1\% = 3100$（元）

应当注意的是，风险通常被认为具有明显的主观色彩，相关的计算结果也带有一定的主观性，并不是十分精确的。研究投资风险收益，关键是要在进行投资决策时，树立风险价值观念，认真权衡风险与收益的关系，选择有可能避免风险、分散风险并获得较多收益的投资方案，借以实现最佳的经济效益和企业的财务目标。

2.4.2 利率与通货膨胀

利率是利息占本金的百分比指标。从资金的借贷关系看，利率是一定时期运用资金资源的交易价格。

1. 利率

（1）利率的类型

① 按照利率之间的变动关系，分为基准利率和套算利率。基准利率是在多种利率并存的条件下起决定作用的利率，也就是说这种利率变动会引起其他利率的相应变动。在西方，基准利率是中央银行的再贴现率；在我国则是中国人民银行对商业银行的贷款利率。套算利率是在基准利率确定后，各金融机构根据基准利率和借贷款项的特点而换算出的利率。

② 按利率与市场资金供求状况的关系，分为固定利率和浮动利率。固定利率是在借贷期内固定不变的利率。由于通货膨胀，固定利率会使债权人的利益受到损害。相应地，浮动利率在借贷期内可以

调整，在通胀情况下采用浮动利率，可使债权人减少损失。

③ 按形成机制不同，分为市场利率和法定利率。市场利率根据资金市场上的供求关系，随市场而变动。法定利率是由政府金融管理部门或中央银行确定。

（2）利率的决定因素

利率是资金这种特殊商品的价格，主要由供求决定。除此之外，经济周期、通货膨胀、国家货币政策和财政政策、国际经济政治关系、国家利率管制程度等，对利率变动均有不同程度的影响。因此，利率通常由以下三部分构成：

利率=纯利率+通货膨胀补偿率+风险回报率

① 纯利率。纯利率是指无通货膨胀、无风险情况下的平均利率。在没有通货膨胀时，国库券的利率可以视为纯利率，国内外学者在这一点上达成了一致[①②]。纯利率的高低，受平均利润率、资金供求关系和国家宏观调控的影响。

② 通货膨胀补偿率。通货膨胀使货币贬值，投资者的真实报酬下降。因此投资者在把资金交给借款人时，会在纯利率的水平上再加上通货膨胀补偿率，以弥补通货膨胀造成的购买力损失。因此，每次发行国库券的利息率随预期的通货膨胀率变化，它近似等于纯利率加预期通货膨胀率。

③ 风险回报率。投资者除了关心通货膨胀率以外，还关心资金使用者能否保证他们收回本金并取得一定的收益。这种风险越大，投资人要求的收益率越高。实证研究表明，公司长期债券的风险大于国库券，要求的收益率也高于国库券；普通股票的风险大于公司债券，要求的收益率也高于公司债券；小公司普通股票的风险大于大公司普通股票，要求的收益率也大于大公司普通股票。风险越大，要求的收益率也越高，风险和收益之间存在对应关系。风险回报率是投资者要求的除纯利率和通货膨胀之外的风险补偿。

2. 通货膨胀

第一次世界大战之后，协约国要求德国支付巨额赔款。这使得德国出现了严重的财政赤字现象，为了筹集赔款的资金，德国政府大量发行货币，引起了严重的通货膨胀。例如，拿报纸的价格来说，1921 年 1 月，仅需 0.3 马克就可以买一份报纸，但是到 1923 年 9 月，价格竟然涨到了 1,000 马克。更惊人的是，1923 年 11 月，一份报纸价格竟然高达 7000 万马克！这种急速的恶性通货膨胀受到了世界的瞩目。

位于非洲东南部的津巴布韦是一个内陆国家，自然资源比较丰富。但是 2007—2008 年，持续的经济衰退导致津巴布韦通货膨胀加剧，物资供应紧张，很多津巴布韦人不得不坐火车到邻国购物。民众每个月至少需要 1,000 万津元（2007 年 9 月时，50 万津元大约可以兑换 1 美元）才能维持基本生活，很多人甚至自嘲为“贫穷的百万富翁”。2008 年 10 月，通货膨胀率高达 231,000,000%，一度成为世界上通货膨胀率最高的国家。

（1）通货膨胀的含义

通货膨胀是指一个时期内物价普遍上涨，货币购买力下降，相同数量的货币只能购买较少的商品。经济学界对此解释并不完全一致[③④]，但普遍认可的定义是：一定时期内纸币的发行量超过流通中所需的金属货币量而导致的物价上涨现象。

① Ahn D H, Dittmar R F, Gallant A R. Quadratic term structure models: Theory and evidence[J]. Review of Financial Studies, 2002, 15(1): 243-288.

② Ahn D H, Gao B. A parametric nonlinear model of term structure dynamics[J]. Review of Financial Studies, 1999, 12(4): 721-762.

③ Friedman M, Schwartz A J. The role of money[M]//Monetary Trends in the United States and United Kingdom: Their Relation to Income, Prices, and Interest Rates, 1867~1975. University of Chicago Press, 1982: 621-632.

④ Hanel R, Conrath B, Flasar M, et al. Infrared observations of the Jovian system from Voyager 1[J]. Science, 1979, 204: 972-976.

中国历史上以铜铸币为主，出现多次名义价值和实际价值不符，引起货币贬值，物价上涨的事件。例如，公元 465 年南宋前废帝刘子业铸二铢钱，“形式转细。官钱每出，民间即模效之，而大小厚薄，皆不及也。无轮廓，不磨鑢……谓之鹅眼钱。劣于此者，谓之涎环钱。入水不沉，随手破碎，十万钱不盈一掬，斗米一万”。结果引起社会经济停滞，宋王朝走向崩溃。

在我国现代社会中，通货膨胀的起因主要是由于投资膨胀财政收支不平衡，国家不得不增加货币发行量，由此造成流通中的货币量增加，币值下降，物价上涨。老百姓常说的“钱毛了”就是说的这一点。除此之外，还有产业结构不合理等。上述这些都将随着经济体制的改革和市场经济体制的不断完善而得到调整，通货膨胀也会随之降低。

（2）物价变动指数

货币购买的上升或下降要通过物价指数计量。所谓物价指数是反映不同时期商品价格变动的动态相对数。按照计算时包括商品范围的不同，分为个别物价指数、类别物价指数和一般物价指数三种。而作为考察一般物价水平变动是以全部商品价格为对象的，通常用消费品价格指数表示，在我国称为社会商品零售物价总指数。消费品价格指数是对城市居民消费商品、劳务、通过抽样调查取得数据计算形成的统计平均数。计算方法如下：

$$P=\frac{\sum p_n \cdot q_n}{\sum p_0 \cdot q_n} \tag{2-27}$$

式中：P——统计期加权指数；

p_n——统计期价格；

p_0——基期价格；

q_n——统计期销售量。

这种计算方法以居民在统计期内购买商品的结构为基础，并假设基期与报告期结构相同的情况下，计算说明由于报告期价格变动而增加或减少的开支数。

（3）通货膨胀对财务管理的影响

德国在 1923—1924 年年间遇到最严重的恶性通货膨胀。在 1922 年年间，最高的货币面值是 5 万马克；而在 1923 年年间，最高的货币面值就是 100 兆马克（即 100 万亿马克）。在最严重的时候，4.5 兆马克只与 1 美元等值。1923 年时，德国马克已贬值到孩童整叠整叠当玩具、壁纸，甚至整叠直接扔进暖炉当柴火使用。中华民国时期，国民党政府实施法币改革，发行大量纸币，使得货币贬值，物价疯涨，粮食涨价尤其突出，大街上经常可以看到有人拎着一麻袋钱，排着长长的队，只为等待买一斤粮食，人民生活苦不堪言。

通货膨胀对财务管理活动的影响主要表现如下。

① 通货膨胀对财务管理信息资料的影响。

a. 由于通货膨胀必然引起物价变动，但会计核算一般维持成本计价原则，导致资产负债表所反映的资产价值低估，不能反映企业的真实财务状况。

b. 由于资产低估，又会造成产品成本中原材料、折旧费等低估，而收入又按现时价格计算，使企业情况不真实。

c. 由于固定资产价值低估，造成提取折旧不足，实物资产和生产能力发生减损。

d. 由于收入高估，成本费用低估，使利润虚增，税负增加，资本流失，再加上资产不实，使投资者无法确认资本保全情况。

② 对企业成本的影响。由于通货膨胀使利率上升，企业使用资金的成本提高。另外，通货膨胀加

剧，会使物价水平全面提高，购置同样物资的资金需要量大幅增加。由于价格上涨，材料成本和加工费用增加，同样会使成本加大。

③ 对财务决策的影响。通货膨胀会使预测、决策及预算不实，使财务控制失去意义。如果企业持有债券，则债券价格将随着通货膨胀、市场利率的提高而下降，使企业遭受损失。

（4）通货膨胀预期

当物价总体水平发生变化，通货膨胀将影响购买力。对通货膨胀的预期将直接影响利率水平，因为预期的现金购买力降低，则资金的供应者将会要求增加回报，而引发利率上升。当通货膨胀率较高时，引起利率上升，当通货膨胀率较低时，引起利率下降。

预期通货膨胀率与名义利率之间的关系称为费雪效应①。名义无风险利率等于实际利率加通货膨胀率，即：

名义无风险利率=实际利率+预期通货膨胀率

在某种经济制度下，实际利率往往是不变的，因为它代表的是你的实际购买力。于是，当通货膨胀率变化时，为了求得公式的平衡，名义利率——也就是公布在银行的利率表上的利率会随之而变化。正是因为这个原因，在20世纪90年代初物价上涨时，中国人民银行制订出较高的利率水平，甚至还有保值贴补率；而在现在，物价下跌，人民银行就一而再、再而三的降息。

在西方国家，政府短期债券的利率是无风险利率（IQF），则上式变为：

$$IQF=KR+\text{通货膨胀补偿}$$

式中：*KR*——实际利率。

【讨论案例】

拿破仑带给法兰西的尴尬

拿破仑1797年3月在卢森堡第一国立小学演讲时说了这样一番话：“为了答谢贵校对我，尤其是对我夫人约瑟芬的盛情款待，我不仅今天呈上一束玫瑰花，并且在未来的日子里，只要我们法兰西存在一天，每年的今天我将亲自派人送给贵校一束价值相等的玫瑰花，作为法兰西与卢森堡友谊的象征。”时过境迁，拿破仑穷于应付连绵的战争和此起彼伏的政治事件，最终惨败而流放到圣赫勒拿岛，把在卢森堡的诺言忘得一干二净。可卢森堡这个小国对这位“欧洲巨人与卢森堡孩子亲切、和谐相处的一刻”念念不忘，并载入他们的史册。1984年年底，卢森堡旧事重提，向法国提出“违背赠送玫瑰花”诺言案的索赔；要么从1797年起，用3路易作为一束玫瑰花的本金，以5厘复利（即利滚利）计息全部清偿这笔玫瑰案；要么法国政府在法国各大报刊上公开承认拿破仑是个言而无信的小人。起初，法国政府准备不惜重金赎回拿破仑的声誉，但却又被计算机计算出的数字惊呆了；原本3路易的许诺，本息竟高达1,375,596法郎。经过苦思冥想，法国政府斟词酌句的答复是：“以后，无论在精神上还是物质上，法国将始终不渝地对卢森堡大公国的中小学教育事业予以支持与赞助，来兑现我们的拿破仑将军那一诺千金的玫瑰花信誉。”这一措辞最终得到了卢森堡人民的谅解。

（资料来源：《读者》第49页．2000（17））

根据以上情况，讨论以下问题：

（1）法国政府是如何得出1,375,596法郎这个结论的？它的理论依据是什么？

（2）以上案例给你什么启发？

---

① Fisher I. The theory of interest[M]. New York, 1930, 43.

【专栏或者介绍】

“股神”巴菲特

1930年，一个普通的证券推销员家中诞生了一个不普通的小生命——沃伦•巴菲特，其缔造了把100美元增长成为600多亿美元巨额财富的神话。

在巴菲特的小伙伴们还在玩玩具、看动画片的时候，他就对股市表示出了极大的兴趣，每天对着股市各种图表、走势认真学习，模仿画出的图也有模有样。巴菲特第一次真正购买股票是在11岁的时候，他购买的第一支股票是“城市服务公司”，认购了3股，合计资金114美元。小巴菲特满以为能大赚一笔，这支股票却一路惨绿。还好，这支股票在持续下跌之后反弹。为了防止再次下跌，小巴菲特在股价40美元的时候果断抛售，捞到了人生中第一桶金——6美元。自此之后，巴菲特不断在股市中打拼，在实践中不断积累对股市的认识。在15岁那年，他购买了40亩的农场，而购买农场的钱，全部来自于他的炒股所得。

进入高中，巴菲特对炒股越发感兴趣，决定在大学攻读金融学专业。后来，巴菲特师从有着“金融教父”之称的本杰明·格兰姆教授。毕业后，巴菲特进入本杰明·格兰姆教授的公司从事股票投资工作，赚到了3万美元。这些钱促使他开办了自己的伯克希尔投资有限公司。

1957年，“巴菲特投资俱乐部”成立，短短一年时间，俱乐部的资金就由30万美元上升到了50万美元，5年之后，这个数字变成了720万美元，其中约1/7是巴菲特的私人财产。过了两年，他的个人资产已经上升至400万美元，这时候他可以支配的资金也已经达到2,200万美元。两年后，巴菲特已经拥有2,500万美元，公司资金更是达到了104,000,000美元。同年，敏锐的市场嗅觉指引巴菲特在狂赚的市场中悄然引退。

在这之后，股市行情急转直下，甚至慢慢演变成了波及全美国的灾难。1970年到1974年，长时间的通货膨胀和经济负增长困扰着每个美国人。然而，巴菲特却在别人看到困难的地方看到机会。根据多年的经验和强大的分析能力，给其他人带来灾难的市场却又让巴菲特再次大赚一笔。1972年，巴菲特开始关注大型报刊，《华盛顿邮报》一路维持35%的年增长率，在10年时间内让巴菲特的1,000万美元投资翻了20倍。1980年，巴菲特再次转型，投入1.2亿美元的大手笔买进可口可乐7%的股份。短短5年时间，可口可乐股价翻了5倍。1992年，巴菲特神话再写，短短6个月，他投资的通用动力公司的股票为他带来了1.69亿美元的财富增长。

1994年，伯克希尔公司已经发展成为巴菲特巨大的金融投资集团。自成立以来，其股票一直保持着20.2%的净增长。巴菲特被誉为是发财的火箭，因为只要你在1965年投资巴菲特的公司，到1998年，就可以拿到433倍于本金的回报！

2007年，伯克希尔·哈撒维公司公布了其年度业绩，29.2%的利润增长率，110.2亿美元的盈利。2009年，巴菲特也当仁不让地荣登《福布斯》年度全球亿万富豪榜榜首。巴菲特的财富也积累到了不可思议的600多亿美元。巴菲特“股神”的称号，实至名归！

【关键词语】

货币时间价值（monetary time value）

年金（annuity）

风险与收益（risk and return）

风险衡量（risk measurement）

利率（interest rate）

通货膨胀（inflation）

现值（present value）

终值（future value）

复习思考题

一、概念题

1. 货币的时间价值　2. 单利　3. 复利

4. 风险　5. 利率　6. 通货膨胀

二、单选题

1. 甲方案在3年中每年年初付款500元，乙方案在3年中每年年末付款500元，若利率为10%，则两个方案第3年年末的终值相差（　　）。

A. 105元　B. 165.50元　C. 665.50元　D. 505元

2. 在复利条件下，已知现值、年金和贴现率，求计息次数，应先计算（　　）。

A. 年金终值系数　B. 年金现值系数

C. 复利终值系数　D. 复利现值系数

3. 某企业拟存入银行一笔款项，以备在5年内每年年初以2,000元的等额款项支付车辆保险费，利率为6%，该企业应存入（　　）。

A. 11,274元　B. 8,930元　C. 10,000元　D. 9,040元

4. 一项100万元的借款，借款期限5年，年利率为10%，每半年复利一次，则实际利率比其名义利率高（　　）。

A. 5%　B. 0.4%　C. 0.25%　D. 0.35%

5. 从财务的角度来看风险主要指（　　）。

A. 生产经营风险　B. 筹资决策带来的风险

C. 无法达到预期报酬率的可能性　D. 不可分散的市场风险

6. 当甲乙两个项目期望收益率相同时，甲项目的标准离差率小于乙项目，则（　　）。

A. 甲项目的风险小于乙项目　B. 甲项目的风险等于乙项目

C. 甲项目的风险大于乙项目　D. 难以判断风险大小

三、判断题

1. 货币时间价值有两种表现形式。一种是相对数，即资金成本，通俗说法是利率；一种是绝对数，即资金成本额，又称利息额。（　　）

2. 货币时间价值表明在不同时点上，资金的筹集、投放、使用和回收其价值是不等的。（　　）

3. 永续年金可视作期限无限的普通年金，终值与现值的计算可在普通年金的基础上求得。（　　）

4. 风险和收益是对等的。风险越大，要求的报酬率就越高。（　　）

5. 在终值与利率一定的情况下，计息期越多，复利现值就越小。（　　）

6. 风险报酬率是指投资者因冒风险进行投资而获得的额外报酬率。（　　）

7. 由于通货膨胀会导致市场利息率变动，企业的筹资成本就会加大，所以由于通货膨胀而给企业带来的风险是财务风险即筹资风险。（　　）

8. 如果期望收益率不等，则必须通过计算两个方案的标准差率来比较两个方案的优劣程度。（　　）

四、计算题

1. 假设某厂有一笔123,600元的资金准备存入银行，希望在7年后利用这笔资金的本利和购买一套生产设备。银行存款利率为复利10%。该设备的预计价格为240,000元。问7年后用这笔款项的本

利和购买该设备是否够用?

2. 某公司向银行借入一笔钱，贷款年利率为 15%，期限 10 年。银行规定前五年不用还本付息，从第 6 年到第 10 年每年末偿付本息 5,000 元。问该笔贷款的现值是多少?

3. 银行 A 的贷款利率为：年度百分率为 10%，按年计息；银行 B 的贷款利率为：年度百分率为 9.8%，按月计息；银行 C 的贷款利率为：年度百分率为 9.6%，按季度计息；那么，哪个银行的贷款实际年利率低?

4. 某化工厂 2007 年年初对一台设备投资 100 万元，该项目 2009 年年初完工投产，2009 年、2010 年、2011 年、2012 年年末现金流量分别为 50 万元、40 万元、30 万元、20 万元，银行利率为 9%，要求：

(1) 按复利计算 2009 年年初投资额的终值。

(2) 按复利计算各年现金流入量在 2009 年年初的现值。

5. 假设某企业有一投资项目，现有 A、B 两个方案可供选择。这两个方案在未来三种经济状况下的预期收益率及其概率分布如表 2-3 所示。

表 2-3　　A、B 方案预期收益率及其概率分布

经济情况	发生概率	A 方案预期收益率	B 方案预期收益率
繁荣	20%	80%	60%
正常	50%	50%	30%
衰退	30%	−70%	20%
合计	1.0		

那么，应该选取哪种方案?

第二部分

企业筹资管理

第3章 筹资概述

【引导案例】

"田大妈"借钱难

位于成都市近郊新津县，拥有2亿多元资产，占有全国泡菜市场60%份额的新蓉新公司，近年来却被流动资金的"失血"折磨得困苦不堪。企业创始人，总经理田玉文（人称"田大妈"）目前在由成都市委宣传部、统战部和市工商联联合召开的一次座谈会上大倒苦水。这位宣称"除了'田玉文'不认得多少字"的企业家当场发问："我始终弄不懂：像我们这样的企业，一年上税三四百万，解决了附近十几个县的蔬菜出路，安排了六七千农民就业，从来没有烂账，为啥就贷不到款呢？"

新蓉新最近的流动资金状况的确很成问题。四五月正是蔬菜收购和泡菜出厂的旺季，该公司这段时间每天从农民手中购进价值70余万元的大蒜、萝卜等蔬菜，但田大妈坦言，她已经向农民打了400多万元的"白条"。这种状况让田大妈非常苦恼。她能有今天——据她自己说——全靠她一诺千金。在她看来，"白条"所带来的信誉损失是难以接受的。新蓉新从零开始做到如今的2亿多元，历史上只有工行的少量贷款，大部分资金是"向朋友借的"。也正是为了维护这种民间信用关系，田大妈近日一气偿还了"朋友"的借款共2000多万元。据说，现在新蓉新的民间借款几乎已经偿清。

这也正是新蓉新目前面临流动资金困境的主要原因之一。此外，为了引进设备建一个无菌车间，田大妈花了将近100多万元，购进土地110亩。近日，田大妈同她的长子——新蓉新董事长陈卫东为此发愁：如果融不到800万元贷款，下一步收购四季豆就没法了？

这使我们思考这样一个问题：企业为什么要进行筹资？企业筹集资金需要具备哪些条件？企业有哪些进行筹资的渠道？企业筹资是一个复杂的决策过程，是关系企业生产和发展的重要活动，融资渠道和方式有很多，本章将对企业筹资进行概述。

（案例来源于《成都商报》1999年5月3日新闻报道）

【学习目标】

- 了解企业筹资的动机和要求；
- 了解企业筹资理论；

- 熟悉企业的筹资渠道和资金来源；
- 掌握资金需求量的预测方法。

3.1 企业筹资的动机与要求

古希腊人把气、水、火和土视为所有物质赖以形成的四大因素，现实生活中，金钱已成为“第五大因素”。我们的现实生活无时无刻不需要资金，为此无论是个人还是企业都需要想方设法筹集资金。

企业筹资，是指企业根据其生产经营、对外投资和调整资本结构等需要，通过筹资渠道和金融市场，运用债务、股权等筹资方式，经济有效地筹措和集中资本的活动。[①]例如，跨国公司都会选择核心银行，利用规模效益，管理筹集资金，以保证每个地区都能有最低的成本资金。跨国公司往往还会介入金融衍生品以及汇率的炒卖，以便控制资金的汇率风险。企业筹资是一个复杂的决策过程。它位于企业一切生产活动的前端。实践中，企业筹资活动涉及企业为满足筹资需要，而对筹资途径、筹资数量、筹资时间、筹资成本、筹资风险和筹资方案等要素进行评价和选择的具体工作，其目标是确定一个最优资金结构的筹资方案。

在实现筹资的过程中，企业管理者必然要面对如下问题：该选择哪种筹资方式，是利用权益资本还是债务资本？通过什么渠道筹措权益资本或债务资本？企业该如何控制权益资本与债务资本之间的比例？筹资后企业的长期资金与短期资金比例该如何设置？这一系列问题正是企业筹资管理的重点，关系到是否可以保证企业生产经营过程中资金的正常周转，避免支付困境的出现。

总体而言，企业筹资行为将会影响和改变企业的财务结构或资本结构。企业资金来源主要有三条途径：短期负债筹资、长期负债筹资与股权资本筹资。其中，对具有长期影响的、战略意义的长期负债与股权资本筹资决策，又被称为资本结构决策。此外，对于筹资将带来的后续股息分配、公司控制权改变等情况，亦对企业经营的稳定性与发展起到不容忽视的作用。华谊兄弟发行股票筹资，成功上市增加了公司信誉，提高了知名度。公司有了足够的资金投资电影建设，增加了盈利来源，提高了核心竞争力。

另外，企业筹集资金的行为也可能会产生丧失偿债能力、降低企业利润的不良后果。一旦筹资行为引发企业的资产结构失衡、偿付风险激化，那么随之而来的财务困境将威胁到企业的生存。因而，对筹资产生的风险分析不容忽视的。例如，2004 年 4 月曾经是中国最大的民营企业的德隆股票崩盘，导致德隆轰然倒下的事件。德隆集团当初被人们称作“股市第一强庄”，旗下拥有 177 家子、孙公司和 19 家金融机构的巨型企业集团。其筹资似一场“圈钱游戏”而引发资本黑洞。最终无法偿还自己的债务，从而引发了一场不小的股市地震。

3.1.1 企业筹资的动机

资金是企业的血液，它维系着企业经营、发展、获益各个活动环境的养分需求。[②]在成熟的市场经济条件下，企业对资金的需求日益增加，同时对提升资金管理效率的要求也在不断攀升。有效的资金管理并非只是针对自身已有资金的使用，而是强调充分利用已有资源极大吸纳外部资金，利用合理的财务杠杆增加收益、规避可能出现的偿付危机。企业的资金在某一时点上会因种种原因而出现短缺，

---

① Amihud Y, Lev B, Travlos N G. Corporate control and the choice of investnent financing: The case of corporate acquisitions[J]. The Journal of Finance, 1990, 45(2): 603-616.

② Beck T, Demirgüç-Kunt A, Laeven L, et al. The determinants of financing obstacles[J]. Journal of International Money and Finance, 2006, 25(6): 932-952.

这种现象会时常发生。这涉及企业生存中最为重要的流动性问题。而解决这种流动性危机最好的办法，即是在合理的时间、合适的场合解决好企业需求资金的入与出。这就是企业筹资管理的核心意义和基本动机所在。

企业筹资的动机主要分为以下几类。

1. 新建筹资动机

新建筹资动机是指在企业新建时，为满足正常生产经营活动所需的铺底资金而产生的筹资动机。这种动机多数存在于那些新建企业之中，因而具备一次性的特征。对于很多新建的企业来说，现金流就是一切，利润倒在其次。如果现金流筹集周转得好，企业就能够良好运行，利润也就水到渠成。

2. 扩张筹资动机

扩张筹资动机是指企业为扩大生产经营规模、追加额外投资、建设新生产基地等投资目的，而产生的筹资动机。由于企业经营存在周期性和成长性，因而企业的扩张筹资需求是不间断的、持续的。于是扩张筹资动机具备了多次性特征。有良好发展前景、处于成长时期的公司通常会产生这种筹资动机。例如，依靠自由资金的积累进行筹资发展的惠普公司。戴维· 帕卡德和比尔·休利特于 1939 年 1 月 1 日创办了合伙企业——惠普公司，在当年年底公司就开始盈利。惠普公司将大部分盈利用于再投资，再加上职工购买股票的资金和其他现金收入，作为发展所需的资金，而不依赖长期贷款。惠普自 1959 年开始实行员工购买股票计划，使职工可依照其工资的一定比例按照优惠价格购买一部分惠普股票，这为惠普筹集了可观的发展资金。

3. 偿债筹资动机

偿债筹资动机是指企业出于对自身流动性的考虑，不得已产生筹集资金偿付债务的动机，即借新债还旧债。偿债筹资有两种情形：一是调整性偿债筹资，即公司虽有足够的能力支付到期旧债，但为了调整现有的资本结构，仍然举债；二是恶化性偿债筹资，即公司现有的支付能力已不足为偿付到期旧债，但为缓解财务危机而被迫举新债还旧债。一般而言，此类动机引发的是企业借款行为，而非企业股权筹资行为。这是考虑到股权资金使用的种种约束存在，同样是为了保护企业投资者的合理权益。通常而言，企业适度负债经营可以提高经营效率，这个比例一般不应超过 50%。有人曾对 1,000 多家上市公司和 5,000 家非上市国有企业的资产负债率做过对比，发现上市公司的资产负债率低于 40%的占总数的 5 成以上，50%～70%的占 4 成多，而只有极少数的公司资产负债率超过 70%，与之相对应的是，国有非上市公司的资产负债率平均 65%，有四成以上高于 80%，这表明上市公司的资本结构普遍要比非上市国有企业稳健。虽然财务风险主要影响因素是经营风险，但保持合理的负债率对筹资风险来说仍是非常重要的。

4. 混合筹资动机

多数情况下，企业处于既需扩大经营的长期资金又需要偿还债务的现金而形成的筹资需求下，此时企业的筹资动机成为混合筹资动机。这种筹资中混合了前两种筹资动机。

事实上，详细区分企业筹资动机对于企业财务管理的意义并不大。因为企业经营中出现资金需求时，无论是哪种动机，管理者都将执行下去。相对而言，区分企业筹资动机对于投资者预测将资金投放给企业的风险程度具有一定意义。

3.1.2 企业筹资的要求

1. 确定资金需要量以防止筹资过多或缺乏

筹资必须正确预测出资金的需要量，制订一个资金的合理界限，使资金的筹集量与需求量达到平衡，既防止资金不足影响生产经营的发展，又防止资金过剩导致资金使用效果降低。在全球知名企业中，沃尔玛的筹资预测做得最好，沃尔玛对资金流动循环速度控制非常到位，有效地管理了所筹集的资金。

2. 分析资金使用效益从而仔细进行投资决策

公司筹资时应根据不同的资金需要与筹资政策，考虑各种渠道的潜力、约束条件、风险程度，综合考察、分析各种资金成本率和投资收益率，求得最优的筹资组合，力求以最少的资金成本实现最大的投资收益。

3. 合理安排资本结构和筹资渠道并降低资金成本

公司的资本结构一般是由自有资本和借入资本构成的。负债的多少要与自有资本和偿债能力的要求相适应，既要防止负债过多，导致公司财务风险过大、偿债能力过低，又要有效地、合理地运用负债经营，提高自有资本的收益水平。弗朗西斯·培根说："金钱就像粪土，只有播撒出去后才是好东西。"实际上这里的金钱就是自有资本，你只有将它投出了，来年才会有好的收成。而当负债超过自有资本时，所有者权益就将变成负数，这就是"资不抵债"，是导致传统企业破产的主要原因。

3.2 筹资渠道与筹资方式

在过去几年里，不少企业家开始把因特网作为寻找资金的一种来源。网络开始逐渐为小企业获得资金提供机遇。由于网络未来潜力的存在，它作为融资来源的作用值得关注。网上筹资最出名的企业家是春天街布鲁英公司的所有者安德鲁·克莱恩。1995 年，他用因特网为公司筹资 160 万美元。然而从那时起，很少有其他小企业所有者使用这种方法进行筹资。

实践中，企业进行筹资决策时最需要考虑的是筹资渠道与方式选择。筹资渠道和筹资方式之间有密切的关系。一定的筹资方式可能适用于多种筹资渠道，也可能只适用于某一特定的筹资渠道；同一渠道的资金也可能采取不同的筹资方式取得。因此公司筹资时，应注意两者的合理搭配，以提高资金的利用率。

3.2.1 企业筹资的基本原则

资本结构是企业筹资的核心，涉及企业的长远发展和生死存亡，是公司理财的重要课题。

到目前为止，河北省上市公司有 44 家，明年年底有望增为 50 家。根据《中国证券报》对上市公司 2011 年中期业绩的综合排序，河北省上市公司无一跻身 100 强，虽有三分之一的上市公司有一定的潜力和成长性，但无一只绩优股，甚至有两家亏损上市公司。这些上市公司整体业绩在河北省是佼佼者，但在全国处于中下等水平。究其原因是多方面的，但该省上市公司资本结构不合理是其中一个非常重要的原因。改善资本结构，提高经济效益是其主要目的。任何一个企业，要想获得价值最大化，都必须进行合理筹集。企业要保证其筹资的科学合理，应遵循符合国家产业政策原则、符合企业效益最大化原则、符合市场需求导向原则。同时，企业必须做到量力而行。唯此，企业才能在激烈的市场竞争中获得应得的利益，处于不败之地。[①]在确定企业筹资决策中的筹资方式和筹资渠道之初，必须考虑企业筹资的基本原则。

1. 规模适当原则

规模适当原则决定了企业选择资金的数量，也间接约束了企业筹资的途径与方式。例如，一个现有规模为 3,000 万元的企业，为了扩大生产经营规模，希望在资本市场上筹集 2,000 万资金。此时，已知的融资渠道中，多数没有问题，但在融资方式选择上，企业受到自身规模和资本市场筹资条件的限

① 王平. 浅谈企业投资结构决策应遵循的基本原则[J]. 商业经济，2009 (2): 7-7.

制，而无法选择增发股权融资的方式。

2. 筹措及时原则

企业筹资是一个过程，故而有时间之说。对企业而言，短平快的筹资过程可以节省许多中间成本支出，且允许企业在筹资过程中不必担心当前的偿债危机。而过长的筹资周期，如上市增发股票，则一方面提高了企业资金成本，另一方面又要求企业在资金筹集之前保持一定的流动性，以防不测。故而，对筹资时间的估算应该准确，以实现及时、合理筹资。

3. 来源合理原则

从企业筹资的方式和渠道看，企业筹集资金的自由度较大。然而实践并非如此。企业在筹资决策中需要严格考虑债务和股权之间比重，这不仅涉及企业未来收益问题，更多地会影响到企业控制权的转移。来源合理一方面可以完成资金与负债的匹配性，另一方面适当选择融资渠道和方式可以给市场一种有能力偿付债务、吸引资本的信息暗示。

此外，合理性原则还包括对企业长期资本与短期资本结构的合理性要求。

4. 方式经济原则

这是纯粹地从财务成本角度考虑企业筹资问题。不同投资主体对资金的使用代价要求不同。同时，各类筹资方式也根据资金使用的时间、回收风险等提出了不同的回报要求。故而，对于原本缺乏资金的企业而言，融资会产生短期成本支出加大、未来成本支出改变等后果与附带影响。所以，企业在做出筹资决策时必须考虑方式经济原则。

5. 效益性原则

通过投资收益与筹资成本的比较，使企业筹资与投资在效益上权衡。即通过决策分析，确定投资机会是否存在，避免不顾投资效益的盲目筹资，同时在此基础上选择成本最低的筹资方式。

6. 合法性原则

企业筹资还必须遵守国家有关法律法规等的规定。

由上可知，遵循企业筹资的基本原则对于企业选择筹资方式和筹资渠道具有重要意义。

3.2.2 企业筹资渠道

近年来，像柯达、雷曼兄弟等许多全球性的大企业在金融危机中都没能经受住考验，纷纷退出了竞争的舞台。面对金融危机，企业选择什么样的筹资方式或筹资渠道，尽快解决维持企业生存的资金需求，使企业走出困境，是企业亟待解决的问题。在完备的资本市场中，企业可以从多种渠道获得资金。这些渠道包括国家财政资金、银行信贷资金、非银行金融机构资金、其他企业资金、民间资金、企业内部形成资金、风险投资资金等。[①]其中，每种筹资渠道代表了一种投资主体。于是投资主体目标的差异决定了企业在选择筹资渠道时的成本与代价。

1. 国家财政资金

国家财政资金是代表国家投资的政府部门或者机构以国有资金投入企业的资金，形成国家资本金。国家财政资金对企业的投资多数出于国家扶植行业发展、稳定市场环境的目的。对国有企业来说，国家财政资金是其主要资金来源。[②]曾任财政部副部长的朱志刚 2013 年 6 月 6 日表示，为配合成品油价格调整，目前，中央财政已将 284.8 亿元资金拨付各地，用于对渔业、林业、城市公交、

① Allen F, Qian J, Qian M. Law, finance, and economic growth in China[J]. Journal of Financial Economics, 2005, 77(1): 57-116.

② La Porta R, Lopez-de-Silanes F, Shleifer A, et al. Investor protection and corporate governance[J]. Journal of Financial Economics, 2000, 58(1): 3-27.

农村道路客运和出租车的补贴。由于国有经济在国民经济中的重要地位，今后国家财政资金仍是国有独资企业和国有控股公司的重要资金来源渠道。2008 年次贷危机发生后，美国、日本、欧洲等国家纷纷出台政策，实施政府对银行注资，以求稳定银行业，避免金融机构破产泛滥。该举措的确起到了稳定市场的效果。

2. 银行信贷资金

我国银行主要分为商业性银行和政策性银行，商业性银行为各类企业提供贷款；政策性银行主要为特定企业提供政策性贷款。因此，对于具备良好信誉又缺乏资金的企业而言，银行信贷资金更是必不可少的资金来源。银行信贷资金是商业银行出于赚取存贷差值的目的而投放在资本市场中的资金。这是社会上最易见到的一种筹资渠道。其特征是筹资金额有限、筹资自由、定期付息，到期还本。这是保守的筹集资金渠道，银行最大的风险是不良贷款，一般银行只能收回违约贷款的 40%。如果这样计算的话，每 100 笔贷款会有 3 笔违约，那么银行就会倒闭。因此银行在放贷时非常严格，这些增加了企业筹集资金的难度。

3. 非银行金融机构资金

非银行金融机构，主要包括保险公司、信托投资公司、证券公司、租赁公司、企业集团的财务公司等。它们提供各种金融服务，既包括信贷资金投放，也包括物资融通和为企业承销证券等金融服务。

4. 其他法人单位资金

其他法人单位资金是指其他法人单位以其可以支配的资金在企业之间相互融通而形成的资金。在生产经营过程中，企业往往会产生部分暂时闲置的资金可以在企业之间相互调剂余缺，这种资金既可以是短期的临时资金融通，也可以相互投资形成长期稳定的经济联合。随着横向经济联合的发展，这种资金来源渠道得到越来越广泛的应用。

5. 民间资金

对于个人闲置资金，企业可以通过发行股票、债券等方式将其积聚起来形成企业资金，从而进行充分利用。为了更好地解决“三农”问题，中央政府从 2004 年开始试图从金融角度找到破解“三农”问题的关键，从根本上提高农民收入，小额贷款公司便是其中的一次积极尝试。小额贷款公司最初的定位是为了服务“三农”，完善农村金融体系，加大对农户、农业小企业的贷款，实现民间资本的阳光化、规范化发展。

6. 企业内部形成资金

企业内部形成资金，主要指提取盈余公积和未分配利润而形成的资金，以及一些经常性的延期支付款项，如应付职工薪酬、应缴税费、应付股利等负债而形成的资金来源。惠普公司曾经有很长时间都采用拒绝长期借债的保守方式，完全依靠自身力量高速发展。这也就要求惠普公司必须在没有长期负债的情况下以平均每年 20%的速度正常，资金的需求通过公司内部的积累和努力来实现。

7. 风险投资资金

风险投资活动起源于美国，根据美国风险投资协会的定义，风险投资是对新兴的有巨大市场潜力的企业的一种股权资本投资。美国著名的苹果电脑公司就是在 20 世纪 70 年代由风险投资家——马克库拉进行创业风险投资而发展起来的，马克库拉当年对苹果公司投资 9.1 万美元，十几年后便拥有了苹果公司 1.54 亿美元的股票。这种高风险、高回报可能性的创业风险投资也正是我国一些有眼光的投资企业目前正在大力开展的事业。1998 年年初，上海新黄浦集团投资 1 亿元与复旦大学合作开发人类基因工程，就是一种创业风险投资。

风险投资的投资对象多为处于创业期的中小型企业，而且多为高新技术企业；投资期限在 3～5

年以上，通常占被投资企业15%～20%的股权，而不要求取得控股权，也不需要任何担保或抵押；投资人积极参与被投资企业的经营管理，提供增值服务，二者同舟共济；通过被投资企业上市、收购、兼并或其他股权转让方式，在产权流动中实现投资回报。

风险投资与银行贷款、一般投资的区别如表3-1所示。

表3-1 风险投资与银行贷款、一般投资的区别

	抵押资产	与被投资者的关系	回报方式	时间	考虑重点
风险投资	无	同舟共济	转让股权	中长期	企业发展前景
银行贷款	有	不参与	利息	短期	企业有无资产
一般投资	无	控股	红利股息	长期	能否控股企业

上述各种渠道的资金供应量存在着很大差别，有些渠道如银行信贷和非银行金融机构资金供应量较多，而企业内部形成资金的供应量则相对较少。这种资金供应量多少，在一定程度上取决于财务管理环境的变化，特别是宏观经济体制、银行体制和金融市场发展速度等。值得注意的是，企业资金来源的合法性需额外关注。不同的筹资渠道事实上暗含了对企业权益的各种不同约束机制。投资者凭此来获得企业的所有权和收益分配权。

3.2.3 企业筹资方式

1. 按筹资工具分类

筹资方式涉及企业筹资决策的主要工作内容。现存的筹资工具主要分为吸收直接投资、股权筹资、银行借款、发行债券、商业信用、发行筹资券、租赁筹资等类型。[①]通过观察实践可知，这种基础的筹资方式分类思想亦可被衍生出多种细致分类。例如，银行借款分为长期和短期，发行债券分为普通债券、可赎回债券、可转换债券、零息债券等。现代金融创新使得公司筹资方式变得复杂多样。随着各项附带权利加入筹资工具之中，企业筹资的规模和速度逐渐变得更加有效率，但随之而来的是筹资风险逐渐增大。这是一个管理者在考虑选择筹资方式时不可忽视的关键问题。

2. 按照筹集资金的所有权属性分类

企业筹集方式分为自有（权益）资金和债务资金两大类，如图3-1所示。

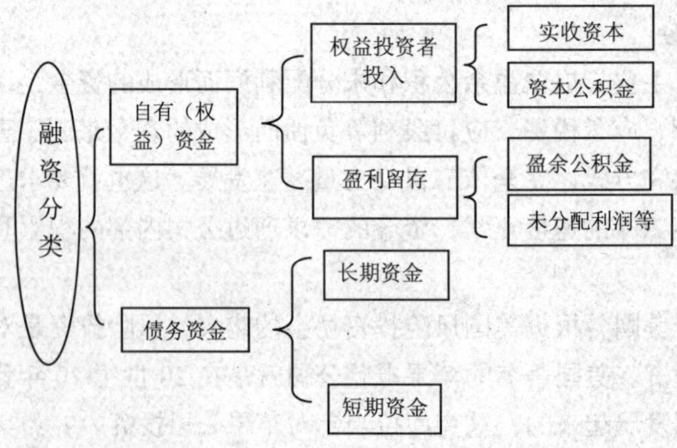

图3-1 资金筹集方式的所有权性质分类

① Myers S C, Majluf N S. Corporate financing and investment decisions when firms have information that investors do not have[J]. Journal of Financial Economics, 1984, 13(2): 187-221.

自有资金是指企业通过发行股票、直接吸引投资、盈利存留等方式增加企业所拥有的资本总量。这种筹资类型的特点是资金一旦筹集，便成为企业固有资本，无需日后归还。这种筹资类型有助于企业提高自身资本充足率，增强债务和信用的偿付能力，有利于企业抵御潜在的财务困境风险。[①]这是因为，在这种筹集过程中，企业更多地利用留存收益。企业使用留存收益所受限制较少，具有更大的灵活性，财务负担和风险都较小。

债务资金筹集是指企业通过契约、合同等法律方式，向投资人有时限的举借资金。其特点是投资人凭借合同、契约获得企业债权，并凭借债务的优先级别享有企业破产资产分配权，同时企业需要按时偿还利息与本金。这种筹资方式事实上是帮助企业获得了有限时间的资金使用权。由于资金最终要归还给借款人，故而企业也将随着债务资金的融入而产生未来的偿付风险。

3. 按照资本来源的范围分类

企业筹集方式分为外部筹资和内部筹资，如图3-2所示。

外部筹资包括直接筹资（企业与资金供应者之间）和间接筹资（企业、金融中介、资金供应者三者间传递）。内部筹资主要是指企业不经过外部协商，仅凭借其经营手段和内部股东会议，通过留存收益、折旧、摊销等方式完成自我资本的增长与补充。

此外，还有按照筹集资金使用时间长短分类的情况。

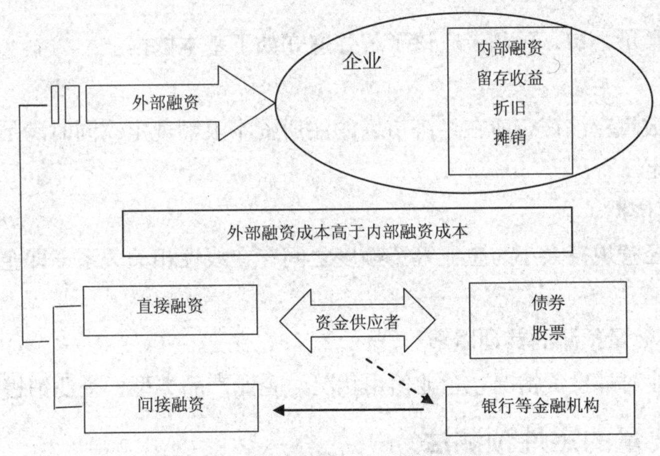

图3-2 资金筹集方式的筹集环境分类

尽管企业筹资行为存在多种分类思想，但本质上看，企业都是希望通过权衡各种筹资方式的利弊、成本等因素，来选择对企业最为有利的筹资决策。

3.3 资金需求量的预测

资金需要量预测，是对企业未来筹资需求的估计和推测。预测资金需要量需以预测期企业生产规模的发展和资金利用效果的提高为依据。[②]企业一方面需要预知自身的财务需求，即通过预测投资、偿付、采购等需求，来确定资金的需要量，提前安排筹资计划，以免影响资金周转；另一方面，企业能

① Bergemann D, Hege U. The financing of innovation: Learning and stopping[R]. Cowles Foundation for Research in Economics, Yale University, 2001.

② Ando H. Demand forecasting method, demand forecasting system, and recording medium: U.S. Patent 6,032,125[P], 2000.

够根据可能筹措到的资金来安排销售增长以及有关的投资项目，使投资决策建立在可行的基础上。因而，对资金需求量的预测存在投资与筹资的双向性分析。

资金是企业持续从事生产经营活动的基本条件，但并不是越多越好，筹集的资金过多会增加筹资成本与闲置的机会成本，影响资金的利用效果，降低企业税前收益。当然，资金过少不能满足企业生产经营活动需要，又会引发短缺成本。[①]因此，企业财务预测必须科学合理地确定资金需要量，从而有助于企业制订筹集计划、改善投资决策。

在企业资金需要量的预测中，对流动资金需求的预测具有更为重要的意义。[②]实践中，根据资产的性质、用途和占用资金的数额不同，企业应分别预测固定资产和流动资产资金需要量。企业固定资产资金需要量的预测，一般是通过投资决策和编制资本预算来完成的，而且其需要量比较稳定，预测不需经常进行。相对而言，在企业正常的生产经营条件下，企业投资需求和偿付需求均是间歇性存在的。从企业存在的逐利动机可知，企业必然会追求把握投资机会、减低偿付风险、增加商业信用，因而对于这种间歇性的资金需求，在经营中预留出足够的资金准备是一种良好的解决办法。但出于资产时间结构匹配和节约成本开支的目的，企业不会为之长期设置准备资金。通常情况下，都是在预测企业资金流动性需求的基础上，来确定企业资金筹集数量。

3.3.1 筹资数量预测的基本依据

在预测企业筹资数量之初，预测者应该了解并遵守如下基本依据。

1. 法律依据

企业筹集资金的数量应该符合所在经济市场的注册资本限额规定，同时满足其当前偿债能力和负债水平限额的法律规定。

2. 企业经营规模依据

一般而言，企业经营规模大小与企业筹资额度之间存在线性相关关系，即企业规模越大，筹资数额越多。

3. 影响企业筹资数量预测的其他因素

这些因素包括企业对外投资情况、企业信用状况、企业产品类型、企业销售地区分布等。

3.3.2 资金需要量的定性预测法

定性预测是指预测者依靠熟悉业务知识、具有丰富经验和综合分析能力的人员与专家，根据已掌握的企业历史经营资料和直观材料，运用个人的经验和分析判断能力，对事物的未来发展做出性质和程度上的判断，然后，再通过一定形式综合各方面的意见，作为预测未来的主要依据。[③]

1. 定性预测的特征及优缺点

定性预测偏重于对企业所处行业发展方向和企业经营中成本因素的分析，能发挥专家经验和主观能动性，比较灵活，而且简便易行，可以较快地提出预测结果。但是在进行定性预测时，也要尽可能地搜集数据，运用数学方法，其结果通常也是从数量上做出测算。

定性预测特别适合于对预测对象的数据资料（包括历史的和现实的）掌握不充分，或影响因素复

---

① Kerlin J A. Social enterprise in the United States and Europe: Understanding and learning from the differences[J]. Voluntas: International Journal of Voluntary and Nonprofit Organizations, 2006, 17(3): 246-262.

② Carpenter S, Demiralp S. The liquidity effect in the federal funds market: evidence from daily open market operations[J]. Journal of Money, Credit and Banking, 2006: 901-920.

③ Makridakis S, Wheelwright S C, Hyndman R J. Forecasting methods and applications[M]. John Wiley & Sons, 2008.

杂、难以用数字描述，或对主要影响因素难以进行数量分析等情况。

定性预测的优点在于：注重企业发展在性质方面的预测，具有较大的灵活性，易于充分发挥人的主观能动作用，且简单迅速，省时省费用。

定性预测的缺点是：易受主观因素的影响，比较注重于人的经验和主观判断能力，从而易受人的知识、经验和能力的多少大小的束缚和限制，尤其是缺乏对企业财务资金需要在数量上的精确描述。

2. 定性预测法的方法分类

（1）德尔菲法

德尔菲法是一种通过向专家进行几轮咨询，获得专家一致性意见的预测方法，由于其具有匿名性、信息反馈性和对结果进行统计分析三大特点，在社会科学领域中广泛应用。[①]德尔菲法是对企业财务资金需求的问题进行判断、预测的一种方法，是专家调查法的一种。它是美国蓝德公司于 1964 年首先用于预测领域的。德尔菲法具有反馈性、匿名性和统计性特点，选择合适的专家是做好德尔菲预测的关键环节。

德尔菲法具体实施过程如下：

① 组成十几人的专家小组，包括经理、财务主管、销售主管、营销负责人等；

② 提出所要预测的资金问题及要求：企业未来发展战略、资金使用情况、成本支出变化、收入与利润及可能的筹资途径和成本代价等。并附所有背景材料，然后由上述人员做出书面答复、判断；

③ 每个专家根据已知材料提出本人预测意见并提出预测值；

④ 将第一次判断意见汇总、列表、对比再发还回去修改和判断，逐轮收集意见并向专家反馈信息，经过三四轮，直到各个专家不再改变自己意见为止；

⑤ 组织人员对专家意见进行综合处理，得出最终预测结论：企业在未来一段时间内，需要以何种方式、从何途径来筹集多少资金，以应对何种情况。

德尔菲法的优点在于：可以加快预测速度和节约预测费用；获得各种不同但有价值的观点和意见；适用于长期预测和对新事件的预测，在历史资料不足或不可测因素较多时尤为适用。

德尔菲法的缺点在于：对于经营范围幅度较分散及投资活动频繁的企业资金需求预测可能不可靠；责任比较分散；专家的意见有时可能不完整或不切合实际。

（2）主观概率法

主观概率是人们凭经验或预感而估算出来的概率。它与客观概率不同，客观概率是根据事件发展的客观性统计出来的一种概率。主观概率判断法受到描述的影响，具有描述的依赖性。主观概率判断法的结果是判断者对中心假设的相对支持的反映。[②]在很多情况下，人们没有办法计算事情发生的客观概率，因而只能用主观概率来描述事件发生的概率。

主观概率法是一种适用性很强的统计预测方法，可以用于人类活动的各个领域。

主观概率法的步骤如下：①准备相关资料；②编制主观概率调查表；③汇总整理；④判断预测。

（3）领先指标法

领先指标法就是通过将财务、经营指标分为领先指标，同步指标和滞后指标，并根据这三类指标之间的关系进行分析预测。领先指标法是指能够对经济趋势进行前瞻性预测的指标[③]，领先指标法不仅

① Chocholik J K, Bouchard S E, Tan J K, et al. The determination of relevant goals and criteria used to select an automated patient care information system: a Delphi approach. Journal of the American Medical Informatics Association, 1999, (3) : 219-233.

② Craig R. Fox,Richard Birke. Forecasting Trial Outcomes: Lawyers Assign Higher Probability to Possibilities That Are Described in Greater Detail[J]. Law and Human Behavior , 2002, (2) : 159-173.

③ Kaminsky G, Lizondo S, Reinhart C M. Leading indicators of currency crises[J]. Staff Papers-International Monetary Fund, 1998: 1-48.

可以预测企业财务和经营的发展趋势，而且可以预测其转折点。

（4）厂长（经理）评判意见法

厂长（经理）评判意见法，就是由企业的负责人把与市场有关或者熟悉市场情况的各种负责人员和中层管理部门的负责人召集起来，让他们对未来的市场发展形势或某一种大市场问题发表意见，并结合财务人员对企业市场经营活动的分析，做出判断；然后，将各种意见汇总起来，进行分析研究和综合处理；最后得出市场预测结果。

（5）相互影响法

相互影响法就是从分析企业经营中各个事件之间由于相互影响而引起的变化，以及变化发生的概率，来研究各个经营事件在未来发生的财务资金需求可能性的一种预测方法。

（6）情景预测法

情景预测法是一种新兴的预测法，它把研究对象分为主题和环境，通过对环境的研究，识别影响主题发展的外部因素，模拟外部因素可能发生的多种交叉情景，以预测主题发展的各种可能前景。[①]由于它不受任何条件限制，应用起来灵活，能充分调动预测人员的想象力，考虑较全面，有利于决策者更客观地进行决策，在制定经济政策、公司战略等方面有很好的应用。但在应用过程中一定要注意具体问题具体分析，同一个预测主题，由于所处环境不同，最终的情景可能会有很大的差异。

3.3.3 资金需要量的定量预测法

定量预测法主要是依据企业有关历史资料，采用一定的数学模型预测企业资金需要量的方法。[②]定量预测法预测结果较精确，但计算较繁杂，并且必须具备完备的历史资料。常用定量预测法有销售百分比法、因素分析法和资金习性预测法等。

定量预测的优点在于：注重于事物发展在数量方面的分析，重视对事物发展变化的程度做数量上的描述，更多地依据历史统计资料，较少受主观因素的影响。

定量预测的缺点在于：比较机械，不易处理有较大波动的资料，难于预测事物的变化。

定性预测和定量预测并不是相互排斥的，而是可以相互补充的，在实际预测过程中应该把两者正确地结合起来使用。

下面对常见的定量预测方法进行详细的论述。

1. 销售百分比法

销售百分比法是根据预测的销售额与资产负债表和利润表项目之间的比例关系，预测企业筹资需求数量的一种方法。[③]这种方法属于采用定量比率进行资金分析法系统中的一种。它同定性分析资金预测法相比，这种方法的优点为可以提示企业资金需要量同销售数量以及经营规模等一些相关因素之间存在的数量关系，进而能较清晰地预测企业在未来所需求的资金数量以及规模等。进行销售百分比法时的依据是企业分析各个项目的资金同销售收入总额之间的相互关系，根据预期销售收入的实际变化来确定企业在未来对于资金的需求量。[④]

---

① Feng H H, Liu H P, LUe Y. Scenario prediction and analysis of urban growth using SLEUTH model[J]. Pedosphere, 2012, 22(2): 206-216.

② Kopecky K J, VanHoose D. A model of the monetary sector with and without binding capital requirements[J]. Journal of banking & finance, 2004, 28(3): 633-646.

③ Arundel A, Kabla I. What percentage of innovations are patented? Empirical estimates for European firms[J]. Research policy, 1998, 27(2): 127-141.

④ 曹祺. 试论销售百分比法在确定企业融资需求中的应用[J]. 企业导报, 2013 (9): 51-51.

销售百分比法是预测资金需要量方法中的目前最流行的一种方法。运用这种方法有两个前提：一是假定未来销售预测已经完成，将销售预测作为财务预测的起点。二是假设收入、费用、资产、负债与销售收入存在稳定的百分比关系。[①]在实际运用销售百分比法时，一般是借助预计利润表和预计资产负债表进行的，通过预计利润表预测企业留存收益这种内部资金来源的增加额，通过预计资产负债表预测企业资金需要总额和外部筹资数额。

销售百分比法的预测步骤如下。

（1）预计利润表——内部筹资量的预测

运用预计利润表预测留存利润的基本步骤如下。

第一步：取得基年利润表资料，并计算利润表各项目与销售额的百分比。计算公式：

$$某项目销售百分比=\frac{该项目金额}{基期销售额}\times 100\% \quad (3\text{-}1)$$

第二步：用预测年度的预计销售额乘以第一步计算出的利润表各项目销售百分比，计算预计利润表各项目的预计数。计算公式：

$$某项目预计数=预计销售额\times 某项目销售百分比 \quad (3\text{-}2)$$

第三步：根据预测年度净利润预计数与企业预定的留用比率，计算预计留存利润额。计算公式：

$$预计留存利润额=预计净利润\times（1-股利支付率） \quad (3\text{-}3)$$

上述预计留存利润额并不是真正的内部筹资量，还要加上非付现成本。

（2）预计资产负债表——外部筹资量的预测

运用预计资产负债表预测外部筹资额的基本步骤如下。

第一步，分析基期资产负债表各个项目与销售收入总额之间的依存关系，划分敏感项目和非敏感项目。敏感项目是指该项目金额因销售额的增长而相应的增加，如现金、应收账款、存货、应付账款、应付费用和其他应付款等。非敏感项目是指该项目金额一般不随销售的增长而相应的增加，如对外投资、固定资产净值、短期借款、长期负债和实收资本等。

第二步，根据资产负债表资料，计算各敏感项目销售百分比。

$$某敏感项目销售百分比=（该敏感项目/销售额）\times 100\% \quad (3\text{-}4)$$

第三步，计算预测期各敏感项目预计数。

$$某敏感项目预计数=预计销售额\times 某项目销售百分比 \quad (3\text{-}5)$$

第四步，计算预测期需要增加的流动资金额。非敏感项目预计数等于基期数。

$$预测期需要增加流动资金额=预计资产总额-预计负债总额-预计所有者权益总额 \quad (3\text{-}6)$$

第五步，计算预测期外部筹资额。

$$预测期外部筹资额=预测期追加投资额-预测期内部筹资额 \quad (3\text{-}7)$$

为简便起见，外部筹资额也可用下面公式计算：

$$\begin{aligned}追加的外部筹资额=&预计年度销售增加额\times（基年总敏感资产的销售百分比\\&-基年总敏感负债的销售百分比）-预计留存利润额\end{aligned} \quad (3\text{-}8)$$

【例1】A公司融资需求表如表3-2，上年销售额3,000万元，预计下一年度销售额4,000万元，该公司销售净利润率为4.5%，股利支付率为30%，试求融资数额。

① Karels G V, Prakash A J. Multivariate normality and forecasting of business bankruptcy[J]. Journal of Business Finance & Accounting, 1987, 14(4): 573-593.

表 3-2　　A 公司融资需求表

资产负债表数据	上年期末实际	占销售额百分比（销售额 3,000 万元）	本年计划（销售额 4,000 万元）
资产			
流动资产	700	23.33%	933.33
长期资产	1,300	43.33%	1,733.33
资产合计	2,000		2,666.66
负债及所有者权益			
短期借款	60	N	60
应付票据	5	N	5
应付款项	176	5.87%	234.8
预提费用	9	0.3%	12
长期负债	810	N	810
负债合计	1,060		1,121.8
实收资本	100	N	100
资本公积	16	N	16
留存收益	824	N	950，见下面③
所有者权益	940		1066
融资需求			478.86

根据上述的公式，确定融资数额步骤如下。

① 确定销售百分比。其中：流动资产和长期资产、应付款项和预提费用与销售额成正比；其余的与销售额无关（在表 3-2 中用 N 表示）。

② 计算下一年的资产和负债。

总资产 = 2,666.66（万元）

总负债 = 1,121.8（万元）

③ 预计留存利润额。

留存利润额 = 预计销售额×销售净利润率×（1-股利支付率）
= 4,000×4.5%×（1-30%）= 126（万元）

④ 预计外部融资数额。

外部融资数额 = 预计总资产-预计总负债-预计所有者权益
= 2,666.66-1,121.8-1,066
= 478.86（万元）

可以看出，A 公司为了实现 4,000 万元的销售额，需要增加资产 666.66 万元（2,666.66-2,000），其中负债增长提供 61.8 万元，留存利润额增长提供 126 万元。本年度再融资 478.86 万元。

通过本例可知，销售百分比法是资金需要量预测中比较简单的一种方法，这种方法的优点是使用成本低；便于了解主要变量之间的关系；但无法对长期资金需要量进行准确预测。这种方法的缺点是假设资产、收入、负债、成本与销售收入成正比例关系，这与实际不符。现实中由于存在规模经济和批量采购问题，许多情况下资产、收入、负债、成本与销售收入不成正比例变化。所以这种方法适合于预测较短期的资金变动，还可作为复杂方法的补充或检验。

2. 因素分析法

因素分析法又称分析调整法，是根据企业基期实际资金占用数额和预测期有关因素的增减变化情况，测算企业预测期的资金需要量的方法。该方法计算比较简单但预测结果不太准确。采用这种方法时首先应在上年度流动资金平均占用额基础上，剔除其中呆滞积压不合理的部分，然后根据预测期的生产经营任务和加速流动资金周转的要求进行测算。

这种方法的运用步骤如下。

第一步，确定基期资金中的合理占用数额和不合理占用数额。

第二步，确定预测期有关因素变动对资金需要量的影响。一般影响资金需要量的因素有：业务量、资产价格的升降和资金周转速度的快慢。

采用因素分析法预测资金需要量的公式为：

预测期的资金需要量=（基期资金实际占用额－其中不合理的占用额）

×（1±预测期业务量变化率）×（1±预测期资产价格变化率）

×（1－预测期资金周转速度变化率）（3-9）

【例 2】X 公司基期流动资金平均占用额为 7,000,000 元，其中超储积压和不合理占用额经分析为 600,000 元，假设其他因素不变，即预测期业务量变化率、预测期资产价格变化率和预测期的资金周转速度变化率均为零，求预测期资金需求量。

由上述公式计算预测期流动资金需要量：

（7,000,000−500,000）×（1±0）×（1+0）×（1±0）=6,500,000（元）

3. 资金习性预测法

资金习性预测法是指根据资金习性预测未来资金需要量的方法。[①]资金习性是指资金变动与产销量变动之间的依存关系。按资金习性可将资金分为不变资金、变动资金和半变动资金。其中，不变资金指在一定产销量范围内，不受产销量变动影响的资金。变动资金指随产销量变动而同比例变动的资金。半变动资金指虽然随产销量变动而变动，但不成正比例变动的资金。

资金习性预测法是指根据资金的变动同产销量之间的依存关系预测未来资金需要量的一种方法。利用这种方法，首先要求把企业的总资金划分为随产销量成正比例变动的变动资金和不受产销量变动的影响而保持固定不变的固定资金两部分，然后再进行资金需要量预测。资金习性预测法具体包括高低点法和回归分析法。

（1）高低点法

这种方法通过分别观察相关范围内产销量的最高点和最低点，以资金的最高点和最低点之差，来推算出不变资金和单位产销量所需变动资金的数值。其基本原理是：在产销量与资金变动的历史数据中，找出产销量最高和最低的两点及其所对应的资金占用，根据这两对历史数据求出直线方程，作为预测资金需要量的模型。

由于收集的历史数据处在一个相关范围内，因而可以假定资产与产销量之间存在线性联系，用方程 3-10 表示：

$$Y = a + bX \qquad (3\text{-}10)$$

式中：

X——产销量；

Y——资金占用额。

① Mansoorian A, Michelis L. Money, habits and growth[J]. Journal of Economic Dynamics and Control, 2005, 29(7): 1267-1285.

高点的资金性态：$YH=a+bXH$。

低点的资金性态：$YL=a+bXL$。

所以 $a=YH-bXH$ 或 $a=YL-bXL$，$b=(YH-YL)/(XH-XL)$。

于是，当 a、b 已知之后，即可根据已经预测的产销量 X，来计算出预测资金量。

（2）资金增长趋势预测法

资金增长趋势预测法，亦称为线性回归分析法，是假定资金需要量与销售额之间存在线性关系，然后根据一系列历史资料，利用数学上最小二乘法原理，计算能代表平均资金水平的直线截距和斜率，建立回归直线方程，并利用其预测资金需要量的一种方法。对比前面预测资金量的方法，更为精确。

预测模型与高低点法相同：

$$Y=a+bX \tag{3-11}$$

式中：

Y——资金需求量；

a——不变资金；

b——单位变动资金；

X——产销量。

只要求出 a、b，就可在 X 预测值的基础上，确定其资金需要量。利用统计知识，使用最小二乘法原理来求 a 和 b。

在预测出资金总需求额后，扣除已有资金来源和留存收益增加额，即可计算外部筹资需求。

利用资金习性预测法预测资金需要量应在事先对历史数据进行相关性检验，且相关性较高的情况下采用，否则预测值会出现较大的偏差。

回归分析法是根据企业若干年的历史资料，运用数理统计中最小平方原理，找到一条能正确反映一个自变量 x 和因变量 y 之间误差平方和最小的直线（即回归直线）进行预测的一种方法。运用线性回归分析法预测资金需要量的关键是如何找到回归方程。在很多情况下由于数据的线性拟合程度不够理想，限制了线性回归分析法资金的确定。

4. 资金需要量预测的其他方法

（1）通过编制现金预算预测资金需要量

现金预算由四部分组成：现金收入、现金支出、现金不足或多余、资金的筹集与运用。现金预算以企业各项营业预算和资本预算为基础，通过估测反映各预算期的收入款项和支出款项，从而达到最终预测资金需要量的目的。

（2）以智能方式进行资金需要量预测

实践中，无论是销售百分比法还是回归分析法都显得过于简化。企业规模越大，经营行为越复杂，因而其资金需求预测越困难。事实上，影响资金需要量的变量很多，如产品的组合、信用政策、价格政策等。如果把这些变量都纳入预测模型后，则模型的线性假设将会难以保证。同时计算量大增，手工处理已难以胜任，不得不依靠计算机来帮助处理。最简单的计算机资金需要量预测是使用“电子表格软件”，如 Excel。比较复杂的预测是使用交互式财务规划模型，它比电子表软件功能更强，能够通过“人机对话”进行“反向操作”。复杂的资金需要量预测是使用综合数据库财务计划系统。该系统建有公司的历史资料库和模型库，用以选择适用的模型并预测各项财务数据；它通常是一个联机实时系统，随时更新数据；可以使用概率技术，分析预测的可靠性；同时它还是一个综合的规划系统。

此外，使用神经网络之类以训练数据为依据的智能预测技术也是一种很好的选择。

【讨论案例】

连发汽车公司的筹资案例

连发汽车公司是一个多种成分并存，具有法人资格的大型企业集团。公司现有57个生产厂家，还有物资、销售、进出口、汽车配件等4家专业公司，一个轻型汽车研究所和一所汽车工业学院。公司现在急需3亿元的资金用于七五技术改造项目。为此，总经理孙连发于2010年1月9日召开了专家研讨会，讨论该公司筹资问题。下面是会议发言和有关资料。

总经理孙连发首先发言，他说，“十一五”技术发行项目经专家、学者的反复论证已被国务院于2008年正式批准。这个项目的投资额预计为6亿元，生产能力为4万辆。项目改造完成后，公司的两个系列产品的各项性能可达到国际的先进水平。现在项目正在积极实施中，但目前资金不足，准备在2010年7月筹措3亿元资金，请大家讨论如何筹措这笔资金。

生产副总经理张伟说：目前筹集的3亿元资金主要用于技术改造项目。估计这笔投资在投产后3年内可完全收回。所以应发行5年期的债券筹资。

财务副总经理王超提出了不同的意见，他说，目前公司全部资金总额为10亿元，负债比率为60%，负债比率已经较高。如果再利用债券筹资，则财务风险太大。所以应依靠发行普通股或优先股股票筹集资金。

但金融专家周明认为，在目前条件下发行3亿元普通股股票十分困难。发行优先股还可以考虑，但估计发行时年股息率不能低于16.5%。如果发行债券，则年息率约为12%。

公司的销售副总经理李立认为，产品销售量没有问题，在近几年全国汽车行业质量评比中，本公司的轻型客车连续夺魁，轻型货车两年获第一名，一年获第二名。

财务副总经理王超补充说，该公司属于国务院批准的高新技术企业，执行特殊政策，所得税税率为15%，税后资金利润率为15%。准备上马的技术改造项目将使税后资金利润率达到18%左右，所以该项目应付诸实施。

来自某大学的财务学者郑教授听了大家的发言后指出：以16.5%的股息率发行优先股不可行，因为把优先股较高的筹资费用加上后，优先股筹集成本将达到19%，这已高出公司税后资金利润率，所以不可行。但发行债券则可将实际成本控制在9%左右。

财务副总经理王超听了郑教授的分析后，也认为按16.5%发行优先股，的确会给公司造成沉重的财务负担。

问题：

1. 总结下这次筹资研讨会上提出哪几种筹资方案，并对各方的筹资方案进行评价。
2. 听了与会同志的发言后，你会做出何种决策？
3. 本案例对你有何启示？

【专栏或者介绍】

众筹融资

1. 众筹的定义

众筹，翻译自英文“crowdfunding”一词，即大众筹资或群众筹资，香港译作“群众集资”，台湾译作“群众募资”，是指用“团购+预购”的形式，向网友募集项目资金的模式。众筹利用互联网和SNS传播的特性，让小企业、艺术家或个人对公众展示他们的创意，争取大家的关注和支持，进而获得所需要的资金援助。

相对于传统的融资方式，众筹更为开放，能否获得资金也不再是由项目的商业价值作为唯一标准。只要是网友喜欢的项目，都可以通过众筹方式获得项目启动的第一笔资金，为更多小本经营或创作的人提供了无限的可能。

2. 众筹的构成

发起人：有创造能力但缺乏资金的人。

支持者：对筹资者的故事和回报感兴趣的，有能力支持的人。

平台：连接发起人和支持者的互联网终端（国外：IndieGogo、Kickstarter；国内：点名时间、追梦网、淘梦网、海色网、好梦网、点火网、众意网、人人投等）。（按创办时间排名）

3. 众筹的意义

我理解的众筹，并不是一种单纯的投资行为，而是一种有资金、认知、时间盈余的精英社群成员彼此分工协作，互相提升价值的项目实操过程，最终的盈利点也是多元化的，除实实在在的金钱收益之外，社群成员之间彼此的价值互换和人脉、资源、经验等隐性提升也是关键，社群和众筹如何结合得好，会产生“1+1＞2”的双赢效果。众筹的本质在于筹人、筹智、筹力、筹钱，从梯级上来看，筹人是第一位的，筹钱是最后一位的。

4. 众筹网站案例

“人人投”草根天使投资身边的实体店铺，一个专注实体店铺股权众筹的网络平台。在人人投，对于好的项目，专业的人人投运营团队和推广团队为项目融资的同时，进行包装和推广。而对于投资人，人人投项目主要针对的是身边的店铺，店铺开业时间久，生意比较火爆，有一定的客户源和知名度，而开分店的资金，项目方也必须要出资，投资人与项目方共同承担风险。同时，人人投与第三方支付平台合作，进行项目融资资金的托管。

与其他众筹网站模式不同的是，人人投股权众筹平台没有领投人，这种模式更像是几个不认识的朋友在一起开分店，投资人在网站上认证投资人之后，先进行预约认购，等到项目融资成功后，在进行下一轮的线下路演，让项目方和投资人进行面对面的交流。

经过一系列的项目对接，人人投网站对项目的审核要求更加高，对投资人认证也更加认真，争取做互联网股权众筹的表率和先锋。现阶段国内众筹项目很大程度上依赖的是诚信和自律，人人投就是要搭造这样一个诚信的平台。

【关键词语】

企业筹资（enterprise financing）
资金需求量（quantity of funds demanded）
筹资渠道（financing channel）
销售百分比法（percentage-of-sales method）
筹资方式（financing modes）
资金习性预测（forecast of funds habit）
筹资组合（financing portfolio）
资产组合（asset portfolio）

复习思考题

一、单选题

1. 下列属于企业间接筹资方式的是（　　）。

A. 发行债券　　B. 发行股票　　C. 商业信用　　D. 融资租赁

2. 相对于银行借款筹资而言，股票筹资的特点是（　　）。

A. 筹资速度快　　B. 筹资成本高　　C. 弹性好　　D. 财务风险大

3. 一般而言，下列企业资本成本最高的筹资方式是（　　）。

A. 发行公司债券　　B. 长期借款　　C. 短期借款　　D. 融资租赁

4. 债务人或第三人将其动产或财产的权利移交债权人占有，将该动产或财产权利作为债权取得担保的贷款为（　　）。

A. 信用贷款　　B. 保证贷款　　C. 抵押贷款　　D. 质押贷款

5. 以下各项属于留存收益筹资途径的是（　　）。

A. 净利润　　B. 资本公积　　C. 提取盈余公积　　D. 可供分配利润

二、多项选择题

1. 下列各项中，属于留存收益区别于“发行普通股”筹资方式的特点的有（　　）。

A．筹资数额有限　　B．财务风险大　　C．不会分散控制权　　D．资金成本高

2. 下列成本费用中属于资本成本中的占用费用的有（　　）。

A. 借款手续费　　B. 股票发行费　　C. 利息　　D. 股利

3. 在计算个别资本成本时，无需考虑所得税影响的是（　　）。

A. 债券资本成本　　B. 长期借款资本成本

C. 普通股资本成本　　D. 吸收直接投资资本成本

4. 下列各项中，影响财务杠杆系数的因素有（　　）。

A. 销售收入　　B. 变动成本　　C. 固定成本　　D. 财务费用

5. 在不考虑筹资规模的前提下，以下各项筹资方式中，其资本成本高于留存收益筹资方式的有（　　）。

A. 发行普通股　　B. 吸收直接投资　　C. 发行公司债券　　D. 银行借款

三、判断题

1. 如果公司资金有结余时，即可提前赎回其发行的债券。（　　）

2. 若债券利息率、筹资费率和所得税率均已确定，则企业的债券资本成本率与发行债券的价格无关。（　　）

3. 最佳资本结构是使企业筹集能力最强，财务风险最小的资本结构。（　　）

4. 经营杠杆能够扩大市场和生产等因素变化对利润变动的影响。（　　）

5. 经营风险指企业未使用债务时经营的内在风险，它是企业投资决策的结果，表现在资产息税前利润率的变动上。（　　）

四、计算题

甲公司目前发行在外普通股200万股（每股1元），已发行8%利率的债券600万元，目前的息税前利润为150万元。该公司打算为一个新的投资项目融资500万元，新项目投产后公司每年息税前利润会增加150万元。现有两个方案可供选择：按10%的利率发行债券（方案1）；按每股20元发行新股（方案2）。公司适用所得税税率为25%。

要求：

（1）计算两个方案的每股收益；

（2）计算两个方案的每股收益无差别点的息税前利润；

（3）计算两个方案的财务杠杆系数；

（4）判断哪个方案更好。

第4章 债务筹资

【引导案例】

美国皇冠公司（Crown Cork & Seal Co.）的股票在纽约证券交易所上市交易，通过负债，皇冠公司迅速扩张，收购其他企业，收益颇丰，成功地运用了财务杠杆。从1988—1996年，皇冠公司的负债从9千万美元上升到8亿美元，负债比例上升至42%。由于收购的资产，经过重组后运作有效，使得皇冠公司的ROE上升，推动其股票价格从10美元/股上升至50美元/股。

相比之下，美国航空公司（US Air）没有如此幸运。1996年，美国航空公司的长期负债与资本化资本的比例接近100%，说明整个公司基本上靠负债来支撑。为此，美国航空每年必须支付2亿美元的利息费用，相当于该公司20世纪90年代期间所获得的经营利润的50%。所以，美国航空也谈不上支付股东的股息。由于航空业是个具有周期性的行业，收入不稳定使得美国航空经营运作出现危机，最终摆脱不了被并购的命运。

上述案例即是本章所要介绍的债务筹资方式中的一种，债务筹资是企业通过外部债权人提供资金的筹资方式，是企业重要的资金源泉，几乎没有一家企业是只靠自有资本，而不运用负债就能满足资金需要的。从资产负债表和企业正常经营活动的角度将企业债务筹资方式划分为：商业信用筹资、借款筹资、债券筹资和其他筹资方式。本章主要对上述各种债务筹资方式进行详细介绍，具体包括筹资方式的分类、条件、成本、特点等方面。通过对上述不同债务融资方式的介绍，使得我们能够在具体的环境下选择并运用具体的债务筹资方式解决当下企业对资金的需求问题。

为什么皇冠公司的负债筹资方式能给企业带来巨大经济效效益？美国航空公司却面临破产的危险呢？两家公司为什么会有不一样的命运？通过本章的学习我们来进行解答。

【学习目标】

- 了解短期借款的种类，信用条件及各种信用条件下实际利率的计算；
- 长期借款的种类及其优缺点；
- 了解其他短期资金来源；
- 熟悉商业信用的形式、商业信用条件及优缺点；

- 掌握债券融资的种类及债券发行价格的确定；
- 了解债券的信用等级及债券融资的优缺点；
- 理解可转换债券筹资的利弊。

4.1 商业信用筹资

孔子说“民无信不立”，说明信用的地位举足轻重。唐太宗历来被称为有道明君，不仅表现在他的文治武功上，更表现在他的胸襟气度上。《资治通鉴》中的一段故事让人读来不禁会被唐太宗的气度折服，更感叹死囚的诚信：“辛末，帝亲录系囚，见应死者，闵之，纵之归家，期以来秋来就死。仍敕天下死囚，皆纵遣，使至期来诣京师。”“去岁所纵天下死囚凡三百九十人，无人督帅，皆如期自诣朝堂，无一人亡匿者。”这也许是世界上绝无仅有的奇迹，390 名死囚信守承诺，从容赴死！而让这一奇迹发生的，只是因为信任。

那么什么是商业信用呢？商业信用是指在商品交易中由于延期付款或预收货款所形成的企业间的借贷关系，是所谓的“自发性筹资”。它运用广泛，在短期负债筹资中占有相当大的比重[①]。随着市场经济的发展，信用结算方式已成为企业竞争的有力手段。利用商业信用筹资，可以满足企业短期资金占用需要，通常表现为以赊账方式向其他企业购买所需材料物资，形成企业资产与负债的同时增加，在会计报表上，即为应付账款、应付票据和预收账款。

晋商是明清时期活跃在中国大地上的一支强劲的商业团队，他们之所以能够从卖豆芽、卖豆腐这样的小本生意成为雄霸全国的商业巨擘，关键在于他们能够恪守自己的原则，坚持信誉至上的理念。以至梁启超感慨地说：“鄙人在海外十余年，对于外人批评吾国商业能力，常无辞以对。独至有此历史、有基础、以继续发达的山西商业，鄙人常以自夸于世界人之前。”在纵横明、清商界的 500 年中，晋商把商人的伦理道德和经济效益有机地融合起来，在激烈的市场竞争中，不仅靠谋略权变制胜，还靠诚信开路，以义制利，用信义折服天下人。他们认为“诚招天下客”“信纳万家财”，诚信不欺是经商长久取胜的基本因素，信是处世立业的基础，是人际关系的美德，“言而信”“言必信”是经商者必须遵循的准则。“经营信为本，买卖礼当先”“童叟无欺，诚信为本”等商谚，都是经商重信的经验总结，并作为商业道德代代相传。

4.1.1 应付账款

应付账款是企业购买货物暂未付款而欠对方的账项，即卖方允许买方在购货后一定时期内支付货款的一种形式。卖方利用这种方式促销，而对买方来说延期付款则等于向卖方借用资金购进商品，可以满足短期的资金需要。这种由于商业信任而产生的流动负债一般利息非常低，甚至没有利息，所以很多企业在资金短缺时会争取采用延期付款、月结等方式。但一个企业的应付账款必然是另一个企业的应收账款，所以应付账款不可能成为企业短期融资的主要渠道。也就是说，企业不可能取得期望多的应付账款，而且应付账款迟早要付，所以本身也有偿还风险。

1. 应付账款的信用形式

应付账款一般可以享受现金折扣优惠，信用条件按其是否负担代价，分为免费信用、有代价信用和展期信用。

---

① Summers B, Wilson N. An empirical investigation of trade credit demand [J]. International Journal of the Economics of Business, 2002, 9(2): 257-270.

据史书记载：春秋五霸之首的晋文公在攻打原国的时候，只携带着可供 10 天食用的粮食，于是和士兵们约定 10 天作为期限，要攻下原国。可是到原国 10 天了，却没有攻下原国，晋文公便下令敲锣退军，准备收兵回晋国。这时，有战士从原国回来报告说："再有 3 天就可以攻下原国了。"这是攻下原国千载难逢的好机会，眼看就要取得胜利了。晋文公身边的群臣也劝谏说："原国的粮食已经吃完了，兵力也用尽了，请国君再等待一些时日吧！"晋文公语重心长地说："我跟士兵们约定 10 天的期限，若不回去，是失去我的信用啊！为了得到原国而失去信用，我办不到。"于是下令撤兵回晋国去了。古人攻城略地、带兵打仗尚且如此讲究信用，更何况我们现代社会经商更是要注重信用。

（1）免费信用

免费信用即买方企业在规定的折扣期内享受折扣而获得的信用，一般包括销货方允许的折扣额和折扣期限。是购货方不支付任何代价而获得的"免费筹资额"。对于销货企业，为了促使购货企业按期付款，甚至提前付款，往往会规定一些信用条件。例如，信用条款中的规定"2/10，*n*/30"，即购货企业若 10 天内付款，则可享有 2%的折扣，超过 10 天，需要付全款，且全部货款需在 30 天内付清。其中 10 天内付款可享有的 2%折扣，即为免费信用。

（2）有代价信用

有代价信用指买方企业放弃折扣需要付出代价而取得的信用。如【引导案例】，企业若想取得延期 20 天付款的信用，则必须付全额货款，即丧失了折扣优惠，这种信用就是有代价信用。因此，在企业选择是否延期付款时，需要对其资金成本加以合理分析。

（3）展期信用

展期信用即买方企业在规定的信用期限届满后推迟付款而强制取得的信用，这是违反常规的做法。展期信用隐含着两种成本：一是企业放弃折扣的机会成本；二是由于推迟付款企业信誉可能受到损害的成本。若企业过度拖延付款时间，则可能会造成自身信用等级的降低，对今后的筹资产生不利影响。

2. 应付账款的成本

如果销售企业提供了现金折扣条件，而购买方没有利用，从而丧失了减少支付货款的优惠条件，这种优惠条件就是购买方放弃的机会成本，可以定义为应付账款隐含的利息成本。

$$\text{隐含利息成本}=\frac{\text{现金折扣率}}{1-\text{现金折扣率}}\times\frac{360}{\text{信用期}-\text{折扣期}} \tag{4-1}$$

公式表明，放弃现金折扣的成本与折扣百分比的大小、折扣期的长短同方向变化，与信用期的长短反方向变化。可见，如果买方企业放弃折扣而获得信用，其代价是较高的。

【例 1】某企业按"1/10、*n*/20"的条件购入货物 20 万元。如果该企业在 10 天内付款，便享受了 10 天的免费信用期，并获得折扣 0.2 万元（20×1%），免费信用额为 9.8 万元（10−0.2）。

倘若买方企业放弃折扣，在 10 天后（不超过 20 天）付款，该企业便要承受因放弃折扣而造成的隐含利息成本。运用上式，该企业放弃折扣所负担的成本为：

$$\frac{1\%}{1-1\%}\times\frac{360}{20-10}=36.36\%$$

从上式可以看出，若购货企业放弃现金折扣，其付出成本是非常高的。通常而言，这种成本要高于短期借款。对于大多数企业而言，都会尽可能保证在折扣期限内付款。而且，一个企业随便放弃现金折扣往往意味着企业财务状况不佳，对它的信用会带来不利影响。

如果企业延至 50 天付款，其成本则为：

$$\frac{2\%}{1-2\%}\times\frac{360}{50-10}=18.4\%$$

由上式分析得，企业在放弃折扣的情况下，推迟付款的时间越长，其成本便会越小。但是，这样做往往需要冒较大风险，可能会丧失对方信任，以后被迫现购商品，不利于企业长期发展。

3. 现金折扣的选择

在附有信用条件的情况下，由于信用条件的差异，导致获得信用要负担的代价不同，买方企业需要在不同信用之间做出决策。一般来说，如果能以低于放弃折扣的隐含利息成本（实质是一种机会成本）的利率借入资金，便应在现金折扣期内用借入的资金支付货款，享受现金折扣。

如果在折扣期内将应付账款用于短期投资，所得的投资收益率高于放弃折扣的隐含利息成本，则应放弃折扣而去追求更高的收益。当然，假使企业放弃折扣优惠，也应将付款日推迟至信用期内的最后一天，以降低放弃折扣的成本。

如果企业因缺乏资金而欲展延付款期，则需要在降低了的放弃折扣成本与展延付款带来的损失之间做出选择。展延付款带来的损失主要是来自因企业信誉恶化而丧失供应商乃至其他贷款人的信用，导致日后招致苛刻的信用条件，对企业的长期发展带来影响。

例如，某企业按 2/10、*n*/30（10 天内付款，可以享受 2%的现金折扣；10 天之后，30 天内付款，不享受现金折扣）的条件购入货物 10 万元。如果该企业在 10 天内付款，便享受了 10 天的免费信用期，并获得折扣 0.2 万元（10×2%），免费信用额为 9.8 万元（10−0.2）。

4.1.2 商业票据

近年来，美国商业票据的发行已逐渐成为许多类型企业的一个重要的短期融资渠道，这些企业包括公用事业、金融企业、保险企业、银行持股企业及加工制造企业。商业票据的运用不仅满足了季节性营运资本的需要，而且还是银行大楼、轮船、输油管道及工厂扩建等大型工程的临时筹资工具。在 1979 年 12 月至 1984 年 12 月，美国发行在外的商业票据数目从 1,130 亿美元上升到 2,390 亿美元，净增 100%之多，而 1984 年 12 月美国所有商业银行的商业和工业贷款总额为 4,680 亿美元，因此发行在外的商业票据约占了银行工商贷款总额的 51%。

商业票据是在应付账款基础上发展起来的商业信用。买方可以根据购销合同，向卖方开出或承兑商业票据，从而延期付款。商业票据分为由买方开出的商业本票和由买方开出并由承兑人承兑的商业汇票，按照承兑人不同，商业汇票又分为商业承兑汇票和银行承兑汇票。在票据中，明确规定了具体的付款日期、付款金额、是否计息等相关内容，从而为双方的债务管理提供了严格的法律依据，使其规范化、制度化和法定化，有利于债权债务的清偿。

1. 商业汇票

商业汇票是出票人签发的，委托付款人在指定日期无条件支付确定的金额给收款人或者持票人的票据，是现行的一种商业票据。商业汇票可以由付款人签发并承兑，也可以由收款人签发交由付款人承兑。按承兑人不同分为商业承兑汇票和银行承兑汇票两种。

（1）商业承兑汇票

商业承兑汇票是由银行以外的付款人承兑的商业汇票。商业承兑汇票按双方约定，由销货企业或者购货企业签发，由购货企业承兑。承兑时，购货企业应在汇票正面记载“承兑”字样和承兑日期并签章。承兑不得附有条件，否则视为拒绝承兑。汇票到期时，购货企业的开户银行凭票将相应金额的票款划给销货企业或者贴现银行。销货企业应在提示付款期内通过开户银行委托收款或者直接向付款人提示付款。

（2）银行承兑汇票

银行承兑汇票是由银行承兑的商业汇票，由在承兑银行开立账户的存款人签发。购货企业在汇票到期前将票款足额交存其开户银行，以备由承兑银行在汇票到期日或者到期日后的见票当日、支付票款。销货企业应在汇票到期时将汇票连同进账单送交开户银行以便转账收款。承兑银行应将款项无条件转给销货企业，如果购货企业未能于汇票到期日足额交存票款，承兑银行仍须向持票人无条件付款，同时可以对出票人计收罚息。

2. 票据贴现

姚公鹤《上海闲话》：“唯间有持票者不及守候支票之届期。拟先期向该钱店兑取现款者，持票人按照未到期之日数，扣还该店利息若干日，名曰贴现。”巴金《谈〈秋〉》：“他做的是所谓贴现，这种生意只要有本钱，赚钱也很容易。”说明票据贴现由来已久并广泛存在。

票据贴现是指票据持有人将未到期的商业票据让渡给贴现银行，银行按照票面金额扣除自贴现日至汇票到期日期间的利息，将余额交付给汇票持有人，从而取得银行资金的一种融资行为。商业票据持有人在资金不足的情况下，可以将商业票据贴现作为一种融资方式，以提前取得货款[①]。

在贴现商业票据时，银行会计部门对银行信贷部门审查的内容进行复核，并审查汇票盖印及压印金额是否真实有效。审查无误后按规定计算并在贴现凭证上填写贴现率、贴现利息和实收贴现金额。其中，贴现率是国家规定的月贴现率；贴现利息是指汇票持有人向银行申请贴现后付给银行的贴现利息；实收贴现金额是指汇票金额（即贴现金额）减去贴现利息后的净额，即汇票持有人办理贴现后实际得到的款项金额。按照规定，贴现利息应根据贴现金额、贴现天数（自银行向贴现单位支付贴现票款日起至汇票到期日前一天止的天数）和贴现率计算求得。贴现可得金额计算公式如下。

（1）票据到期值

按照汇票是否带息分为带息汇票和不带息汇票。带息汇票到期值即为票面金额加利息，而不带息汇票的到期值即为票面金额。其计算公式为：

票据到期值=票面金额×（1-票面利率×到期日期/360 或 12）（4-2）

（2）贴现利息

贴现利息=票据到期值×贴现天数×年贴现率/360 或 12（4-3）

（3）应得贴现金额

应得贴现金额=票据到期值-贴现利息（4-4）

如果是不带息汇票，则：

应得贴现金额=票面金额-贴现利息（4-5）

【例 2】甲厂向乙厂购进材料一批，价款 5,000 元，商定 6 个月后付款，采取商业承兑汇票结算且为不带息汇票。乙厂于 4 月 10 日开出汇票，并经由甲厂承兑。汇票到期日为 10 月 10 日，后乙厂急需用款，于 6 月 10 日办理贴现。其贴现日期为 120 天，贴现率按月息 6‰计算。则：

贴现利息=5,000×120×6‰/30=120（元）

应得贴现金额=5,000-120=4,880（元）

3. 现代意义的商业票据——公司短期债券

上市公司通过发行短期公司债券融资也是一种有效的融资渠道。如 2007 年北京科技园建设股份有限公司的短券按面值发行，为期一年，实际发行总额 5 亿元；杭州中策橡胶有限公司的短券贴现发行，每张的票面价格为 95.69 元，为期一年，实际发行总额 3.6 亿元；浙江农资集团有限公司的短券贴现发行，每张的票面价格为 95.97 元，为期一年，实际发行总额 3.4 亿元。

随着金融市场业务的发展，原来与商品劳务交易相联系的商业票据，已经发展成为一种与商品劳

① Essayyad M. Essentials of Financial Management [M]. Research & Education Assoc, 2001.

务交易没有关系的独立融资性票据，成为一种信誉较佳的公司在金融市场上筹措短期资金的债务凭证。商业票据凭信用发行，面额较大，期限为 30 天至 270 天不等，比较多见的一般在 90 天以内。与银行贷款中借款人与银行协商取得贷款方式相比，商业票据则是向公众发行。规模较大的金融公司可直接将它的票据销售给投资者，而较小的金融公司和大多数非金融公司则大多需要通过商业票据商卖出商业票据。商业票据的主要销售对象是其他企业、保险公司、养老基金、货币市场共同基金和商业银行。为了与传统的商业票据相区别，人们通常把这种专门用于融资的票据称作短期融资券或短期商业债券。

因此，有人认为，随着金融市场的业务发展，现代意义上的商业票据，实质上是一种公司短期债券。

4.1.3 预收账款

在中国房地产业存在预售制度，而预收款是一种典型的负债，房地产公司正是利用这种超高的负债率（高到 75%）超常发展起来的。中国商品房预售类似于香港地区的“卖楼花”制度。“卖楼花”，顾名思义，是将一个房子“拆分”，根据工程进度分期付款，像飘落的花朵一样，因而称为“楼花”。2004 年房地产企业自筹资金中仅有 16%左右是房地产企业的自有资金，而 80%以上都是来源于国内银行贷款，说明房地产的开发基本上依靠银行来完成。某种程度上推动了房地产市场的繁荣；但与此同时也存在一些弊端，如房地产商通过“炒楼花”虚假紧缺囤积抬价，“跑路”现象也屡见不鲜。

预收账款是指销货企业按照合同或协议的约定，在货物交付之前，向购货企业预先收取部分或全部货款的一种信用形式。与应付账款不同，这是由买方向卖方提供的一种商业信用，对于销货方即卖方而言，预收的货款成为其筹集的短期资金的一种形式。而且这种资金筹集方式一般无需支付任何代价，完全属于免费信用。然而，这种信用形式的运用是受到限制的，一般适用于市场上比较紧俏，同时买方又急需的商品或是生产周期较长、成本售价较高的货物，如电梯、轮船和房地产等。

4.1.4 商业信用的利弊分析

1. 商业信用使用起来比较方便

由于商业信用属于“自发性融资”行为，所谓自发性融资是指商业信用伴随着商品交易自然产生，只要企业生产经营活动持续进行，商业信用融资行为就不会停止，是一种持续性的信用形式，而且无需做特殊安排。有时，商业信用所融通的资金甚至已经成为企业经常性资金的一个组成部分。

2. 商业信用融资容易取得且弹性较好

商业信用能否取得、何时取得、取得多少等基本上可以由买方企业自主决定，由于在取得时间和偿还时间（必要时可以展期）的确定上买方企业都有一定的自主权，从而时间上更有弹性①；同时，商业信用融资能够随着购买和销售的变化而自动地扩张或缩小，从而在规模上也具有较大的弹性。

3. 商业信用融资的限制较少

与短期借款相比，使用商业信用融资一般没有什么限制条款，即使有也不是十分严格，而且无须正式办理筹资手续。只要商业信用保持在适度的范围内，也不会给企业今后的融资行为带来不利的影响。

4. 商业信用融资的融资成本较低

如果信用条件中没有现金折扣，或者企业不放弃现金折扣，或者使用不附息的应付票据，则商业信用融资的融资成本总体上是比较低的，有时甚至基本上是免费的。

---

① Ross S A, Westerfield R, Jaffe J F, et al. Corporate finance [M]. Times Mirror/Mosby College Pub, 1988.

一位犹太大富豪走进一家银行。“请问先生，您有什么事情需要我们效劳吗？”贷款部营业员一边小心地询问，一边打量着来人的穿着：名贵的西服、高档的皮鞋、昂贵的手表，还有镶宝石的领带夹子……“我想借点钱。”“完全可以，你想借多少呢？”“1 美元。”“只借 1 美元？”贷款部的营业员惊愕得张大了嘴巴。贷款部营业员的心头立刻高速运转起来，这人穿戴如此阔气，为什么只借 1 美元？

他是在试探我们的工作质量和服务效率吧？便装出高兴的样子说：“当然，只要有担保，无论借多少，我们都可以照办。”“好吧。”犹太人从豪华的皮包里取出一大堆股票、债券等放在柜台上：“这些做担保可以吗？”营业员清点了一下，“先生，总共 50 万美元，做担保足够了，不过先生，你真的只借 1 美元吗？”“是的，我只需要 1 美元，有问题吗？”“好吧，请办理手续，年息为 6%，只要您付 6%的利息，且在一年后归还贷款，我们就把这些做担保的股票和证券还给你……”

犹太富豪走后，一直在一边旁观的银行经理怎么也弄不明白，一个拥有 50 万美元的人，怎么会跑到银行来借 1 美元呢？他追了上去：“先生，对不起，能问你一个问题吗？”“当然可以。”“我是这家银行的经理，我实在弄不懂，你拥有 50 万美元的家当，为什么只借 1 美元呢？”“好吧！我不妨把实情告诉你。我来这里办一件事，随身携带这些票券很不方便，便问过几家金库，要租他们的保险箱，但租金都很昂贵。所以我就到贵行将这些东西以担保的形式寄存了，由你们替我保管，况且利息很便宜，存一年才不过 6 美分……”经理如梦方醒，但他也十分钦佩这位先生，他的做法实在太高明了。

4.2　借款筹资

借贷又被称为“草根金融”，借贷由来已久。典当在中国产生于封建社会初期，“要想富，开当铺”，到了清代典当业出现极盛景象。皇帝开当铺，官府开当铺，贵族官僚竞相仿效，开设的当铺就更多了。大学士和珅一人就有 75 家当铺，本银 3,000 万两，此外还有以他人名义开设的当铺 4 家，本银 120 万两。发达的民当也是以前朝代不可比拟的。它们把中国的典当业在清代推向了顶峰。

梅耶斯（Myers）和迈基里夫（Majuf）（1984）在《资本结构之谜》[①]一文中提出，由于发行成本和信息不对称，企业筹资存在一种优先顺序，即企业在拥有内部自有资本的情况下，往往首先利用自有资本为其投资项目筹资，然后考虑资本成本较低的债务筹资，最后才会选择股权筹资。借款筹资是企业常用的筹资方式之一。

借款筹资是指公司向银行或非银行等金融机构以及其他单位借入的，用来满足其资金需要的筹资方式。按照借款期限的不同可以分为短期借款和长期借款。利用负债经营的也就是“借鸡生蛋”，用别人的钱替自己赚钱。如果借款的成本即利息率低于经营获得的利润率，就可以不用自己的钱来赚钱了，这种负债就是好的负债。

4.2.1　短期借款

借贷在中国有很深的历史渊源。一年秋天，胡雪岩有事去萧山过江的时候，一不小心把一个孩子拎着的竹篮儿撞翻了，篮里的豆腐全泼在船头上。那小孩拉住胡先生的衣服哭着要他赔钱。胡雪岩边安慰他边从衣袋里摸出一小块银子。小孩说：“先生，不要这么多，只要六文钱。”可胡雪岩身边没有零钱，正犯愁时，身后有个人说：“先生，我借给你。”胡雪岩回头一看，原来是个小叫化子。胡雪岩便笑嘻嘻地接过了钱，交给了小孩，然后写了一张借据递给小叫化子，说：“借条上有我的地址，

① Myers S C. The search for optimal capital structure[J]. Midland Corporate Finance Journal, 1984, 1(1): 6-16.

请你随时来我家做客。”这就是早期发生在平民百姓家的借钱。

短期借款[①]指企业用来维持正常的生产经营所需的资金或为偿债而向银行或其他金融机构借入的、还款期限在一年以内或不超过一年的一个经营周期内的各种借款。在我国，短期借款是绝大多数企业短期资金来源中最重要的组成部分。它形成的原因主要是企业为了弥补自身资金不足，通过借贷而来的。如老母亲餐厅为了经营，必须向夏洛和夏洛的弟弟借钱，以购买经营用的材料（米、面等），一般在一个经营周期内需要归还。

1. 短期借款的种类

按照国际通行做法，短期借款可按偿还方式的不同，分为一次性偿还借款和分期偿还借款；依利息支付方法的不同，分为收款法借款和贴现法借款；依有无担保分为抵押借款和信用借款等。我国目前的短期借款按照目的和用途分为若干种，主要有生产周转借款、临时借款和结算借款等。企业在申请借款时，需要根据具体的借款条件和需要加以选择。

2. 短期借款的条件

按照国际通行做法，银行发放短期借款往往带有一些信用条件，主要有以下几点。

（1）信贷限额

信贷限额是银行对借款人规定的无担保贷款的最高数额。信贷限额的有效期限通常为 1 年，但根据情况也可延期 1 年。信用额度一般包括：信用额度的期限，通常一年建立一次，更短期的也有；信用额度的数量，即规定银行能贷款给企业的最高限额。一般来讲，企业在批准的信贷限额内，可随时使用银行借款，但积累的借款资金额不能超过核定的信用额度。此时，在计算利息时，通常是以已经使用的信用额度而不是核定的信用额度作为计息标准。在正式协议下，商业银行要承担按最高限额保证贷款的法律义务。在非正式协议下，商业银行不承担按最高限额保证贷款的法律义务。例如，一家企业的信贷限额有 100 万，而已经借款 80 万且尚未归还的情况下，信贷限额就只有 20 万了。

（2）周转信贷协定

周转信贷协定是银行具有法律义务的承诺提供不超过某一最高限额的贷款协定。在协定的有效期内，企业付给银行一定费用，享用周转信贷协定。周转信用协议具有法律约束力，只要企业的借款总额未超过最高限额，银行必须满足企业任何时候提出的借款要求。

周转信用协议的期限通常为 2～6 年。在期限内不仅要对其已使用的信用额度支付利息费用，还要对未使用的信用额度支付一定的承诺费。

（3）补偿性余额

补偿性余额是银行要求借款企业在银行中保留按贷款限额或实际借用额一定百分比（一般为 10%～20%）的最低存款余额。从银行的角度讲，补偿性余额可降低贷款风险，补偿遭受的贷款损失。对于借款企业来讲，补偿性余额则提高了借款的实际利率。

$$R_0=\frac{R}{1-r}\times 100\% \tag{4-6}$$

式中：

R_0——实际利率；

R——名义利率；

R——补偿性余额比例。

【例 3】某企业按年利率 8%向银行借款 10 万元，银行要求维持贷款限额 15%的补偿性余额，那么

① Keown A J, Scott D F, Martin J D, et al. 现代财务管理基础[J]. 第 7 版中译本. 北京：清华大学出版社，1997-10.

企业实际可用的借款为：

$$10\times(1-15\%)=8.5(\text{万元})$$

该项借款的实际利率则为：

$$\frac{8\%\times10}{10\times(1-15\%)}\times100\%=9.4\%$$

（4）抵押担保

2007年，以美国次级房贷危机为导火索引发了一场全球范围内的经济危机。此次次贷危机发源于20世纪末，伴随着大约于2005—2006年的美国房地产泡沫破灭，以及"次级贷款"与可调整利率贷款的高违约率而开始的。以2007年4月美国第二大次级房贷公司新世纪金融公司破产事件为标志，由房地产市场蔓延到信贷市场，进而演变为全球性金融危机。它暴露了金融业监管与全球金融体系根深蒂固的弱点。

银行向财务风险较大的企业或对其信誉不甚有把握的企业发放贷款，有时需要有抵押品担保，以减少自己蒙受损失的风险。短期借款的抵押品经常是借款企业的应收账款、存货、股票、债券等。银行接受抵押品后，将根据抵押品的面值、变现能力和银行的风险偏好决定贷款金额，一般为抵押品面值的30%～90%。抵押借款的成本通常高于非抵押借款，这是因为银行主要向信誉好的客户提供非抵押贷款，而将抵押贷款看成是一种风险投资，故而收取较高的利率；同时银行管理抵押贷款要比管理非抵押贷款困难，为此往往另外收取手续费。

20世纪60年代早期，50多家银行和其他贷款人向联合菜油加工公司（Allied Crude Vegetable Refining Corporation）提供了大约2亿美元的贷款。这些贷款以近20亿英镑植物油作为担保。期初，流于形式的检查并未发现相互连接的输油管道可以将油从一个油库输送到另一个油库，而且薄薄的油层下面常常是海水和淤泥。18.5亿镑油的短缺终于被曝光了。结果该中转仓储公司破产，贷款人丧失了2亿美元贷款的绝大部分，而联合采油公司总裁Antonio Tino DeAngelis则入选世界吉尼斯纪录。

（5）偿还条件

贷款的偿还有到期一次偿还和在贷款期内定期（每月、季）偿还两种方式。一般来讲，企业不希望采用后一种偿还方式，因为这会提高借款的实际利率；而银行不希望采用前一种偿还方式，是因为这会加重企业的财务负担，增加企业的拒付风险，同时会降低实际贷款利率。

3. 短期借款的成本

短期借款的成本主要表现为利率和利息支付方式以及其他费用三个方面。

（1）短期借款利率

利率多种多样，利息支付方法亦不一，银行将根据借款企业的情况选用。主要有优惠利率、浮动优惠利率和非优惠利率。

① 优惠利率。优惠利率是商业银行向财力雄厚、经营状况好的企业贷款时收取的名义利率，为贷款利率的最低限。

② 浮动优惠利率。这是一种随其他短期利率的变动而浮动的优惠利率，即随市场条件的变化而随时调整变化的优惠利率。

③ 非优惠利率。非优惠利率是指银行贷款给一般企业时收取的高于优惠利率的利率。这种利率经常在优惠利率的基础上加一定的百分比。例如，银行按高于优惠利率1%的利率向某企业贷款，若当时的最优利率为8%，向该企业贷款收取的利率即为9%；若当时的最优利率为7.5%，向该企业贷款收取的利率即为8.5%。非优惠利率与优惠利率之间差距的大小，由借款企业的信誉、与银行的往来关系及

当时的信贷状况所决定。

（2）借款利息的支付方法

一般来讲，借款企业可以用三种方法支付银行贷款利息。

① 期末一次还本付息法。期末一次还本付息是指企业在借款合同开始时得到了全部借款，到期日企业以规定的利率计算利息，然后将本息一并支付给银行。借款合同上规定的利率为名义利率。当短期贷款期限等于一年时，名义利率与实际利率相等；当短期贷款期限小于一年时，实际利率会高于名义利率；而且期限越短，实际利率与名义利率的差距越大。

$$实际利率=(1+\frac{名义利率}{m})^m-1 \tag{4-7}$$

式中，m 表示一年内计息次数。

【例 4】某企业从银行获得一笔名义利率为 8%的贷款 150,000 元，若贷款期限为 5 个月，则其实际利率为：

$$(1+\frac{8\%}{5})^5-1=8.26\%$$

② 贴现法。贴现法是银行向企业发放贷款时，先从本金中扣除利息部分，而到期时借款企业则要偿还贷款全部本金的一种计息方法。采用这种方法，企业可利用的贷款额只有本金减去利息部分后的差额，因此贷款的实际利率高于名义利率。而且，期限越短，实际利率越低，即实际利率与名义利率的差距越小。这与单利法正好相反。

若为一年期的贴现贷款，该笔贷款的实际利率为：

$$实际利率=\frac{利息支出}{借款总额-利息支出}\times100\% \tag{4-8}$$

如果借款期限在 1 年以下，则实际利率为：

$$实际利率=\left[(1+\frac{利息支出}{借款总额-利息支出})^m-1\right]\times100\% \tag{4-9}$$

【例 5】某企业从银行取得借款 10,000 元，期限 1 年，年利率（即名义利率）为 8%，利息额 800 元（10,000×8%）；按照贴现法付息，企业实际可利用的贷款为 9,200 元（10,000−800），该项贷款的实际利率为：

$$实际利率=\frac{800}{10,000-800}\times100\%=8.7\%$$

③ 加息法。加息法也称加息分摊法，是指在分期等额偿还贷款的情况下，贷款人通常按照加息分摊法计算利息。这时银行根据名义利率计算的利息加到贷款本金上，计算出贷款的本息和，要求贷款人在贷款期内分期偿还本息之和的金额。由于分期等额还款，从第一期就开始偿还本金，直到借款全部还清。就本金来讲，借款企业实际上只借用了一半的资金，却要支付全额利息。因而，借款企业的所负担的实际利率高于名义利率大约 1 倍。如为期一年的贷款会要求借款企业在 12 个月内平均偿还，每月偿还 1/12。在这种情况下，贷款的实际利率将会大大高于名义利率。

$$实际利率=\frac{利息}{年平均借款额}=\frac{利息}{借款总额/2} \tag{4-10}$$

【例 6】某企业借入（名义）年利率为 12%的贷款 20,000 元，分 12 个月等额偿还本息。该项借款的实际利率为：

$$实际利率=\frac{20,000\times12\%}{20,000/2}=24\%$$

其实，借款利息的各种支付方式与我们的日常生活是息息相关的，最典型的例子就是住房贷款，还款方式足以让人眼花缭乱。具有代表性的有传统还款类型：“等额本息”“等额本金”；充裕还款类型：“气球贷”；加快还款型：“双周供”“按周还”；延后还款型：“宽限期”、还款“合力贷”；散钱活用型：“存抵贷”“存贷通”。各种房贷还款方式所产生的利息，都是按客户占用银行资金的时间来计算的，因此，不同的还款方式并不会导致银行吃亏，很难说清哪种房贷“最省”。对客户而言，没有一种房贷产品是十全十美的，只有“最适合”的，没有“最便宜”的，应视各自的收入能力和特点选择房贷，每一种房贷都有特定的客户群。

4.2.2 长期借款

对于乐观的人来说，负债是轮船上的压舱石；对于悲观的人来说，负债是财务上的俄罗斯轮盘赌。跟资产一样，负债是好是坏，完全取决于公司如何管理。长期借款是指借款人向商业银行或其他非银行金融机构以及其他单位借入的、期限超过一年的借款，主要用于构建固定资产和满足长期流动资金占用的需要。古时候就连司马光也得跟长期借款扯上点关系，民间流传的所谓司马光“典地葬妻”的故事：司马光的妻子死后，家里没有钱办丧事，儿子司马康和亲戚主张借些钱，把丧事办得排场一点，司马光不同意，并且教训儿子处世立身应以节俭为可贵，不能动不动就借贷。最后，他还是把自己的一块地典当出去，才草草办了丧事。

1. 长期借款的种类

基于不同的分类标准可以把长期借款分为很多类，企业可以根据自身的情况并与各种借款条件相结合做出最佳的决策。目前我国长期借款主要有：按照发放贷款金融机构的不同，分为政策性银行贷款、商业银行贷款和其他金融机构贷款等。按照是否提供抵押品，分为信用贷款和抵押贷款。按照付息方式与本金的偿还方式不同，可将长期借款分为分期付息到期还本的长期借款、到期一次还本付息的长期借款和分期偿还本息的长期借款。

2. 长期借款的成本

2000 年 2 月前后，中国香港地区商界导演了一场收购大战。由香港地区巨商李嘉诚之子李泽楷任主席的盈科数码动力，和由新加坡前总理李光耀之子李显扬任总裁的新加坡电信行政，同时争夺香港电信的收购权。双方斗智斗勇，几经波折，最终盈科数码动力胜出。在这场收购大战中，盈科数码动力获胜的一个重要因素，是其为争夺香港电信控制权，向多家银行包括汇丰投资、法国国家巴黎银行及中银融资等，筹措了 100 亿美元（约 770 亿港币）的过渡性贷款，不惜每年负担 50 亿港币的利息支出，打破了以往银行财团贷款的最高纪录。这确实是借入资本筹资运作的大手笔。但是，公司随后面临着巨大的还款压力。一年后，该公司由于负担过重出现亏损。

长期借款的成本主要表现为借款利息率，其主要取决于资本市场的供求关系、借款期限、有无担保和公司信用等级等因素。

长期借款的利息率通常高于短期借款。但信誉好或抵押品流动性强的借款企业，仍然可以争取到利率较低的长期借款。长期借款利率有固定利率和浮动利率两种。固定利率是以相同资信水平公司发行的债券利率为基准，借贷双方商定的利率，一经确定，不得随意变动。浮动利率通常有最高、最低限，并在借款合同中明确。对于借款企业来讲，若预测市场利率将上升，应与商业银行签订固定利率合同；反之，则应签订浮动利率合同。

除了借贷双方商定的利息之外，商业银行还会向借款企业收取其他费用，如实行周转信贷协定所收取的承诺费，要求借款企业在该商业银行中保持补偿余额所形成的间接费用等，这些因素都会使借款人实际使用资金的实际利率提高，因此会提高长期借款的成本。

【例 7】2009 年 1 月 1 日某公司从银行借入 5 年期借款 200 万元，借款利率为 6%，分析不同偿还方式下偿付金额。

第一种偿还方式——到期一次还本付息：

$$200\times(1+6\%)^5=268.02\text{（万元）}$$

第二种偿还方式——每年年末支付利息 12 万元，到期偿还本金 200 万元，偿还债务总额为：

$$200\times(1+6\%\times5)=260\text{（万元）}$$

第三种方式——每年等额还本付息：

$$200\times(A/P，6\%，5)=39.40\text{（万元）}$$

4.2.3 借款的特点

（1）筹资速度快

长期借款的手续比发行债券简单得多，得到借款所花费的时间较短。

（2）借款弹性较大

借款时企业与商业银行直接交涉，有关条件可谈判确定；用款期间发生变动，亦可与商业银行再协商。而债券筹资所面对的是社会广大投资者，协商改善筹资条件的可能性很小。

（3）借款成本较低

正所谓“肥水不流外人田”。相对于股权融资，借款利息可以不在税前支付，能够降低成本：与长期债券融资相比，借款属于直接筹资，不需要经过证券公司等中介服务机构，使得成本较低。

（4）筹资风险高

借款附有固定的利息支付和偿付期限，在经济不景气、上升阶段或公司经营状况不佳时，可能会不能按时偿付，如公司严重亏损、无法支付到期债务等，而面临破产。

（5）限制性条款较多

负债是一把“双刃剑”。由于借款的限制性条款比较多，尤其是长期借款，制约了企业的生产经营和借款的作用。

4.3 债券筹资

中国金融博物馆完整保存了一张 1911 年 5 月 20 日发行的债券，面值 20 英镑，年息 5 厘，九五折实付，期限 40 年。就是这张沉浸了历史密码的旧债券，告诉了我们金融与辛亥革命的直接关联。毫不夸张地讲，这张债券直接引发了结束中国两千多年封建帝制的辛亥革命。

债券的历史比股票悠久，其中最早的债券形式是在奴隶制时代产生的公债券。据文献记载，希腊和罗马在公元前 4 世纪就开始出现国家向商人、高利贷者和寺院借债的情况。进入封建社会之后，公债得到进一步的发展，许多封建主、帝王和共和国每当遇到财政困难，特别是发生战争时便发行公债。

我国目前“重股市，轻债市”，而西方国家恰恰相反，中国债券市场亟待发展。债券是经济主体为筹集资金而发行的，用以记载和反映债权债务关系的，约定在一定期限内还本付息的有价证券。由企业发行的债券称为企业债券或公司债券。本节所说的债券通常是指期限超过一年的公司债券，其发行目的通常是为建设大型项目筹集大笔长期资金。

2001 年 6 月，一直踽踽而行的中国企业债市场将迎来有史以来最大的券种：中国移动（香港）有限公司通过其全资子公司广东移动通信有限责任公司发行 50 亿元规模的 10 年期浮动利率附息债券，每年付息一次，票面利率（计息年利率）等于基准利率与基本利差之和。国内债券的发行，意味着融资第二战场的开辟，中移动自 1997 年上市以来一直立足海外，先后三次增发股票和债券，从国际资本市场先后融得上百亿美元的巨额资金。

4.3.1 债券的种类

债券按照不同的标准可以进行不同的分类。

（1）按是否可以转换为公司股票，分为可转换债券和不可转换债券。可转换债券是指根据债券合同规定，可以在一定时期内按照事先规定的转换比率或转换价格转换为一定数量的普通股股票的债券。

（2）按有无特定的财产担保，分为有担保债券和信用债券。有担保债券是指以一定的公司财产作为担保而发行的公司债券，当发行的担保债券无法到期偿付时，债权人可以根据合同对抵押的财产进行处理，以抵押财产变现值优先受偿。信用债券是指发[1]行人完全凭自己的信誉发行的债券，由于没有财产作为担保，因而其利息率通常要比有担保债券的利息率高。

4.3.2 债券的发行价格

公司债券发行价格是发行公司（或其承销机构）发行债券时的价格，亦即投资者向发行公司认购其所发行债券时实际支付的价格。债券的发行价格由其未来现金流入量的现值决定，由各期利息收入现值和票面金额现值两部分组成。

4.3.3 债券的信用等级

债券的信用等级表示债券质量的优劣，反映债券偿本付息能力的强弱和债券投资风险的高低。债券的信用等级，对于发行公司和投资者都有重要的影响，它直接影响公司发行债券的效果和投资者的投资选择。

在金融危机前，美国发行债券的企业获得 AAA 评级的不足 10 家。而现在中国 AAA 企业已经超过了 100 家。中国的信用评价体系基本套用了国外的模式，那是否说明中国企业的信用等级远高于美国企业？很显然并不是。近年来国际评级机构标准普尔对美国州及地方政府债券评级逐级下调，令美国市政债券市场陷入动荡，部分原因就在于投资者对州及地方政府出现债务违约的担忧与日俱增。随着投资者从市政债券共同基金中撤资的规模达到创纪录水平，市政债券的收益率也达到了金融危机最严重时期以来的最高水平。

公司公开发行债券通常需要债券评信机构评定等级。债券的评级制度最早源于美国。1909 年，美国人约翰·穆迪首先采用了债券评级法，从此，债券评级的方法开始推广。国外流行的债券等级，一般分为 3 等 9 级，表 4-1 所示是美国穆迪投资服务公司和标准普尔公司采用的等级划分方法。

表 4-1　　债券信用等级表

标准普尔		穆迪公司	
AAA	最高级	Aaa	最高质量
AA	高级	Aa	高质量
A	上中级	A	上中质量
BBB	中级	Baa	下中质量

① Altman E I. The importance and subtlety of credit rating migration[J]. Journal of Banking & Finance, 1998, 22(10): 1231-1247.

续表

标准普尔		穆迪公司	
BB	中下级	Ba	具有投机因素
B	投机级	B	通常不值得投资
CCC	完全投机级	Caa	可能违约
CC	最大投机级	Ca	高级投资级，经常违约
C	规定盈利付息但是未能付息	C	最低级

我国的债券评级工作尚无统一的债券等级标准和系统的评级制度。根据中国人民银行的有关规定，凡是向社会公开发行企业债券，需要由中国人民银行认可的资信评级机构进行评信。我国的评信机构在企业债券信用评级工作中，一般主要考查：企业概况、企业素质、财务质量、投资项目状况、项目发展前景和偿债能力等。

2014 年 6 月，中国引擎领军人物百度集团宣布已向美国证券交易委员会（SEC）提交初步文件，计划发行高级债券。百度现金持有额已达 64 亿美元（约合人民币 400 亿元）。在过去两年中，百度的发展势如破竹，从手机应用到在线视频，都有百度的一片江山。国际著名评级机构穆迪公司报告指出，百度现金充沛，后劲十足，通过发行债券来进行海外筹资，拓宽角色，打入在线旅游、流媒体、移动通信领域，拓展海外业务，以进军国际市场。

4.3.4 债券筹资的特点

与其他长期负债筹资方式相比，发行债券的突出优点在于筹资对象广、市场大。但是，这种筹资方式不利的一面是成本高、风险大、限制条件多。

1. 债券筹资的优点

（1）财务杠杆作用

“给我一个支点，我能撬起地球。”阿基米德这句脍炙人口的名言形象地描述了自然科学中的杠杆作用。杠杆能产生神奇的力量，在财务管理中，杠杆也发挥了巨大作用。

债券的利息是固定的，除获取利息外，债券持有人不能参与公司净利润的分配。利息在税前列支，不参与企业利润的分配。因而，如果债券筹集到的资本其收益率高于成本，则可以提高普通股的每股收益，即具有财务杠杆作用。

（2）不会稀释股东控制权

债券持有人无权直接参与公司的经营管理，不分享公司股东对企业的控制权，只能从公司获得固定的利息，因而发行债券不会稀释原有股东对公司的控制权。

（3）债券的成本较低

债券的利息可列入税前支出，可为企业带来税收方面的好处，具有抵税作用。

（4）债券筹资方式灵活

发行债券与长期借款相比，公司可以根据自己的现状，结合现在的利率水平灵活设计债券的面值、票面利率、债券存续期、偿还方式等。

2012 年 11 月，百度发行了 7.5 亿美元 10 年期债券，支付的利率要低于谷歌。中国三家主要互联网公司——百度、阿里巴巴和腾讯都成功地从国际债券市场筹集资金，共发行了 60 亿美元债券。这三家公司计划利用这些资金进一步强化其在国内的产业优势地位，更好地在海外竞争，以及可能收购资金匮乏的竞争对手。中银国际（BOCI Research）分析师托马斯 · 庄（Thomas Chong）指出：“发行债券速度更快、程序更简单，发行股票会导致股权被稀释，而且需要较长的时间。”

2. 债券筹资的缺点

（1）加大了企业的财务风险

希金斯说，“财务杠杆提高了，破产概率也就增大了，这不足为奇。今天，美国的破产类似于高赌注的扑克牌游戏，其中唯一的赢家是律师们！”债券必须按时还本付息，若企业因一时资金周转不畅而不能按时还本付息，企业将陷入财务危机，甚至会导致企业破产；债券有固定的到期日和固定的利息支出，当企业资金周转出现困难时，易使产业陷入财务困境，甚至破产清算。

（2）限制性条款多

债权人没有参与企业管理的权利，为了保障债权人债权的安全，通常会在债券合同中包括各种限制性条款将在一定程度上限制企业的经营决策，这些限制性条款会影响企业资金使用的灵活性。

4.3.5 可转换债券

在我国，宝安公司最先于 1992 年 10 月在国内发行了针对 A 股的可转换债券。1996 年 4 月，国务院证券委提出可选择有条件的公司进行可转换债券的试点。1997 年 3 月 5 日，国务院证券委发布了《可转换公司债券管理暂行办法》，为发行可转换公司债券提供了法规依据。1998 年 8 月，南宁化工和吴江丝绸作为非上市公司，在《可转换公司债券管理暂行办法》发布后书安县发行了可转换公司债券。

可转换债券又称为可转换公司债券，是指发行人依照法定程序发行，在一定期间内依据约定的条件可以转换成股份的公司债券。可转换债券兼具债券和股票的特征，它赋予持有人在发债后一定时间内，可依据本身的自由意志，选择是否依约定的条件将持有的债券转换为发行公司的股票或者另外一家公司股票的权利。

位于 1998 年低负债比例前 10 名的燕京啤酒和虹桥机场，今仍居榜首。二者采取截然不同的融资方式。盈利能力较强的燕京啤酒和虹桥机场分别采取配股和可转换债券融资。燕京啤酒的董事会秘书李颖娟说，公司上市后将银行长期贷款还清，因此资信良好，目前采取短期贷款融资。2000 年配股所获资金 10 亿多元将投入啤酒和相关行业（矿泉水、饮料）及生化。虹桥机场现金流量充裕，发行 13.5 亿元可转换债券，投入浦东机场优质资产。虹桥发行可转换债券的原因是：发行可转换债券的利息（票面利率为 0.8%，年利息 1,080 万元）比向银行贷款的利息（5 年期贷款利率为 6.03%，年利息 8,140.5 万元）少。

1. 可转换债券的要素

可转换债券的要素指构成可转换债券基本特征的必要因素，它们表明可转换债券与不可转换债券的区别。在我国目前的经济环境下，发行可转换债券必须经过国家有关机构的批准。

（1）标的股票

可转换债券实际上是一种期权类的二级派生产品，即一种股票期权或股票选择权，它的标的物就是可以转换成的股票。可转换债券的标的股票一般是发行公司自己的股票，但也有其他公司的股票，如可转换债券发行公司的上市子公司的股票。可转换公司债券的价值中包含了买入标的股票的权利，因此，可转换公司债券的价格必然依赖于标的股票价格的变动情况，并与标的股票的价格同向变动。

（2）转换价格或转换比率

可转换债券的转换价格是指可转换债券转换为每股股份所支付的价格。上市公司发行可转换债券的，以发行可转换公司债券前一个月的股票平均价格为基准，上浮一定幅度作为转换价格；重点国有企业发行可转换公司债券的，以拟发行股票的价格为基准，折扣一定比例作为转换价格。

例如，恒宇工业公司在2006年发行的可转换债券就设定：在2011年之前，持有该转债者可转换成12.5股，2011—2016年可转换成11.76股，从2016—2021年可转换成11.11股。转换价格由开始时的80元上升到85元，然后升至90元。像大多数可转换债券一样，恒宇工业公司的可转换债券在10年后成为可赎回债券，赎回期为10年。

转换比率是每张可转换债券能够转换的普通股股数。可转换债券的面值、转换价格、转换比率之间存在下列关系：

$$转换比率=债券面值\div转换价格 \tag{4-11}$$

（3）转换期

转换期是指可转换债券转换为股份的起始日至结束日的期间。可转换债券的转换期可以与债券的期限相同，也可以短于债券的期限，主要有以下四种：

① 发行一段时间后的某日至到期日前的某日；

② 发行一段时间后的某日至到期日；

③ 发行后日至到期日前的某日；

④ 发行后日至到期日。

在前两种情况下，发行了可转换公司债券之后，发行公司锁定了一段特定的期限，在该期限内公司不受理转股事宜，它这样做的目的是不希望过早地将负债变为资本金而稀释原有的股东权益；在后两种情况下，发行公司在可转股之前对可转换公司债券没有锁定一段期限，这样做的目的主要是吸引更多的投资者①。

（4）赎回条款

赎回是指在一定条件下公司按事先约定的价格买回未转股的可转换公司债券。发行公司在赎回债券之前，要向债券持有人发出通知，要求他们在将债券转换为普通股与卖给发行公司之间做出选择。一般而言，债券持有人会将债券转换为普通股。可见，设置赎回条款是为了促使债券持有人转换股份，因此又被称为加速条款；同时也能使发行公司避免市场利率下降后，继续向债券持有人支付较高的债券票面利率所蒙受的损失；或限制债券持有人过分享受公司收益大幅度上升所带来的回报。

（5）回售条款

回售条款是为投资者提供的一项安全性保障，当可转换公司债券的转换价值远低于债券面值时，持有人必定不会执行转换权利，此时投资人依据一定的条件可以要求发行公司以面额加计利息补偿金的价格收回可转换公司债券。为了降低投资风险吸引更多的投资者，发行公司通常设置该条款。它在一定程度上保护了投资者的利益，是投资者向发行公司转移风险的一种方式。回售实质上是一种卖权，是赋予投资者的一种权利，投资者可以根据市场的变化而选择是否行使这种权利。

（6）强制性转换条款

强制性转换条款是在某些条件具备之后，债券持有人必须将可转换债券转换为股票，无权要求偿还债券本金的规定。设置强制性转换条款，在于保证可转换债券顺利地转换成股票，实现发行公司扩大权益筹资的目的。

2. 可转换债券筹资的特点

（1）可转换债券筹资的优点

① 筹资成本低。可转换债券给予了债券持有人以优惠的价格转换公司股票的权利，因而其利率低

① Stein J C. Convertible bonds as backdoor equity financing [J]. Journal of Financial Economics, 1992, 32(1): 3-21.

于同一条件下的不可转换债券的利率，降低了公司的筹资成本。此外，在可转换债券转换为普通股时，公司无需另外支付筹资费用，又节约了股票的筹资成本。

2009 年 6 月停牌长达 7 个月时间的国美电器（00493.HK）发布公告，通过发行可转换债券及公开招股方式筹资 32 亿港币，该公司已经与国际私募基金贝恩投资旗下的 Bain Capital Glory Limited 签订投资合作协议，以 18.04 亿港币认购国美新发行的 7 年期可转换债券。初始转股价为每股 1.18 港元，较国美停牌前的价格每股 1.12 港币溢价 5.4%。若贝恩投资将可转换债券全部换股，则将持有 16.28 亿股国美电器。此次融资方案将为国美带来不少于 32.36 亿港币的资金，国美电器也于近期在港交所复牌交易。

② 便于筹集资金。可转换债券一方面可以使投资者获得固定利息；另一方面又向其提供了进行债权投资或股权投资的选择权，对投资者具有一定的吸引力，有利于债券的发行，便于资金的筹集[①]。

2000 年 3 月，“鞍钢新轧”作为上市公司发行了价值 15 亿元 A 股可转换公司债，其中已向鞍钢新轧 A 股股东优先配售 1.06332 亿元；共向证券投资基金发售 0.8 亿元。截至 2000 年 3 月 15 日，主承销商已完成对鞍钢新轧 A 股股东按每股鞍钢新轧 A 股股票配售 2 元可转债的比例进行优先配售和向证券投资基金的发售。余额 13.13668 亿元上网定价发行。可以预计，随着市场经济体制和我国证券市场的发展和完善，可转换债券将会在我国取得更大的发展。

③ 有利于稳定股票价格和减少对每股收益的稀释。由于可转换债券规定的转换价格一般要高于其发行时的公司股票价格，因此在发行新股或配股时机不佳时，可以先发行可转换债券，然后通过转换实现较高价位的股权筹资。这样，一方面，不至于因为直接发行新股而进一步降低公司股票的市价；另一方面，因为可转换债券的转换期较长，即使在将来转换股票时，对公司股价的影响也较温和，从而有利于稳定公司股票。[②]

④ 减少筹资中的利益冲突。由于日后会有相当一部分投资者将其持有的可转换债券转换成普通股，发行可转换债券不会太多的增加公司的偿债压力，因而其他债权人对此的反对较小，受其他债务的限制性约束较少。同时，可转换债券持有人是公司的潜在股东，与公司有着较大的利益趋同性，因而冲突较少。

（2）可转换债券筹资的缺点

① 股价上扬风险。虽然可转换债券的转换价格高于其发行时的股票价格，但是如果转换时股票价格大幅度上扬，公司只能以较低的固定转换价格换出股票，便会降低公司的股权筹资额。

② 财务风险。发行可转换债券后，如果公司业绩不佳，股价长期低迷，或虽然公司业绩尚可，但股价随大盘下跌，持券者没有如约转换普通股，则会增加公司偿还债务的压力，加大公司的财务风险。特别是在订有回售条款的情况下，公司短期内集中偿还债务的压力会更明显[③]。

③ 丧失低息优势。可转换债券转换成普通股后，其原有的低息优势不复存在，公司将要承担较高的普通股成本，从而导致公司的综合资本成本上升。

---

① Drazen A, Grilli V. The benefits of crises for economic reforms[R]. National Bureau of Economic Research, 1990.

② Shi C. On the trade-off between the future benefits and riskiness of R&D: A bondholders' perspective[J]. Journal of Accounting and Economics, 2003, 35(2): 227-254.

③ Black F, Cox J C. Valuing corporate securities: Some effects of bond indenture provisions[J]. The Journal of Finance, 1976, 31(2): 351-367.

4.4 其他筹资方式

4.4.1 租赁筹资

2006年2月，中国工商银行与法国巴黎银行共同牵头，为中国国际航空股份有限公司引进一架波音737-700客机，安排完成了3,400万美元境外经营融资租赁。这是国内由中国商业银行安排实施的首笔境外飞机经营融资租赁项目。据统计，全球飞机融资市场中已有超过30%的份额为经营性融资租赁。近年来，伴随全球各大航空公司机队规模的不断扩张，航空公司对优化财务质量、规避飞机餐之风险以及调整机队结构等提出了更高要求，经营融资租赁成为目前全球各主要航空公司飞机引进的主流及首选方式。

租赁活动20世纪50年代初在美国兴起，此后在各国得到迅速发展。20世纪80年代初，我国企业开始采用租赁方式筹集资金。现在，租赁已经成为企业筹集资金的一种重要方式。

租赁是指收租人以租金为条件，将资产租让给承租人使用的一种经济行为。租赁行为在实质上具有借贷性质，但它直接涉及的是实物而非资金。在租赁业务中，出租人主要是各种租赁公司，承租人主要是企业，租赁的对象主要是机器设备等固定资产。

1. 租赁的种类

租赁合约的当事人至少包括出租人和承租人两方，出租人是租赁资产的所有者，承租人是租赁资产的使用者。

（1）按照租赁资产的投资来源和付款对象划分

① 直接租赁。该种租赁是指出租方（租赁公司或生产厂商）直接向承租人提供租赁资产的租赁形式。直接租赁只涉及出租人和承租人两方。其特点是出租人既是设备的全资购买者，又是设备的出租者，直接租赁是典型的租赁形式。

② 转租赁。转租赁指出租人从另一出租人或制造商租来设备，再转租给承租人使用。在这种方式下，从事转租赁业务的企业，既是承租人又是出租人。作为承租方，必须按照合同规定向出租方定期缴纳租金；作为出租方，则需要向承租人收取合理的租金。与直接租赁相比，从事转租赁业务的公司在租赁设备上并不需要投入很多资金，承担较低风险。它适用于从国外引进先进技术设备。

③ 售后租回。该种租赁是指承租人先将某资产卖给出租人，再将该资产租回的一种租赁形式。在这种形式下，承租人一方面通过出售资产获得了现金；另一方面又通过租赁满足了对资产的需要，而租金却可以分期支付。这种租赁方式的实质是企业暂时出让设备的所有权而获得一笔急需的流动资金，同时又保留设备使用权，不影响企业的正常生产，有利于提高资金使用效率。

（2）按照租赁的期限和双方权利义务关系划分

① 经营租赁。经营租赁又称营业租赁或服务租赁。它以满足承租人临时使用资产的需要为目的而发生的租赁业务。在这种租赁方式下，承租人租入资产的目的是为了满足生产经营上的短期临时的需要，而不在于融资。

② 融资租赁。融资租赁又称财务租赁。它是一种长期租赁，是出租人按照签订的租赁协议或合同，购置承租人需要的资产，并将其租赁给承租人长期使用，承租人可在资产的大部分使用期限内，获得资产使用权，从而最终获得所租赁资产的所有权。

2. 融资租赁租金

租赁的基本特征是都是承租人向出租人承诺提供系列的现金支付。租金报价形式和支付形式双方可以灵活安排，是协商一致的产物，而没有统一的标准。许多西方国家都在不同程度上对融资租赁企业给予加速折旧与直接投资减免等税收优惠，如德国规定租赁双方中持有资产所有权的一方可享受折旧扣除；美国政府曾规定，在美国的外国公司通过租赁获取设备使用权时，可免交进口税。而进口税一般高达资产成本的20%，这一举措刺激了美国跨国公司利用租赁进行销售，促进了国际租赁的发展。

（1）租金的构成

营业租赁的租金包括租赁资产的购买成本、租赁期间利息、租赁设备维护费用、业务及管理费用、税金、保险费及租赁陈旧过时风险等。

融资租赁的租金包括设备价款和租息两部分，其中租息又分为租赁公司的融资成本、租赁手续费等。设备价款是租金的主要内容，它由设备的买价、运杂费和途中的保险费用构成。融资成本是租赁公司为购买租赁设备所筹集资金的成本，及设备租赁期间的利息。租赁手续费，包括租赁公司承办租赁设备的营业费用和一定的盈利。

（2）租金的支付形式

典型的租金支付形式是预付年金，即分期（年、半年、季度、月或日等）的期初等额系列付款。经过协商，也可以在每期期末支付租金，或者各期的支付额不等。利息支付可以各期等额支付，也可以根据各期负债余额计算并支付。手续费可以在租赁开始日一次支付，也可以分期等额支付。通常，租赁合约规定每月或每半年支付一笔等额的租金，第一笔租金大多在签约时就要支付，也有在每期期末支付的情况。有时候，根据承租人的要求也可以适当调整每期的支付额，例如，设备使用的第一年需要进行复杂的调试，则可能在租赁的第一年安排较低的租金。

（3）租金的计算方法

租金受租赁资产的购置成本、预计资产的产值、租赁利率、租赁手续费、租赁期限以及支付方式的影响。一般而言，租金收取次数越多，每次收取的额度越小。租金的计算方式有如下几种。

① 平均分摊法。平均分摊法是按照商定的利率和手续费率计算租赁期内的利息和手续费，再同资产成本一起以收取的次数平均。这种方法没有考虑货币的时间价值。计算公式为：

$$R=\frac{(C-S)+I+F}{N} \tag{4-12}$$

式中：

R——每次收取的租金；

C——租赁资产的购置成本；

S——租赁资产的预计残值；

I——租赁期的利息；

F——租赁期的手续费；

N——租期。

② 等额年金法。等额年金法是利用年金现值的计算原理计算每期应收租金的方法。该方法考虑了货币的时间价值，将利率和手续费率综合为一个贴现率，以此计算租金。计算公式为：

$$R=\frac{PVR_n}{PVIFR_n} \tag{4-13}$$

式中：

R——每年收取的租金；

PVR_n——等额租金现值；

$PVIFR_n$——等额租金现值系数。

3. 租赁筹资的评价

租赁筹资的优点有：可以迅速获得所需资产；保存企业借款能力；租赁筹资限制较少；避免设备陈旧过时的风险；租金在整个租期内分摊，不用一次性支付大笔现金；租金费用可在税前扣除，享受税收优惠等[①]。

租赁筹资的缺点有：租金总额往往超过设备价值总额，导致成本较高；承租企业经济不景气时，固定租金的支付成为企业的沉重负担；租赁期满后，资产残值一般由出租人所有，使得承租企业丧失资产残值，成为一种机会损失；承租企业未经出租人同意，不能对租赁资产加以改良。

4.4.2 BOT 筹资

近些年来，BOT 这种投资与建设方式被一些发展中国家用来进行其基础设施建设并取得了一定的成功，引起了世界范围广泛的青睐，被当成一种新型的投资方式进行宣传，然而 BOT 远非一种新生事物，它自出现至今已有至少 300 年的历史。

17 世纪英国的领港公会负责管理海上事务，包括建设和经营灯塔，并拥有建造灯塔和向船只收费的特权。但是据罗纳德 · 科斯（R. Coase）的调查，从 1610—1675 年的 65 年当中，领港公会连一个灯塔也未建成。而同期私人建成的灯塔至少有 10 座。这种私人建造灯塔的投资方式与现在所谓 BOT 如出一辙。即私人首先向政府提出准许建造和经营灯塔的申请，申请中必须包括许多船主的签名以证明将要建造的灯塔对他们有利，并且表示愿意支付过路费；在申请获得政府的批准以后，私人向政府租用建造灯塔必须占用的土地，在特许期内管理灯塔并向过往船只收取过路费；特权期满以后由政府将灯塔收回并交给领港公会管理和继续收费。到 1820 年，在全部 46 座灯塔中，有 34 座是私人投资建造的。可见 BOT 模式在投资效率上远高于行政部门。

同许多其他的创新具有共同的命运，BOT 在其诞生以后经历了一段默默无闻的时期。而这段默默无闻的时期对 BOT 来讲是如此之长以至于人们几乎忘记了它的早期表现。直到 20 世纪 80 年代，由于经济发展的需要而将 BOT 捧到经济舞台上时，许多人将它当成了新生事物。

BOT 是 Build（建设）、Operate（经营）和 Transfer（转让）三个英文单词第一个字母的缩写，代表着一个完整的项目融资的概念[②]。BOT 模式发展之初主要是用于基础设施建设的项目融资模式。它由项目所在国政府或所属机构对项目的建设和经营提供一种特许权协议作为项目融资的基础，由本国公司或者外国公司作为项目的投资者和经营者安排融资，承担风险，开发建设项目，并在有限的时间内经营项目，获取商业利润，最后，根据协议将该项目转让给相应的政府机构。对于周期长、投资额大的公用设施 BOT 项目而言，民营企业如鲠在喉。由于 BOT 项目投资大，风险多，但又回报丰厚，被业内称为“带刺的玫瑰”。不过，并不是所有领域、所有企业都可以去摘取这朵“带刺的玫瑰”，都适合采用 BOT 模式。

应用 BOT 模式的基础设施项目在特许经营期间必须要具备一定的现金流量，即该基础设施项目有一定的盈利性，能够通过运营期间获得的现金流量收回投资，并给予投资人合理的投资回报。我国政府直到 1995 年才开始组织 BOT 方式的试点工作，除广西来宾 B 电厂外，湖南长沙电厂项目和成都水厂项目又被我国陆续批准为 BOT 试点项目。目前，我国 BOT 方式的试点工作进展顺利，成功的例子举不胜举，如咸阳渭河三桥、京承高速公路二期、遂渝高速公路和南京过江隧道等一批 BOT 项目的建设都取得了很大的成功。

---

① Chandraiah E. Evaluation Of Lease Financing[M]. Concept Publishing Company, 2004.

② Xi Gao . The risk analysis on the BOT financing mode[J]. Water Power, 2002, 4: 003.

BOT 主要有以下两方参与人。

1. 项目发起人

项目发起人是项目所在国政府、政府机构或政府指定的公司，其主要职责是在融资期间通过给予项目某些特许经营权和给予项目一定数额的从属性贷款或贷款担保作为项目建设开发和融资安排的支持。融资期间结束后，项目的发起人通常无偿地获得项目的所有权和经营权。

2. 项目经营者

项目经营者是 BOT 的主体，在经营期内从项目所在国政府获得建设和经营项目的特许权，负责组织项目的建设和生产经营，提供项目开发所必需的股本资金和技术，安排融资，承担项目风险，并从项目投资和经营中获得利润，项目结束后将项目无偿转移给项目发起人。

采用 BOT 方式，可以由项目经营者自己通过自由资金或银行借款等途径解决，也可以利用 BOT 项目自身通过项目融资方式筹集，拓宽了筹资渠道，而且还可以通过特许经营期间的特许经营加强基础设施项目运营管理水平，提高管理水平，引进先进技术[①]。

福建省泉州刺桐大桥是我国首例由民营企业发起兴建的 BOT 融资项目，总投资为 2.5 亿元，全长 1530m、宽 27m，双向 6 车道，于 1996 年 12 月建成通车。其采用的是国际上通用的 BOT 融资方式，即由项目投资法人建设经营 30 年，期满后全部无偿移交给政府，以解决基础建设资金不足的矛盾。泉州市人民政府 1994 年年初决定在市区边缘再造一座过江大桥，实现过境车辆和城市交通分流。建设刺桐大桥的消息传出后，先后有五家外商前往洽谈，因其条件苛刻而未成功，当地政府财力有限，无法建立承建。此时，由泉州 15 家私有企业合股成立的名流公司主动“请缨”，获市政府批准后，随即成立了注册资金为 6,000 万元的泉州刺桐大桥开发有限公司，其中名流公司占 60%的股份，泉州市政府占 40%的股份。一年后，代表市政府的路桥公司又将其中的 30%股份转给福建省公路开发总公司和福建省交通建设投资有限公司。投资超出本金不足的部分，由各股东按比例分别筹措。这样，一个国家与民营相结合、以民营为主的基础设施建设投资主体就率先出现在泉州。

由于刺桐大桥真正实行了建设项目的法人责任制，资金及时到位，责、权、利明确，机制灵活，建设效率很高。经认真投标筛选，工程由交通部二航局承建，并聘请其竞争对手铁道部大桥局为工程监理，仅用一年多时间建成通车，创造了国内同类桥梁建设罕见的高速度。

4.4.3 ABS 筹资

ABS（资产证券化）是以某一目标项目所拥有的资产为基础，以项目资产所产生的、独立的、可识别的未来收益（现金流量或应收账款）作为抵押（金融担保），通过在资本市场上发行具有固定收益率的高档债券来筹集资金的一种项目融资方式。[②]

资产证券化的实质是将资产的未来收益以证券的形式预售的过程，其基本交易结构是将资产的原始权益人从证券化的资产剥离出来，出售给一个特设机构，该机构以其获得的这项资产的未来现金收益为担保，发行证券，以证券发行收入支付购买证券化资产的价款，以证券化资产产生的现金流向证券投资者支付本息。1998 年 4 月 13 日，我国第一个以获得国际融资为目的的 ABS 证券化融资方案率先在重庆市推行。其首次运作将投入 2 亿美元。滚动资金可达 10～20 亿美元。以后运用的债券发行收益还将投资于交通、能源、城市建设、工业、安居工程、农业与旅游业等方面。我国到目前为止还没有在国内债券市场上发行的 ABS 债券。

---

① 钟璐. BOT 融资模式和 ABS 融资模式分析[J]. 科技与管理，2007，1(1): 55.

② 李燕妮，薛梅. ABS 融资方式简介[J]. 城市金融论坛，1997，1: 60-61.

1. ABS 结构

完整的 ABS 融资结构包括以下几个基本要素：发起人、发行人、投资者、投资银行、资信评级机构、信用增级机构或担保机构、管理机构、受托管理机构及律师等①。具体流程如下。

（1）原始权益人将其所有的证券化资产在真实销售的条件下出让给特设机构（SPV），按购买价获得现金收入。

（2）SPV 作为发行人，通过承销商在资本市场上向投资人发行资产支撑证券为了适应投资者的不同投资偏好，实际发行的证券通常分解为优先级证券和次级证券，用筹得的现金收入支付资产购买价款。

（3）在资产证券到期之前，投资人委托服务商根据交易契约约定，向原始权益人收取由证券化资产所产生的收入现金流，将其支付给 SPV。

（4）SPV 用所得到的收入现金流支付投资者投资本息和专业服务费用，还要在储备账户上保有一定的现金存款，以应付流动性等风险，保证 SPV 能够正常履行其规定义务。

（5）由于证券化交易的复杂性，原始权益人通常聘用专业的服务机构参与交易活动。专业服务机构主要包括财务顾问、交易安排人、信用评级机构、金融担保公司、承销商、会计师事务所和律师事务所等。

2. ABS 筹资特点

（1）增强资产的流动性

用于资产证券化的资产通常都是不能随时出售变现，但根据合同或事先约定而具有可预见、稳定的未来现金收入的资产。通过资产证券化，发起人能将流动性低的资产转换为流动性高的、标准化的证券工具。②

（2）分散风险

资产证券的投资者或持有人在证券到期时，可以获得本金和利息的偿付。偿付资金来源于证券化基础资产所创造的现金流量，即资产债务人偿还的到期本金和利息。ABS 证券投资风险只取决于可以预测的现金收入，而不是项目原始收益人自身的信用状况，并且不受原始权益人破产等风险的牵连。债券可以在证券市场上流通，由众多投资者购买，因而 ABS 方式在很大程度上分散了投资风险。

（3）筹资成本较低

ABS 通过特有的信用增级过程，提高债券发行人的信用等级，使得其能够发行高等级的债券，减少利息的支付，降低 ABS 的成本。

【讨论案例】

可转换债券筹资案例——安徽山鹰纸业转债筹资

2007 年 7 月 23 日，中国证监会审核批准了山鹰公司发行可转换公司债券。本次发行采取向原有股东全额优先配售，原有股东放弃优先配售后的可转债余额向社会公众投资者公开发行。原有股东可优先认购的可转债数量为其在股权登记日收市后登记在册的持有山鹰公司股份数乘以 1.1 元（即每股配售 1.1 元），再按 1,000 元 1 手转换成手数，优先配售不足 1 手的部分按照有关规定处理。截至可转债募集说明书签署日，该公司总股本为 426,730,834 股，原有股东最多可优先认购此次发行可转债的金额为 46,940.40 万元（即 4,694,040 张，469,404 手），约占此次发行的可转债总额的 99.87%。

此次发行可转债的承销起止日为 2007 年 8 月 31 日至 2007 年 9 月 11 日。上市流通后不设持有期的限制。山鹰公司可转债发行条款如下。

① 周仁仪. 谈国际筹资新方式— ABS 融资[J]. 财会月刊，1997，10: 24.

② 熊先根. ABS: 一种新的筹资技术[J]. 江苏经济探讨，1996 (9): 43-44.

（1）发行总额：本次可转债的发行总额为 47,000 万元。

（2）票面金额：本次发行可转债的票面金额为 100 元，共计发行 470 万张。

（3）债券期限：本次发行可转债的期限为 5 年，自 2007 年 9 月 5 日（发行日）起至 2012 年 9 月 5 日（到期日）止。

（4）票面利率和付息：本次发行的可转债票面利率第一年为 1.4%，第二年为 1.7%，第三年为 2.0%，第四年为 2.3%，第五年为 2.6%，到期未转股按 2.8%进行补偿。

（5）可转债转股条款

① 转股期。此次发行可转债的转股期自公司可转债发行结束之日（募集资金划至发行人账户之日）起 6 个月后至可转债到期日止。

② 转股价格。此次发行可转债的初始转股价格为募集说明书公告日前 20 个交易日公司股票交易均价和前 1 交易日的交易均价之间的较高者，即 7.31 元。初始转股价格自此次发行结束后开始生效。

（6）回售条款。自可转债发行之日起 24 个月后，若公司 A 股股票在任意连续 20 个交易日的收盘价格低于当期转股价格的 70%，则可转债持有人有权以面值的 105%（含当期利息）的价格将其持有的可转债全部或部分回售给山鹰公司。可转债持有人在回售条件首次满足后不实施回售的，当年不应再按上述约定条件行使回售权。

（7）赎回条款。自可转债发行之日起 12 个月后，若公司 A 股股票任意连续 20 个交易日的收盘价高于当期转股价格的 125%，则公司有权以面值的 105%（含当期利息）的价格赎回全部或部分未转股的可转债。在赎回条件首次满足时不行使赎回权的，则公司当年内不能再行使赎回权。

试根据上述资料分析以下问题。

1. 结合本案例分析可转债在转换为股票之前和之后对公司财务状况的影响。

2. 结合本案例分析可转债筹资与银行借款、普通长期债券以及股权筹资方式对企业的不同影响？

3. 假如你是该公司的财务总监，结合当前的宏观环境，分析如何进行当前筹资决策？

【专栏或者介绍】

美国次贷危机

2007 年 8 月爆发的美国次级住房抵押贷款危机（简称次贷危机）不仅重创美国经济，还造成了全球金融市场的巨烈震荡。经过半年多的分解消化，直到 2008 年危机还未见底，可见此次危机波及范围之广，影响程度之深。鉴于此，有必要对这次金融危机产生的深刻根源进行客观的分析。

引起美国次级抵押贷款市场风暴的直接原因是美国的利率上升和住房市场持续降温。利息上升，导致还款压力增大，很多本来信用不好的用户感觉还款压力大，出现违约的可能，对银行贷款的收回造成影响的危机，对全世界很多国家包括中国也造成严重影响。有学者指出，“技术层面上早该破产的美国，由于欠下世界其他国家过多的债务，而债权国因不愿看到美国破产，不仅不能抛弃美国国债，甚至必须继续认购更多的美国债务，以确保美国不破产。”在美国，贷款是非常普遍的现象。当地人很少全款买房，通常都是长时间贷款。可是在这里失业和再就业是很常见的现象。这些收入并不稳定甚至根本没有收入的人，买房因为信用等级达不到标准，就被定义为次级信用贷款者，简称次级贷款者。由于之前的房价很高，银行认为尽管贷款给了次级信用借款人，如借款人无法偿还贷款，则可以利用抵押的房屋来还，拍卖或者出售后收回银行贷款。但由于房价突然走低，借款人无力偿还时，银行把房屋出售，但却发现得到的资金不能弥补当时的贷款 + 利息，甚至都无法弥补贷款额本身，这样银行就会在这个贷款上出现亏损。一个两个借款人出现这样的问题还好，但由于分期付款的利息上升，加上这些借款人本身就是次级信用贷款者，这样就导致了大量的无法还贷的借款人。正如上面所说，银行收回房屋，却卖不到高价，大面积亏损，引发了次贷危机。美国次级抵押贷款市场通常采用固定利率和浮动利率相结合的还款方式，即：购房者在购房后头几年以固定利率偿还贷款，其后以浮动利率偿还贷款。在2006年之前的5年里，由于美国住房市场持续繁荣，加上前几年美国利率水平较低，美国的次级抵押贷款市场迅速发展。随着美国住房市场的降温尤其是短期利率的提高，次贷还款利率也大幅上升，购房者的还贷负担大为加重。同时，住房市场的持续降温也使购房者出售住房或者通过抵押住房再融资变得困难。这种局面直接导致大批次贷的借款人不能按期偿还贷款，进而引发“次贷危机”。

次贷危机的根源——资产泡沫

所谓的次贷危机就是指次级住房抵押贷款借款人大量违约而引起的信贷市场上的信用危机，以及以次级贷款为基础资产发行的证券大面积缩水而导致的资本市场上的次级债危机。冷静审视问题的来龙去脉，不难发现这场危机追根溯源是由美国房地产市场不断累积的资产泡沫引起的，泡沫的产生和不断堆积是危机的酝酿，泡沫轰然破灭之时就是危机爆发之日。下面将从理论和实践上论证资产泡沫必然破灭而导致金融危机。

理论上来看，资产泡沫的源头是流动性过剩，当过剩的流动性纷纷涌向证券市场和房地产市场，就意味着过多的流动性资产追逐有限的投资机会，资产价格自然会上涨，如果这种投机逐利进一步发展，资产价格必然慢慢超过其真实价值而虚拟膨胀，最终产生泡沫。当资产价格上升到远远失去实际增长因素支撑时，资产价格的变化就仅仅取决于投资者对风险的承受能力及预期，一旦投资者对风险的承受能力及预期下降，这些高度灵活高度自由的金融资本必然迅速撤出该市场。若缺少其他资本填补这一空白，就会造成金融资本流动在时间和空间上的不能继起，流动性短缺立刻显现，被虚拟化的资产价格只好下降甚至狂跌，资产泡沫一下子破灭，危机也紧随其后。而实际的情况是美国房市在次贷危机爆发前正存在着这样的资产泡沫，从2001—2006年美国房价大幅上涨，而一路攀升的房价既没有建立在住房市场的真实需求上，也没有以居民可支配收入为支撑。资产泡沫化成为一个不争的事实，泡沫破裂只是早晚的灾难。

果然就在美国房市如火如荼，泡沫不断累积之时，美国宏观经济形势也在悄然发生变化：伴随经济增长，美国通胀压力加大，美联储从2004年下半年开始提高联邦基准利率。刚开始利率的提高虽然增加了抵押贷款申请人的利息成本，但这却远远比不上贷款投资房地产所带来的收益的增加，如果这种境况一直维持下去，贷款投资需求也将继续强劲，泡沫不会破裂。然而，利率上升仍在继续，进入2006年，利率已由原来的1%调到了5.25%，这时贷款投资成本上涨终于开始赶上并超过房地产价格的上涨，也就是超过投资回报率的上涨，膨胀的投机需求开始减退，汹涌攀升的房价锋芒渐弱，温和上升，与投资资金成本的上涨幅度形成越来越大的差距，房价走低预期逐渐生成，投机需求争相退出市场，购房需求随之恢复到真实面目，住房价格无可避免地从高位运行跌到了万丈深渊，房产泡沫再也支撑不住，终于轰然破灭。

泡沫一旦被破灭，便会带来一系列的灾难性连锁反应，直至危机发生。首先房价不断下跌，当跌破住房抵押贷款的偿还余额时，抵押贷款特别是次级抵押贷款的放款机构便进入了理性违约期，因为次级抵押贷款的放款对象一般是那些信用级别低，负债重，收入证明缺失的投机客户，他们的还款来源一开始就不是出自自身的还款能力，即可支配收入，而是建立在房价不断上涨的脆弱假设上，其违约的可能性本来就高于优质客户，而既然现在房价下跌已成为不可逆转的趋势，原先的还款假设不再成立，其高违约可能性便极易演化为高违约现实性。事实也证明了这一点，2004年第2季度以来，优贷拖欠率只是略有抬头，但次贷拖欠率却大幅上升，从10.4%升至2006年第4季度的13.5%，是同期优贷拖欠率的 5 倍多。伴随着房市资产泡沫的破灭，违约率上升，其中主要是次级贷款违约率大面积上升，住房抵押贷款各种衍生债券又特别是次级债不得不向其真实价值回归，甚至跌至真实价值以下，这时住房抵押贷款危机，更准确地说是次级住房抵押贷款危机（即所谓的次贷危机）便全面爆发了。

【关键词语】

长期借款（long-term loans）
商业票据（commercial paper）
融资租赁（capital lease）
经营租赁（operating lease）
可转换债券（convertible bonds）
长期债券（long-term bonds）
资产证券化 ABS（Asset-Backed Securitization）
BOT（Build Operate Transfer）

复习思考题

一、概念题

1. 商业信用　2. 短期借款　3. 信用额度　4. 补偿性余额
5. 长期负债　6. 债券　7. 可转换债券　8. 债券的信用等级

二、单选题

1. 某企业按年利率 4.5%从银行借入款项 200 万元，银行要求企业按贷款的 10%保留补偿性余额，则该借款的实际年利率为（　　）。
A. 4.95%　B. 5%　C. 5.5%　D. 9.5%

2. 放弃现金折扣的成本大小与（　　）。
A. 折扣百分比的大小呈反向变化
B. 信用期的长短呈同向变化
C. 折扣百分比的大小、信用期的长短均呈同方向变化
D. 折扣期的长短呈同方向变化

3. 在下列各项中，不属于商业信用融资内容的是（　　）。
A. 赊购商品　B. 预收货款
C. 办理应收票据贴现　D. 用商业汇票购货

4. 不属于商业信用的是（　　）。
A. 应收账款　B. 应付账款　C. 应付票据　D. 预收账款

5. 下列说法正确的是（　　）。
A. 短期融资券不可超过半年
B. 短期融资券的发行利率以央行票据利率为标准
C. 应计项目是非自发性融资
D. 应计项目包括应缴税费、应付股利、应付工资及应付福利费

6. 与普通股筹资相比，下列选项中不属于长期负债筹资特点的是（　　）。
A. 筹资风险较高　B. 筹资成本较高
C. 具有资金使用期限上的时间性　D. 不分散公司的控制权

7. 企业向银行借入长期借款，若预测市场利率将下降，企业应与银行签订（　　）。
A. 浮动利率合同　B. 固定利率合同　C. 有补偿余额合同　D. 周转信贷协定

8. 关于长期借款成本，说法错误的是（ ）。

A. 长期借款的利息率通常高于短期借款

B. 长期借款利率有固定利率和无限额的浮动利率

C. 银行向借款企业收取周转信贷协定的承诺费

D. 银行向借款企业收取补偿余额的间接费用

9. 下列不属于长期借款的特殊保护性条款的有（ ）。

A. 企业可以投资于短期内不能收回资金的项目

B. 贷款专款专用

C. 限制企业高级职员的薪金和奖金总额

D. 要求企业主要领导人在合同有效期间担任领导职务

10. 长期借款筹资不包括（ ）。

A. 政策性银行贷款　　B. 商业银行贷款

C. 信托投资公司贷款　　D. 高利贷

11. 债务筹资的三种基本形式是（ ）。

A. 发行债券、银行借款、经营租赁　　B. 发行债券、经营租赁、融资租赁

C. 发行债券、银行借款、商业信用　　D. 发行债券、银行借款、融资租赁

12. 下列关于可转换债券基本要素的说法中，错误的是（ ）。

A. 标的股票既可以是发行公司自己的股票，也可以是其他公司的股票

B. 票面利率一般会低于普通债券，高于同期银行存款利率

C. 我国上市公司发行可转换公司债券，以发行前1个月股票的平均价格为基准，上浮一定幅度作为转股价格

D. 赎回条款最主要的功能是强制债券持有者积极行使转股权

13. 下列关于决定债券发行价格的因素说法中，不正确的是（ ）。

A. 票面金额是决定债券发行价格的最基本因素

B. 票面利率越高，发行价格就越高

C. 市场利率越高，发行价格就越低

D. 债券期限越长，发行价格越低

14. 有关发行债券的资格与条件，下列说法错误的是（ ）。

A. 我国《公司法》规定，股份有限公司、国有独资公司和两个以上的国有企业或其他国有投资主体投资设立的有限责任公司，有资格发行公司债券

B. 累计债券总额不超过公司净资产额的30%

C. 债券的利率不得超过国务院限定的水平，最近3年平均可分配利润足以支付公司债券1年利息

D. 所筹集的资金不得用于补亏和非生产性支出

15. 决定债券发行价格的因素不包括（ ）。

A. 债券的市场价值　　B. 债券的票面利率

C. 市场利率　　D. 债券期限

三、简答题

1. 商业信用筹资有哪些优势？

2. 短期借款筹资的优点和缺点是什么？

3. 短期融资券的发行条件有哪些？

4. 长期借款的种类以及偿还的方式有哪些？

5. 长期债务筹资的方式有哪些？优缺点是什么？

6. 试阐述长期借款的特点。

7. 可转换债券具有哪些要素？如何确定转换时机？

8. 试分析债券发行价格的决定因素。

9. 试说明发行债券筹资的优缺点。

10. 请简要回答可转换债券筹资的优缺点。

四、计算题

1. 某公司发行面值为1,000元，票面年利率为10%，期限为10年，每年年末付息的债券，发行时，市场利率可能会发生变化，试确定市场利率分别为8%、10%、12%时债券的发行价格。

2. 某企业按2/10，*n*/30的条件购入货物10万元。若同期的银行短期借款利率为12%，该企业是否放弃折扣？

3. 某借款企业按年利率10%向银行借款100万元，银行要求维持贷款限额15%的补偿性余额，则该借款企业实际可用的借款只有85万元，该项借款的实际利率是多少？

4. 甲公司正面临两家提供不同信用条件的供应商，A供应商的信用条件为3/10，*n*/30，B供应商的信用条件为2/20，*n*/30。

（1）如果该公司在10～30天内有一次投资机会，回报率为60%，公司应否在10天之内归还A供应商的应付账款。

（2）如果该公司只能在20～30天以内付款，应选择哪家供应商？

5. 某公司向银行借入短期借款10,000元，同银行协商后，支付银行贷款利息的方式有如下三种。

方案一：收款法付息，利率为14%；

方案二：贴现法付息，利率为12%；

方案三：利率为10%，银行要求20%补偿性余额。

在仅考虑利率成本的情况下，该公司应该使用哪种方式筹措所需资金？

6. 某企业集团是一家大型国有控股企业，持有甲上市公司65%的股权和乙上市公司2,000万股无限售条件流通股。集团董事长在2012年的工作会上提出，“要通过并购重组、技术改造、基地建设等举措，用五年左右的时间使集团规模翻一番，努力跻身世界先进企业行列。”根据集团发展需要，经研究决定，拟建设一个总投资额为8亿元的项目，该项目已经国家有关部门核准，预计两年建成。企业现有自有资金2亿元，尚有6亿元的资金缺口。企业资产负债率要求保持在恰当水平。集团财务部提出以下方案解决资金缺口。

方案一：向银行借款6亿元，期限2年，年利率为7.5%，按年付息；

方案二：直接在二级市场上出售乙公司股票，该股票的每股初始成本为18元，现行市价为30元，预计未来成长潜力不大；

方案三：由集团按银行同期借款利率向甲公司借入其尚未使用的募股资金6亿元。

要求：假定你是集团总会计师，请在比较三种方案后选择较优方案，并说明理由。

五、论述题

企业在实施商业信用筹资过程中，你认为应该注意哪些方面？

第 5 章　股权筹资

【引导案例】

华谊兄弟股权回购引入多轮资金

华谊兄弟采用了国际流行的“股权融资+股权回购”的手法操作了三轮融资。2004 年年底，华谊兄弟从 TOM 集团募得 1,000 万美元，以约 7,500 万元、溢价 3 倍回购太合公司手中 45%的股份后更名为华谊兄弟传媒集团。此后，TOM 又以 6 倍市盈率即 500 万美元获得华谊兄弟 27%股权，以 500 万美元认购年利率为 6%的可换股债券，华谊兄弟承诺 TOM 转股后股权可达 35% ，信中利以 70 万美元获得 3%的股权，王中军兄弟持有的股权则上升到 70%。这样，太合以 300%的投资回报率退出。

2005 年 12 月，华谊兄弟进行第二轮融资。在操作上，也是先回购 TOM 的部分股权，而后，新投资人雅虎中国以 1,200 万美元换取华谊兄弟 15%股份，对价较 1 年前上涨了 1 倍，TOM 持股则由 27%减到 7%，信中利由 3%减到 1%，王中军兄弟的股份却从 70%升到 77%。通过不断的融资扩张，华谊兄弟占有了国内制片市场 40%的份额、电影发行市场 30%的份额。

2007 年，分众传媒又联合其他投资者向华谊兄弟注资 2,000 万美元。通过不断的融资扩张，华谊兄弟占有了国内制片市场 40%的份额、电影发行市场 30%的份额。

那么华谊兄弟该股权筹资决策是否可行？哪些指标可以用来评判可行性？有哪些需要注意的问题？回答以上的问题需要结合本章股权筹资的知识加以分析。

股份有限公司和有限责任公司是股份制经济的两种基本组织形式。有限责任公司股权筹资以吸收直接投资为主，而发行股票则是股份有限公司进行股权筹资最主要的方式。本章将介绍吸收直接投资、普通股筹资、优先股筹资和留存收益筹资的相关内容。

【学习目标】

- 了解吸收直接投资的概念、种类及特点；
- 掌握普通股票的价值；
- 掌握普通股的概念和种类；

- 掌握普通股、优先股融资的优缺点；
- 了解普通股的发行方式和销售方式；
- 掌握优先股的特点和种类；
- 掌握普通股发行的规定与条件；
- 了解股票上市的条件。

5.1 吸收直接投资

5.1.1 吸收直接投资的概念

企业的筹资方式按其所有权的归属，可以分为股权筹资和债权筹资两种。企业的股权资本一般由资本金投入和留存收益构成，其中，资本金投入是企业所有者为创办和发展企业而投入的资本，是企业股权筹资最基本的部分。企业资本金投入因企业组织形式的不同而有不同的表现形式，在股份有限公司中称为“股本”，在有限责任公司中则称为“实收资本”。

具体来说，吸收直接投资指的是企业按照“共同投资、共同经营、共担风险、共享利润”的原则来吸收国家、法人、个人、外商投入资金的一种筹资方式，它是有限责任公司筹措资本金的基本形式。吸收直接投资无须公开发行证券。吸收直接投资与发行股票、留存收益都属于企业筹集自有资金的重要方式。

在吸收直接投资的筹资形式中，进行直接投资的出资者一般是企业的所有者，对企业享有经营管理权。若企业经营状况好，盈利多，则各方按投资比例分享利润；反之，若企业经营状况差，连年亏损，甚至破产清算，则投资各方按其投资比例在投资限额内承担损失。

5.1.2 吸收直接投资的类型

1. 按照资金的来源，吸收直接投资可以分为三种类型

（1）吸收国家投资

吸收国家投资是指有权代表国家投资的政府部门或者机构以国有资产投入企业形成的国家资本金。目前，国家投资除了原来国家以拨款形式投入企业所形成的资金外，还包括用利润总额归还贷款后所形成的国家资金、财政和主管部门拨给企业的专用拨款以及减免税后形成的资金。因为产权归属国家，所以吸收国家投资对于资金的运用和处置受国家约束较大。由于国有经济在国民经济中的重要地位，今后国家财政资金仍是国有独资企业和国有控股公司的重要资金来源渠道。2008 年次贷危机发生后，美国、日本和欧洲一些国家纷纷出台政策，实施政府对银行注资，以求稳定银行业，避免金融机构破产泛滥。该举措的确起到了稳定市场的效果。1999 年，留美归国博士邓中翰带着微机摄像芯片技术联系了北京风险投资公司等风险投资机构，但未获支持。在原信息产业部（现为中华人民共和国工业和信息化部）领导的直接关怀下，邓中翰等人创立了数字图像与多媒体芯片设计企业——中星微电子公司（后文简称为“中星微”）。原信息产业部一改过去以项目无偿资助企业的方式，而专门成立了风险投资公司——盈富泰克公司，以参股方式向中星微投资了 1,000 万元。中星微此后经历了三轮融资，融资股价节节攀升，最后顺利在纳斯达克上市。在其发展过程中，盈富泰克公司给予了多方面协助，如通过原信息产业部直接参与和引荐别的部委的参与，以多个重大项目资助等多种方式支持了中星微的研发活动。

（2）吸收法人投资

吸收法人投资是指其他企业单位以其可支配的资产投入企业形成的法人资本金。在生产经营过程中，企业往往会产生部分暂时闲置的资金，可以在企业之间相互调剂余缺，这种资金既可以是短期的临时资金融通，也可以是相互投资形成长期稳定的经济联合。随着横向经济联合的发展，这种资金来源渠道得到越来越广泛的应用。吸收法人投资广泛适用于法人单位之间，具有灵活多样的出资方式。例如，2013 年 8 月 20 日，顺丰速运获得来自元禾控股、招商局集团、中信资本、古玉资本的联合投资，总投资金额 80 亿元。该融资是顺丰成立 20 年来所做的第一次股权融资。顺丰速运处于行业领头羊地位，营业收入和利润率均是行业内顶级水平，股权结构清晰明朗，债务债权关系简单，近年来被上百家基金、投资公司所追逐，但顺丰速运一直婉拒合作，此轮融资必将在中国快递发展史上留下浓重的一笔。

（3）吸收个人投资

吸收个人投资是指社会个人或企业内部职工以个人合法财产投入企业所形成的个人资本金。吸收个人投资由于参与投资的人员较多，因此每个人投资的数额相对较少。投资者一般是以参与企业利润分配为目的。四川某市一家农民饭店——花园饭店就是通过吸收个人投资获得成功的。该饭店是花园村村民集资 200 万元创办的。王某是该饭店的经理，他接手饭店后，打破“铁饭碗”，建立完整的责任制，把职工的固定工资改为半浮动形式，按工种、按楼面、按厅、按定床位率、按职责、收入、费用等计算工资，确定超额奖、节约奖、卫生奖等，以此调动职工的积极性。几年下来，饭店赚了钱，积累了一批可观的利润。但此时，花园饭店正面临周围数家大饭店的激烈竞争。于是，王某对职工说：“我们店只有走改造之路，才能在竞争中不被淘汰。改造设备需要资金。我们是农民饭店，不像那些国有饭店，有国家撑腰。为了我们的饭店和大伙的前途，我建议，今年的奖金不分了，用作改造设备资金。”按合同承包，分得最多的是经理本人，经理自己提出不拿奖金，大家也都不好意思分奖金了。王某用这高明的一招，把分给职工的奖金全变成了集资款，迅速实现了改造原有设备的计划，使饭店的规格和形象都提高了一个档次。后来，当借款盖成的几层楼的饭店运营时，由于没有空调，利润平平。这时，王某果断地在职工中又一次集资 100 多万元，为饭店安装了最先进的中央空调。由此，饭店终于摆脱了困境，第二年便盈利 81 万元。

2. 按照出资方式，吸收直接投资可以分为三种类型

（1）吸收现金投资

吸收现金投资是吸收直接投资中一种最重要的出资方式。现金可灵活方便地转换为其他经济资源，因此企业在投入资本筹资时应尽可能多地争取投资者以现金形式出资。国外大多数国家的法律对现金的出资比例均做出规定，我国目前尚无这方面的规定，一般由投资各方在投资过程中协商确定。在 2006 年，董志江和搭档靳彩霞从美国回到武汉的时候，资金并不多。从 2006 年 8 月开始，他依托武汉光电国家实验室，不到半年时间建成了第一条 LED 生产线。2015 年 4 月、5 月，大量的订单飞来，迪源发布了中小企业融资扩产的消息，风投机构立刻蜂拥而至，美国天地基金注入了第一笔资金。时隔不久，来自四川的九洲集团投入 2,000 万元。此后，本地的光谷基金，原信息产业部旗下的盈富泰克基金纷纷把大把的钱投向迪源。“这个项目本身的特性是需求大投资，几千万元都是少的。”董志江说，“大家都很看好这个项目。钱来得太汹涌，在中小企业融资的后期我们已经开始劝别人少投入一些，企业不能一口吃成一个胖子。”大约 6 个月的时间，迪源完成了 2 亿元的中小企业融资，一些后来者被婉拒在门外。董志江说，不能什么钱都要，要选择志同道合的投资机构。投资迪源的机构，都和光电产业沾边，九洲集团正在向 LED 封装产业发展，已成为迪源光电下游产品的合作伙伴。

（2）吸收实物投资

吸收实物投资即投资者直接以房屋、建筑物、机器设备等固定资产和原材料、燃料、产品等流动资产作价投资。实物投资与实际的物品和生产经营活动直接联系在一起。它是通过实物在市场中的销售利润谋取投资利润的一种投资方式。投资方在进行投资活动之前，要对实物的潜在价值进行深入分析，避免由于失误造成的资金浪费。金磊有限是 1999 年 8 月 27 日在德清县工商行政管理局注册成立的有限责任公司，设立时名称为德清县天健耐火炉料有限公司，住所为德清县钟管镇振兴路。金磊有限责任公司成立后的一段时期内，曾向富民公司租赁原浙北耐火材料厂房屋建筑物、设备等破产资产用于经营，并向富民公司购买原浙北耐火材料厂的存货等破产资产。

吸收实物投资应注意如下两点。

① 实用性。即实物资产确实是为企业科研、生产、经营所需要的，技术性能比较好的资产。

② 作价公平合理。具体作价可由双方按公平合理的原则协商确定，也可聘请各方同意的专业资产评估机构确定。对实物资产的估价，一般采用重置成本法或现行市价法。对具有独立获利能力的设备或房屋建筑物，也可采用收益现值法进行估价。

（3）吸收无形资产投资

吸收无形资产投资即投资者直接以专利权、商标权、商誉、非专利技术、土地使用权等无形资产作价投资。吸收无形资产投资应注意以下几点。

① 谨慎性。由于无形资产的价值相对于实物资产而言，具有很大的不确定性，因此企业在接受这种投资时应谨慎进行有关的调查和可行性研究。

② 作价公平合理。我国《公司法》有以下规定：股东以实物、工业产权、非专利技术或土地使用权作价出资的，必须进行作价评估，核实财产，不得高估或者低估作价，并依法办理财产权的转移手续。以工业产权、非专利技术作价出资的金额一般不得超过公司注册资本的 20%，但国家特殊规定的以高科技成果出资的可达到 35%。2000 年 1 月 18 日，北玻有限股东会做出如下决议：高学明先生单方面追加投入已经评估的 4 台设备样机和两项专利共计作价 2,838.53 万元，其余股东同时承诺放弃同比例增资权利。2000 年 1 月深圳维明资产评估事务所对高学明先生 4 台设备和两项专利进行了评估（评估基准日为 1999 年 12 月 31 日），并出具了深维资评报字（2000）第 007 号《资产评估报告书》，其中 4 台机器设备采用市场比较法（现行市价法）确定其评估值为 2,144 万元；两项专利技术采用收益现值法确定其评估值 694.53 万元，因而成功地追加了投资。

5.1.3 吸收直接投资的程序

有限责任公司吸收直接投资，一般应遵循下列程序。

1. 确定筹资数量

吸收直接投资通常是在企业开办时所采用的一种筹资方式。企业在经营过程中，如果发现自有资金不足，也可采用吸收投资的方式筹集资金，但在吸收投资以前，必须根据企业的经营范围、生产性质、投资规模、最低注册资金要求、信贷筹资的可能性等情况，确定合理的筹资数量。在预测企业筹资数量之初，预测者应该了解并遵守如下基本依据。（1）法律依据。企业筹集资金的数量应该符合所在经济市场的注册资本限额规定，同时满足其当前偿债能力和负债水平限额的法律规定。（2）企业经营规模依据。一般而言，企业经营规模大小与企业筹资额度之间存在线性相关关系，即企业规模越大，筹资数额越多。（3）影响企业筹资数量预测的其他因素。这些因素包括企业对外投资情况、企业信用状况、企业产品类型、企业销售地区分布等。

2. 寻找投资者

企业在吸收直接投资以前，必须做一些宣传推广工作，让投资者充分了解企业的发展方向和前景、经营性质和规模及获利能力等，以找到合适的合作伙伴。

3. **协商投资事项**

找到投资者后，双方应就有关的出资方式、出资比例、出资数量以及参与管理的形式等进行协商。在出资方式上，除了企业特定需要外，一般情况下尽量使投资者以现金投入。特殊情况下，也可投资实物、无形资产等。

4. **签署投资协议**

企业与出资者确定投资意向和具体条件后，应按公平合理的原则协商确定实物投资、工业产权投资、土地使用权投资的作价或聘请双方认可并具有专业资质的资产评估机构进行评定。当投资者的出资资产价值确定后，应签署投资协议或合同，从法律上明确双方的义务、权利和责任。

5. **按期获取资金**

企业根据投资协议中规定的出资期限、出资方式、出资比例、出资数额等，按规定获取资金。投资者如果未按规定缴纳所认缴的出资额，应当对已足额出资的投资者承担违约责任。

5.1.4 吸收直接投资的优缺点

1. **吸收直接投资的优点**

（1）有利于增强企业实力

吸收直接投资所筹集的资金属于自有资金，能增强企业的信誉和借款能力，有利于尽快形成和扩大生产经营规模，增强企业实力。[①]

（2）能尽快形成生产能力

吸收直接投资有利于直接获取投资者的先进设备和先进技术，从而提高企业的生产水平，尽快形成生产能力，开拓市场。[②]众人熟知的正大集团率先进入中国市场进行直接投资，使得中国能够很快地接触到正大集团独特的现代化养殖经营模式，在带动我国农民就业和促进农民增收方面产生了很大的社会效益。

（3）筹资风险小

吸收直接投资没有固定的利息费用，因此可以根据企业经营状况好坏，向投资者进行回报，企业经营状况良好，可以向投资者多支付一些报酬；反之，可以少支付或者不支付。支付比较灵活，财务风险较小。

2. **吸收直接投资的缺点**

（1）资本成本较高

与发行债券或向银行贷款相比，吸收直接投资支付给投资者的报酬是从税后利润部分支付的，不具抵税作用，因此资本成本比较高。而当企业经营状况较好时，向投资者支付的报酬是根据其出资的数额和企业实现的利润来计算的，所以此时资本成本更高。

（2）容易分散控制权

采用吸收直接投资，投资者一般都要求获得与投资数量相适应的经营管理权，如果达到一定的比例，就能拥有对企业的完全控制权，这样，就容易导致企业控制权的分散。

---

① Greenaway D. Does trade liberalisation promote economic development?[J]. Scottish Journal of Political Economy, 1998, 45(5): 491-511.

② Pomfret R. Growth and transition: Why has China's performance been so different?[J]. Journal of Comparative Economics, 1997, 25(3): 422-440.

5.2 普通股筹资

5.2.1 普通股的概念和种类

股票最早出现于资本主义国家。在17世纪初，随着资本主义大工业的发展，企业生产经营规模不断扩大，由此而产生的资本短缺，资本不足便成为制约着资本主义企业经营和发展的重要因素之一。为了筹集更多的资本，于是，出现了以股份公司为形态，由股东共同出资经营的企业组织，进而又将筹集资本的范围扩展至社会，产生了以股票这种表示投资者投资入股，并按出资额的大小享受一定的权益和承担一定责任的有价凭证，并向社会公开发行，以吸收和集中分散在社会上的资金。世界上最早的股份有限公司制度诞生于1602年，即在荷兰成立的东印度公司。股份有限公司这种企业组织形态出现以后，很快为资本主义国家广泛利用，成为资本主义国家企业组织的重要形式之一。伴随着股份公司的诞生和发展，以股票形式集资入股的方式也得到发展，并且产生了买卖交易转让股票的需求。这样，就带动了股票市场的出现和形成，并促使股票市场完善和发展。据文献记载，早在1611年就曾有一些商人在荷兰的阿姆斯特丹进行荷兰东印度公司的股票买卖交易，形成了世界上第一个股票市场，即股票交易所。目前，股份有限公司已经成为资本主义国家最基本的企业组织形式；股票已经成为资本主义国家筹资的重要渠道和方式，也是投资者投资的基本选择方式；而股票的发行和市场交易也已成为资本主义国家证券市场的重要基本经营内容，成为证券市场不可缺少的重要组成部分。

1. 普通股及其股东权利

普通股是股份有限公司发行的无特别权利的、不加以特别限制、股利不固定的股份，也是最基本的、标准的股份。通常情况下，股份有限公司只发行普通股。

持有普通股股份者为普通股股东。依据我国《公司法》的规定，普通股股东主要有如下权利。

第一，增加红利分享权。普通股股东有权参与股东大会，并有建议权、表决权和选举权，也可以委托他人代表其行使股东权利。这是普通股股东参与公司经营管理的基本方式。我国规定，公司缴纳所得税后的利润在支付普通股票的红利之前，应按如下顺序分配：弥补亏损，提取法定公积金，提取任意公积金。

第二，股份转让权。股东持有的股份可以自由转让，但必须符合《公司法》、其他法规和公司章程规定的条件和程序。

第三，股利分配请求权。普通股股东有权从公司利润分配中得到股息。普通股的股息是不固定的，由公司盈利状况及其分配政策决定。普通股股东必须在优先股股东取得固定股息之后才有权享有股息分配权。

第四，对公司账目和股东大会决议的审查权和对公司事务的质询权。

第五，分配公司剩余财产的权利。当公司破产或清算时，若公司的资产在偿还欠债后还有剩余，其剩余部分要进行分配。

第六，增发新股时，具有优先认购权。是否具有优先认股权，取决于认购时间与股权登记日。股权登记日前，享有；之后不享有。前者含权股，后者除权股。如果公司需要扩张而增发普通股股票，现有普通股股东有权按其持股比例，以低于市价的某一特定价格优先购买一定数量的新发行股票，从而保持其对企业所有权的原有比例。

第七，公司章程规定的其他权利。

同时，普通股股东也对公司负有义务：我国《公司法》规定了股东具有遵守公司章程、缴纳股款、对公司负有有限责任、不得退股等义务。

2. 普通股的种类

（1）按有无记名划分

按股票有无记名划分，普通股可分为记名股和无记名股。

记名股票在发行时，票面上记载有股东的姓名，并记载于公司的股东名册上。记名股票的特点就是除持有者和其正式的委托代理人或合法继承人、受赠人外，任何人都不能行使其股权。另外，记名股票不能任意转让，这种股票如果需要私自转让，如发生继承和赠予等行为时，必须在转让行为发生后立即办理过户等手续。根据我国《公司法》的规定，记名股票的转让，必须由股票持有人以背书方式或者法律、行政法规规定的其他方式转让。

与记名股票在发行时不同，无记名股票在股票上不记载股东的姓名。其持有者可自行转让股票，任何人一旦持有便享有股东的权利，无须再通过其他方式、途径证明自己有股东资格，比较自由方便。

（2）按是否标明金额划分

按股票是否标明金额，普通股可分为面值股票和无面值股票。面值股票，或称金额股票，是指在股票票面上记载一定的金额的股票。面值股票给股票定了一个票面价值，这样就可以很容易地确定每一股份在该股份有限公司中所占的比例。持有这种股票的股东以持有股票票面金额之和表示占公司总资本的份额，以此来确定股东对公司享有权利和承担义务的大小。

无面值股票也称比例股票或无面额股票。股票发行时无票面价值记载，仅表明每股占资本总额的比例，其价值随公司财产的增减而增减，因此，这种股票的内在价值总是处于变动状态之中。这种股票最大的优点就是避免了公司实际资产与票面资产的背离，因为股票的面值往往是徒有虚名，人们关心的不是股票面值，而是股票价格。发行这种股票对公司管理、财务核算、法律责任等方面要求极高，因此只有在美国比较流行，而不少国家根本不允许发行。

（3）按投资主体划分

按投资主体的不同，普通股可分为国家股、法人股、个人股和外资股。

国家股是有权代表国家投资的部门或机构以国有资产向公司投资而形成的股份。

法人股是企业法人依法以其可支配的财产向公司投资而形成的股份，或具有法人资格的事业单位和社会团体以国家允许用于经营的资产向公司投资而形成的股份。

个人股是社会个人或公司内部职工以个人合法财产投入公司而形成的股份。

外资股为外国和我国港、澳、台地区投资者购买的人民币特种股票而形成的股份。

目前在我国，国家股、法人股、个人股和外资股虽然同为普通股，但彼此间的权利义务关系存在差别。例如，同为上市公司的普通股股东，只有个人股股东和外资股股东手中的股票在交易所可以上市转让，而国家股和法人股则不能完全流通。但随着我国股份制改革的深入、股市的成熟和发展，国家股和法人股已经逐步进入沪深股市的二级流通市场，成为流通股。

（4）按发行对象和上市地区划分

按发行对象和上市地区，又可将股票分为A股、B股、H股、N股和S股等。

A股是人民币普通股票，即供我国大陆地区个人和法人买卖的，以人民币标明票面金额并以人民币认购和交易的股票。

B股、H股、N股和S股是人民币特种股票，即供外国和中国港、澳、台地区投资者买卖的，以人民币标明票面金额但以外币认购和交易的股票。其中，B股在上海、深圳上市；H股指中国企业在香港地区联合交易所发行并上市的股票，取Hong Kong第一个字母“H”为名；N股指中国企业在纽约交易所发行并上市的股票，取 New York 第一个字母"N"为名；S 股指中国企业在新加坡交易所发行并上市，取 Singapore 第一个字母"S"为名。

以上第（3）种、第（4）种分类，是我国目前实务中为便于对公司股份来源的认识和股票的发行而进行的分类。在其他一些国家，还有按照是否完全拥有表决权和获利权，将普通股分为若干级别。例如，A 级普通股卖给社会公众，支付股利，但一段时间内无表决权；B 级普通股由公司创办人保留，有表决权，但一段时间内不支付股利；E 级普通股拥有部分表决权等。

（5）按发行时间的先后划分

按发行时间的先后，普通股分为原始股和新股。原始股是公司设立时发行的股票，在中国证券市场上，"原始股"一向是赢利和发财的代名词。在中国股市初期，在股票一级市场上以发行价向社会公开发行的企业股票，投资者若购得数百股，日后上市，涨至数十元，可发一笔小财，若购得数千股，可发一笔大财，若是资金实力雄厚，购得数万股、数十万股，日后上市，利润便是数以百万计了。新股是公司增资时发行的股票。原始股和新股发行的具体条件、目的、发行价格不尽相同，但股东的权利、义务是一致的。

3. 普通股股票的价值

（1）票面价值

普通股股票的票面价值是股票票面标明的金额，是股票的名义价值，其大小通常由公司章程规定。在我国一般为 1 元。股票的票面价值与其实际价值关联不大，有时甚至毫无关联。有的公司将股票的面值定得很低，而其实际价值却很大，如面值为 1 元的股票其市价可能高达 30 元。较低面值的股票在发行时具有较大弹性，有利于股东的大众化，吸引更多的投资者。票面价值可以确定每一股份在公司的全部股本总额中所占的比例，也可以表明公司股东对每股股份所负有限责任的最高限额。

公司发行无面值股票时，往往会根据核定的股本和发行股数为股票确立一个价值，这一价值即无面值股票的设定价值。

（2）账面价值

普通股股票的账面价值指公司账面上普通股股票的价值总额，即每股股票对应的公司净资产，也称每股净资产或股票净值。通常情况下，并不等于股票价格。主要原因有两点：一是会计价值通常反映的是历史成本或者按某种规则计算的公允价值，并不等于公司资产的实际价值；二是账面价值并不反映公司的未来发展前景。其计算公式为：

$$\text{账面价值}=\frac{\text{公司净资产}-\text{优先股股份所享权益}}{\text{流通在外的普通股股份数额}}$$

$$=\frac{\text{公司资产}-\text{公司负债}-\text{优先股股份所享权益}}{\text{流通在外的普通股股份数额}} \qquad (5\text{-}1)$$

（3）清算价值

清算价值指公司清算时每股股票所代表的实际价值。从理论上讲，股票的每股清算价格应与股票的账面价值相一致，实际上并非如此。由于清算时资产并非按其账面价值处置，再加上庞大的清算费用，导致股票的清算价值低于账面价值。

（4）市场价值

股票的市场价值即它的市场价格，是在股票交易过程中形成的价格。由于股票的市场价值受众多因素的影响会发生经常性的变化，并且这种变动是对股票市场行情的直接反映，因此，股票的市场价值是股民购买股票的依据。

5.2.2 股票的发行与上市

1. 股票的发行

股份有限公司在设立时要发行股票。公司设立之后，为了扩大经营、改善资本结构，也会增资发行新股。广义的股票发行包含了募集行为和狭义的发行行为。所谓“募集”，既指发行人筹集股本和资本，也指发行人招募股东，在我国有关法律规范文件中，“证券募集”概念被广泛使用，并且都体现了发行人筹集资（本）金的核心含义，如《公司法》第四章第一节“股份有限公司的设立”中，十多次使用了“募集”或“公开募集”的概念，[①]《股票发行与交易管理暂行条例》的第八十三条第三项也规定“公开发行是指发行人通过证券经营机构向发行人以外的社会公众就发行人的股票做出的要约邀请、要约或者销售行为”，均是从发行人募集资金的角度界定股票公开发行的。从行为方面分析，募集是广义发行的主要组成部分，包含了除发行人制作并交付股票以外的，从发行人招募、投资人申购、发行人核定（即指确定投资者认购股份数量的行为）并发售股票、投资人缴款直到发行人获得所筹资金等若干行为，这也可以看出，广义的发行包含了募集行为与狭义发行。[②]股份的发行，实行公开、公平、公正的原则，必须同股同权、同股同利。同次发行的股票，每股的发行条件和价格应当相同。任何单位或个人所认购的股份，每股应支付相同的价款。发行股票还应接受国务院证券监督管理机构的管理和监督。股票发行应执行的管理规定，主要包括股票发行条件、发行程序和方式、销售方式等。曾因股票发行而受益的宝山钢铁股份有限公司是由上海宝钢集团公司独家发起设立的股份有限公司，是国家授权投资机构和国家控股公司，是中国现代化程度最高的大型钢铁联合企业和最大的钢铁企业，于2000年2月3日正式注册成立。从2000年10月到2000年11月20日，宝钢股份通过上网定价发行和网下配售结合的方式，在上海证券交易所向社会成功发行人民币普通股18.77亿股，共融资人民币78.46亿元（扣除发行费用约1.4亿元后，实际募集资金约77.06亿元），为当时市场最大规模的一次A股发行。

（1）股票发行的基本条件

按照我国《公司法》和《证券法》的有关规定，股份有限公司发行股票，应符合以下规定与条件。

① 每股金额相等。同次发行的股票，每股的发行条件和价格应当相同。

② 股票发行价格可以按票面金额，也可以超过票面金额，但不得低于票面金额。

③ 股票应当载明公司名称、公司成立日期、股票种类、票面金额及代表的股份数、股票的编号等主要事项。

④ 公司发行的股票，可以为记名股票，也可以为无记名股票。公司向发起人、法人发行的股票，应当为记名股票，并应当记载该发起人、法人的名称或者姓名，不得另立户名或者以代表人姓名记名。对社会公众发行的股票，可以为记名股票，也可以为无记名股票。

⑤ 公司发行记名股票的，应当置备股东名册，记载股东的姓名或者名称及住所、各股东所持股份数、各股东所持股票的编号、各股东取得股份的日期。发行无记名股票的，公司应当记载其股票数量、编号及发行日期。

⑥ 公司公开发行新股，必须具备下列条件：具备健全且运行良好的组织结构；具有持续盈利能力，财务状态良好；最近3年财务会计无虚假记载，无其他重大违法行为；证券监督管理机构规定的其他条件。

（2）公司首次发行股票还应具备的特殊条件

① 发起人认缴和社会公开募集的股本应达到法定资本的最低限额。

---

① 崔延花译. 日本公司法典[M]. 北京：中国政法大学出版社, 2008 : 87.

② 曾洋. 论股票公开发行和上市的关系[J]. 南京社会科学, 2012 (6): 26-32.

② 发起设立时，应由公司发起人认购公司应发行的全部股份。

③ 募集设立时，发起人认购的股份不得少于公司股份总数的 35%，其余股份应向社会公开募集。

④ 发起人应有 5 人以上，其中须有过半数在中国境内有住所。

⑤ 无形资产不超过公司注册资本的 35%。

国有企业改组为股份公司，发起人可少于 5 人，但应采取募集设立方式发行股票，将有限责任公司改制为股份有限公司。折合的股份资本总额应等于公司净资产额；原有限责任公司的债权、债务由变更后的股份公司继承。

（3）配股发行的条件

配股是指上市公司在获得有关部门的批准后，向其现有股东提出配股建议，使现有股东按持股比例认购配售股份的行为，它是上市公司发行新股的一种方式。Galai 和 Masulis[①]、Voirin、Michel[②]、Loughran 和 Ritter[③]等的研究认为配股可能对股票价格带来负面效应。不过也有研究表明，参与配股会给流通股带来显著的正累积超额收益率。1993 年 8 月，浦东强生集团公司通过每 10 股配 9 股的方案，获得配股资金 8,000 万元，用其中 5,000 万元整建制购买强生集团下属的第五营运分公司，接着又花了 3,000 万元新增和更新营运车辆，使浦东强生公司的出租汽车规模从 100 辆迅速扩大至 770 辆。而强生集团则以优质资产置之不理换来的 5,000 万元资金，支付浦东强生配股所需资金 1,880 万元，并用余款增加了 200 辆营运车辆。通过配股，浦东强生集团公司成功扩大了规模。

上市公司必须符合下列基本条件，方可向股东配股。

① 上市公司必须与控股股东在人员、资产、财务上分开，保证上市公司的人员独立、资产完整和财务独立。

② 公司章程符合《公司法》的规定，并已根据《上市公司章程指引》进行了修订。

③ 配股募集资金的用途符合国家产业政策的规定。

④ 前一次发行的股份已经募足，募集资金使用效果良好，本次配股距前次发行间隔一个完整的会计年度（1 月 1 日至 12 月 31 日）以上。

⑤ 公司上市超过 3 个完整会计年度的，最近 3 个完整会计年度的净资产收益率平均在 10%以上；上市不满 3 个完整会计年度的，按上市后所经历的完整会计年度平均计算；属于农业、能源、原材料、基础设施、高科技等国家重点支持行业的公司，净资产收益率可以略低，但不得低于 9%；上述指标计算期间内任何一年的净资产收益率不得低于 6%。

⑥ 公司在最近 3 年内财务会计文件无虚假记载或重大遗漏。

⑦ 本次配股募集资金后，公司预测的净资产收益率应达到或超过同期银行存款利率水平。

⑧ 配售的股票限于普通股，配售的对象为股权登记日登记在册的公司全体股东。

⑨ 公司一次配股发行股份总数，不得超过该公司前一次发行并募足股份后其股份总数的 30%，公司将本次配股募集资金用于国家重点建设项目、技改项目的，可不受 30%的比例的限制。

（4）股票发行的程序

股份有限公司在设立时发行股票与增资发行新股，程序上有所不同。

① 设立时发行股票的程序。

第一，提出募集股份申请。

① Galais D. , Masulis R.W. . The Option Pricing Model and the Risk Factor of Stock . Journal of Financial Economics, 1976, (3): 53-82.

② Voirin M. leverage and dividend irrelevancy under corporate and personal taxation[J]. The Journal of Finance, 2012.

③ Loughran T. and Ritter J. R. . The New Issues Puzzle. Journal of Finance, 1995, 50(4):23-52.

第二，公告招股说明书，制作认股书，签订承销协议和代收股款协议。

第三，招认股份，缴纳股款。

第四，召开创立大会，选举董事会、监事会。

第五，办理设立登记，交割股票。

世界最大规模IPO于2014年9月8日开始上演，主演：阿里巴巴；演出地点：纽交所；剧情：超200亿美元IPO募资。阿里巴巴计划在9月8日，正式开启IPO进程，股票于9月19日开始交易。这是由于SEC美国（证券交易委员会）在其之前完成对与阿里巴巴（NYSE：BABA）上市相关文书的审理工作。而之后，阿里巴巴定下IPO发行价，并在美国正式开展路演。路演通常持续一到两个星期，阿里巴巴的路演从中国香港开始。在此之前，阿里巴巴已经五次修改了IPO文书，持续四个月之久，比美国从2007年到2013年IPO公司从递交文书到获得SEC批准所需的平均时间相对较长。6月时阿里巴巴曾经在文书中披露了公司总共27位合伙人名单，合伙人总占股达到15%，其中马云持股8.9%，在阿里巴巴重大发展战略上提供重要意见的才重新持股3.6%，而CEO陆兆禧等高管持股比例均不超过1%。阿里巴巴的两位大股东为软银集团和雅虎，软银集团持股比例34.4%；雅虎经过协议减持，目前持股比例为22.6%。阿里巴巴将其首次公开募股（IPO）发行价确定为每股美国存托股（ADS）68美元，这标志着美国融资额最大的IPO诞生。

② 增资发行新股的程序。

第一，股东大会做出发行新股的决议。

第二，由董事会向国务院授权的部门或上级人民政府申请并经批准。

第三，公告新股招股说明书和财务会计报表及附属明细表，与证券经营机构签订承销合同，定向募集时向新股认购人发出认购公告或通知。

第四，招认股份，收缴股款。

第五，改组董事会、监事会，办理变更登记并向社会公告。

（5）股票的发行方式

公司发行股票筹资时，应当选择适宜的股票发行方式和销售方式，并制定恰当的发行价格，以便及时募足资本。按股票发行是否面向社会大众，可分为公开发行和不公开发行两种方式。

① 公开发行。公开发行即公募发行，是指面向社会大众推销股票的证券发行方式。这种发行方式按有无中介机构参与，又可分为公开直接发行和公开间接发行。公开直接发行是发行公司不通过投资银行或证券公司等中介机构，自己办理发行事宜、自己承担发行风险的方式。公开间接发行指的是公司通过证券中介机构，公开向社会公众发行股票的方式。我国股份有限公司采用募集设立方式向社会公开发行新股时，需由证券经营机构承销的做法，就属于股票的公开间接发行。这种发行方式的发行范围广、发行对象多，易于足额募集资本；股票的变现性强，流通性好；还有助于提高发行公司的知名度和扩大其影响力。但这种发行方式也有不足，主要是手续繁杂，发行成本高。其中，辽宁科隆精细化工股份有限公司就成功地向社会大众发行了股票，首次公开发行不超过1,700万股人民币普通股（A股）并在创业板上市的申请已获得中国证券监督管理委员会证监许可20141057号文核准。本次发行采用网下向符合条件的投资者询价配售和网上向持有深圳市场非限售A股股份市值的社会公众投资者定价发行相结合的方式进行。回拨机制启动前，网下初始发行数量为1,020万股，占本次发行规模的60%；网上初始发行数量为680万股，占本次发行规模的40%。

② 不公开发行。不公开发行即私募发行，指的是公司不公开对外发行股票，只向少数特定的对象直接发行，因而不需中介机构承销。我国股份有限公司采用发起设立方式和以不向社会公开募集的方

式发行新股的做法，即属于股票的不公开直接发行。这种发行方式弹性较大，发行成本低，但发行范围小，发行价格可能比公开发行低，股票变现性差。青岛海尔凭借不公开发行成功扭转了劣势，2013年9月29日，青岛海尔发布公告称，KKR拟通过现金认购青岛海尔发行的10%股份成为公司战略股东，本次募集资金总额33.82亿元全部用于补充流动资金。借助此次股权投资合作，海尔成功募集巨额资金降低资产负债率，并为后续扩大规模和搭建网络化平台完成资金储备，除此之外，通过与KKR开展战略合作，撬动其全球研发和渠道资源，有助于海尔扩充战略资源实现战略转型目标。

新《公司法》第七十八条明确了作为股份有限公司设立方式之一的募集设立可以采用向特定对象进行募集的方式，这就是私募方式成立股份有限公司。

除了设立，法律也允许上市公司在新股发行时采用私募方式。根据新《证券法》第十三条第二款，上市公司可以采用非公开方式发行新股，但应当符合经国务院批准的国务院证券监督管理机构规定的条件，并需要报国务院证券监督管理机构核准。这就表明上市公司的私募增发或者定向增发已经在法律层面得到认可。2006年鑫苑置业引入私募投资者，不仅有效地缓解了企业的财务风险，同时为上市做好万全准备，增强了资本市场对企业未来发展前景的信心。

（6）股票的销售方式

股票的销售方式指的是股份有限公司向社会公开发行股票时所采取的股票销售方法。股票的销售方式有两类：自销和委托承销。

① 自销。自销是直接将股票出售给投资者，而不经过证券经营机构承销。自销方式在企业债券上运用较广，而在股票发行上并不普遍，对尚不具备条件进交易所上市的股票，企业往往自销，所售股票的转让通过地区交易市场进行。此种销售方式可以节省发行费用，同时由发行公司直接控制发行过程，比较可靠。但筹资时间较长，发行公司要承担全部发行风险，同时，由于发行公司需要由自已制作规定发行申请书、招股说明书等有关文件，并开展征募活动，征收认缴款，负担相当重。自销方式需要发行公司具有较高的知名度、信誉和实力。

② 委托承销。委托承销是发行公司将股票销售业务委托给证券承销机构代理。证券承销机构是指专门从事证券买卖业务的金融中介机构，在我国主要为证券公司、信托投资公司等，在美国一般是投资银行。我国规定，股票发行必须由依法设立的承销机构承销，一般是具有股票发行业务的综合性证券公司。

承销又分为包销和代销两种具体办法。所谓包销，是根据承销协议商定的价格，证券经营机构一次性全部购进发行公司公开募集的全部股份，然后以较高的价格出售给社会上的认购者。包销又可分为余额包销和全额包销两种方式。其中，余额包销是由承销者按协议规定的发行条件，在约定的期限内向社会公众推销股票，至销售截止日期为止。未售出的股票余额由承销者负责认购，承销者必须按规定时间向发行者承担部分发行风险。2007年浙江龙盛公开增发股份6,880万股，但网下、网上申购的总量只有5,763.4万股，剩余的1,116.6万股无人申购。发行价16.80元/股，市场交易价格16元/股。承销商华龙证券事先签署了券商包销余股协议。1,116.6万股公开增发股份，由华龙证券为主的承销团包销，因此避免了发行风险。全额包销则是由承销者将全部股票认购下来，然后再向社会公众推销。所谓代销，是证券经营机构代替发行公司发售股票，并由此获取一定的佣金，在承销期结束时，将未售出的股票全部退还给发行人的承销方式。对发行公司来说，包销的办法可以及时筹足资本，免于承担发行风险（因为股款未募足的风险由承销商承担），但股票以较低的价格出售给承销商会损失部分溢价，并且实际支付的发行费用也较高；代销的费用虽不高，只支付一定的佣金给承销商，但要承担股款未募足的风险。

（7）股票的发行价格

股票的发行价格是股票发行时所使用的价格，也就是投资者认购股票时所支付的价格。股票发行价格通常由发行公司根据股票面额、股市行情和其他有关因素决定。以募集设立方式设立的公司首次发行的股票价格，由发起人决定；公司增资发行新股的股票价格，由股东大会决定。股票的发行价格一般有三种。

① 等价发行。等价发行也称为平价发行或面额发行，发行价格等于股票面值。如股票面额为 1 元或 10 元，则代表每股发行价格也为 1 元或 10 元。这种发行价格对发行公司而言，其所得资本与公司股本是一致的。一般在股票的初次发行或在股东内部分摊增资的情况下采用。由于市价往往高于面额，因此以面额为发行价格能够使认购者得到价格差异带来的收益，促使股东认购。

② 时价发行。时价发行也称为市价发行，时价就是以本公司股票在流通市场上买卖的实际价格为基准确定的股票发行价格。以时价发行的原因是，股票在第二次发行时已经增值，收益率已经变化。这种价格一般高于票面金额，两者的差价称为溢价，溢价带来的收益归该股份有限公司所有。选用时价发行股票，考虑了股票的现行市场价值，对投资者也有一定的吸引力。因为股票市场上行情变幻莫测，倘若该公司将溢价收益用于改善经营，将会提高公司和股东收益，促使股票价格上涨，此时投资者若能把握时机，适时卖出股票，收回的现款会远高于购买金额。

③ 中间价发行。中间价发行即以时价和等价的中间值确定的股票发行价格。这种价格通常在时价高于面额，公司需要增资但又需要照顾原有股东的情况下采用。中间价的发行对象一般为原股东，在时价和面额之间采取一个折中的价格发行，实际上是将差价收益一部分归原股东所有，一部分归公司所有。因此，在进行分摊时要按比例配股，不能改变原本的股东构成。

按时价和中间价发行的实际发行价格，可能高于股票面值（此时称为溢价发行），也可能低于股票面值（此时称为折价发行），也可能等于股票面值。

我国《公司法》规定，股票发行价格可以按票面金额，也可以超过票面金额，但不得低于票面金额，即不允许折价发行。

股票价格确定的方法主要包括定价和竞价两种。我国 A 股市场一般采取定价方式，根据证监会确定的市盈率标准和发行公司的每股盈利水平制定发行价格。竞价是由投资者根据发行公司的财务状况和盈利状况，进行投标竞价，确定发行价格。例如中国香港地区的科技板市场，大多是采取竞价发行方式，由投资者竞价确定股票价格。

如何合理确定股票的发行价格，是一个至关重要的问题。它不仅是保证股票市场价格稳定的前提条件，而且还关系到股份公司能否顺利地完成股票的发行任务，足额募集所需资本。因此，股票的发行价格过高或过低，都会造成不良后果。一般来说，合理确定股票的发行价格应考虑的因素有市盈率、每股净资产、行业前景及公司经营管理水平、股票市场的供求状况等。

2014 年最引人关注的莫过于阿里巴巴集团成功登陆美国纽约交易所，以 92.7 美元的价格开盘，较 68 美元/股的发行价上涨 36.32%。集团管理层仍倾向于较保守的定价策略，会优先满足长线大基金的认购要求。此前，阿里巴巴集团确定的发行价区间为每股 66～68 美元，此次确定的发行价位于此区间上限。阿里巴巴最初的 IPO 定价区间是每股 60 美元至 66 美元，但后来被提高到 66～68 美元。以首日开盘价计算，阿里巴巴的市值达到 2,383 亿美元，比肩中石油的市值，成为仅次于中移动、中石油的第三大市值的中国企业。

2. 股票的上市

股票上市是指股份有限公司公开发行的股票，符合规定条件，经过申请批准后在证券交易所作为交易的对象。在我国，股票公开发行后即获得上市资格。上市后，公司将能获得巨额资金投资，有利于公司的发展。经批准在证券交易所上市交易的股票，称为上市股票；其股份有限公司称为上市公司。

（1）股票上市的意义

股份有限公司申请股票上市，基本目的是为了增强本公司股票的吸引力，形成稳定的资本来源，从而在更大范围内筹措大量资本。股票上市对发行公司而言，具有重要意义：

① 提高公司股票的流动性和变现性，实现资本大众化，便于投资者认购、交易，分散投资者风险；

② 促进公司股权的社会化，防止股权过于集中；

③ 提高公司的知名度，吸引更多顾客；

④ 有助于确定公司增发新股的发行价格，便于筹措新资金；

⑤ 便于确定公司的价值，以利于促进公司实现财富最大化目的；

⑥ 便于利用股票良好的流通性，采用出让股票的方式收购其他公司。

华谊兄弟于 2009 年 10 月 15 日，采取“网下向询价对象询价配售与网上资金申购定价发行相结合”的方式，公开发行人民币普通股（A 股）4,200 万股人民币普通股 A 股，每股面值 1.00 元，发行价为每股人民币 28.58 元，募集资金总额为人民币 1,200,360,000.00 元，扣除发行费用人民币 52,121,313.55 元，公司募集资金净额为人民币 1,148,238,686.45 元，其中：增加股本 42,000,000.00 元，增加资本公积 1,106,238,686.45 元。凭借成功上市，增加了公司信誉，提高了知名度。有足够的资金投资影院建设，盈利来源增加，有能力提高核心竞争力。

但也有人认为，股票上市对公司不利，主要是：各种“公开”的要求可能会暴露公司的商业秘密；公司将负担较高的信息采集和披露成本；在资本市场不完善情况下，股价的人为波动可能歪曲公司的实际状况，损害公司形象；可能分散公司的控制权，限制经理人员操作的自由度，造成管理上的困难。因此，有些公司即使已经符合上市条件，也宁愿放弃上市机会。

（2）股票上市的原则

在股票交易中，为了有效保护投资者的利益，不损害公共利益，股票在上市过程中一般要遵循以下几个原则。

① 公开性原则。这是股票上市时应遵循的基本原则。它要求股票必须公开发行，而且上市公司需要连续及时地公开公司的财务报表、经营状况以及其他相关的资料与信息，使投资者能够获得足够的信息以便进行分析和选择，以维护投资者的利益。

② 公正性原则。这是指参与证券交易活动的每一个人、每一个机构或部门，均需站在公正、客观的立场上反映情况，不得有隐瞒、欺诈或弄虚作假等行为。

③ 公平性原则。这是指股票上市交易中的各证券商、经纪人和投资者，在买卖交易活动中应具有均等的条件和机会。

④ 自愿性原则。这是指在股票交易的各种形式中，必须以资源为前提，不能硬性摊派、横加阻拦，也不能附加任何条件。

（3）股票上市的条件

按照国际惯例，股票上市的条件一般有开业时间、资产规模、股本总额、持续盈利能力、股权分散程度、股票市价等。

我国《证券法》第五十条规定，股份有限公司申请股票上市，应当符合下列条件：

① 股票经国务院证券监督管理机构核准已公开发行；

② 公司股本总额不少于人民币 3,000 万元；

③ 公开发行的股份达到公司股份总数的 25%以上；公司股本总额超过 4 亿元，公开发行股份的比例为 10%以上；

④ 公司最近3年无重大违法行为，财务会计报告无虚假记载。

此外，《证券法》指出“证券交易所可以规定高于前款规定的上市条件，并报国务院证券监督管理机构批准”。我国上海证券交易所和深圳证券交易所发布的股票上市规则都规定，公司股本总额不少于5,000万元，因此在我国，虽然证券法规定的公司股本以3,000万元为底线，但是要想在两所上市，公司股本至少需要达到5,000万元。

具备上述条件的股份有限公司经申请，由国务院或国务院授权的证券管理部门批准，其股票方可上市。阿里巴巴2012年第三季度亏损，包含了向雅虎支付了5.5亿美元的技术和知识产权授权协议产生的费用。阿里集团的收入增速在第三季度再次超越腾讯。腾讯财报显示，其第三季度收入为25.2亿美元，但同比增速仅为34.3%；净利润为6.3亿美元，同比增长仅19.6%。根据2013年第四季度财报，阿里巴巴集团在2013年7月1日至2013年9月30日的3个月内，总营业收入达到17.8亿美元，同比增长51%；净利润则增长至8亿美元，扣除一次性因素同比增长163.1%。阿里巴巴第三季度毛利润为12.6亿美元，同比增长58%；运营利润7.86亿美元，同比扭亏。此外，阿里巴巴集团在2013年也一举成为中国互联网行业纳税最多的企业。良好的发展更好地促进了阿里巴巴的本次上市，阿里巴巴集团发售3.2亿股，将融资217.6亿美元，这打破了2008年信用卡机构VISA在美国IPO融资196亿美元的纪录，阿里巴巴集团成为美国历史上最大的一宗IPO。此外，需要指出的是，如果加上行使4,800万股的超额配售权，那么阿里巴巴集团此次总计发行3.68亿股，融资规模超过250亿美元，超越2010年农行在中国香港、上海两地同时上市时融得的221亿美元，成为全球最大的IPO。IPO完成之后，阿里巴巴总股本增至25.71亿股，IPO市值介于1,542亿美元至1,698亿美元之间，与外界市场预期相近。

（4）股票上市的暂停与终止

上市公司有下列情形之一的，由证券交易所决定暂停或终止其股票上市交易。

① 公司股本总额、股权分布等发生变化，不再具备上市条件，暂停交易；在证券交易所规定的期限内仍不能达到上市条件，终止交易。

② 公司不按规定公开其财务状况，或者对财务报告做虚假记载，暂停交易；拒绝纠正的，终止交易。

③ 公司有重大违法行为，暂停交易；公司解散或者被宣告破产，终止交易。

④ 公司最近三年连续亏损，暂停交易；在其后一个年度内未能恢复盈利，终止交易。

⑤ 证券交易所上市规则规定的其他情形。

5.2.3 普通股筹资的优缺点

1. 普通股筹资的优点

① 发行普通股筹集的资本具有永久性的特点，无固定到期日，无需归还。这对保证公司对资本的最低需要，维持公司长期稳定发展极为有益。

② 发行普通股筹资没有固定的股利负担，股利的支付与否和支付多少视公司有无盈利和经营需要而定，并且认为适合分配股利，就可以分给股东；公司盈余少，或虽有盈余但资金短缺或者有有利的投资机会，就可以少支付或不支付股利。经营波动给公司带来的财务负担相对较小。由于普通股筹资没有固定的到期还本付息的压力，所以筹资风险较小。[①]

③ 发行普通股筹集的资本是公司最基本的资金来源，它反映了公司的实力，增加了企业的资本实力，可作为其他方式筹资的基础，尤其可为债权人提供保障，增强公司的举债经营能力。

④ 由于普通股的预期收益较高，并可一定程度地抵消通货膨胀的影响（通常在通货膨胀期间，不

① 李建辉. 上市公司筹资方式研究[J]. 经济研究导刊，2014 (18): 113-115.

动产升值时普通股也升值），因此普通股筹资容易吸收资金。

2. 普通股筹资的缺点

① 普通股的资本成本较高。从投资者的角度讲，投资于普通股风险较高，相应地要求有较高的投资报酬率。另一方面，股息从税后利润中支付，不冲减应税所得，股东要求的回报较高。此外，普通股股票的发行费用一般也高于其他证券。[①]大家熟知的 ST 金泰奔忙八年方上市，上市一年即“戴帽”，企业在跑上市的八年中耗费了巨额人力、物力、财力，从而荒废主业，造成了巨大损失，付出了惨痛的代价。

② 以普通股筹资会使企业增加新股东，这可能会稀释公司的控制权。而且当被其他企业收购和控股时，可能改变企业长期经营方针和目标。例如，1999 年的胜利股份的股权之争，广东通百惠公司通过二级市场和拍卖方式，取得胜利股份 3,630 万股，其中 2000 年 2 月在深圳启成拍卖行以每股 0.71 元的价格买入 630 万股。暂时成为第一大股东，占总股本的 16.67%。山东胜邦企业有限公司，通过二级市场和法人股转让等形式，截至 2000 年 3 月 10 日，共持有胜利股份的股票 3,778 万股，占公司总股本的 17.35%，成为胜利股份的第一大股东。

③ 新股东分享公司未发行新股前积累的保留盈余，会降低普通股的每股净收益，从而可能引发股价的下跌。

④ 上市公司有完整的信息公布制度，经营者受各方面严格监督，容易泄露公司的商业机密，增加经营与管理的压力。

5.3 优先股筹资

优先股是介于普通股与公司债券之间的一种筹资工具，它兼有股权性资本和债券的双重特性。优先股起源于欧洲，英国在 16 世纪就已发行过优先股。但在以后几百年内，由于生产力水平不高，一般公司为了便于管理，只发行普通股，很少发行优先股。进入 20 世纪以后，随着经济发展和技术进步，为了筹集急需的巨额资金，优先股发行的数量越来越多。尤其是 20 世纪 80 年代中期之后，金融公司、银行、储蓄机构、保险公司等逐渐替代电力公司成为优先股的主要发行公司。2013 年 10 月 10 日，浙江朗诗德健康饮水设备股份有限公司采取非公开发行方式在温州首发企业优先股，首发当日共发行 2,000 万股，募集资金 1.5 亿元，发行数量和筹资总额皆超出预期。这次优先股的发行，是浙江乃至国内的企业优先股发行首例，无论从发行方式、发行价格、发行数量，还是优先股收益的分配，都为未来在证券市场上发行优先股提供了宝贵的借鉴。

优先股是公司在筹集资金时，给予投资者某些优先权的股票，这种优先权主要表现在两个方面：一是优先股有固定的股息，不随公司业绩好坏而波动，并可以先于普通股股东领取股息；二是当公司破产进行财产清算时，优先股股东对公司剩余财产有先于普通股股东的要求权。但优先股的持股人无表决权，不能参加公司的经营管理。因此，优先股与普通股相比较，虽然收益和决策参与权有限，但风险较小。

5.3.1 优先股的特征

优先股股东对公司的投资在公司注册后不得抽回，其投资收益从公司的税后利润中提取，在公司清算时其对公司财产的要求权排在公司债权人之后。与普通股相比，优先股股东在利润分配和财产清偿方面又有优先于普通股股东的权利。在利润分配上，股份有限公司要在支付优先股股东应得的股利之后，才能向普通股股东支付股利。优先股股利通常是按照其面值的固定比例支付。公司因故解散清算时，在偿清全部

① Grossman S J, Stiglitz J E. On the impossibility of informationally efficient markets[J]. The American economic review, 1980: 393-408.

债务和清算费用之后，优先股股东有权按照股票面值先于普通股股东分配公司的剩余资产。同时，作为股权投资者，优先股股东的经营决策权是受限的，通常不具有表决权和经营决策权。特殊时期政府对大企业（包括民营特大型企业）进行救助，以避免经济系统可能产生重大系统性崩溃时，以优先股形式注资也应该是重要选择。例如，巴菲特投资高盛的方式值得参考——巴菲特购入了 50 亿美元的永久性优先股，每年将获得 10%的股息，高盛有权在任何时候回购这部分优先股，条件是支付 10%的溢价。欧美许多国家政府在救助大金融机构（美国政府注资花旗银行等）时，主要采取购买优先股的形式，也是为了维持公司的基本治理架构。目前国航、南航、东航三大航空公司正要求政府增加注资，政府也可以考虑采用发行优先股方式。筹资企业的资本成本与投资者要求的收益是相对应的，而投资收益又是与投资风险相对应的。由于权限特征，优先股股东与债权人、普通股股东相比，承担的投资风险是介于两者之间的。另外，公司发行优先股筹集到的是股权资金，股息是在税后利润中扣除的，不存在节税效应。所以，优先股筹资的资本成本通常要高于债务筹资方式，如银行借款和债券，而低于发行普通股筹资的资本成本。

5.3.2 优先股的分类

1. 累积优先股和非累积优先股

累积优先股是指如果公司因故不能按期发放优先股股利，则这些优先股股利将累积到以后年度一并发放，公司在发放完全部积欠的优先股股利之前，不得向普通股股东支付任何股利的优先股。对于非累积的优先股，虽然对于公司当年所获得的利润有优先于普通股获得分派股息的权利，但如该年公司所获得的盈利不足以按规定的股利分配时，非累积优先股的股东不能要求公司在以后年度中予以补发。

2. 可转换优先股与不可转换优先股

可转换优先股指有权按照发行时的规定，在将来的一定时期内转换为普通股的优先股。不可转换优先股则没有上述权利。可转换优先股是近年来日益流行的一种优先股。在美国，可转换优先股一直是用于筹集资金成立公司的主要方法。①

3. 可赎回优先股与不可赎回优先股

可赎回优先股指公司有权按照发行时规定的条件，在将来某一时刻可从优先股股东手中收回的优先股。当该公司认为能够以较低股利的股票来代替已发生的优先股时，就往往行使这种权利。不可赎回优先股则没有上述权利。

4. 参与优先股与非参与优先股

参与优先股指其股东在获取定额股利后，还有权与普通股股东一起参与剩余利润的分配。非参与优先股则无此权利。

5. 有投票权优先股与无投票权优先股

某些优先股在公司于一定时期内始终未能发放优先股股利时，可以被赋予投票权，参加公司董事的选举，以保证公司管理当局能够维护优先股股东的利益，称为有投票权优先股。有些优先股则不能获得这一权利，称为无投票权优先股。

公司发行优先股主要出于以下考虑：清偿公司债务；帮助公司渡过财政难关；欲增加公司资产，又不影响普通股股东的控制权；调整资本结构。

发行时机一般选择在以下几种情况：公司初创，急需资金时期；公司财务状况欠佳，不能追加债券时；公司进行财务重整，为避免股权稀释时。

① Timothy J. Harris.Modeling the Conversions Decisions of Preferred Stock[J]. The Business Lawyer, 2003 (2).

一些国家的公司法规定，优先股只能在公司增募新股或清理债务等特殊情况下才能发行，到目前为止，我国还没有发行过优先股。

5.3.3 优先股筹资的优缺点

1. 优先股筹资的优点

优先股筹资的优点有：优先股无固定到期日，不用偿付本金，事实上等于使用的是一笔无限期的贷款，无偿还本金义务，也无需再做筹资计划。但大多数优先股又附有收回条款，这就使得使用这种资金更有弹性，当财务状况较弱时发行，而财务状况转强时收回，有利于结合资金需求，同时也能控制公司的资本结构①；股利的支付既固定，又有一定的灵活性，一般而言，优先股都采用固定股利，但固定股利的支付并不构成公司的法定义务，当公司经营情况不好时，可以不支付股息而留待以后支付；可以保持普通股股东对公司的控制权，因为优先股股东一般不享有投票权，所以公司能够避免优先股股东参与投票而分割掉对公司的控制权，有效地保持了原有股东对公司的支配地位②；发行优先股，可以使企业的自有资本实力增强，公司举债能力提高，信誉提高。中国农业银行业务的快速发展，使其开始考虑发行优先股以缓解未来面临一定的资本压力。与国外银行相比，其资本结构较为单一，其他一级资本存在较大的改善空间。在宏观经济环境快速变化和资本监管要求日益严格的情况下，根据《国务院关于开展优先股试点的指导意见》、中国证监会《优先股试点管理办法》、中国银监会《商业银行资本管理办法（试行）》和《中国银监会中国证监会关于商业银行发行优先股补充一级资本的指导意见》等相关规定，为改善资本结构，建立健全资本管理长效机制，提高资本充足率水平，增强可持续发展能力，中国农业银行拟在境内发行优先股补充其他一级资本。

2. 优先股筹资的缺点

优先股筹资的缺点有：优先股股息属于资本收益，要在税后支付，得不到税收屏蔽的好处，因而成本高；筹资限制多，发行优先股，通常有许多限制条款。例如，对普通股股利支付上的限制，对公司借债限制等；优先股股息固定，虽然在收益上升时有利，但收益下降时不利，有时会成为公司一项沉重的财务负担。

5.4 留存收益筹资

留存收益是指通过公司的生产经营活动而形成的股东权益，即经营所得净收益经分配后留存在公司的利润，包括法定盈余公积金、法定公益金、任意盈余公积金及未分配利润等。

公司利润扣除按国家规定应上缴的所得税后，即为净利润。根据《公司法》规定，净利润可以按照公司章程或有关规定，在公司股东之间进行分配，既可以作为公司股东投资所得即股利回报给股东，也可以为了扩充公司实力追加投资，或出于以盈抵亏、预先做准备的考虑，将其中一部分留下不做分配。由于这部分留下的净利润与公司股东投入资金的属性一致，均为股东权益，其实质为原股东对企业追加投资，故在财务上确认为留存收益。

5.4.1 留存收益的特征

留存收益是企业缴纳所得税后形成的，其所有权属于股东。股东将这一部分未分派的税后利润留

① 祝素月，潘营. 浅议国有企业筹资方式[J].企业经济，2001(1):43.

② 许艳芳，陈洲宇. 美国优先股实践及引入我国的现实意义[J]. 财务与会计，2009，24: 50.

给企业，实质上是对企业追加投资。如果企业将留存收益用于再投资所获得的收益率低于股东自己进行另一项风险相似的投资收益率，企业就不应保留留存收益，而是应将其分派给股东。

留存收益成本的估算难于债务成本，这是因为很难对诸如企业未来发展前景及股东对未来风险所要求的风险溢价做出准确的预测。

5.4.2 留存收益的分类

留存收益可分为两类：盈余公积和未分配利润。有指定用途的留存收益称为“盈余公积”，未指定用途的留存收益称为“未分配利润”。它们各自的含义如下。

盈余公积是指公司按照规定从净利润中提取的积累资金，包括法定公积金和任意公积金。根据我国《公司法》规定，法定公积金按照公司税后利润的 10%提取，当法定公积金的累积数额达到公司注册资本的50%以上时可以不再提取。任意公积金按照公司股东会或者公司股东大会的决议从税后利润中提取。

未分配利润是指未限定用途的留存净利润，这里有两层含义：一是这部分净利润没有分给公司的股东；二是这部分净利润未指定用途。

《公司法》规定，公司的法定公积金和任意公积金可用于弥补公司的亏损、扩大公司生产经营或者转增公司资本。公司的盈余公积金无论是用于补亏，还是用于转增资本，只不过是在同属股东权益的不同分类项目中的相互转换，如盈余公积金的转增股本，在减少盈余公积的同时，也增加了股本。这种相互转换，并不影响股东权益总额的增减。

企业将盈余公积转增资本时，应当按照转增资本前的实收资本结构比例，将盈余公积转增资本的数额记入“实收资本（或股本）”科目下各所有者的明细账，相应增加各所有者对企业的资本投资。亿新公司凭借留存收益成功化解了资金危机。截至 2004 年 12 月 31 日，公司股价比前一年拉高了 143.12%，主营业务收入达 102 亿元，同比增长 49.6%；净利润高达 2.74 亿元，增长 90.03%；每股收益 2.03 元，其中每股未分配利润达到 3.28 元，虽然发展前景很好，但如果资金缺口全部通过银行来解决，融资成本太高。资金计划部刘经理说：“西方企业融资都是根据啄序理论，遵循这样的先后顺序：内部融资——外部债务融资——外部股权融资。因此，我们应将 2004 年的未分配利润全部留存，这样可以获得低成本的资金，而剩余的 2.03 亿元的缺口则可以通过外部融资来解决。”低成本融资的诱惑和公司美好的前景，让这一提议得到了一致认可。通过逐一走访各大股东，向他们解释公司发展的目标和股东利益的一致性，树立起他们对公司未来业绩的信心，并保证如果他们继续投资该公司，他们 2005 年将拿到比 2004 年翻一番的红利。在亿新公司的第二次股东大会，新的融资方案最终获得股东大会通过。由于获得了成长期最重要的一笔资金，亿新公司在 2005 年发展更加迅速，销售额增长 60%的计划只用了三个季度就提前完成。

5.4.3 留存收益筹资的优缺点

1. 留存收益筹资的优点

通过留存收益筹措资金，没有固定支付利息、到期偿还本金的负担；不发生筹资费用，可以节约筹资成本，以公积金形式所筹集的资金是永久性资本，没有时间约束，企业可以长期使用[①]；通过留存收益筹措资金，因为股东收到股利所缴纳个人所得税的税率高于股东出售股票收入所缴纳的资本利得税税率，所以股东可以获得税收上的收益[②]；留存收益筹资所筹措的资本是股权资本，它可以增强公司的资本实力，改善公司的资本结构，增加企业的偿债能力，提高公司的信用基础，进而为债权人提供

---

① 王瑞. 中小企业筹资方式及评价[J]. 甘肃科技纵横，2011，40(4): 93-94.

② 郑荣鸣. 中外企业融资结构比较分析[J]. 会计研究，2004 (7): 67-71.

保障，增加企业的信用价值，又可以避免使企业原有股东的控制权受到削弱。

2. 留存收益筹资的缺点

保留盈余的数量常常会受到企业经营水平和个别股东的限制，那些依靠股利维持生活或厌恶风险的股东总是要求股利支付比率要维持在一定的水平上；留存收益过多，股利支付过少，可能会打击股票交易市场上交易者的积极性，影响未来的外部融资，同时影响股票价格的稳定或上升。

【讨论案例】

腾讯、蒙牛、国美：境外融资解析

1. 腾讯融资得与失

从1998年注册资本仅为50万元的腾讯计算机（腾讯控股的前身）到今天价值约60亿港币的腾讯控股，国际投资机构功不可没。2000年4月，IDG和中国香港盈科共投入220万美元风险投资，分别持有腾讯控股总股本的20%，马化腾及其团队持股60%。220万美元的风险资金，为腾讯日后的迅速崛起奠定了基础。

从2001年6月至2002年6月，起源于南非的MIH米拉德国际控股集团公司对腾讯连连出手，直至享有46.5%的股权，成为腾讯最大股东。此后，MIH始终扮演参股投资的安分角色。那么，在曾经占据股权优势的背景之下，MIH为何放弃绝对控股而接受与腾讯创业团队各占50%的股权安排呢？腾讯又有什么杀手锏让对方没对自己进一步“蚕食鲸吞”呢？

2. 天使还是恶魔

2004年6月10日，蒙牛乳业登陆中国香港股市，共募集资金13.74亿港元。尽管如此，蒙牛携手境外资本的发展路径也仍是毁誉参半。

2002年10月和2003年10月，摩根、英联和鼎辉三家国际机构分别以2,597万美元（折合人民币约2.1亿元）和3,523万美元两次向蒙牛注资，出价公道。然而，第一次注资后，三家投资机构享有了蒙牛90.6%的收益权，而蒙牛只有完成约定的“表现目标”，其所持的1/10的股票才能与投资人的股票实现同股同权。第二次增资中，三家“天使”投资机构除了提出发行可以享受股息且期满前可赎回的可换股债券，同时还取得了认股权：在10年内一次或分多批按每股净资产购买开曼群岛蒙牛公司（蒙牛上市的主体）股票。蒙牛的创始人牛根生只得到价值不到两亿的股票，持股比例仅4.6%，且5年内不能变现。牛根生还被要求做出5年内不加盟竞争对手的承诺。更严重的是如果蒙牛不能续写业绩增长的神话，摩根最终对牛根生团队失去耐心。

3. 尴尬的独角戏

2004年6月7日，中国鹏润集团有限公司在香港地区复牌，国美电器成功借壳上市：

第一步，先成立一家“鹏润亿福”，由黄光裕拥有100%股权，然后将北京国美和18家公司全部股权装入“国美电器”，由鹏润亿福持有65%股份，黄光裕持有剩余35%股份。第二步，注册成立离岸公司Ocean Town，由黄光裕100%掌控，随后，鹏润亿福将国美电器的65%股权转让给Ocean Town。第三步，中国鹏润收购Ocean Town公司，从而持有国美电器65%股权，实现国美电器借壳上市的目的。黄光裕“左右手置换”的操作不仅造壳成功，也避开了香港交易所针对“反收购行动”规定。然而，鹏润收购Ocean Town公司每年几乎要冲掉4亿元利润，而上市公司从国美电器赢利中的65%仅分享1.69亿元。

思考题：

1. 根据以上三个例子，理解股权筹资的条件和优缺点。
2. 比较上述三个例子，根据如今三家公司的发展状况，分析他们成功或失败的原因。

【专栏或者介绍】

清朝的第一家股份银行——大清银行

1903年，清廷派振贝子、那桐、张允言3人到日本考察币制金融情况，研究筹设政府银行的问题。

1904年3月14日，清政府财政处军机大臣奕劻奏办大清户部银行，接着户部拟订了“试办银行章程”，由户部尚书鹿传林再奏迅速筹办户部银行。设立银行的目的，一是推行银币，发行纸币；二是借以联系民间金融业，以发挥辅助国家财政之作用。

大清银行规章比较健全。开办之前，清廷批准《试办银行章程》第三十二条，随后颁布《大清银行则例》第三十四条，明确大清银行为中央银行，并确立了监督制度。还制定大清银行详细章程四十条，是则例的复述、补充和具体化。大清银行实行股份有限公司制，股本由官商各500万两库本足银构成。大清银行设理事会、监事会，由股东总会公举，呈准度支部派充，并由部特派监理官两员，监督大清银行一切事务。1905年9月27日，试办的“大清户部银行”在北京成立。

《大清银行则例》：1908年2月，清廷颁布《大清银行则例》第二十四条。确立大清银行作为国家央行的级别与地位。则例规定如下。一、改行名：则例第一条，“大清户部银行”改名“大清银行”。二、改股本：则例第一条，“大清银行”资本为1,000万两，由原户部银行资本400万两再新添600万两合计而成，为10万股，股票概用记名式，由国家认购5万股，其余限本国人承买，不得招他国人入股，也不准将股票售于他国人。三、改职称：则例第十五条，“大清银行”设“正监督、副监督”以改旧名“总办、副总办”。四、改章程：则例第二十条，“大清银行”应照本则例之旨重新订立正式章程以取代“试办章程”，并呈度支部批准。

大清银行挂牌：1908年7月1日，经过3年试办，以《大清银行则例》改组后的中国第一家正式的国家银行、中央银行——大清银行、各分行各分号统一全面挂牌。

大清银行的特殊监管：按照《大清银行则例》第十五条，度支部奏派陈宗妫、陈锦涛为监理官。

大清银行总行长的特殊身份：大清银行正监督（张允言），“秩视度支部左右丞”，副监督（黎大钧），“秩视度支部左右参议”，都是清廷实缺专职官员。

大清银行的业务，分特种业务与普通银行两类。特种业务，即大清银行由于处于中央银行地位所发生的业务。

首先是发行业务。清政府建立大清银行的一个主要目的就是整齐币制，因此大清银行的纸币发行是与生俱来的，这在《试办章程》及《大清银行则例》中都有规定。大清银行的纸币，属于可兑换的银行券，分三大类：即银两票、银元券和钱票。标准的银两票为库本银，计有1两、5两、10两、50两、100两5种。银元票也分1元、5元、10元、50元、100元5种。银两票、银元票，由于是各地行发行，而只能流通于当地。大清银行原以发行银两票为主，为适应币制改革的需要，逐渐以发行银元票为主。为准备兑现，需储备大量银两银元，按规定储备数量应不少于发行纸币数量的50%。于光绪三十三年十一月呈准度支部向造币总厂随时附铸银元以备兑现。截至宣统三年闰六月底，该行共发行银两票543.89万两，银元票1,245.99万元，合计1,789.88万两（元），现银库存1,617.05万两，现银储备库存占钞票发行额的90%。表明兑现能力坚实，无货币贬值之忧。最后发行总额为资本额1,000万两的1.8倍，表明确有中央银行的地位。钱票发行额未统计在内，据专家估算不超过20万两。大清银行纸币曾委托商务印书馆工匠到北京总行印造，钞票为横式，无人像。1909年委托美国钞票公司印制，该公司印制的钞票质量好，不易做伪。辛亥革命后，库存此券曾加盖“中国银行”字样，作为中国银行钞票发行。由于国内印钞质量不高，曾发生伪造变造情事。大清银行为维持信用，在破案前仍予兑现。据宣统二年，奉天分行因受变造银行票之累，亏损白银 2.6 万多两。

大清银行另一项特别业务是经理国库及地方公款，还负责收付向外借款，经理赔还洋款、经理盐款、捐款、关税，经理云南藩库。

第三项特别业务是救济市面。由于经济或政治原因，某地市面出现恐慌，甚至出现风潮，影响经济运行，造成社会不安。大清银行作为中央银行，有责任向上反映，提供解决办法，发挥自己力量，使之平息，谓之“救济市面”。据《大清银行始末记》载，大清银行救济市面，共计 13 次，除调剂货币流通外，主要是接济银号钱铺，稳定金融。①

大清银行改组为中国银行。

1911 年 10 月“辛亥革命”爆发，大清银行商股的股东为保全商股的股权与利益，于 1911 年 11 月在上海成立了商股联合会。1912 年 1 月 1 日中华民国政府成立，商股联合会随即于 1912 年 1 月初上书“临时大总统”孙中山，建议把大清银行改为中国银行，作为民国政府的中央银行，保留原商股，将原有的大清银行商股 500 万两，仍承认为中国银行商股，照旧股票面额换成中国银行股票作为新股。另再加招商股 500 万两。对原大清银行实行清理，其原有官股 500 万两，备抵此次战事地点各行所受的损失及一切滥账。

当时南京临时政府成立后，便立刻陷入了前所未有的财政窘境。它既不可能得到拮据不堪的地方财政的支援，又不可能指望由外国人控制的海关向其解交税款。急需成立一家属于政府自己的中央银行。正是在这一背景下，当孙中山见到报告后，立即面示时任财政总长陈锦涛，表示同意。要陈另筹官股，并派正副监督“先行开办，克期成立”。1912 年 1 月 24 日，以财政部的名义书面批复大清银行商股联合会，组成临时理监事会，并任命吴鼎昌为监督。中国银行于 1912 年 2 月 5 日在上海汉口路 3 号大清银行旧址开业，标志着中国银行的诞生。1912 年 8 月 1 日，北洋政府将北京原大清银行总行改为中国银行总行。

【关键词语】

吸收直接投资（absorption investment）　普通股筹资（common stock financing）
优先股筹资（preferred stock financing）　留存收益筹资（retained earnings financing）
风险资金（venture capital）　票面价值（face value）
账面价值（book value）　清算价值（liquidation value）
市场价值（market value）　投资价值（investment value）
股票发行（stock-issued &outstanding）　等价发行（equivalent distribution）
时价发行（market price distribution）　股票上市（stock listing）
盈余公积（surplus reserves）　未分配利润（undistributed profit）

复习思考题

一、概念题

1. 股票　2. 普通股　3. 市场价值　4. 账面价值
5. 吸收直接投资　6. 股票发行　7. 股票上市

① 席长庚. 中国历史上最早的中央银行——大清银行[J]. 经济师，1998，(02):104-105.

二、单选题

1. 相对于债务筹资方式而言，采用吸收直接投资方式筹资的优点是（　　）。

A. 有利于降低资本成本　　B. 有利于集中企业控制权

C. 有利于降低财务风险　　D. 有利于发挥财务杠杆作用

2. 相对于银行借款而言，股票筹资的特点是（　　）。

A. 筹资速度快　　B. 筹资成本高　　C. 弹性好　　D. 财务风险大

3. 关于吸收直接投资的特点的表述中不正确的是（　　）。

A. 容易进行信息沟通　　B. 手续相对比较简便，筹资费用较低

C. 公司控制权集中，有利于公司治理　　D. 不利于产权交易

4. 吸收直接投资的种类不包括（　　）。

A. 吸收国家投资　　B. 吸收法人投资

C. 中外合作企业　　D. 吸收社会公众投资

5. 下面关于普通股的特点不正确的是（　　）。

A. 没有特别权利　　B. 没有特别限制　　C. 股利不固定　　D. 不发股利

6. 下列不属于直接筹资方式的有（　　）。

A. 发行股票　　B. 发行债券　　C. 吸收直接投资　　D. 融资租赁

7. 企业利用普通股股票筹集资金的优点是（　　）。

A. 比债务筹资的资本成本低　　B. 需要偿还本金

C. 没有固定的利息负担，财务风险低　　D. 不能显著增强企业实力

三、判断题

1. 配股，是发行新股的一种方式，是上市公司在获得有关部门批准之后，向其股东提出配股建议，使现有股东可按持股比例认购配售股份的行为。（　　）

2. 股权登记日是划分投资者是否享有相关权利（如送股、派息、配股等）的日子，股权登记日收市时持有（含当日买入）该支股票者可以享受相应权利。（　　）

3. 股票发行价格，是股票发行时所使用的价格，也就是投资者认购股票时所支付的价格，我国规定不高于股票面值。（　　）

4. 除权（除息）日通常是股权登记日之后的下一个交易日，除权（除息）日买入该支股票者均不能享受当次的相应权利。（　　）

四、简答题

1. 吸收直接投资的优缺点分别是什么？

2. 试分析普通股融资的利弊？

3. 股票的价值有哪几种表现形态？

4. 股票发行的原则是什么？

5. 我国股票价格确定方法有哪些？

6. 股票上市的优缺点是什么？

7. 股票的销售方式有哪些？

五、计算题

某人2012年持有股票2,000股，其每股面值50元，预期股息为4%，当其他条件不变，同期银行存款利率从2.5%降为2%，他的股票升值多少？

第三部分

企业投资管理

第 6 章 资本成本与资本结构

【引导案例】

飞利浦·瑟菲斯公司资金成本

1987 年的飞利浦·瑟菲斯公司在早年完成了成功的收购方案之后，具有强大的发展潜力。但是，由于公司兼并了许多各自为政的企业，在短时间内无法形成统一的经营管理，需要在各方面寻求改进和整合。公司董事长兼总经理罗纳德·艾德沃滋先生，开始为下一年度的筹资活动而进行资金成本的相关考虑。其中，实现资金的有效分配是亟待解决的问题。因此，该公司外借了 165 万美元的债务，增发了 100 万美元的普通股，来获得更多的资金。此外，如何将公司现有闲散资金投入到有竞争性的用途中去？这便涉及资本成本的计算。那么，飞利浦·瑟菲斯公司的资本结构是否能达到最优？需要结合本章的知识进行分析。

企业进行筹资时总希望在实现企业价值最大化的同时尽可能减少付出成本，这里的成本指的便是“资本成本”，只有努力达到其均衡，才能形成一个优质的资本结构。本章首先介绍了资本成本的概念、作用、影响因素和形式，然后分别详细介绍了个别资本成本、综合资本成本和边际资本成本，接着从经营杠杆和财务杠杆两个方面介绍了企业杠杆，最后介绍了资本结构的相关知识。

【学习目标】

- 理解资本成本的概念，掌握个别资本成本和综合资本成本的计算；
- 掌握经营杠杆、财务杠杆，以及它们与企业风险的关系；
- 了解影响企业资本结构的基本因素；
- 熟悉资本结构理论；
- 了解边际资本成本的计算；
- 掌握最佳资本结构的含义及确定。

6.1 资本成本

6.1.1 资本成本概述

1. 资本成本的概念

资本成本是指公司为筹集和使用资金而付出的代价，体现为融资来源所要求的报酬率[①]。企业扩张需要大量的资金，这些资金主要来自于投资人与债权人。投资人的目的是为了获得预期的收益，债权人则为了获得贷款利息。由此可见，企业使用资金是有代价的，这种代价就是我们所说的资本成本，它是一种典型的财务机会成本。

资本成本包括资金筹集成本和资金使用成本两部分。资金筹集成本是指在资金筹集过程中支付的各项费用，如发行股票、债券的印刷费、发行手续费、律师费、资信评估费、公证费、担保费、广告费等。资金使用成本是指使用资金支付的费用，如股票股息、银行借款利息和债券利息等。资金使用成本与资金的数量和时间有关。资金筹集成本和资金使用成本的区别在于筹资成本一般在资金筹措时一次性支付，在使用过程中不再发生，可以看作筹资总额的一项扣除，而资金使用成本则是筹资企业经常发生的。

2. 资本成本的作用

公司理财中资本成本是个非常重要的概念，它影响着公司的经营决策和后续的盈利情况[②]，在筹资和投资决策中有着重要作用。

（1）有助于选择筹资途经和方式

资本成本是企业选择筹资途径和筹资方式的重要依据。企业根据不同筹资途径和筹资方式的成本多少进行判断和决策。具体而言，一个企业长期资本的筹集往往有多种方式可以选择，如长期借款、发行债券、发行股票等。不同筹资组合的综合资本成本率也不同，可以用来挑选最优筹资组合方案。

（2）有助于进行投资决策

资本成本是企业进行投资决策的主要参考指标，它是要求的最低的投资收益率指标，投资项目的收益率只有大于资本成本，才是有利可图的。国际上通常将资本成本视为投资项目的“最低报酬率”或“必要报酬率”，以及是否采纳一个投资项目的“取舍率”，因此被当作是比较选择投资方案的一个重要的经济标准。

（3）有助于确定最佳资本结构

资本成本是企业确定最佳资本结构的依据。根据债务成本和权益成本及其所占比例，进行加权平均后，确定其最佳资本结构，从而促使资金使用者挖掘资金潜力，节约资金占用，提高资金使用效益。

（4）有助于衡量经营成果

资本成本是衡量企业经营成果的尺度，即企业的利润率应该高于资本成本。如果企业的利润率低于资本成本，则需要改善企业经营管理，提高企业的利润率，控制成本。

3. 决定资本成本高低的因素

（1）宏观经济环境

宏观经济环境决定了整个经济中资本的供给和需求，以及预期通货膨胀的水平[③]。投资者所要求的

---

① Lambert R, Leuz C, Verrecchia R E. Accounting information, disclosure, and the cost of capital[J]. Journal of Accounting Research, 2007, 45(2): 385-420.

② Easley D, O'hara M. Information and the cost of capital[J]. The Journal of Finance, 2004, 59(4): 1553-1583.

③ Tobin J, Brainard W C. Asset markets and the cost of capital[J]. Economic Progress, Private Values, and Public Economic Journal, 1977, 96: 120-138.

投资收益率会随社会的资金需求和供给变动以及通货膨胀水平的变化而改变。当货币需求增加，而供给没有相应增加时，投资人便会提高其投资收益率，企业的资本成本就会上升；反之，则会降低其要求的投资收益率，使资本成本下降；当预期通货膨胀水平上升，货币购买力下降时，投资者也会提出更高的收益率来补偿预期通货膨胀带来的损失，导致企业资本成本上升。

（2）证券市场条件

证券市场条件包括证券市场的流动难易程度和价格波动程度[①]。证券市场的流动性不好，投资者买进或卖出证券相对困难，变现风险加大，要求的收益率就会提高，导致资本成本升高。或者证券的价格波动较大，投资的风险大，要求的收益率也会提高，导致资本成本升高。1994 年的美国金融市场经历了一番波动，一向较为平稳的国债利率也发生了不小的波动，市场增长缓慢，为了寻求更高的收益，本币开始贬值，美元的融资成本开始上升，给市场带来了不小的压力。

（3）企业内部的经营和融资状况

企业内部的经营和融资状况指企业内部的经营风险和财务风险的大小[②]。经营风险是企业销售收入和经营费用带来的不确定性，财务风险是举债经营给公司未来收益带来的不确定性。如果企业的经营风险和财务风险大，投资者便会有较高的收益率要求，从而使资本成本升高。

（4）融资规模

企业的融资规模越大，筹资成本和资金使用成本越大，导致资本成本升高。并且证券发行规模的增大还会降低其发行价格，也会提高企业的资本成本[③]。

4. 资本成本的形式

资本成本有多种形式，按照用途可以分为个别资本成本、综合资本成本和边际资本成本。

个别资本成本是指各种长期资金的成本，如长期借款成本、长期债券成本、优先股成本、普通股成本和留存收益成本。其中，前两种为债务资本成本，后三种为权益资本成本或自有资本成本。个别资本成本一般用于比较和评价各种筹资方式，其高低与资本的性质关系十分密切，一般而言，债务资本成本要低于权益资本成本。

综合资本成本是指全部长期资金的加权平均总成本，其权数可以通过账面价值法、市场价值法、目标价值法进行选择，综合资本成本主要用于评价和选择资本结构。

边际资本成本是新筹集资本的成本，在计算时也需要进行加权平均，一般在追加筹资决策中使用，即在已确定目标资本结构的情况下，考察资本成本随筹资规模变动而变动的情况。

上述三种资本成本之间存在密切的关系。个别资本成本是综合资本成本和边际资本成本的基础，综合资本成本和边际资本成本都是对个别资本成本的加权平均。在实务中，三种资本成本往往同时运用，起着相辅相成的作用。

6.1.2 个别资本成本

对于大多数公司来说，资本的主要来源包括负债、普通股和优先股。如果股东的原始资本即最初的权益资本不够，企业就要向外借贷，这就是债务资本。权益资本的表现形式是股票，债务成本的表现形式是债券。在这两者之间过渡的还有优先股。权益资本和债务成本的机会成本就是企业的资本成本。

---

① Botosan C A. Disclosure level and the cost of equity capital[J]. Accounting review, 1997: 323-349.

② Hamada R S. Portfolio analysis, market equilibrium and corporation finance[J]. The Journal of Finance, 1969, 24(1): 13-31.

③ Elsas R, Flannery M J, Garfinkel J A. Financing Major Investments: Information about Capital Structure Decisions*[J]. Review of Finance, 2014, 18(4): 1341-1386.

1. 负债成本

负债成本指公司长期债务的资本成本，包括借款利息及筹资费用两部分。企业长期债务包括长期借款和债券，长期借款的筹资费用主要指借款手续费，而债券的筹资费用主要包括申请发行债券的手续费、债券注册费、印刷上市费以及推销费用等。

（1）不考虑货币时间价值的情况

长期借款资本成本可按下列公式计算：

$$K_L = \frac{I_L \times (1-T)}{L \times (1-f_L)} \tag{6-1}$$

式中：

K_L——长期借款资本成本；

I_L——长期借款年利息；

T——所得税率；

L——长期借款筹资额；

f_L——长期借款筹资费率。

企业债券资本成本的计算公式如下：

$$K_b = \frac{I_b \times (1-T)}{B \times (1-f_b)} \tag{6-2}$$

式中：

K_b——债券的资本成本；

I_b——债券年利息；

f_b——债券筹资费率；

T——所得税率；

B——债券筹资额，按具体发行价格确定。

（2）考虑货币时间价值的情况

假如某公司债券的目前价格为 P_0，离到期日还有 t 年，每年的利息支付为 I_i（$i=1,\cdots,n$），而本金的返还为 P_n，则此负债的成本 K_d，应满足：

$$P_0 = \sum_{i=1}^{n} \frac{I_i}{(1+K_d)^i} + \frac{P_n}{(1+K_d)^n} \tag{6-3}$$

【例 1】设 Sunny 公司现有一种长期债券。此债券每张面值为 100 元，现价为 103 元。每张债券每年须支付利息 8 元，在 10 年之后到期。则有

$$103 = \sum_{i=1}^{10} \frac{8}{(1+K_d)^i} + \frac{100}{(1+K_d)^n}$$

用 Excel 软件或其他计算方法可以求得，Sunny 公司的负债成本 K_d 等于 7.56%。

从式（6-3）中可以看出，负债成本实际上就是债券的到期收益率。但如果是新发行的债券，则必须考虑到发行费用。而债券的发行费用与公司的信用等级、债券发行方式等因素相关。假设发行费用占债券售价的百分比为 q，则债券成本 K_d 应由以下式确定：

$$P_0 \times (1-q) = \sum_{i=1}^{n} \frac{I_i}{(1+K_d)^i} + \frac{P_n}{(1+K_d)^n} \tag{6-4}$$

【例 2】假设 Sunny 公司发行了一种新债券，发行价为 100 元，期限为 10 年，每年的利息为 6 元，发行费率为 1.8%。则依照式（6-4），这时的负债成本为 K_d 应满足：

$$100\times(1-1.8\%)=\sum_{i=1}^{10}\frac{6}{(1+K_d)^i}+\frac{100}{(1+K_d)^n}$$

求解可知 K_d 为 6.25%。

比较式（6-1）和式（6-2），可以推断出，如果期限、利息率、现值和本金都相同，新发行的债券和发行费率较高的债券的成本要高一些。

按式（6-1）和式（6-2）计算出的负债成本，都没有考虑到政府税收对公司的影响，因此，都应该被称为税前负债成本。求出了税前负债成本便可以计算出公司的税后负债成本。因为公司的利息费用是在税前支付的，因此利息费用的支付对公司来说有避税的作用。税后的债务成本应该是：

$$K_d\times(1-T)$$

【例 3】假设在例 2 中 Sunny 公司的税率为 25%，那么其税后的负债成本应为：

$$K_d\times(1-T)=6.25\%\times(1-25\%)=4.69\%$$

从例 3 可以看出，由于利息的支付可以起到避税的作用，因此税后的负债成本必然会低于税前的负债成本。

2. 优先股成本

对于许多公司来说，优先股也是其资本中重要的一部分。但与负债成本不同（利息的支付起到了避税的作用），发行优先股的公司必须承受优先股而带来的全部成本。优先股的成本 K_p，可以被视为优先股的投资者所要求的回报率。假设优先股每年每股的红利为 D_p，每股发行的价格为 P，则优先股的成本 K_p 为：

$$K_p=\frac{D_p}{P} \tag{6-5}$$

【例 4】假设 Sunny 公司的优先股每股发行价为 1,000 元，每股每年支付的红利为 100 元，则 Sunny 公司优先股的成本为：

$$K_p=\frac{D_p}{P}=10\%$$

如果是新发行的优先股，像新发行的债券一样，也会存在发行费用。设发行费率为 q，则新发行的优先股成本 K_p 为：

$$K_p=\frac{D_p}{P(1-q)} \tag{6-6}$$

【例 5】假设 Sunny 公司在例 4 中的优先股是新发行的，发行费率为 6%。则此优先股的成本为：

$$K_p=\frac{100}{1000(1-6\%)}=10.6\%$$

对比例 4 和例 5 可以看出，由于发行费用的存在，优先股的成本增加了 0.6%。

3. 普通股成本

一般来说，公司可以通过两种方法来提高普通股的价值，一种是发行新的普通股；另外一种是通过公司的保留盈余。普通股的发行可以使公司募集到新的资金，同时，也提升了普通股的价值。在另一方面，提取一定的收益作为保留盈余，也提升了普通股的价值。因此，分析普通股的成本必须从两个方面进行考虑，一是公司的保留盈余；二是新发行的普通股。

我们首先对保留盈余进行分析。如果公司的收益被保留了，对普通股的投资者来说就会有机会成本发生，因为这些保留盈余可以以红利的形式分配给股东，股东也可以用这笔钱重新投资于其他股票、债券等，因此保留盈余成本 K_s 实际上也是一种机会成本。在均衡的状态下，投资者所要求的负债回报率应与期望的回报率一致。如果一个公司在其盈余重新投资时，其回报率小于 K_s，则其应该将盈余分配给股东，让他们将这笔资金投资于其他资本并获得相当于 K_s 的回报率。

与计算负债和优先股的成本相比，K_s 的评价相当复杂。一般来说，下列三种方法经常被用来计算 K_s：资本资产定价模型法；债券收益加风险溢酬法；现金流折现法。

（1）资本资产定价模型法

资本资产定价模型几乎同时由 Sharpe（1964）①、Linter（1965）②③和 Mossin（1966）④分别提出，旨在研究证券市场价格如何决定。模型假设所有投资者都按马克维茨的资产选择理论进行投资，对期望收益、方差和协方差等的估计完全相同，投资人可以自由借贷。基于这样的假设，资本资产定价模型研究的重点在于探求风险资产收益与风险的数量关系，即为了补偿某一特定程度的风险，投资者应该获得多得的报酬率。该模型认为一个公司普通股期望的收益率 $E(r)$ 与其市场风险 β 之间的关系为：

$$E(r) = r_f + \beta(E(r_m) - r_f) \tag{6-7}$$

式中：

$E(r)$——普通股期望的收益率；

r_f——无风险利率；

β——普通股在市场上的风险系数；

$E(r_m)$——市场组合的期望收益率。

$E(r)$是投资者对其所投资的股票所期望的收益率，因而，$K_s=E(r)$。在应用资本资产定价模型法时，我们必须先估计无风险利息 r_f、公司普通股的市场风险系数 β 以及市场组合的期望收益率 $E(r_m)$。r_f 可以由政府长期债券的收益率来替代。一般来说，$E(r_m)$可以通过股票指数来计算，β 也可以通过统计等方法来评价。这是个数学公式，用于对股权资本成本的计算， 大大提高了折现率确定的理论支持。Sharpe 因此获得过诺贝尔经济学奖。

【例 6】假设，Sunny 公司目前的市场风险系数 β 为 1.4，当前的无风险利率 r_f 为 6%，市场组合的期望收益率 $E(r_m)$为 8%，则 $E(r)$为：

$$E(r) = 6\% + 1.4(8\% - 6\%) = 8.8\%$$

因为 $K_s=E(r)$，所以 Sunny 公司保留盈余的成本为 8.8%。

虽然资本资产定价模型法可以相当准确地评估 K_s，但在实际应用中，还有一些问题要注意。首先仅仅用 β 来衡量公司的风险可能并不准确，如果一些公司存在特有的风险，就可能导致 K_s 被低估。其次，即使资本资产定价模型是非常有效的，对 r_m、r_f 和 β 的正确测量也是困难的。例如，公司未来的投资选择将会对公司未来面临的风险产生一定程度的影响，但是公司在未来的投资是不确定的，因此对未来 β 的评估也是很复杂的。

（2）债券收益加风险溢酬法

一些分析家通过债券收益率加风险溢酬的方法来确定普通股成本。这种方法简单地将一个公司的风险溢酬率与其长期债券的利率相加，来确定普通股的成本。设 i 为长期债券的利率，r 为普通股的风险溢酬率，则 K_s 为：

$$K_s = i + r \tag{6-8}$$

---

① Sharpe W F. Capital asset prices: A theory of market equilibrium under conditions of risk*[J]. The journal of finance, 1964, 19(3): 425-442.

② Lintner J. The valuation of risk assets and the selection of risky investments in stock portfolios and capital budgets[J]. The review of economics and statistics, 1965: 13-37.

③ Lintner J. Security Prices, Risk, and Maximal Gains from Diversification*[J]. The Journal of Finance, 1965, 20(4): 587-615.

④ Mossin J. Equilibrium in a capital asset market[J]. Econometrica: Journal of the econometric society, 1966: 768-783.

【例 7】假设 Sunny 公司的长期债券的收益率为 7%，而 Parkhorse 投资公司评估其风险溢酬率为 3.2%，则该公司普通股的成本为：

$$K_s = 7\% + 3.2\% = 10.2\%$$

（3）现金流折现法

在 2002 年 5 月 20 日股票收盘的时候，高质量的大学教科书出版商麦格劳—希尔公司的普通股价格是 63.78 美元。同一天，世界最大的汽车制造商大众公司收盘时的股价是 66.20 美元，而百胜餐饮集团（Yum! Brands）——肯德基、塔可钟、必胜客比萨饼店的快餐食物的供应商，当天的收盘价则为 63.01 美元。由于这三家公司的股票价格如此近似，你可能以为它们会为它们的股东提供相似的股利回报，但是你错了。实际上，大众公司的年度股利是每股 2 美元，麦格劳—希尔公司是每股 1.2 美元，而百胜餐饮集团根本就没有支付股利！当我们试图对普通股的成本进行确定时，股利是主要因素之一。对于普通股的持有者来说，其每期的现金流就是红利的分配。因此，普通股的价值可以通过下列公式来计算：

$$P_0 = \sum_{i=1}^{\infty} \frac{D_i}{(1+K_s)} \tag{6-9}$$

式中：

P_0——普通股的现值（即市价）；

D_i——每期红利的分配，$i=1,\cdots,\infty$；

K_s——普通股的资本成本。

式（6-9）表示普通股的价格相当于以其资本成本为折现率的未来红利的现值。如果公司未来的股利是恒定的，则股票的价格等于第一年的股利与期望的回报率之比：

$$P_0 = \frac{D_1}{K_s} \tag{6-10}$$

如果公司的股票价格是匀速增长的，每年的红利按照一定比例增加，则股票的价格 P_0 为：

$$P_0 = \frac{D_1}{K_s - g} \tag{6-11}$$

式中：

g——红利的年增长率。

通过式（6-11），我们可以得到普通股期望的收益率，即其成本 K_s 为：

$$K_s = \frac{D_1}{P_0} + g \tag{6-12}$$

式（6-12）表示，在均衡条件下，对于股票价格匀速增长的公司，其普通股（保留盈余）的成本，相当于红利收益率与红利的增长率之和。

【例 8】设 Sunny 公司计划在一年末的每股红利是 7 元，红利的增长率为 6%，每股的现价为 112 元，则普通股的成本为：

$$K_s = \frac{7}{112} + 6\% = 12.25\%$$

在上述三种确定普通股资本成本的方法中，考虑的是普通股中保留盈余的成本，并没有考虑新发行的普通股。一般来说，新发行的普通股的成本要高于保留盈余的成本。这是因为在发行新股时，与新发行的优先股和债券相同，也会有发行费用发生。用 K_s 表示新发行的普通股的成本，则普通股的成本为：

$$K_s = \frac{D_1}{P_0(1-q)} + g \tag{6-13}$$

式中：

P_0——普通股的现值；

D_i——下一期红利的分配；

K_s——普通股的成本；

g——新普通股的发行费率。

【例 9】假设在例 8 中 Sunny 公司的股票为新发行的，并且已知发行费率为 3%，其他情况不变，则普通股的成本为：

$$K_s = \frac{7}{112(1-3\%)} + 6\% = 12.44\%$$

由此例可以看出，因为发行成本的存在，Sunny 公司必须获得更高的收益率才能满足投资者所要求的回报率，从而才能按计划分配红利。只有这样 Sunny 公司的股票价格才不会下跌。相反，如果 Sunny 公司的回报率低于了 12.44%，则不能满足所期望的回报率，其股票的价格就会下降。当然如果 Sunny 公司获得了超过了 12.44%的收益率，其股票的价格就会上升。

6.1.3 综合资本成本

如果一个公司的资本完全是由普通股组成的，那么普通股的成本就是其资本成本；如果一个公司完全是通过举债成立的，那么负债成本就是其资本成本。但一般情况下，一个公司的资本由多种成本构成，这时，将个别资本成本加权平均就是综合资本成本，即加权平均资本成本 K_w，其计算公式如下：

$$K_w = W_d K_d (1-T) + W_p K_p + W_s K_s \qquad (6\text{-}14)$$

式中：

W_d、W_p 和 W_s——负债、优先股和普通股所占的权重；

K_d、K_p 和 K_s——负债、优先股和普通股的成本；

T——所得税的税率。

由式（6-14）可以看出，在评估综合资本成本时，确定个体资本的权重是重要的一步，现行的确定资本权重的方法有：账面价值法、目标价值法、市场价值法。

1. 账面价值法

账面价值法通过公司账面价值确定个别资本的权数。例如，表 6-1 表示用账面价值法确定 Sunny 公司的综合资本成本。

表 6-1　　用账面价值法确定综合资本成本（所得税率为 25%）　　单位：万元

资本种类	账面价值	权重	成本	综合资本成本
公司债券	1,000,000	10%	5.25%	0.39%
长期借款	3,000,000	30%	6.65%	1.50%
优先股	1,000,000	10%	11.75%	1.18%
普通股	5,000,000	50%	13.15%	6.58%
合计	10,000,000	100%		9.65%

这种方法易于评估，从公司的资产负债表中就可得到资料，但往往误差很大，对经营决策不利。当公司账面价值与其市场价值相差不远时，可以采用这种易于确定的账面价值法。

2. 市场价值法

市场价值法通过以债券或股票目前的市场价格计算权数。例如，表 6-2 所示为用市场价值法确定

Sunny 公司的综合资本成本。

表 6-2　　用市场价值法确定综合资本成本（所得税率为 25%）　　单位：万元

资本种类	市场价值	权重	成本	综合资本成本
公司债券	1,200,000	12%	5.25%	0.47%
长期借款	3,200,000	32%	6.65%	1.60%
优先股	900,000	9%	11.75%	1.06%
普通股	4,700,000	47%	13.15%	6.18%
合计	10,000,000	100%		9.31%

在计算综合资本成本时，市场价值法比账目价值法更准确。在市场上，许多公司的市场价值与账目价值完全不相符，例如，许多业绩好的公司市场价值高于账面价值许多倍，这时采用市场价值法就更合理。

3. 目标价值法

目标价值法是指以债券、股票等预计的目标市场价值和目标中的资本结构确定权数，如表 6-3 所示。

表 6-3　　用目标价值法确定综合资本成本（所得税率为 25%）　　单位：万元

资本种类	目标结构	成本	加权资本成本
公司债券	18%	5.25%	0.71%
长期借款	40%	6.65%	2.00%
优先股	5%	11.75%	0.59%
普通股	37%	13.15%	4.87%
合计	100%		8.17%

理论上，因为有破产成本、税收或其他减少了公司价值的成本项目存在，每一个公司都会存在一个理想的资本结构。例如，在只有政府税收的情况下，负债所占权重越大，所支付的税收越少，公司的价值也越大。如果只有破产成本，则负债的比例越小，普通股所占的比例越高，公司的价值越高。另外，目标成本法体现了期望的成本结构，因此，有助于企业的投资决策。但因为公司未来经营发展的不确定性，目标价值很难正确地评估。

6.1.4 边际资本成本

边际资本成本是指新筹集的资金所需负担的成本①。一般来说，边际资本成本会随着公司筹集资金数目的增加而上升。任何公司都无法以一个固定的资本成本来筹集资金。在评估边际资本成本时，个别资本的成本也是有边际的，负债成本随着借款期限和数额的增加而上升。优先股的边际成本要考虑新发行的优先股成本，普通股的边际成本要考虑新发行的普通股成本。

我们以 Sunny 公司为例来说明边际资本成本的概念。Sunny 公司的目标资本结构为负债：优先股：普通股=4：1：5，公司现有的资本情况如表 6-4 所示。

① Barth M E, Konchitchki Y, Landsman W R. Cost of capital and earnings transparency[J]. Journal of Accounting and Economics, 2013, 55(2): 206-224.

表 6-4　　Sunny 公司资本成本（所得税率为 25%）　　单位：万元

资本种类	市场价值	目标结构	成本	加权资本成本
长期负债	400	40%	10%	3.00%
优先股	100	10%	12%	1.20%
普通股	500	50%	15%	7.50%
合计	1,000	100%		11.70%

根据 Sunny 公司的目标资本结构，公司再筹集资金时，也需保持负债、优先股和普通股的 4∶1∶5 的比例。但资本的增加将引起公司资本成本的变化。例如，新发行的优先股成本和普通股，都要比现有的成本高。而增加的资本所带来的成本就是边际资本成本。假设 Sunny 公司再筹资 1,000 万元，用于新项目的投资。该公司在年度分红之后，有 500 万元的保留盈余，而优先股需要新发行，其成本为 14%。新的筹款计划和个别资本成本如表 6-5 所示。

表 6-5　　Sunny 公司筹资的边际资本成本（所得税率为 25%）　　单位：万元

资本种类	市场价值	目标结构	成本	加权资本成本
长期负债	400	40%	10%	3.00%
优先股	100	10%	14%	1.40%
普通股	500	50%	15%	7.50%
合计	1,000	100%		11.90%

由表 6-5 可知，Sunny 公司原有的资本为 1,000 万元，资本成本为 11.90%。而如果公司需要按上述计划再次筹资，则边际资本成本为 11.30%。边际资本成本并不是固定不变的，如果 Sunny 还需要筹资，并超过 1,000 万元的额度，随着个别资本和其成本变化，边际资本成本也会变化。再假设，如果 Sunny 公司还需筹集 1,000 万元用于发展。原有的保留收益已经不能满足新资本要求，需要发行新的普通股，其成本为 18%。新筹集计划和成本如表 6-6 所示。

表 6-6　　Sunny 公司筹资的边际资本成本（所得税率为 25%）　　单位：万元

资本种类	市场价值	目标结构	成本	加权资本成本
长期负债	400	40%	10%	3.00%
优先股	100	10%	14%	1.40%
普通股	500	50%	18%	9.00%
合计	1,000	100%		13.40%

因此，当 Sunny 公司筹资总额达到 2,000 万元时，再筹资的边际资本成本就为 13.40%。同样，如果 Sunny 公司还需要 1,000 万元的资本。这时，长期借款的利率上升为 12%。新的筹款和成本如表 6-7 所示。

表 6-7　　Sunny 公司筹资的边际资本成本（所得税率为 25%）　　单位：万元

资本种类	市场价值	目标结构	成本	加权资本成本
长期负债	400	40%	12%	3.60%
优先股	100	10%	14%	1.40%
普通股	500	50%	15%	9.00%
合计	1,000	100%		14.00%

因而，当 Sunny 公司筹资总额达到 3,000 万元时，新的边际资本成本为 14.00%。图 6-1 表示了 Sunny 公司在不断增加筹资规模时，边际资本成本所发生的变化。

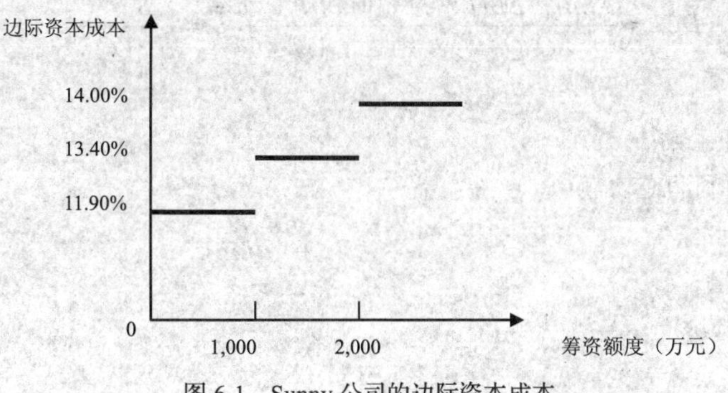

图 6-1　Sunny 公司的边际资本成本

依据 Sunny 公司不同额度的边际资本成本，我们还可以依此对投资项目进行选择。具体的数据如表 6-8 所示。

表 6-8　Sunny 公司投资的项目　单位：万元

项目	A	B	C	D	E
投资额度	500	1,200	250	500	700
内部收益率	15.00%	14.70%	14.00%	8.00%	7.80%

假设各个项目之间是独立的，根据投资项目的内部收益率大于边际资本成本的项目选择原则，A、B 和 C 项目被选择，因为其内部收益率分别大于再对其进行投资时的边际资本成本。相反的，D 和 E 项目不应该被选择。由上述分析可以看出，Sunny 公司的最佳投资预算为 1,950 万元。

上述的投资选择方法虽然简单，但是在操作上也会遇到一些问题。首先，用投资项目的内部收益率与边际资本成本进行比较，只是单纯考虑了项目的内部收益率，忽略了项目的净现值。其次，投资项目的选择将影响公司的综合资本成本，高收益的项目也意味着高风险，而风险的上升将提高投资者期望的收益率，从而使公司的综合资本成本上升。

6.2　企业杠杆原理

“杠杆”表示成倍地增加某种效果的影响，这个词在物理学中的含义是用来增加力量的杠杆。在英文中，杠杆的词根是 lever，源于法语一个古老的单词，意思是“减轻”。这是对杠杆威力所做的最恰当的形容。使用杠杆，重物可以变轻，而将杠杆的原理应用于金钱时，效果得到倍增。

6.2.1　经营杠杆和经营风险

1. 经营杠杆的定义

企业中，在其他条件不变的情况下，产销量的增加虽然一般不会改变固定成本总额，但会降低单位固定成本，从而提高单位利润，这样使得利润的增长率大于产销量的增长率。反之，产销量的减少会提高单位固定成本，从而使利润下降率也大于产销量下降率。这种由于固定成本的存在而造成的利润变动率大于产销量变动率的现象称为经营杠杆。经营杠杆具有放大企业风险的作用。

经营杠杆系数是指企业营业利润的变动率相当于销售变动率的倍数。它反映经营杠杆的作用程度，即销售量变动引起息税前利润变动的程度，其计算公式为：

$$DOL=\frac{\Delta EBIT/EBIT}{\Delta Q/Q}=\frac{\text{息税前利润变动率}}{\text{销售量的变动率}}=\frac{S-VC}{S-VC-F} \quad (6\text{-}15)$$

式中：

DOL——经营杠杆系数；

Δ*EBIT*——息税前利润变动额；

EBIT——息税前利润；

Δ*Q*——销售变动量；

Q——变动前销售量；

S——销售额；

VC——变动成本总额；

F——固定成本总额。

经营杠杆系数越高，企业风险越大。

【例 10】某企业生产 A 产品，固定成本为 100 万元，变动成本率为 38%，当企业的销售额分别为 500 万元、300 万元、200 万元时，经营杠杆系数分别为：

$$DOL_1=\frac{500-500\times 38\%}{500-500\times 38\%-100}=1.48$$

$$DOL_2=\frac{300-300\times 38\%}{300-300\times 38\%-100}=2.16$$

$$DOL_3=\frac{200-200\times 38\%}{200-200\times 38\%-100}=5.17$$

即在企业的固定成本、变动成本率一定时，销售额越大，经营杠杆系数越小，经营风险越小。

2. 影响经营杠杆的因素

（1）产销量对经营杠杆的影响

上述公式中 $S-VC=Q(P-V)$

式中：

P——产品单价；

V——产品单位变动成本。

所以，$DOL=\frac{Q(P-V)}{Q(P-V)-F}$

故，当销售额小于盈亏临界点（$Q=\frac{F}{P-V}$）时，经营杠杆系数为负数，当销售额大于盈亏临界点时，经营杠杆系数为正值。越接近盈亏临界点时，经营杠杆系数越大，意味着息税前利润对销售水平的敏感度越高。在固定成本不变的情况下，如果不能改变产品的售价和单位变动成本，则只能通过增加销售数量来降低经营杠杆系数。

【例 11】A 企业生产一种产品，销售量如表 6-9 所示。当产销量发生变化时，经营杠杆系数也会相应发生变化。

表 6-9　企业在各种销售量时的经营杠杆系数

销售量（万件）	2	4	8	10	12	16	20	40
经营杠杆系数	−0.25	−0.67	−4	无穷大	6	2.67	2	1.33

根据本量利方程 $PQ = QV + F$，

得出生产该产品的盈亏临界点：

$$Q = F/(P-V) = 10\text{（万件）}$$

从以上数据可以看出，当销售额小于盈亏临界点 10 万件时，经营杠杆为负数，当超过了 10 万件时，则变为正数。企业实际销售量超过盈亏临界点越多，经营杠杆系数越小，即销量所导致的利润的变化越小。

（2）固定成本对经营杠杆的影响

固定成本对经营杠杆有很大影响，如电力、航空、钢铁等固定成本较大的企业一般经营杠杆较高，而杂货店等固定成本较低的单位经营杠杆一般较小。尽管行业因素对企业的经营有重大影响，但所有企业都可以在一定程度上控制它们的经营杠杆。例如，一个电力公司可以通过新建一个燃气厂或一个燃煤厂增加它的发电能力。燃煤厂需要较高的投资，也具有较高的固定成本，但变动性经营成本相对较低；另一方面，燃气厂需要的投资较少，它的固定成本也较低，但变动性经营成本较高。因此通过资本预算决策，企业可以影响自己的经营杠杆和经营风险。

3. 经营杠杆与经营风险

经营风险是指由企业的经营活动带来的收益的不确定性，主要指企业销售收入和经营费用的不确定性。例如经营空调、羽绒服等商品的企业，会随着季节的变化受到不同程度的风险。曾在巅峰时期占据北京乳制品市场份额 80%的北京三元牛奶在 2004 年遭遇了一场经营风险风波，因其成本控制乏力、价格缺乏竞争力等因素，最终在北京乳制品市场上退居第三。那么，影响经营风险的因素如下。

第一，企业固定成本占总成本的比例。固定成本所占比例越大，企业的经营风险越大。

第二，企业产品销售对经济波动的敏感性。敏感的企业在经济和市场环境变化时销售额变化大，经营风险大。

第三，企业的规模和市场占有率。规模大的企业占据较大的市场，具有较强的市场竞争能力，能保持销售的稳定，故经营风险相对较小。

第四，投入物价格的稳定性。原材料、燃料、工资等价格的不稳定造成变动成本和企业收益的变动，使经营风险增加。

第五，企业随投入物价格变动调整产品销售价格的能力。一些企业受政府政策或自身营销渠道的限制，不能很快调整产品价格适应投入物价格的上涨，使得企业经营风险大。

从上面对经营杠杆系数的分析可知，企业经营杠杆系数越大，销售变动对利润的影响就越大。因此，在其他因素不变的情况下，企业固定成本越高，经营杠杆系数越大，经营风险也就越大。

6.2.2 财务杠杆与财务风险

如果一个企业的资本中除普通股权益资本外，还有一部分来源于负债或需要支付固定股息的优先股，那么这些负债或优先股便使企业有了财务杠杆。这种财务杠杆使企业股东的净收入的变化幅度超过企业营业收入的变化幅度，并且使企业股东的收入流量除因经营状况变化而变化外，有了一个新的不确定性，这种因企业资本结构而引起的收益的不确定性即为财务风险。负债资本在资本总额中占的比例越大，企业的财务杠杆作用也越强，财务风险也随之增加。著名的雷曼兄弟破产案的原因之一便是自有资本过少，杠杆率太高，受次贷危机的影响，银行面临严重亏损，其影响便被杠杆率放大。财务风险可以用财务杠杆系数 *DFL* 来表示。财务杠杆系数是指企业每股收益 *EPS* 的变动

对息税前利润 *EBIT* 波动的反应程度：

$$DFL=\frac{EPS\text{变动百分比}}{EBIT\text{变动百分比}}=\frac{\Delta EPS/EPS}{\Delta EBIT/EBIT}=\frac{EBIT}{EBIT-I} \tag{6-16}$$

【例 12】某公司负债总额为 3,000 万元，负债利息率为 8%，该企业发行普通股 100 万股，息税前利润 950 万元，所得税税率 25%。计算（1）该企业的财务杠杆系数和每股收益。（2）如果息税前利润增长 14%，则每股收益增加多少？

解：（1）DFL=950/(950−3000×8%) = 1.338

EPS=(950−3000×8%)×(1−25%)/100 = 5.325

（2）每股利润增加额 = 5.325×14%×1.338 = 0.997（元）

由此可见，当公司息税前利润变动 1%时，每股利润将同方向变动 1.338%。这表明该公司息税前利润的变动导致了每股收益的变动，并且每股收益的变动幅度大于息税前利润的变动程度。此外，只要公司存在负债，其财务杠杆系数必定大于 1。

财务风险又称筹资风险，是指举债经营给公司未来收益带来的不确定性。如果一个公司的筹资成本包含固定的债务成本（银行借款、融资租赁、发行公司债券等），从而使得息税前利润的某个变化能引起普通股每股收益的更大变化时，就被认为存在财务杠杆，在获得一定的财务杠杆利益的同时也承担了一定的财务风险。当债务资本比率较高时，投资者将负担较多的债务成本，并经受较多的负债作用所引起的收益变动的冲击，从而加大财务风险；反之，当债务资本比率较低时，财务风险就小。

【例 13】A、B、C 为三家经营业务相同的公司，它们的有关情况如表 6-10 所示。

表 6-10　　A、B、C 三家公司财务数据比较　　单位：元

项目	A	B	C
普通股本	2,000,000	1,500,000	1,000,000
发行股数	2,000,000	1,500,000	1,000,000
债务（利率 8%）	0	500,000	1,000,000
资本总额	2,000,000	2,000,000	2,000,000
息前税前盈余	200,000	200,000	200,000
债务利息	0	40,000	80,000
税前盈余	200,000	160,000	120,000
所得税（税率 25%）	50,000	40,000	30,000
税后盈余	150,000	120,000	90,000
财务杠杆系数	1	1.25	1.67
每股普通股收益	0.075	0.08	0.09
若：			
息前税前盈余增加	200,000	200,000	200,000
债务利息	0	40,000	80,000
税前盈余	400,000	360,000	320,000
所得税（税率 25%）	100,000	90,000	80,000
税后盈余	300,000	270,000	240,000
每股普通股收益	0.15	0.18	0.24

根据式（6-16），三个公司的财务杠杆系数的计算如下。

$$DFL_A=\frac{200,000}{200,000-0}=1$$

$$DFL_B = \frac{200,000}{200,000 - 500,000 \times 8\%} = 1.25$$

$$DFL_C = \frac{200,000}{200,000 - 1,000,000 \times 8\%} = 1.67$$

表 6-10 说明了以下几点。

第一，财务杠杆系数反映的是息前税前盈余增长所引起的每股收益的增长幅度。例如，A 公司的息前税前盈余增长 1 倍时，其每股收益也增长 1 倍（0.15÷0.075−1）；B 公司的息前税前盈余增长 1 倍时，其每股收益增长 1.25 倍（0.18÷0.08−1）；C 公司的息前税前盈余增长 1 倍时，其每股收益增长 1.67 倍（0.24÷0.09−1）。

第二，在资本总额、息前税前盈余相同的情况下，负债比率越高，财务杠杆系数越高，财务风险越大，但预期每股收益也会相应较高。例如，B 公司比起 A 公司来，负债比率高（B 公司资本负债率为 25%，A 公司资本负债率为 0），财务杠杆系数高（B 公司为 1.25，A 公司为 1），财务风险大，但每股收益也高（B 公司为 0.08 元，A 公司为 0.75 元）；C 公司比起 B 公司来负债比率高（C 公司资本负债率为 50%），财务杠杆系数高（C 公司为 1.67），财务风险大，但每股收益也高（C 公司为 0.09 元）。

负债比率是可以控制的。企业可以通过合理安排资本结构，达到适度负债，使财务杠杆利益抵消风险增大所带来的不利影响。

6.2.3 联合杠杆与复合风险

1. 联合杠杆系数的计算

只要企业存在固定成本，就存在经营杠杆，使得息税前利润的变动率大于销售收入的变动率；只要企业存在债务，就存在财务杠杆，使得企业每股利润的变动率大于息税前利润的变动率。两种杠杆的共同作用使得每股利润的变动率远大于销售收入的变动率，通常称为联合杠杆。

$$DCL = \frac{\text{每股收益变动率}}{\text{销售额变动率}} = \frac{\Delta EPS / EPS}{\Delta Q / Q} \tag{6-17}$$

复合风险是指企业运用经营杠杆和财务杠杆共同带来的风险。联合杠杆系数反映了企业每股收益变动率随企业销售变动率变动的倍数。这种放大作用是经营杠杆和财务杠杆共同作用的结果，它体现了复合风险的大小。例如，某公司的经营杠杆系数为 2，财务杠杆系数为 1.5，则联合杠杆系数为 2×1.5=3。

2. 联合杠杆系数的意义

首先，能够估计出销售变动对每股收益造成的影响。

其次，它使我们看到经营杠杆与财务杠杆之间的相互关系，即为了达到某一杠杆系数，经营杠杆和财务杠杆可以有很多不同的组合。例如，经营杠杆系数较高的公司可以在较低程度上使用财务杠杆；经营杠杆系数较低的公司可以在较高程度上使用财务杠杆等。

6.3 资本结构

6.3.1 影响资本结构的因素

资本结构，又称为融资结构，是企业各种资金的构成及其比例关系，一般指长期资金的构成及比例关系。由于长期资金主要由长期债务资金和权益资金构成，因而资本结构又指长期债务资金和所有者权益资金的比例关系[①]。创办于 1996 年的合俊集团，是国内规模较为大型的 OEM 型玩具生产商。2008 年 10 月，这家在玩具界举足轻重的大型公司的工厂没能躲过全球性金融海啸，成为中国企业实体受金融危机影响出现倒闭第一案。金融危机只是催化剂，其深层次原因是资本结构失衡。合俊集团 2007 年年报显示，其一年内银行借款额为 2.39 亿港币。其中有 1.78 亿元是以公司财产做抵押，剩下数千万元主要是老板在中国香港地区的熟人提供担保，但是合俊集团 2008 年上半年并没能拿到新贷款。没有了资金，合俊最终没能挨过制造业刚刚遭遇的冬天。

影响企业资本结构的因素较多，包括以下几点。

1. 筹资方式

筹资方式不同，筹资成本也不一样，通常债务资本的成本低于权益资本的成本，但是过多的债务会加大企业的负担，增加不能按时还本付息的风险，对企业的经营不利。因此，企业要结合自身的情况，权衡利弊，选择最佳的筹资方式[②]。

2. 风险程度

企业的风险对融资方式有很大的影响。如果企业本身风险大，举债筹资就不如发行股票，因为股票不用定期支付利息、按时偿还本金。因此，企业面临的风险越大，企业越应该尽量减少债务筹资比例。

3. 企业现金流量

债务的利息和本金通常必须以现金支付，因此企业现金流量越大，偿债能力越强，越可以扩大债务比例。

4. 税收因素

债务的利息可以在所得税前支付，而股票的股利不能在税前支付，因此，企业所得税税率越高，借款举债的好处就越大。由此可见，税收实际上对负债资本的安排产生一种刺激作用[③]。

5. 企业所有者的态度

如果企业所有者不愿使公司的控制权落在他人手里，则可能尽量采用债务筹资的方式来增加资本，而不采用发行新股来筹资。相反，如果管理人员不愿承担财务风险，就可能较少利用财务杠杆，尽量降低债务资本的比例[④]。

6. 企业的行业差别

不同行业以及同一行业的不同企业在运用债务筹资的策略和方法上大不相同，从而也使资本结构产生差别。在资本结构决策中，应掌握本企业所处行业资本结构的一般水准，作为确保本企业资本结构的参照，分析本企业与同行业其他企业的差别，以便决定本企业的资本结构[⑤]。

6.3.2 资本结构理论

1. 净收益理论

负债可以降低企业的资本成本，负债程度越高，企业价值越大。因为债务利息和权益资本成本不受财务杠杆的影响，无论负债程度多高，企业的筹资成本也不会发生变化。因此，只要债务成本低于

① Elsas R, Flannery M J, Garfinkel J A. Financing Major Investments: Information about Capital Structure Decisions*[J]. Review of Finance, 2014, 18(4): 1341-1386.

② Uysal V B. Deviation from the target capital structure and acquisition choices[J]. Journal of Financial Economics, 2011, 102(3): 602-620.

③ Feld L P, Heckemeyer J H, Overesch M. Capital structure choice and company taxation: A meta-study[J]. Journal of Banking & Finance, 2013, 37(8): 2850-2866.

④ Chen H L, Hsu W T, Huang Y S. Top management team characteristics, R&D investment and capital structure in the IT industry[J]. Small Business Economics, 2010, 35(3): 319-333.

⑤ Berk J B, Stanton R, Zechner J. Human capital, bankruptcy, and capital structure[J]. The Journal of Finance, 2010, 65(3): 891-926.

权益成本，负债越大，企业的综合资本成本越低，企业价值越大[①]。用 K_d 表示债务资本成本，K_s 表示权益资本成本，K_w 表示加权平均资本成本，V 表示企业总价值，则净收益理论如图 6-2 所示。

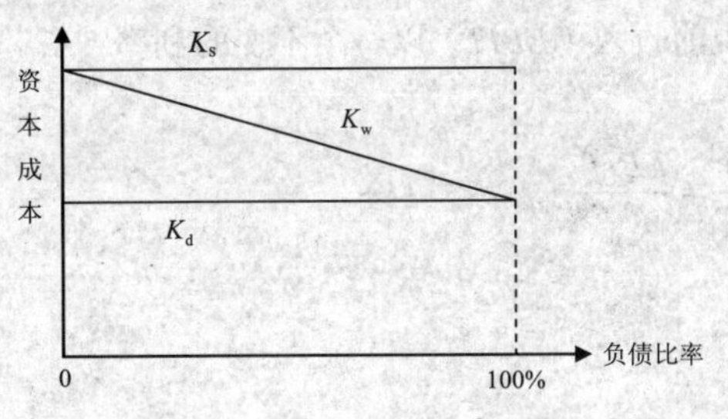

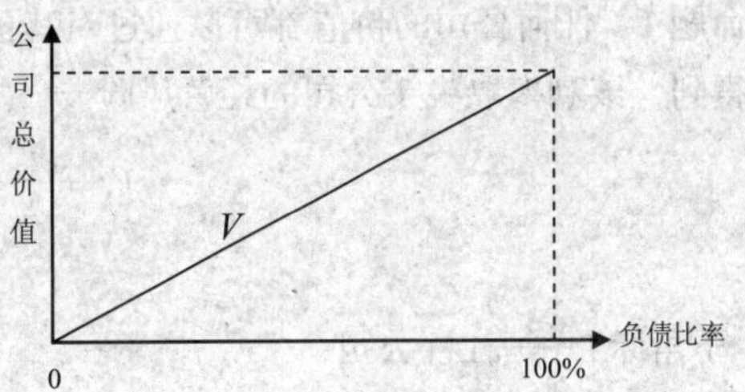

图 6-2　净收益理论

2. 营业收益理论

营业收益理论认为，不论财务杠杆如何变化，企业的综合资本成本都是固定的，因此企业的总价值保持不变。即使债务成本低于权益成本，当债务比例扩大时，会加大权益风险，使权益成本上升，两者抵消后，对于综合资本成本没有影响，因此资本结构的变化对于企业价值没有影响[②]。营业收益理论下资本成本与公司总价值之间的关系如图 6-3 所示。

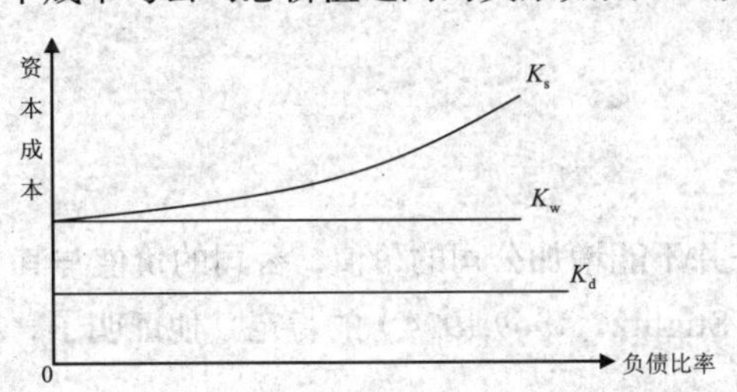

图 6-3　营业收益理论

3. 传统理论

传统理论介于净收益理论与营业收益理论之间，认为负债比例上升时，在一定限度内，虽然会导致企业权益成本的上升，但是低于债务资本成本率的下降，因此综合资本成本上升。而当超过一定限度时，权益成本上升高于债务成本的降低，导致综合资本成本上升，企业价值下降[③]。如图 6-4 所示。

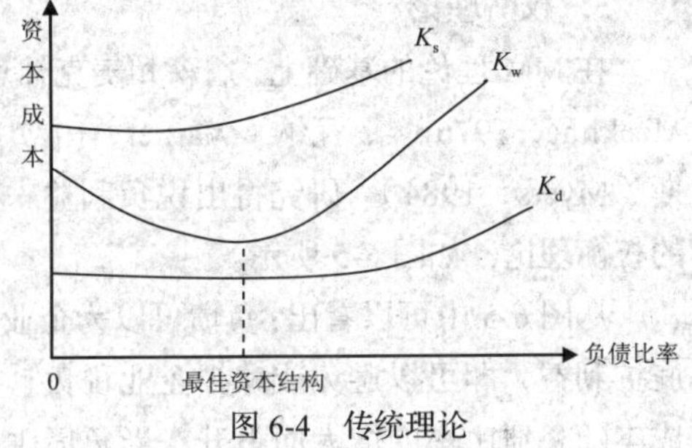

图 6-4　传统理论

4. MM 理论

MM 理论的假设条件为：

第一，不考虑个人或者公司税；

第二，经营风险可以用 σ_{EBIT} 来衡量；

第三，所有现有和预期的投资者对于每家公司的未来 *EBIT* 都有相同的估计，也就是投资者对公司未来收益和风险具有相同预期；

第四，资本市场是完美的，即没有交易成本，而且投资者的借款利率与公司相同；

第五，所有债务的利率为无风险利率；

---

① Buettner T, Overesch M, Schreiber U, et al. The impact of thin-capitalization rules on the capital structure of multinational firms[J]. Journal of Public Economics, 2012, 96(11): 930-938.

② Brigham E, Ehrhardt M. Financial management: theory & practice[M]. Cengage Learning, 2013.

③ Uysal V B. Deviation from the target capital structure and acquisition choices[J]. Journal of Financial Economics, 2011, 102(3): 602-620.

第六，所有公司预计是零成长率。

在上述假设下，莫迪利亚尼和米勒（Modigliani&Miller，1958）[①]利用套利的概念证明了以下命题。

命题 1 任何公司的价值都可以通过对其预期息税前收入（*EBIT*）以一个不变的利率（K_{sU}）进行贴现得到，该利率取决于公司的经营风险。

$$V_L = V_U = \frac{EBIT}{WACC} = \frac{EBIT}{K_{sU}}$$

式中：

下角标 L——杠杆公司；

下角标 U——无杠杆公司。

该命题表明，在 MM 模型下，不考虑公司税率，公司的价值与其杠杆无关，也就是说加权平均资本成本与其资本结构无关。无论公司有多少债务，其加权平均资本成本都与无债务时的权益成本相等。

命题 2 杠杆公司的权益成本 K_{sL} 等于同风险类的无杠杆公司的权益成本 K_{sU} 加上风险溢价，风险溢价的大小由无杠杆公司债务成本与权益成本的差距以及使用的债务数额决定，即

$$K_{sL} = K_{sU} + \text{风险溢价} = K_{sU} + (K_{sU} - K_d)(D/S)$$

式中：

D——公司债务的市场价值；

S——公司权益的市场价值；

K_d——不变的债务成本。

以上这两个命题说明资本结构中包含更多的债务并不能增加公司的价值，公司的价值与其 *WACC* 都不受资本结构的影响。该理论得到了斯蒂格利茨（Stiglitz，1969,1974）的肯定。他证明了，在个人借款和风险债务受一定限制的情况下，企业资本结构与企业总价值无关[②③]。

5. 权衡理论

在 MM 理论的基础上，詹森和麦克林（Jensen & Meckling，1976）[④]、瓦纳（Warner，1977）[⑤]和梅耶斯（Myers，1984）[⑥]研究得出税负利益—破产成本的权衡理论，如图 6-5 所示。

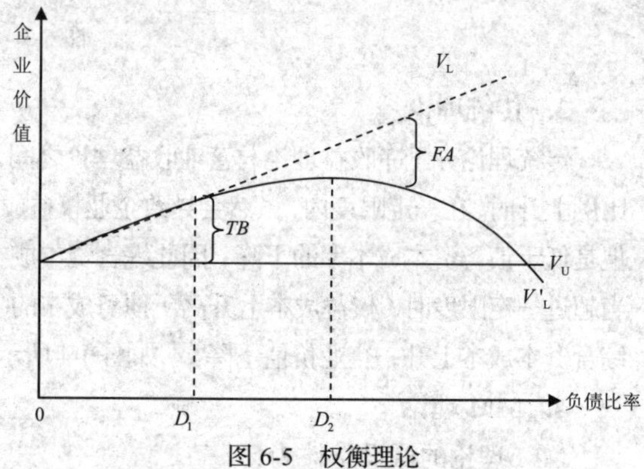

图 6-5 权衡理论

从图 6-5 中可以看出：负债可以为企业带来税额庇护利益，即可以避免或减少企业税负；各种负债成本随负债比率的增大而上升，当负债比率达到某一程度时，息税前盈余会下降，企业负担破产成本的概率会增加；当负债比率未超过 D_1 点时，破产成本不明显；当负债比率达到 D_1 点时，破产成本开始变得重要，负债税额庇护利益开始被破产成本所抵

① Modigliani F, Miller M H. The cost of capital, corporation finance and the theory of investment[J]. The American economic review, 1958(48): 261-297.

② Stiglitz J E. A re-examination of the Modigliani-Miller theorem[J]. The American Economic Review, 1969(54): 784-793.

③ Stiglitz J E. On the Lrrelevance of Corporate Financial Policy[J]. American Economic Review, 1974(64): 851-866.

④ Jensen M C, Meckling W H. Theory of firm: Managerial Behavior, agency Cost, and Ownership structure[J]. Journal of Financial Economics, 1976(3): 305-360.

⑤ Warner J B. Bankruptcy, absolute priority, and the pricing of risky debt claims[J]. Journal of Financial Economics, 1977, 4(3): 239-276.

⑥ Myers S C, Majluf N S. Corporate financing and investment decisions when firms have information that investors do not have[J]. Journal of Financial Economics, 1984, 13(2): 187-221.

消；当负债比率达到 D_2 点时，边际负债税额庇护利益恰好与边际破产成本相等，企业价值最大，达到最佳资本结构；负债比率超过 D_2 点后，破产成本大于负债税额庇护利益，导致企业价值下降。

图中：

V_L——只有负债税额庇护而没有破产成本的企业价值；

V_U——无负债时的企业价值；

V_L'——同时存在负债税额庇护、破产成本的企业价值；

TB——负债税额庇护利益的现值；

FA——破产成本；

D_1——破产成本变得重要时的负债水平；

D_2——最佳资本结构。

除此之外，在资本结构的研究中提出的理论还有代理理论①、信号理论②、Miller 模型③等。

6.3.3 最佳资本结构的确定

最佳资本结构就是企业在一定时期综合资本成本最低、企业价值最大的资本结构。用以衡量最佳资本结构的条件有：第一，综合资本成本最低，企业筹资的支出最小；第二，每股收益最大，股票市价上升，股东财富最大化；第三，企业财务风险小，资金充足。例如，燕京啤酒在经营优势时期，会尽可能增强股权资本，储备融资能力，以便在后续扩张中维持财务安全。具体体现在上市之后连续发行股票，同时采取保守的债务融资政策。

确定最佳资本结构的方法主要有每股收益无差别点分析法和比较资本成本法等。

1. 每股收益无差别点分析法

判断资本结构合理与否，一般方法是以分析每股收益的变化来衡量。能提高每股收益的资本结构是合理的，反之则不够合理。所谓的每股收益无差别点就是每股收益不受融资方式影响的销售水平。根据每股收益无差别点，可以分析判断在什么样的销售水平下适于采用何种资本结构。

$$EPS=\frac{(S-VC-F-I)(1-T)}{N}=\frac{(EBIT-I)(1-T)}{N} \tag{6-18}$$

式中：

S——销售额；

VC——变动成本；

F——固定成本；

I——债务利息；

T——所得税率；

N——流通在外的普通股股数；

EBIT——息税前利润。

【例 14】某公司原有资本 1,000 万元，其中，债务资本 400 万元，每年负担利息 25 万元，权益资本（普通股 600 万股，每股面值 1 元）600 万元。该公司所得税率为 25%。由于扩大业务，需追加筹资 300 万元，有两个方案可供选择：

---

① Jensen M C, Meckling W H. Theory of firm: Managerial Behavior, agency Cost, and Ownership structure[J]. Journal of Financial Economics, 1976(3): 305-360.

② Stephen R. The determination of financial structure: the incentive signaling approach[J]. Bell Journal of Economics, 1977, 8(1): 23-40.

③ Miller M H. DEBT AND TAXES*[J].the Journal of Finance, 1977, 32(2): 261-275.

第一，全部发行普通股，增发 300 万股，每股面值 1 元；

第二，全部筹措长期债务，债务年利率 6%，利息 18 万元。

要求：运用每股收益无差别点分析法进行筹资决策。

解：设每股收益无差别点为 *EBIT*，则得出下式：

$$(EBIT-25)\times(1-25\%)/(600+300)=(EBIT-25-18)\times(1-25\%)/600$$

$$EBIT=179\text{万元}$$

结论：当预期息税前利润为 179 万元时，权益筹资和债务筹资方式均可；当预期息税前利润大于 179 万元时，选择债务筹资方式；当预期息税前利润小于 179 万元时，选择权益筹资方式。

该决策方法如图 6-6 所示。

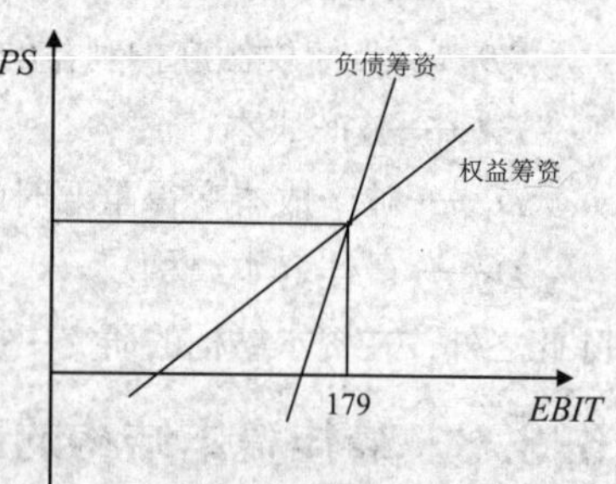

图 6-6　每股收益无差别点分析法

2. 比较资本成本法

以上我们用每股收益的高低作为衡量标准对筹资方式进行了选择。这种方法的缺陷在于没有考虑风险因素。从根本上讲，公司理财的目标在于追求公司价值的最大化或股价最大化。然而只有在风险不变的情况下，每股收益的增长才会直接导致股价的上升，实际上经常是随着每股收益的增长，风险也加大。如果每股收益的增长不足以弥补风险增加所需的报酬，尽管每股收益增加，股价仍然会下降。所以，公司的最佳资本结构应当是可使公司的总价值最高，而不一定是每股收益最大的资本结构。同时，在公司总价值最大的资本结构下，公司的资本成本也是最低的。

公司的市场总价值 V 等于其股票的总价值 *S* 加上债券的价值 *B*：

$$V=S+B \tag{6-19}$$

一般情况，假设债券的市场价值等于它的面值，股票的市场价值如下：

$$S=\frac{(EBIT-I)(1-T)}{K_s}$$

采用资本资产定价模型

$$K_s=R_f+\beta(R_m-R_f)$$

公司的综合资本成本 K_w = 税前债务资本成本×债务占总资本比例×（1 – 所得税率）

+ 权益资本成本×股票占总资本比例　　（6-20）

【例 15】某公司欲筹资 800 万元，有两种方案可供选择，两方案的筹资组合及个别资本成本如表 6-11 所示。

表 6-11　　某公司筹资方案比较　　单位：万元

项目	A 方案		B 方案	
	筹资金额	个别成本（%）	筹资金额	个别成本（%）
长期借款	100	6	300	10
长期债券	200	8	400	8
普通股	500	10	100	15
合计	800		800	

要求：确定公司初始筹资时，最佳的资本结构。

解：A 方案的综合资本成本=6%×100/800+8%×200/800+10%×500/800=9.00%

B 方案的综合资本成本=10%×300/800+8%×400/800+15%×100/800=9.63%

由于A方案的综合资本成本较低，因而应该选择A方案，A方案所对应的资本结构即为公司初始筹资时最佳的资本结构。

【例16】该公司欲在上述选择A方案的基础上，追加筹资200万元，同样有两个方案可供选择，各方案的追加金额及个别边际成本如表6-12所示。

表6-12　追加筹资方案比较　单位：万元

	A方案		B方案	
	筹资金额	个别成本（%）	筹资金额	个别成本（%）
长期借款	50	12	180	15
长期债券	70	13	20	8
普通股	80	16	0	12.5
合计	200		200	

要求：确定公司追加筹资时，最佳的资本结构。

有两种解题思路：

一是计算两种追加筹资的边际资本成本。

A方案的综合边际资本成本=12%×50/200+13%×70/200+16%×80/200=13.95%

B方案的综合边际资本成本=15%×180/200+8%×20/200=14.3%

由于A方案的综合边际资本成本较低，因而应该选择A方案，A方案所对应的资本结构即为公司的最佳资本结构。

二是将原有资本结构和追加筹资结合起来进行考虑，选择整体最佳的资本结构。即将上述公司选择A方案后的初始筹资800万元和追加筹资200万元共1,000万元综合起来考虑，求出公司的整体综合资本成本并选择低者。

A方案的整体综合资本成本=6%×100/1,000+12%×50/1,000+8%×200/1,000+13%×70/1,000
+16%×500/1,000+16%×80/1,000=12.99%

上式中，原有普通股500万股的资金成本，选用追加筹资时新普通股的资金成本16%，而不是选用旧资金成本10%。其原因在于：普通股具有同股、同权、同利的特点，旧普通股和新普通股应该按照新的利率来分配股利。从筹资方来说，投资人获得的新股利率即是筹资方支付的新资金成本率。

B方案的整体综合资本成本为=15%×180/1,000+10%×300/1,000+8%×20/1,000+8%×400/1,000
+15%×100/1,000=10.56%

由于B方案的整体综合边际资金成本较低，因而应该选择B方案，B方案所对应的资本结构即为公司追加筹资后，新旧资金相加最佳的资本结构。

可见，追加筹资时，若只考虑追加的资金，选用比较综合边际成本法和将新旧筹资结合起来选用整体综合资金成本法相比，其结果是不一样的。由于追加筹资后，企业需要将新旧资金结合起来进行运营，需要考虑追加筹资后，是否保持了最佳的负债规模，是否保持了权益资本和债务资本的最佳比例关系，所以应该以第二种方法——将新旧筹资结合起来比整体综合资金成本法更好。事实上，企业追加筹资后，原有的最佳资本结构也将不复存在，需要将新旧筹资结合起来考虑，重新确定一个最佳的资本结构。

【讨论案例】

海滨天香酒店筹资策略

2005年10月9日，海滨天仙酒店有限公司就筹集17,500万元资金建造海滨天香酒店的融资计划进行了讨论，得出的三种计划却让总裁李慧樱女士无从抉择。

1. 三种筹资方案

第一种方法为通过公司的地产和房产抵押贷款来解决。此贷款额为17,500万元。年利率为12%，期限10年，每年末还本付息。

第二个方案为，将普通股以10万股为单元，每股5元的价格出售，这样每单元总价值为50万元，合法的发行固定费用预计需500万元。股票的承销商的承销费用为发行总额的10%。出售的股份数量限在400个单元以内，以避免证券管理者对发行新股的众多要求。

第三种方案为，把利率为8%的优先股，以20,000股为一单元，每股25元的价格出售。优先股可以每股26元的价值赎回，股息可以进行累积。若连续两年未分配股息，优先股股东对董事会大部分董事均有选举权。合法的发行固定费用预计需500万元。股票的承销商的承销费用为发行总额的10%。另外，购买者还有权在每购一股优先股时，免费认购一股普通股。

2. 背景信息

李慧樱拥有海滨天仙酒店有限公司90%的股份，新成立的天香酒店是与天仙酒店独立的法人实体，原先的天仙酒店以无形资产出资，无形资产折合200万股优先股（利率为8%的每股面值为25元），加上600万股5元面值的普通股。

在入住率100%的情况下，套房和卧房每天可创收大约400,000元，出租酒店其他部分每月可收入1,000,000元。除去预计的500万元公司日常开支外，按照100%入住率计算的其他营业开支如表6-13所示。

表6-13　　100%入住率时的年度营业收支表　　单位：万元

经营项目	总可变成本	固定成本	总成本
广告费	——	100	100
客户用品费	300	——	300
水、电、空调	300	300	600
员工工资	1400	——	1400
维修费	200	100	300
管理人员工资	——	400	400
办公费	——	100	100
折旧费	——	500	500
公司日常开支	500	——	500
其他费用	——	300	300
合计	2700	1800	4500

注：年均75%的入住率是现实可行的，而50%的入住率是最坏的可能。所有商店与办公室都按年度来出租。所得税率估计为33%。优先股的面值为25元，普通股面值为5元。假设各方案中，实现的利润全部对外分配。

案例提问：

1. 如果仅考虑李慧樱女士的分红，哪种融资方案最优？
2. 如果仅考虑控股权不流失，哪种融资方案最优？
3. 如果仅考虑现金偿债能力，哪种融资方案最优？
4. 如果仅考虑资本结构，哪种融资方案最优？
5. 综合上面分析，帮助李慧樱女士进行融资决策。

【专栏或者介绍】

经济增加值

由于资本成本的存在，西方越来越多的企业使用经济增加值（Economic Value Added, EVA）来评价业绩以及进行价值分析。EVA体现了企业在某个时期创造或损坏了财富价值量，真正成为股东所定义的利润。EVA由Stern Stewart咨询公司开发，是一个基于剩余收益思想发展起来的价值模型。《财富》杂志曾这样写到：经济增加值使价值创造从单纯的口号向着有力的管理工具的转换有了指望，这一工具也许最终将使现代财务走出课堂而进入董事会会议室。

EVA与其他衡量经营业绩的指标相比，有两大特点：一是剔除了所有成本。EVA不仅像会计利润一样扣除了债权成本，而且扣除了股权资本成本；二是尽量剔除会计失真的影响。EVA对会计信息进行必要的调整，使调整后的数据更接近现金流，消除了传统的评价指标，如会计收益都存在某种程度的会计失真，更能反映企业的真实业绩。

更多具体的相关内容，将会在第10章中与读者见面。

【关键词语】

资本成本（cost of capital）
个别资本成本（individual cost of capital）
账面价值法（book value method）
目标价值法（target value method）
市场价值法（market value method）
边际资本成本（marginal cost of capital）
经营杠杆（operating leverage）
息税前利润（earnings before interest and tax）
经营风险（operating risk）
财务杠杆（financial leverage）
每股收益（earning per share）
财务风险（financial risk）
联合杠杆（confederative leverage）
复合风险（confederative risk）
资本结构（capital structure）
最佳资本结构（optimal capital structure）
MM理论（franco modigliani & merton miller theory）
权衡理论（the trade-off theory of leverage）
现金流折现法（discounted cash flow method）
综合资本成本（weighted average cost of capital）

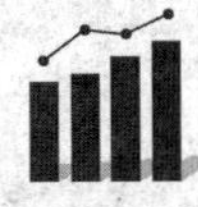

复习思考题

一、单选题

1. 降低经营杠杆系数，从而降低企业经营风险的途径是（　　）。

A. 提高资产负债率　　B. 提高权益乘数

C. 减少产品销售量　　D. 节约固定成本开支

2. 每股利润无差别点是指两种筹资方案下，普通股每股利润相等时的（　　）。

A. 筹资总额　　B. 成本差额　　C. 资金结构　　D. 息税前利润

3. 某企业本期财务杠杆系数1.5，本期息税前利润为450万元，所得税率为33%，没有优先股，则企业净利润为（　　）万元。

A. 150　　B. 201　　C. 300　　D. 301.5

4. 下列关于联合杠杆系数说法不正确的是（　　）。

A. $DCL=DOL\times DFL$

B. 普通股每股利润变动率与息税前利润变动率之间的比率

C. 反映产销量变动对普通股每股利润的影响

D. 联合杠杆系数越大，企业风险越大

5. 若企业无负债和优先股，则财务杠杆利益将（　　）。

A. 存在　　B. 不存在　　C. 增加　　D. 减少

二、判断题

1. 资金成本是投资人对投入资金所要求的最低收益率，也可作为判断投资项目是否可行的取舍标准。（　　）

2. 在筹资额和利息（股息）率相同时，企业借款筹资产生的财务杠杆作用与发行优先股产生的财务杠杆作用不同，其原因是借款利息和优先股股息并不相等。（　　）

3. 企业没有负债也就不存在财务风险，因而也就不会取得财务杠杆利益。（　　）

4. 企业在筹资决策时，需要考虑的核心问题是资金结果，需要考虑的首要问题是资金成本。（　　）

5. 最佳资金结构应当是使公司的总价值最高的资金结构，此时的资金成本最低、每股收益最大。（　　）

三、简答题

1. 资本成本的作用是什么？

2. 影响资本成本高低的因素有哪些？

3. 个别资本成本包括哪些内容？

4. 什么是资产定价模型，它有什么作用？

四、计算题

1. 甲公司目前的资本结构为：长期债券 1,000 万元，普通股 1,500 万元，留存收益 1,500 万元。其他有关信息如下：

（1）公司债券面值为 1,000 元/张，票面利率为 5.25%，期限为 10 年，每年付息一次，到期还本，发行价格为 1,010 元/张；

（2）股票与股票指数收益率的相关系数为 0.5，股票指数的标准差为 3.0，该股票收益率的标准差为 3.9；

（3）国库券利率为 5%，股票市场的平均收益率为 13%；

（4）公司所得税为 25%；

（5）股东比债券人承担更大的风险，所要求的风险溢价为 5%。

要求：

（1）计算债券的税后成本（提示：税前成本介于 5%～6%）；

（2）按照资本资产定价模型计算普通股成本；

（3）计算留存收益成本；

（4）计算其综合资本成本。

2. 东方公司原有资本 2,000 万元，其中，债务资本 600 万元，每年负担利息 54 万元，权益资本（普通股 28 万股，每股面值 50 元）1,400 万元。该公司所得税率为 33%，由于扩大业务，需追加筹集 400 万元，有两个方案可供选择：

第一，全部发行普通股，增发 8 万元，每股面值 50 元；

第二，全部筹措长期债务，年利率为 9%，利息 36 万元。

要求：运用每股收益无差别点分析法进行筹资决策。

第7章 项目投资决策方法

【引导案例】

如果把企业比成一辆车，资产负债表反映的资产就是企业拥有的汽车发动机、油箱等硬件，利润表反映的利润多少就代表了汽车行驶速度的快慢，而现金流量表反映的现金流量就代表了汽油从油箱到发动机的流动。

很多优秀的投资者在挑选企业投资时，如同购车一样，最关注的不是最高时速，而是车况是否良好，尤其是油耗如何，能不能保证他到达终点。巴菲特选择投资对象的标准，首先是充足的现金流量，其次是高于平均水平的盈利能力。因为现金流量多少决定企业能不能活下去，而盈利能力高低则决定企业活得好不好。

特别是在经济危机或者经济下行时期，当企业这辆车遭遇了或泥泞湿滑、或崎岖颠簸、或拥堵不通的路况，此时，拥有满箱油固然重要，但经济平稳的油耗才能让车正常运转。同样，拥有现金固然重要，但现金的流动性更加重要，周而复始地拥有现金流量才能说明企业健康活着，而非死水一潭。巴菲特曾经说："在大部分行业，企业倒闭的原因是企业消耗光了现金。"Ram Charan 和 Jerry Useem 在 2002 年 5 月《财富》杂志发表的文章也是这个观点："公司走下坡路有各种各样的原因，但是它们最终都是死于同样一个原因：缺少现金。"IBM 公司前 CEO 郭士纳认为，要确保股东持股价值增加，就必须特别注意："市场占有率上升，是否使现金流量增加。这里所说的是扣除所有费用后的现金流量，而不是税前利润，也不是预测利润。"

现金流量已经成为企业这辆车的价值载体，是其生命之源泉，滋养着企业供、产、销等生产经营活动的每一个环节。正因为如此，企业在选择投资项目时，首先需要考虑项目的现金流量，这是为企业保驾护航的基础。这也正是净现值、现值指数、内部报酬率、投资回收期等投资项目决策方法的依据。

本章我们将介绍多种投资项目决策方法的基本知识，认识各种决策方法的优缺点，并进一步了解敏感性分析在投资决策中的作用。

【学习目标】

- 掌握净现值、现值指数；
- 掌握内部报酬率法；
- 掌握投资回收期法；
- 掌握会计报酬率法；
- 熟悉敏感性分析方法。

2014 年 6 月 3 日，欧盟委员会联合 180 家企业与研究机构创立了一家名为 SPARC 的组织。该组织将开发农业、医疗、运输、民事安全、制造业和家政等领域的应用型机器人，欧洲机器人产业有望能在 2020 年创造 600 亿欧元的产值，提升欧洲在全球机器人市场中的地位。SPARC 将在欧洲机器人联盟的监管下运行。欧洲机器人联盟将在这个刺激机器人产业发展的项目上投资 21 亿欧元，欧盟委员会也将在本项目上投资 7 亿欧元。欧盟委员会希望通过此举，能在欧洲范围内创造 24 万个新工作岗位。机器人将和人类一起工作，这听起来应该是件好事，但是很有可能因为机器人替代很多旧的、需要人类的工作岗位，从而导致这一项目并未起到促进就业、增加收入的作用。投资项目到底该如何决策？

项目投资决策使用的方法分为动态方法和静态方法。动态方法考虑了现金流量的时间价值因素，主要包括净现值、现值指数、内部报酬率、动态的投资回收期等方法。静态方法没有考虑现金流量的时间价值因素，主要包括静态的回收期、会计报酬率等方法。

7.1 现金流量

现金流量是现金流的大小、方向以及作用时点。它是个矢量。比较而言：会计学中的现金流量是按照会计准则提供的企业现金流量信息，通常是指现金及现金等价物，按照经营活动的现金流量、投资活动的现金流量、筹资活动的现金流量进行分类，并分别按照流入量、流出量和净流量计量；财务上的现金流量特指项目投资所引起的企业现金支出和现金收入的增减变动量，包括货币资金以及与投资项目有关的各种非货币资产，同样按照流入量、流出量和净流量分类计量。其中：非货币资产一般用它们的重置成本或变现价值来表示。

现金流量是企业投融资评价以及公司价值评估的重要基础①。“现金至尊”“现金为王”已经成为目前公认的看法。现金流对企业的重要性就如同血流对人体的重要性。如果流转的任何环节出现了问题而导致企业供血不足的话，轻则造成企业出现财务困难而身体不适，重则造成投资失败而休克，甚至是破产而亡，因此企业不得不重视现金流量。在中国香港地区证券史上，百富勤是港人推崇的白手起家、勇于进取的典范。1988 年，杜辉廉和梁伯韬携手创立百富勤公司，起始资本仅为 3 亿港币。在不到 10 年间，迅速发展成一家在全球拥有 24 家分公司，业务涉及证券、期货、融资和资金管理等领域，总资产达 240 亿港币的最大华资证券公司。百富勤率先涉足国内企业在中国香港地区上市业务，包装推介广州骏威汽车、中信泰富、粤海、北京控股等在港的上市，创下了认购倍数和冻结资金的纪录。百富勤有着辉煌的历史。然而，就在其高速增长时，1997 年下半年亚洲金融危机爆发，印度盾、泰铢等货币大幅贬值，这对于将业务过分集中于亚洲企业定息债券的百富勤，债券市值下跌导致流动性风险大增，再加上香港地区股市下跌，更加剧了资金的紧张，资金周转出现了困难。面对困境，百

① Merton H. Miller, Franco Modigliani. Dividend Policy, Growth and the Valuation. The Journal of Business, 1961, 34: 411-433.

富勤积极自救，曾计划向瑞士苏黎士中心集团和美国第一芝加哥银行出让部分股份以换取现金，该项计划最终未成功。加上往来银行对其中止放贷，使得百富勤现金流量短缺无法缓解。1998 年 1 月 12 日，百富勤不得不在四面楚歌中宣告清盘，结束了不到 10 年的创业生涯。导致百富勤倒闭的直接导火线就是其资产流动性的不足，即现金流量不足。

项目投资时涉及的现金流量，是指从项目筹备、设计、建造、完工交付使用、正式投产，直至项目报废清理为止，整个期间的现金流入和现金流出的数量。因而，它所反映的项目投资效益比较完整。投资项目的现金流量能否完整、准确地估计或预测，将直接关系到投资项目的决策结果。

7.1.1 现金流量的概念

1. 现金流入量

一个投资项目的现金流入量，是指该项目引起的现金收入增加额，包括营业现金流入和非营业现金流入两部分。其中：

营业现金流入是指项目投产后，每年增加的销售收入扣除有关付现成本增量后的余额，主要包括利润造成的货币增值和以货币形式收回的折旧。

非营业现金流入主要包括：①项目出售或报废时的残值收入；②项目结束时收回的流动资金；③其他现金流入量。

2. 现金流出量

现金流出量，是指该项目引起的现金支出增加额，通常包括购建长期资产投资和垫支流动资金两部分。其中：

构建长期资产投资是指项目正常运营及存续需要的基础条件，包括满足生产的厂房、机器设备等固定资产，还包括无形资产和开办费等其他投资支出。

垫支流动资金是指企业对新项目的投资以及生产能力的扩张引起的追加流动资金。通常直到项目结束时才能收回这些资金，如购买投产所需要的原材料等。

3. 净现金流量

净现金流量即为现金流入量与现金流出量的差额。它可以是正数，也可以是负数，还可以是零。增加净现金流量无非是开源节流，开源即增加现金流入量，节流即减少现金流出量。

7.1.2 现金流量的估算

1. 估算内容

投资项目的现金流量按其所处阶段一般分为初始现金流量、营业现金流量和终结现金流量。

（1）初始现金流量

初始现金流量是指为使项目建成并投入使用而发生的有关现金流量，表现为现金流出量，以负数表示，具体包括以下内容。

① 净资本化支出，一般指固定资产投资，包括房屋、建筑物的购建支出、机器设备的购进价、运杂费、安装费及途中保险费等。如果投资项目是固定资产的更新，则初始现金流量还包括原有固定资产的变价收入和清理费用。若原有固定资产清理费用高且同时变卖价格不理想，则总的现金流量可能为负值。这也是为什么在有些发达国家的企业宁肯投资建新厂、安装新设备，也不对老企业进行大规模技术改造的原因之一。

② 净流动资金垫支，包括项目建成前为项目运营准备的流动资产购置支出、项目建设过程中发生

的应收款项、应付款项等，是指流动资产增加额和流动负债增加额的差额。

③ 土地等不计价资产的机会成本，指企业利用原来拥有的土地进行项目建设，所以不发生实际现金流量。但是，如果用土地使用权作为投资投入其他单位，就会形成该企业的无形资产投资。企业的土地本可以移为他用，并取得一定收入，只是由于用来投资，才放弃了这笔收入，所放弃的相应收入代表土地的机会成本。企业应以现行市价作为土地的机会成本。

④ 其他投资费用，指与项目建设关系不大的费用支出，如筹建经费、职工培训费等。这些费用如果不进行资本化，而是费用化，则应考虑税收因素。

用 I_0 表示项目建设的净资本化支出额，用 E_0 表示净费用支出额，所得税税率为 T，净流动资金垫支额为 ΔW，有关机会成本为 C，则有：

$$\text{初始现金流量}=-(I_0+\Delta W+C)-E_0(1-T) \tag{7-1}$$

（2）营业现金流量

营业现金流量是指投资项目完成后，在整个寿命期内正常生产经营过程中的现金流量。它一般按年计算，等于销售收入扣除付现成本和所得税后的差额。付现成本是指需要当期支付现金的生产成本和期间费用。由于折旧费等一般都计入生产成本和有关期间费用，提取折旧费又不涉及现金的收付，因而，付现成本等于生产成本与期间费用之和减去折旧费。

若用 R 表示项目投产后各期收入的现金流入量，E 表示各期付现成本，Tax 表示各期所得税额，D 表示各期折旧，P 表示各期净利润（税后利润），则有：

$$\text{营业现金流量}=R-E-Tax \tag{7-2}$$

$$=P+D \tag{7-3}$$

$$=R(1-T)-E(1-T)+D\cdot T \tag{7-4}$$

（3）终结现金流量

终结现金流量是指项目寿命终结时发生的现金流量，一般表现为现金的流入量，具体由两项内容组成：一是固定资产变价收入或支出；二是原垫支的净流动资金回收额。

2. 现金流量估算的原则

在确定投资方案相关的现金流量时，需要正确判断哪些支出会引起企业总现金流的变动，哪些支出不会引起企业总现金流量的变动。在进行这种判断时，需要依据以下原则。

（1）增量现金流量原则

只有增量现金流量才是与项目相关的现金流量。所谓增量现金流量，是指接受或拒绝某个投资方案后，企业总现金流量因此发生的变动。只有那些由于采纳某个项目而引起的现金流入增加额以及现金支出增加额，才是该项目的现金流入以及现金流出。

（2）相关成本原则

相关成本是指与特定项目决策有关的、在分析评价时必须加以考虑的成本。例如，差额成本、未来成本、重置成本、机会成本等。与此相反，凡与特定项目决策无关的、在分析评价时不必加以考虑的成本是非相关成本。例如，沉没成本、历史成本、账面成本等。如果将非相关成本纳入投资方案的总成本，则一个有利的方案可能因此变得不利，一个较好的方案可能变为较差的方案，从而造成决策的失误。

（3）机会成本原则

在投资方案的选择中，如果选择了一个投资方案，则必然放弃投资于其他途径的机会。其他投资机会可能取得的收益，是实行本方案的一种代价，被称为这项投资方案的机会成本。机会成本在决策中的意义，在于它有助于全面考虑可能采取的各种方案，以便为资源寻求最为有利的使用途径。例如，某公司一投资儿童游乐场项目需要占用一块土地，该公司刚好拥有一块土地，如果将其出售，可得净收入 200 万元；如果将这块土地用于项目投资，公司将损失 200 万元出售土地的收入，这部分丧失的收入即为投资的机会成本。机会成本并不是简单意义上的“成本”的含义，它不是一种支出或费用，而是失去的收益。这种收益不是实际发生的，而是潜在的。机会成本总是针对具体方案的，离开被放弃的方案就无从计量确定。

（4）联带效应原则

当采用某个新项目时，可能会对企业原有项目的产能、销售等造成有利或不利影响。现金流量的计算要考虑这种联带效应的影响。例如，新产品上市后，原有产品的销售额可能会降低，在计算新产品带来的现金流入时，应将其对原有产品销售的减少考虑在内，作为新产品现金流入的抵减项。同时，新项目建成投产后，增加了对存货和经营性流动资产的需要，可能会产生应付账款等经营性流动负债，降低对流动资金的需求，形成有利影响。判断联带效应是正向影响还是负向影响，主要看新项目与原有项目是互补关系还是竞争关系。

海尔集团 1999 年 4 月投资的海尔美国电冰箱厂在南卡罗来纳州坎登市破土动工，总投资 3,000 万美元。这个工厂上至总裁下到普通工人都是清一色的美国当地雇员，生产的冰箱都在美国市场上销售。海尔中国生产的产品难以出口到美国，对于原来的出口产品产生了不良影响。因此，在对美国项目的投资论证中，这部分因此而减少的现金流量也是需要考虑的。

3. 现金流量估算的实例

【例 1】光华公司计划新建一条生产线，建设投资需 500 万元，第一年年末建成，经营期为 5 年，用直线法折旧，预计残值为原值的 10%；另外，为项目开工做准备，于建设起点追加流动资金投资 200 万元，不考虑机会成本。生产线投产后，预计每年可取得销售收入 630 万元，第一年付现成本为 250 万元，以后每年递增 20 万元的维修费，所得税税率为 25%。试确定各年现金流量。

解：依题意可知，项目计算期为 6 年，如图 7-1 所示。

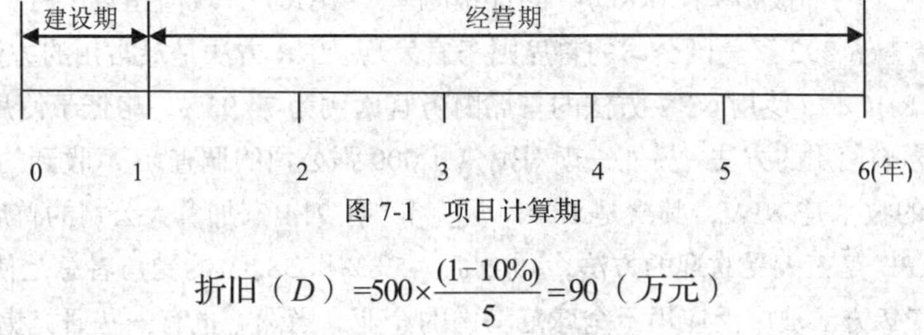

图 7-1　项目计算期

$$折旧（D）=500\times\frac{(1-10\%)}{5}=90（万元）$$

（1）初始现金流量（建设期）为：

$$NCF_0=-(500+200)=-700（万元）$$

$$NCF_1=0$$

（2）营业现金流量为：

$$NCF_2=630\times(1-25\%)-250\times(1-25\%)+90\times25\%=307.5（万元）$$

$$NCF_3=630\times(1-25\%)-(250+20)\times(1-25\%)+90\times25\%=292.5（万元）$$

$$NCF_4=630\times(1-25\%)-(270+20)\times(1-25\%)+90\times25\%=277.5（万元）$$

同理，$NCF_5=262.5$（万元）；$NCF_6=247.5$（万元）

（3）终结现金流量为：

$$终结现金流量=200+500\times10\%=250（万元）$$

表 7-1 中，营业现金流量用式（7-2）、式（7-3）或式（7-4）中的任何一个计算，其结果都是一致的。其整个计算期现金流量如表 7-2 所示。

表 7-1　　营业现金流量估算表　　单位：万元

项目	2	3	4	5	6
销售收入①	630	630	630	630	630
付现成本②	250	270	290	310	330
折旧费③	90	90	90	90	90
税前利润④=①-②-③	290	270	250	230	210
所得税⑤	72.5	67.5	62.5	57.5	52.5
净利润⑥	217.5	202.5	187.5	172.5	157.5
营业现金流量⑦	307.5	292.5	277.5	262.5	247.5

表 7-2　　现金流量计算表　　单位：万元

年份	0	1	2	3	4	5	6
现金流量	-700	0	307.5	292.5	277.5	262.5	247.5

7.2　净现值法

净现值（NPV）是长期投资决策评价的基础指标，也是最为重要的动态评价指标。它既可以用来评价一个项目可行与否，也可用其找出两个以上方案中的较优者。

作为资本预算的重要评价标准，净现值法（NPV）和其他方法，如静态投资回收期法(PB）、动态投资回收期（DPB）、内部报酬率（IRR）、会计报酬率（AAR）、现值指数（PI）都是可选的方法。格雷厄姆和哈维[①]调查了 392 家美国公司的首席财务官发现：IRR 方法是最常用的方法，75.61%的受访者几乎总是使用 IRR 技术，使用 NPV 方法的首席财务官比例为 74.93%，略低于使用 IRR 技术的。此外，公司的大小会影响使用的方法。另外一项对财富 1,000 强公司的调查[②]，从收到的 205 份反馈表明，首席财务官最喜欢的技术是 NPV，其次是 IRR。贝克等[③]对 214 家加拿大公司的首席财务官的调查表明，NPV、IRR 和 PB 是三大受欢迎的方法，49.2%、45.8%和 38.8%的受访者总是使用 NPV、IRR 和 PB 方法。可见，NPV 方法被广泛应用于全球范围内的企业。当然，也有一些研究提出了其不足之处，如缺乏灵活性、需要事先决定在未来项目中所面临的不确定因素等，人们由此提出了计量非常复杂的调整的现值指标（APV）[④]，以及实物期权方法[⑤]等对其进行完善。

① Graham, J. R., Harvey C. R. The Theory and Practice of Corporate Finance: Evidence from the Field. Journal of Financial Economics, 2001,60 (2-3): 187-243.

② Ryan, P. A., Ryan G. P. Capital Budgeting Practices of the Fortune 1000: How Have Things Changed?. Journal of Business, Management, 2002,8(4): 355-364.

③ Baker, H. K., Dutta S., and Saad S. Management Views on Real Options in Capital Budgeting. Journal of Applied Finance, 2011,21(1): 18-29..

④ Parrott, William. Financial Strategy. Financial Management, 2014, Jun:48-49.

⑤ Chen Jeng-Hong. Adding Flexibility for NPV Method in Capital Budgeting. Global Conference on Business & Finance Proceedings, 2012, 7(Jun) : 49-56.

7.2.1 净现值概述

1. 净现值及决策依据

所谓净现值是指投资项目投入使用后的净现金流量，按资本成本或企业要求达到的报酬率或基准折现率折算为现值，减去初始投资额现值以后的余额，即特定项目未来现金流入的现值与未来现金流出的现金之间的差额。净现值大于零则方案可行，且净现值越大，方案越优，投资效益越好。即：

$NPV>0$，项目方案可行；$NPV\leqslant 0$，项目不可行。

净现值所依据的原理是：假设预计的现金流入在年末实现，并把原始投资看成是按预定折现率借入的。如果投资方案的净现值为正数，说明该方案的报酬率超过折现率，说明用投资产生的收益偿还借入资金本息后仍然有余额。当净现值为负数时，说明投资产生的现金流量无法偿还借款本息。当净现值为零时，偿还本息后一无所获。净现值的经济意义是投资方案折现后的净收益。运用净现值方法对投资项目评价，关键是现金流量及折现率的确定。

2. 净现值的优势

在长期投资决策中，净现值方法被认为是最好的一种方法。

（1）考虑了资金时间价值

由于投资项目的投资报酬和投资支出发生在项目的不同时期，两者建立在同一时点上的比较才合理，净现值充分考虑了项目生命周期（建设期和经营期之和）全部现金流量的时间价值，能够较好地反映投资项目的收益。

（2）考虑了投资项目的风险性

净现值法下的折现率为投资项目的风险报酬率，在确定该比率数值时，要求选择与投资项目风险和报酬类似的项目作为基础拟定，一定程度上考虑了投资项目的风险，其取舍标准较好地体现了财务管理的基本目标——企业价值最大化。

3. 净现值的劣势

首先，净现值是一个绝对数指标，只能反映某个单独投资项目的投资与收益的关系，如果几个投资项目的原始投资额或者经济寿命不相同，则仅以净现值的大小无法确定投资方案的优劣；其次，折现率通常指投入资本的机会成本，即投资者在资本市场上以风险等价的投资所要求的回报率，具有类似报酬和风险的项目较难找到，其确定比较困难，但折现率又对净现值有着重要的影响。

7.2.2 净现值计算方法

根据净现值定义可得其计算公式为：

$$NPV=\sum_{k=0}^{n}\frac{I_k}{(1+i)^k}-\sum_{k=0}^{n}\frac{O_k}{(1+i)^k}=\sum_{k=0}^{n}\frac{NCF_k}{(1+i)^k} \tag{7-5}$$

式中：

NCF_k——第 k 年的净现金流量；

O_k——第 k 年的现金流出额；

I_k——第 k 年的现金流入额；

n——项目的生命周期；

i——折现率或预期报酬率。

【例 2】某投资方案的现金流量如表 7-3 所示，试运用净现值法对该投资方案进行评价。（i=10%）

表 7-3　　某投资方案的现金流量　　单位：万元

年份	0	1	2	3	4	5
现金流入		10	20	50	50	50
现金流出	60	40	30			
净现金流量	-60	-30	-10	50	50	50

$$NPV=-60-30(P/F, 10\%, 1)-10(P/F, 10\%, 2)+50(P/A, 10\%, 3)(P/F, 10\%, 2)$$
$$=-60-30\times0.9091-10\times0.8264+50\times2.487\times0.8264$$
$$=7.2258（万元）$$

由于 $NPV>0$，因此可以考虑选择该投资项目。

【例 3】某项目期初固定资产投资为 100 万元，投产时垫支流动资金 20 万元。该项目从第三年初投产并达产运行，每年投入的付现费用为 40 万。若项目每年可获得销售收入 70 万元，项目服务年限为 10 年，项目结束后残值收入 10 万元，年利率为 10%，试判断该项目是否可行？

解：项目存续期间的现金流如图 7-2 所示。

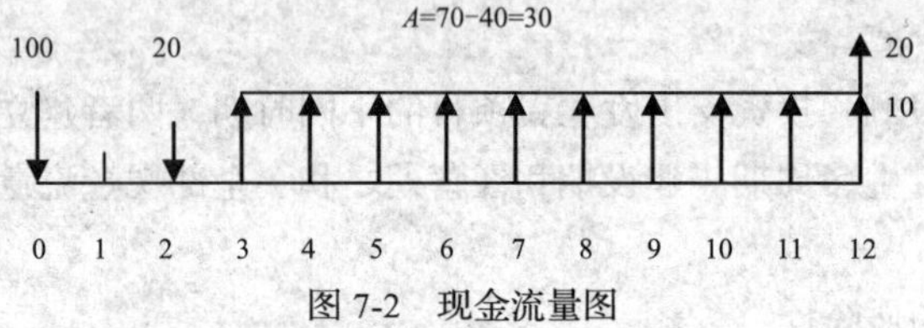

图 7-2　现金流量图

$$NPV=-100-20(P/F, 10\%, 2)+(70-40)(P/A, 10\%, 10)(P/F, 10\%, 2)+(20+10)(P/F, 10\%, 12)$$
$$=-100-20\times0.8264+30\times6.144\times0.8264+30\times0.3186$$
$$=45.352（万元）$$

因为 $NPV=45.352$ 万元 >0，所以项目可行。

7.3　内部报酬率和现值指数

内部报酬率法根据计算的内部报酬率排定独立投资的优先次序，通过一个切合实际的资本成本率或最低报酬率来判断方案是否可行。现值指数法需要一个合适的折现率，以便将现金流量折为现值，折现率的高低可能会影响方案的优先次序。

动态投资评价方法是考虑了资金时间价值的项目投资决策评价方法，主要包括净现值法、内部报酬率法、现值指数法和动态投资回收期法等。

7.3.1　内部报酬率计算方法

1. 内部报酬率及决策依据

内部报酬率（*IRR*），是指能够使未来现金流入现值等于未来现金流出现值的折现率，或者说是使投资方案净现值为零的折现率。内部报酬率的项目，使得在整个生命周期内按照该报酬率恰好能收回其原始投资总额，也就是此时的报酬率等于项目的资本成本。如果偿还资本成本后，还有剩余，剩余的收益归股东所有，收益的多少反映了项目内在的盈利能力；如果内部报酬率低于资本成本率，那么接受该项目会损害现有股东的利益，所以内部报酬率是投资项目取舍的临界点。

根据内部报酬率的概念可得其计算公式为：

$$NPV_{(IRR)}=\sum_{t=0}^{n}\frac{NCF_t}{(1+IRR)^t}=0 \tag{7-6}$$

式中：

NCF_t——投资项目第 t 年产生的净现金流量；

n——项目的生命周期。

内部报酬率法是根据方案本身内部报酬率来评价方案优劣的一种方法。内部报酬率大于资本成本率，方案可行，且内部报酬率越高方案越优。具体来看：

资本成本率或基准收益率设为 i_0：

对于一般的投资项目，若内部报酬率 $IRR>i_0$，则投资项目可行；若内部报酬率 $IRR\leqslant i_0$，则投资项目不可行。还存在一些特定的投资项目，是为了提高士气，为未来发展提供选择机会，为了社会公益等，这些项目投资具有在所估计的现金流量中无法反映的、不能忽视的重要效益，这些投资可能因为改善了投资的整体风险而创造价值。所以，不是任何时候都要求内部报酬率一定要大于资本成本率。

在对多个投资项目进行评价时，内部报酬率一般越大越好，且其内部报酬率应大于投资项目基准收益率，并结合资金状况来确定。

2. 内部报酬率的测算方法

内部报酬率的测算采用逐步测试法或计算机搜索法，或者插值法，或者采用 *IRR* 函数计算折现率。基本思想如下：首先，估计一个折现率，用它来计算方案的净现值；若 $NPV>0$，说明方案本身的报酬率超过估计的折现率，应提高折现率后进一步测试；若 $NPV<0$，说明方案本身的报酬率低于估计的折现率，应降低折现率后进一步测试。经过多次测试或者差值计算等，寻找出使净现值接近于零的折现率，即为方案本身的内部报酬率。

对于寿命期很长的项目而言，用逐步测试法求内部报酬率是非常繁重、耗时的工作。利用 Excel 中的函数能更容易的实现计算，即选择“插入”中的“函数”，从“财务”函数中选择 *IRR* 函数，选中各期的现金流，可得到内部报酬率 *IRR* 值。

【例 4】表 7-4 所示的企业投资的各个方案项目计算期内各年的净现金流量如下。

表 7-4　各个方案的各年净现金流量

方案＼年份	0	1	2	3
A	−20,000	11,800	13,240	0
B	−9,000	1,200	6,000	6,000
C	−12,000	4,600	4,600	4,600

资本成本率是 10%，哪个方案最优？

解：各个方案内部报酬率的测试分别如表 7-5、表 7-6、表 7-7 所示。

①

表 7-5　A 方案内部报酬率的测试

年份	现金净流量	折现率=18%		折现率=16%	
		折现系数	现值	折现系数	现值
0	(20,000)	1	(20,000)	1	(20,000)
1	11,800	0.847	9,995	0.862	10,172
2	13,240	0.718	9,506	0.743	9.837
净现值			(499)		9

运用插值法计算得到：A方案的内含报酬率 $=16\%+\frac{9-0}{9+499}\times(18\%-16\%)=16.04\%$

②

表 7-6　　B 方案内部报酬率的测试

年份	现金净流量	折现率=18%		折现率=16%	
		折现系数	现值	折现系数	现值
0	(9,000)	1	(9,000)	1	(9,000)
1	1,200	0.847	1,016	0.862	1,034
2	6,000	0.718	4,308	0.743	4,458
3	6,000	0.609	3,654	0.641	3,846
净现值			(22)		338

运用插值法计算得到：B方案的内含报酬率 $=16\%+\frac{338-0}{338+22}\times(18\%-16\%)=17.88\%$

③ C 方案中各期现金流入量相等，符合年金形式，内部报酬率可直接利用年金现值表来确定，不需要进行逐步测试。

当现金流入的现值与原始投资相等：

$$12,000=4,600\times(P/A,i,3)，则(P/A,i,3)=2.609$$

分别取 7%和 8%作为折现率，$(P/A,i,3)$分别为 2.624 和 2.577。

$$C方案的内含报酬率=7\%+\frac{2.624-2.609}{2.624-2.577}\times 8\%-7\%=7.32\%$$

因此，C 方案预期收益率小于资本成本率，所以应放弃项目 C。

当 A、B 两个方案为独立项目时，都可接受；但两个方案若为互斥项目时，应选内部报酬率大的 B 项目。

7.3.2　现值指数计算方法

1. 现值指数及决策依据

所谓现值指数，指特定项目未来现金流的现值与现金流出的现值的比率，也称现值比率。

$$PI=\sum_{k=0}^{n}\frac{I_k}{(1+i)^k}\Big/\sum_{k=0}^{n}\frac{O_k}{(1+i)^k} \tag{7-7}$$

式中：

I_k，O_k——第 k 年的现金流入额和流出额；

n——项目生命周期；

i——折现率。

显然，现值指数是净现值的一种变形形式，且①$PI>1$ 等价于 $NPV>0$；②$PI\leqslant 1$ 等价于 $NPV\leqslant 0$。现值指数与净现值评价投资项目时，得出的结论常常是一致的。

需要注意的是，一个项目有若干种投资方案时，依据 NPV 进行方案排序，与依据 PI 进行方案排序的结果不一定一致，这种情况下建议采用 NPV 的结果。

2. 现值指数的应用实例

根据例 4 的资料，三个方案的现值指数如下。

表 7-7　　　　三个方案的现值指数

	折现率=10% 贴现系数	A 现金流量	B 现金流量	C 现金流量
原始投资	1	20,000	9,000	12,000
1	0.909	11,800	1,200	4,600
2	0.826	13,240	6,000	4,600
3	0.751		6,000	4,600
流入现值		21,662	10,552	11,436
净现值		1,662	1,552	-564
现值指数		1.08	1.17	0.95

A、B 两个项目的现值指数大于 1，说明其收益超过成本，即投资报酬率超过资本成本率。C 项目的现值指数小于 1，说明其报酬率没有达到资本成本率。如果现值指数为 1，说明折现后现金流入等于现金流出，投资报酬率与资本成本率相同。

若各项目为互斥项目，且项目的投资额小于企业可能投资额，按照现值指数应优先选择 B 项目，这和按照净现值准则优先选择 A 项目的方案存在不一致。当两者存在矛盾时，要按照净现值标准为主，选择 A 项目。

7.4　投资回收期法

有时候，项目的回收期非常重要。例如，美国每 4 年一次大选，新政府出台的新政策可能不利于某些期限长的项目，因此选择回收期为 4 年以下的此类项目较为合适。

7.4.1　静态投资回收期法

1. 静态投资回收期及决策依据

静态投资回收期是指使投资项目带来的累计现金流量等于最初的投资额所需的时间。即满足下式的投资年份：

$$\sum_{t=0}^{n} O_t = \sum_{t=0}^{n} NCF_t \tag{7-8}$$

式中：

O_t——每期原始投资额；

NCF_t——第 t 年的净现金流量。

它代表收回投资所需要的年限，收回年限越短，方案越有利。

决策时，将投资方案的回收期与既定的期望回收期相比：

投资方案回收期 < 期望回收期，接受投资方案；

投资方案回收期 ≥ 期望回收期，拒绝投资方案。

确定静态投资回收期指标的方法，通常运用列表法计算“累计净现金流量”的方式来确定。

$$投资回收期（静态）=（T-1）+\frac{累计至第（T-1）年的未回收现金流量（余额）}{第T年净现金流量} \tag{7-9}$$

2. 静态投资回收期的应用实例

【例 5】某投资项目的净现金流量如表 7-8 中第 2 列所示，假如项目的期望回收期为三年，试计算该项目的静态投资回收期并判断项目是否可行。

表 7-8　　某投资项目的累计净现金流量计算表

年末	预期净现金流	累计净现金流
0	-100,000	-100,000
1	60,000	-40,000
2	30,000	-10,000
3	20,000	10,000
4	20,000	30,000
5	30,000	60,000

该项目的累计净现金流量的计算见表 7-8 第 3 列，因此，该项目的静态投资回收期 t 为：

$$t=2+10000\div20000=2.5\text{（年）}$$

因为期望投资回收期为三年，所以项目可以进行投资。

3. 静态投资回收期的特点

（1）方法简单易于理解

静态投资回收期计算简便，在一定程度上显示了资本的周转速度，容易理解。显然，资本周转速度越快，收益越多，回收期越短，风险越小。对于那些技术上更新迅速的项目或资金相当短缺的项目或未来的情况很难预测的项目，静态投资回收期法是特别适用的。

（2）没有考虑回收期后的项目现金流量

静态投资回收期没有全面地考虑投资方案整个计算期内的现金流量，它只考虑回收之前的投资效果，忽略了投资回收期以后发生的所有好处，对总收入不做考虑，无法准确衡量方案在整个计算期内的经济效果。

（3）没有考虑货币时间价值

没有考虑现金流的时间性，只是简单地把每年的现金流累加，可能会存在不合理的结论。如果两个投资项目有相同的初始现金流出，相同的经济寿命，承担同样的风险（资本成本一样），回收期四年也一样。但两个投资的现金流入序列不一样。投资 A 最大的现金流入产生在第一年年底，投资 B 的产生在第三年年底。静态投资回收期对两个项目的评估一样，显然是不合理的。

7.4.2 投资回收期的折现方法

投资回收期的折现方法，也称为动态投资回收期法，是把投资项目各年的净现金流量按基准收益率折成现值之后，再来推算投资回收期，这是它与静态投资回收期的根本区别。动态投资回收期克服了静态投资回收期法没有考虑资金时间价值的缺陷，但是该方法同样没有考虑投资回收期后的项目的经济效果，在应用时应结合其他投资决策方法判断项目的取舍。

1. 动态投资回收期及决策依据

动态投资回收期就是净现金流量累计现值等于零时的年份。在实际应用中一般根据项目的现金流量表，用下列公式计算：

$$\text{投资回收期(动态)}=(T-1)+\frac{\text{累计至第}(T-1)\text{年的未回收现金流量现值(余额)}}{\text{第}T\text{年现金流量折现值}} \tag{7-10}$$

动态投资回收期的评价准则：

投资方案的动态回收期＜期望回收期，接受投资方案；

投资方案的动态回收期≥期望回收期，拒绝投资方案。

2. 动态投资回收期的应用实例

【例6】项目初始投资为100,000元，项目生命周期内的净现金流如表7-9第1列、第2列所示，假设项目期望动态投资回收期为3年，试计算项目动态投资回收期并判断项目是否可行。

表7-9 项目的累计净现金流量现值计算表

年份	预期现金流	10%的贴现系数	现值	累计净现金流量现值
0	−100,000	1	−100,000	−100,000
1	60,000	0.9091	54,545.5	−45,454.5
2	30,000	0.8264	24,793.4	−20,661.1
3	10,000	0.7513	7,513.1	−13,148
4	20,000	0.6830	13,660.3	512.3
5	30,000	0.6209	18,627.6	19,139.9

该项目的累计净现金流量的现值计算见表7-9第4列、第5列，因此，动态投资回收期 t 为：

$$t=3+13148\div13660.3=3.96\text{（年）}$$

因为期望动态投资回收期为3年，所以项目不可行，不应该进行投资。

7.5 会计报酬率法

1. 会计报酬率及决策依据

会计报酬率法是根据项目的会计报酬率判断项目优劣。会计报酬率的计算公式为：

$$\text{会计报酬率}=\text{平均年净利润}\div\text{原始投资额} \quad (7\text{-}11)$$

式中，平均年净利润可按项目投产后各年净利润总和简单平均计算。

项目决策时，会计报酬率大于基准会计报酬率（通常由公司自行确定或根据行业标准确定），则应接受该项目；反之则应放弃。在存在多个方案的互斥选择中，应选择会计报酬率最高的项目。

2. 应用举例

【例7】设公司确定的必要报酬率为10%，有三个投资方案，相关数据如表7-10所示。

表7-10 投资方案收益 单位：元

年份	A方案		B方案		C方案	
	净收益	现金净流量	净收益	现金净流量	净收益	现金净流量
0		(40,000)		(18,000)		(18,000)
1	3,600	23,600	(3,600)	2,400	900	6,900
2	6,480	26,480	6,000	12,000	900	6,900
3			6,000	12,000	900	6,900
合计	10,080	10,080	8,000	8,400	2,700	2,700

则分别计算各方案的会计报酬率：

会计报酬率(A) = [(3,600+6,480)÷2] ÷ 40,000×100% = 12.6%

会计报酬率(B) = [(−3,600+6,000+6,000)÷3] ÷ 18,000×100% = 15.55%

会计报酬率(C) = 900 ÷ 18,000×100% = 5%

由于 A、B 方案会计报酬率高于必要报酬率，都是可行的。如果 A、B 是两个互斥方案，则应选择会计报酬率较高的项目，即选择 B 方案。

3. 会计报酬率法的特点

（1）计算简单

会计报酬率法计算是基于会计的收益和成本观念，使用的是会计报表上的数据，因此数据便于取得，概念容易理解。同时，考虑了投资方案整个生命周期内的现金流量，克服投资回收期涵盖不全的不足。

（2）运用税后盈余而非净现金流量

会计报酬率法以税后盈余而非以投资所产生的现金流入作为投资收益，税后盈余受到不同折旧方法以及所设定的残值的影响，进而可能会引起决策结果的偏差。

（3）没有考虑货币时间价值

就如同回收期法一样，会计报酬率法对不同时期的相同现金流量均视为有相同价值。例如，计算平均收益时，直接对各期税后盈余加总，忽略了不同时期的税后盈余有不同的时间价值。

7.6 投资敏感性分析

7.6.1 敏感性分析的含义

敏感性分析是判断不确定性因素对投资项目的最终经济效果指标的影响及其程度，是投资项目经济评价中常用的一种研究不确定性的方法。

敏感性分析中的不确定性因素一般可选择如销售收入、经营成本、生产能力、初始投资、寿命期、建设期、经营期等参数。若某参数的小幅度变化能导致经济效果指标的较大变化，则称此参数为敏感性因素，反之则称其为非敏感性因素。

7.6.2 敏感性分析的步骤

敏感性分析一般按以下步骤进行。

1. 确定分析指标

分析指标一般根据项目的特点、不同的阶段、实际情况和指标的重要程度等来选择确定，与进行分析的目标和任务有关。

如果在机会研究阶段，主要是对项目的设想和鉴别，确定投资方向和投资机会。此时，各种经济数据不完整，可信程度低，深度要求不高，可选用静态的评价指标，常采用的指标是会计报酬率和投资回收期。如果在初步可行性研究和可行性研究阶段，则需选用动态的评价指标，常用净现值、内部报酬率，也可以辅之以投资回收期指标。

2. 选择需要分析的不确定性因素

影响项目经济评价指标的不确定性因素很多，但事实上没有必要对所有的不确定因素都进行敏感性分析，而只需选择一些主要的影响因素。选择不确定性因素时主要考虑以下两条原则：第一，预计这些因素在其可能变动的范围内对经济评价指标的影响较大；第二，在分析中该因素数据的准确性把握不大。

3. 分析每个不确定性因素的波动程度及其对分析指标可能带来的增减变化情况

首先，设定变动幅度。对所选定的不确定性因素，应根据实际情况设定这些因素的变动幅度，其他因素保持不变。因素的变化可以按照一定的变化幅度（如±5%、±10%、±20%等）改变数值；也可以按照情境分析，分别按照悲观情境、基本情境、乐观情境确定不确定因素的变化。其次，计算不确定性因素每次变动对经济评价指标的影响。最后，计算并比较敏感度系数。

4. 确定敏感性因素

由于各因素的变化都会引起经济指标一定的变化，但其影响程度却各不相同。有些因素可能仅发生较小幅度的变化却能引起经济评价指标发生大的变动，而另一些因素即使发生了较大幅度的变化，对经济评价指标的影响也不是太大。前一类因素被称为敏感性因素，后一类因素称为非敏感性因素。敏感性分析的目的在于寻求敏感因素，可以通过计算敏感度系数和临界点来判断。

敏感度系数，表示项目评价指标对不确定因素的敏感程度。计算公式为：

$$E=\Delta F/\Delta A \tag{7-12}$$

式中：

E——敏感度系数；

ΔF——不确定因素 F 的变化率(%)；

ΔA——不确定因素 F 发生 ΔF 变化率时，评价指标 A 的相应变化率(%)。

正值越大或者负值的绝对值越大，表明评价指标 A 对于不确定因素 F 越敏感；反之，则越不敏感。

临界点，是指项目允许不确定因素向不利方向变化的极限值。超过极限，项目的效益分析指标将不可行。例如当产品价格下降到某一值时，刚好为盈亏临界点。临界点可用临界点百分比或者临界值分别表示某一变量的变化达到一定的百分比或者一定数值时，项目的效益指标将从可行转变为不可行。临界点可用财务函数计算，也可由敏感性分析图直接求得近似值。

【例 8】某投资方案设计年生产能力为 10 万台，供不应求，计划项目投产时总投资为 1,200 万元，其中建设投资为 1,150 万元，流动资金为 50 万元；预计产品价格为 39 元 / 台；营业税金及附加为销售收入的 10%，建设当年即可实现正常生产能力；年经营成本为 140 万元；方案寿命期为 10 年；到期时预计固定资产余值为 30 万元，基准折现率为 10%，试就建设投资、单位产品价格、经营成本等影响因素对该投资方案做敏感性分析。

解：绘制现金流量图如图 7-3 所示。

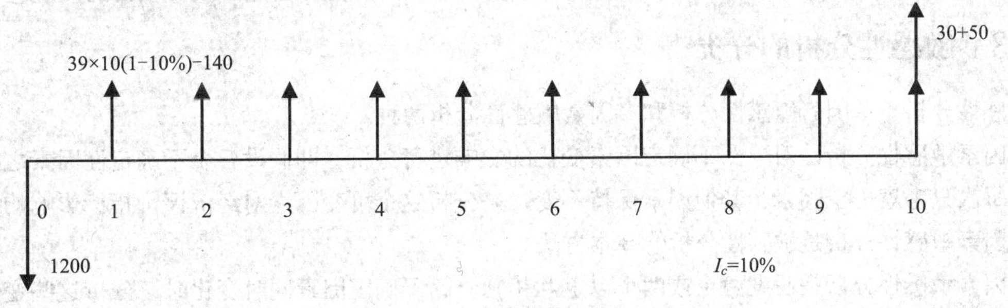

图 7-3 现金流量图

选择净现值为敏感性分析的指标，根据净现值的计算公式，可计算出项目在初始条件下的净现值：

$$NPV=-1200+[39\times10\times(1-10\%)-140](P/A,\ 10\%,\ 10)+(30+50)(P/F,\ 10\%,\ 10)=127.35\text{（万元）}$$

由于 $NPV>0$，该项目是可行的。

下面对建设投资、单位产品价格和经营成本进行敏感性分析。令其逐一在初始值的基础上按±10%、±20%的变化幅度变动，分别计算相对应的净现值的变化情况，得出结果如表 7-11 及图 7-4 所示。

表 7-11　　单因素变化对净现值的影响　　单位：万元

不确定性因素 \ NPV \ 变化幅度	−20%	−10%	0	10%	20%	平均+1%
建设投资	357.35	242.35	127.35	12.35	−102.65	−11.5%
产品价格	−304	−88.33	127.35	343.02	558.70	21.57%
经营成本	299.40	213.37	127.35	41.32	−44.70	−8.60%

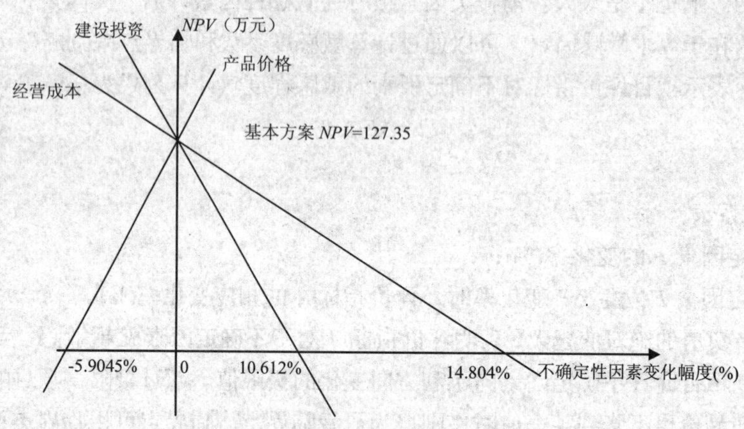

图 7-4　单因素敏感性分析图

从表 7-11 和图 7-4 可以看出，在各个变量因素变化率相同的情况下，产品价格每下降 1%，净现值下降 21.57%，且产品价格下降幅度超过 5.9045%时，净现值将由正变负，即项目由可行变为不可行；建设投资每增加 1%，净现值将下降 11.5%，当投资额增加的幅度超过 10.612%时，净现值由正变负，项目变为不可行；经营成本每上升 1%，净现值下降 8.60%，当经营成本上升幅度超过 14.804%时，净现值由正变负，项目变为不可行。由此可见，按净现值对各个因素的敏感程度来排序，依次是：产品价格、建设投资、经营成本，其中最敏感的因素是产品价格。因此，方案决策应该对产品价格进行更准确的测算，因为如果未来产品价格发生变化的可能性较大，则意味着这一投资项目的风险也较大。

7.6.3　敏感性分析的分类

敏感性分析有单因素敏感性分析和多因素敏感性分析两种。

单因素敏感性分析是对单一不确定因素变化的影响进行分析，即假设各个不确定性因素之间相互独立，每次只考察一个因素，其他因素保持不变，来分析这个可变因素对经济评价指标影响的敏感程度。单因素敏感性分析是敏感性分析的基本方法。

多因素敏感性分析是假设两个或两个以上互相独立的不确定因素同时变化时，分析这些变化的因素对经济评价指标影响的敏感程度。由于项目评估过程中的参数和变量同时发生变化的情况非常普遍，所以，多因素敏感性分析具有更强的实用价值。

【讨论案例】

微波炉项目是否可行

普月集团董事长袁梦菲想要投资下属子公司——托马斯公司的一个微波炉项目，该公司生产的微波炉质量优良，价格合理，近几年在国内市场供不应求。为了扩大生产能力，托马斯公司准备新建一条生产线，但是由于资金不足，有意向集团寻求投资。

李强是财务总监吴月华手下的投资分析员，主要负责投资的具体工作，一直在收集建设新生产线的相关资料，以写出投资项目的财务评价报告，供公司领导决策参考。

李强经过半个月的调研，得出有关资料，整理后交给了吴月华。

在普月集团会议室每周一早上八点半的例会上，普月集团的财务总监吴月华对经过周密调查得到的项目相关数据进行了报告。

"该项目经济评价是在可行性研究完成市场需求预测、生产规模、工艺技术方案、生产线条件、工厂组织和劳动定员以及项目实施规划诸方面进行研究论证和多方案比较后，确定了最佳方案的基础上进行的。基础数据如下：

项目拟两年建成并正式投产。总投资57.5万元，分两年投入。第一年初投入70%，也就是大约40万元，第二年初投入余下的17.5万元。建成投产以后，本项目生产规模为年产1000台微波炉，每台售价800元，每年可获销售收入80万元。这个生产线预计可以使用5年，5年后基本无残值，在生产线的经营期内大概需要垫支流动资金15万元，这笔资金在项目结束可以如数收回。

经过李强的细致的调查和整理，项目的具体现金流量等表格已经在会议之前发到各位手中，大家可以用作参考（见表7-12～表7-13）。另外，对各种资金来源分析得出该公司的加权平均资金成本为8%。该公司所得税税率为25%。"

表7-12　该项目第2～6年每年的营业现金净流量情况　单位：元

销售收入	付现成本	其中：原材料	工资	管理费用	折旧费	税前利润	所得税	税后利润	营业现金净流量
800,000	579,000	400,000	80,000	99,000	105,000	116,000	29,000	87,000	192,000

表7-13　投资项目的现金净流量计算表　单位：元

项目	第0年	第1年	第2年	第3年	第4年	第5年	第6年
初始投资	-400,000	-175,000					
流动资金垫支		-150,000					
营业现金净流量			192,000	192,000	192,000	192,000	192,000
流动资金回收							150,000
现金净流量合计	-400,000	-325,000	192,000	192,000	192,000	192,000	342,000
10%的现值系数	1.000	0.909	0.826	0.751	0.683	0.621	0.564
现金净流量现值	-400,000	-295,425	158,892	144,192	131,136	119,232	192,888

吴月华接着讲解道："托马斯项目的会计报酬率可以达到15.13%，已经超过我们集团的净资产收益率，说明这个项目还是可以为我们带来效益的。这个项目不包括建设期的投资回收期是2.84年，而

生产线在建成后正常运行 5 年，也就是说生产线运行之后的将近两年半时间我们就能够收回成本。根据现阶段通货膨胀的速度，我们假设折现率是 10%来计算。报告上计算出的净现值是 50,915 元，也就是说项目预期会给我们带来这些净收益。现值指数是 1.0732，说明项目的获利能力还比较理想。内部报酬率为 12.17%，作为我们工业企业来讲，还算理想。

以上就是我们所做出的分析，提供给袁总及各位参考。”

袁梦菲打量着手中的资料，思考了良久……

请问：上述吴月华的分析中得到的各种数据正确吗？你还能提供什么项目评价的指标供袁梦菲参考？你觉得这个微波炉项目是否该上？

【专栏或者介绍】

美林投资时钟

企业将财力投放到一定对象，期望获得未来收益的经济行为，就是投资。按投资对象分类，投资分为实体投资和金融投资。实体投资是公司将资金投放到实质资产的投资活动。这类投资属于直接投资，风险相对较小。金融投资是将资金投放到金融资产的投资活动。这类投资属于间接投资，风险相对较大。面对五花八门的投资品种，到底选择什么进行投资？

首先，要有大的选择方向，我们可以使用工具，如美林时钟；其次，要有具体的选择方法，如 NPV、投资回收期、股票价值评估方法，等等。

美林投资时钟是一个非常实用的指导投资周期的工具。如图 7-5 所示：

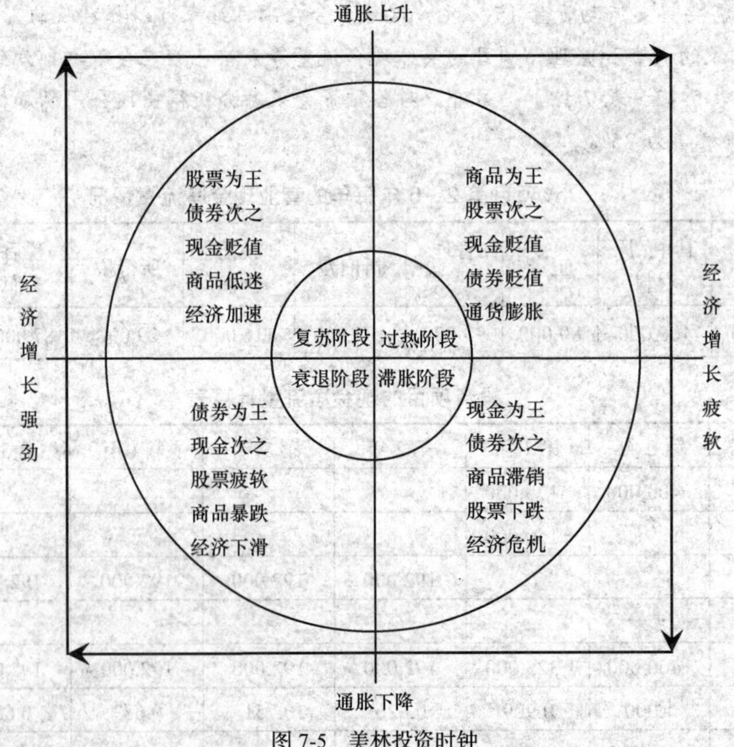

图 7-5 美林投资时钟

1. “经济上行，通胀下行”构成复苏阶段，此阶段由于股票对经济的弹性更大，其相对债券和现金具备明显超额收益；

2. “经济上行，通胀上行”构成过热阶段，在此阶段，通胀上升增加了持有现金的机会成本，可能出台的加息政策降低了债券的吸引力，股票的配置价值相对较强，而商品则将明显走牛；

3. “经济下行，通胀上行”构成滞胀阶段，此阶段现金收益率提高，持有现金最明智，经济下行对企业盈利的冲击将对股票构成负面影响，债券相对股票的收益率提高；

4. “经济下行，通胀下行”构成衰退阶段，在衰退阶段，通胀压力下降，货币政策趋松，债券表现最突出，随着经济即将见底的预期逐步形成，股票的吸引力逐步增强。

简言之，就指以下几点。

衰退：债券＞现金＞大宗商品；股票＞大宗商品；

复苏：股票＞债券＞现金＞大宗商品；

过热：大宗商品＞股票＞现金/债券；

滞胀：现金＞债券＞大宗商品/股票。

【关键词语】

现金流量（cash flow） 净现值（net present value）

内部报酬率（internal rate of return） 会计报酬率（accounting rate of return）

投资回收期（payback period） 敏感性分析（sensitivity analysis）

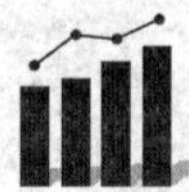

复习思考题

一、概念题

1. 净现值 2. 内部报酬率 3. 静态投资回收期

4. 动态投资回收期 5. 敏感性分析

二、单选题

1. 对投资项目内部报酬率的大小不产生影响的因素是（　　）。

A. 投资项目的原始投资 B. 投资项目的现金流入量

C. 投资项目的有效年限 D. 投资项目的预期报酬率

2. 当折现率为10%时，某项目的净现值为500万元，则说明该项目的内部报酬率（　　）。

A. 高于10% B. 低于10% C. 等于10% D. 无法确定

3. 某投资方案，当折现率为16%时，其净现值为38万元，当折现率为18%时，其净现值率为-22万元。该方案的内部报酬率（　　）。

A. 大于18% B. 小于16% C. 介于16%～18% D. 无法确定

4. 如果投资者着重考虑投资效益，那么做出长期投资的多项目组合决策的主要依据就应当是：在保证充分利用资金的前提下，尽可能（　　）。

A. 提前收回投资 B. 获取最大利润并上交最多的税

C. 延长经营期间 D. 获取最大的净现值总量

5. 如果某投资项目建设期为0，生产经营期为8年，基准投资利润率为5%，已知其净现值为80万元，静态投资回收期为5年，会计报酬率为3%，则可以判断该项目（　　）。

A. 完全具备财务可行性 B. 完全不具备财务可行性

C. 基本具有财务可行性 D. 基本不具备财务可行性

6. 已知甲项目的原始投资额为800万元，建设期为1年，投产后1～5年的每年净现金流量为

100 万元，第 6～10 年的每年净现金流量为 80 万元，则该项目不包括建设期的静态投资回收期为（　　）年。

A. 7.5　　B. 9.75　　C. 8.75　　D. 7.65

7. 净现值、现值指数指标共同的缺点是（　　）。

A. 不能直接反映投资项目的实际收益率　　B. 不能反映投入与产出之间的关系

C. 没有考虑资金的时间价值　　D. 无法利用全部净现金流量的信息

8. 如果其他因素不变，一旦折现率提高，则下列指标中其数值将会变小的是（　　）。

A. 净现值　　B. 投资报酬率　　C. 内部报酬率　　D. 静态投资回收期

三、判断题

1. 现值指数越接近 1 说明项目越好。（　　）

2. 会计报酬率法简单易行，而且考虑了资金的时间价值。（　　）

3. 内部报酬率的测算可以使用逐步测试法。（　　）

4. 项目投资决策中所使用的现金仅是指各种货币资金。（　　）

5. 内部报酬率是使项目的现值指数等于 1 的折现率。（　　）

6. 已知项目的现值指数为 1.2，则项目的现金流出的现值是现金流入现值的 1.2 倍。（　　）

四、计算题

1. 东大公司于 2014 年 1 月 1 日购入设备一台，设备价款 1,500 万元，预计期末无残值，采用直线法按 3 年计提折旧（符合税法规定）。该设备于购入当日投入使用。预计能使公司未来 3 年的销售收入分别增长 1,200 万元、2,000 万元和 1,500 万元，经营成本分别增加 400 万元、1,000 万元和 600 万元。购置设备所需资金通过发行债券方式予以筹措，债券面值总额为 1,500 万元，期限 3 年，票面年利率为 8%，每年年末付息，债券发行价格为 1,550 万元。该公司适用的所得税税率为 25%，要求的投资收益率为 10%。

要求：（1）预测公司未来 3 年增加的净利润；

（2）预测该公司项目各年经营净现金流量；

（3）计算该项目的净现值。

2. 某企业计划进行某项投资活动，有甲、乙两个备选的互斥投资方案资料如下。

（1）甲方案原始投资 150 万，其中固定资产投资 100 万，流动资金投资 50 万，全部资金于建设起点一次投入，建设期为 0，经营期为 5 年，到期净残值收入 5 万元，预计投产后年营业收入 90 万元，年总成本 60 万元。

（2）乙方案原始投资额 200 万元，其中固定资产投资 120 万元，流动资金投资 80 万元。建设期 2 年，经营期 5 年，建设期资本化利息 10 万元，固定资产投资于建设期起点投入，流动资金投资于建设期结束时投入，固定资产净残值收入 10 万元，项目投产后，年营业收入 170 万元，年总成本 80 万元，其中经营期每年归还利息 5 万元。

固定资产按直线法折旧，全部流动资金于终结点收回。企业所得税税率为 30%。

要求：（1）计算甲、乙方案各年的净现金流量；

（2）计算甲、乙方案包括建设期的静态投资回收期；

（3）该企业所在行业的基准折现率为 10%，计算甲、乙方案的净现值；

（4）计算甲、乙两方案的年等额净回收额，并比较两方案的优劣。

第 8 章 证券投资估价

【引导案例】

1990 年年底创建的我国 A 股市场最初只有 10 只股票；至 1997 年年底，A 股股票增加到 720 只，A 股总市值 17,529 亿元，与 GDP 的比率为 22.7%；2013 年总市值为 27.2 万亿，流通市值为 19.8 万亿。2014 年 8 月 22 日，上交所和深交所共有股票账户 17,846.56 万个，也就是说，中国老百姓平均每十几个人中就至少有一个人在炒股。资本市场在迅猛发展，暴富的神话也在不停上演。

媒体报道的股市暴富神话可谓五花八门。有的说某个捡废品的老阿婆，两个月资金翻了两倍；有人"把自己价值近 500 万元的房产及汽车进行了财产抵押，并通过一家融资机构运作，贷来了 1,000 万元现金，年利息为 25%。且规定，贷款机构监控股票账户，如果亏损掉本金 20%，即 200 万元，就会被金融机构平仓处理。到那时候，算上一年利息、3 套房产、2 辆汽车就要充公了"。高息贷款炒股，将暴富的梦追求到了极致。这个梦你敢做吗？

股市仿佛一座金矿等待人们去淘金。

"杨百万"曾是 A 股醒目的"传奇"之一，自我评价"不是股神，不是股评家，是标标准准的散户"，但"做散户不可悲，但千万不要做散户中的傻户"。1989 年，杨怀定投身炒其第一只股票。半年后，股票大涨，杨怀定在 800 元以上价位抛掉，净赚 150 多万元，"杨百万"的外号，就此不胫而走。一年后，该股票"电真空"跌到了 300 多元，他又买了回来。杨百万的"股市诀窍就四个字：抄底逃顶；股市就两个字：赢、输"，"股市中不能做'死多头'，也不能做'死空头'，要做坚定的'滑头'；低吸高抛、抄底逃顶，见好就收，落袋为安乃真英雄"。

进入股市的人们，没有谁不想成为股市的英雄。可能你也有暴富的梦想，你也不想做"散户中的傻户"。那么，学习一些证券投资估价的知识是相当必要的，只有证券被估计出的未来回报大于当前的购买价格才能有利可图，才能离富足的梦想更近一步。很多财经信息给投资者指出的投资建议即如此：股票 W 的投资价值较佳（★★★★），运用综合估值该股的估值区间在 28.64～31.51 元，当前价 22.26 元，股价目前处于低估区，可以放心持有。

同时，"股市有风险，入市当谨慎"已经成为妇孺皆知的广告语，如何发现与规避风险也成为股市英雄的必修课。巴菲特对风险也是格外的重视："成功的秘诀有三条：第一，尽量避免风险，保住本金；第二，尽量避免风险，保住本金；第三，坚决牢记第一条、第二条。"

本章将讲解债券、股票的估价方法与模型；并阐述利率作为一种重要的风险因素，对证券投资的影响。

【学习目标】

- 了解债券价值的影响因素；
- 掌握债券的估价方法；
- 掌握股票估价的折现模型、市盈率模型、市净率模型；
- 了解利率变化对证券投资的影响。

1942年，吉姆·罗杰斯出生于亚拉巴马州一个偏僻的乡村。1964年从耶鲁大学毕业之后，赴英国牛津大学攻读经济学、哲学和政治管理学，之后在华尔街从事金融投资工作。吉姆·罗杰斯勤奋敬业的精神和独特的分析理念深得索罗斯赏识，索罗斯邀请罗杰斯合伙创办了量子基金。该基金在10年时间里盈利4,000%，而同期的标准普尔指数涨幅不到50%，罗杰斯因此声名显赫。他在学术研究和市场评论方面都卓有建树，巴菲特自称师从罗杰斯受益匪浅。他了解市场的方式也令人称奇。他骑着摩托车，历时两年，横跨五大洲，行程160,934.4千米。自1999年1月起又历时3年，开着一辆特制的奔驰车穿越了116个国家。

罗杰斯一直在全球各地搞投资，占尽先机、频频得手，债券、股票、外汇和商品期货，无一不涉。对他来说，好像还没有什么不能投资的。他认为，知识浅薄的人很难成为出色的投资者，对一无所知或者知之甚少的事情，还是谨慎投资为上。

8.1 债券投资估价

债券投资是企业证券投资的一个重要方面。

债券是发行者为筹集资金，向债权人发行的，在约定时间支付一定比例的利息，并在到期时偿还本金的一种有价证券。它代表着某一发行者（国家、地方政府、企业等借款人）对投资者（个人或机构投资者等债权人）的一种承诺。这种承诺就是，在一定时间（到期日）之前每隔一段时间（一年、半年等）支付一笔等额现金（利息）或者到期一次性偿付利息，到期偿付本金。债券作为一种投资，现金流出是其购买价格，现金流入是利息和归还的本金或者出售时得到的现金。债券的价值或者更确切地说债券的内在价值，是指债券未来现金流入量的现值，即债券各期利息收入的现值加上债券到期偿还本金的现值之和。只有债券的内在价值大于购买价格时，才值得购买。

按发行主体的不同，债券可分为政府债券、企业债券和金融债券。按偿还期限分类，债券可以分为短期债券、中期债券、长期债券。按付息方式不同，债券分为零息债券、附息债券，以及固定利率债券与浮动利率债券等。

例如，国家电力公司2002年6月发行的电力网建设债券，发行总额为40亿元，其中3年期的5亿元，15年期的35亿元；中国移动2002年10月发行的中国移动债券，发行总额为80亿元，其中5年期的30亿元，15年期的50亿元；武汉钢铁于2002年1月发行的武钢债券，发行总额为20亿元，其中3年期的5亿元，7年期的15亿元。发行企业通过不同期限债券的组合，既可以规避利率波动的风险，降低单次发行债券的总成本，又能满足不同期限偏好的投资者需求，提高投资者认购的积极性。

在美国南北战争时期，父母们都很喜欢给自己新生的儿子取名为杰伊，因为杰伊·库克向大众成功售出了联邦战争债券。联邦战争债券为南北战争筹集的军费，确保了北方的胜利，否则合众国的命运可能就会大不相同了。联邦战争债券使得杰伊的名字家喻户晓。

8.1.1 我国债券发行的特点

在小说《红楼梦》中不只一次写到："王熙凤把月钱拿出来放债生息，平儿说过，'每年少说也得翻出一千银子来'。"后来抄家时，从她屋子里就抄出五七万金和一箱借券。这说明早在封建社会实际上就已经存在债券投资，而王熙凤就是一名债券投资者。我国有记载的、最早发行的债券可以追溯到甲午战争后清政府为赔偿日本战争赔款而发行的名为"昭信股票"的公债。新中国成立后也曾发行过人民胜利公债和国家经济建设公债。我国现代意义的债券市场应该从 1981 年恢复发行国债算起，根据国际清算银行（Bank for Intemational Settlements，BIS）统计[①]，2010 年我国债券市场规模排名已跃居世界第五位、亚洲第二位，债券余额达 20.4 万亿元。公司信用类债券的余额达 4.3 万亿元，占国内生产总值（GDP）比重上升到 10.9%，排名已跃居世界第 4 位、亚洲第 2 位。在直接融资中，债券融资的比重从 2005 年开始超过股票融资，2010 年债券融资规模为股票的 3.3 倍，债券融资占直接融资的比重已经达到 76.9%。2014 年年初央行网站发布的数据[②]，2013 年我国债券市场共发行人民币债券 9.0 万亿元，同比增加 12.5%。

经济发展的特殊性使我国的许多债券及债券发行带有明显区别于西方的一些特点。

第一，国债占有绝对比重。从 1981 年起，我国开始发行国库券，以后又陆续发行国家重点建设债券、财政债券、特种国债和保值公债等。每年发行的债券中，国债的比例均较大。

第二，债券多为一次还本付息，单利计算，平价发行。企业债券只有少数附有息票，每年支付一次利息，其余均是利随本清的存单式债券。

第三，企业债券的发行资格控制较为严格，即批准发行的企业级债券均为投资级债券。《公司法》中规定，发行公司债券，必须符合下列条件。①股份有限公司的净资产额不低于人民币 3,000 万元。有限责任公司的净资产额不低于人民币 6,000 万元。②累计债券总额不超过公司净资产额的 40%。③最近三年平均可分配利润足以支付公司债券 1 年的利息。④筹集的资金投向符合国家产业政策。⑤债券的利率不得超过国务院限定的利率水平。发行公司债券筹集的资金，必须用于审批机关批准的用途，不得用于弥补亏损和非生产性支出。所以通常只有少数大型国有企业才能进入债券市场，中小企业无法通过债券融通资金。

第四，同一时期发行的企业债券不管风险大小，利率几近相同。债券利率的单一化不能体现出债券质量的差异性和风险性。

随着我国铁路大规模的建设，尤其是高铁的建设，铁道部通过发行中国铁路建设债券筹集投资所需的资金。但是由于铁道部原来的负债率已经很高而且连连发生事故，金融市场并不买账[③]，2011 年首期的中国铁道建设债券发行一再推迟，从 2011 年 9 月 26 日一直延到 10 月 10 日，由发改委发函明确"中国铁路建设债券是经国务院批准的政府支持债券"，最后才在 10 月 12 日成功发行。

① 贾壮. 我国债券市场规模已跃居世界第五——央行副行长易纲就债券市场发展接受媒体采访.证券时报网，2011-04-26.

② 央行：2013 年我国债券发行规模同比增加，银行间市场成交量同比减少.证券日报·中国资本证券网，2014-01-28.

③ 樊莹，罗淑贞. 财务学原理. 大连：东北财经大学出版社，2012.2：37.

8.1.2 债券价值的影响因素

债券价值的外在表现即为债券究竟能以多大的发行价格发行出去，这受诸多因素的影响，其中主要的是票面利率与市场利率的一致程度。市场利率是投资人要求的必要报酬率或者说最低报酬率。票面利率在债券发行前，发行公司和中介服务机构已经参照市场利率制定下来，并载明于债券之上，但在发行债券时不一定与当时的市场利率一致。为了协调债券购销双方在债券利息上的利益，就要调整发行价格，表现为三种——折价、平价、溢价。折价是指债券的发行价格低于票面金额，当票面利率低于市场利率时，以折价发行债券；溢价是指债券的发行价格高于票面金额，当票面利率高于市场利率时，以溢价发行债券；平价是指发行价格和票面金额相等，当票面利率与市场利率一致时，则以平价发行债券。

同时，债券价值还受债券到期时间的影响。在市场利率保持不变的条件下，债券价值随到期时间的缩短逐渐向面值靠近。

另外，债券价值还受到风险的影响。主要有无法按时支付债券利息和偿还本金的违约风险、利率变动造成损失的利率风险、购买短期债券而没有购买长期债券导致短期债券到期后利息下降的再投资风险，等等。

8.1.3 债券的估价方法

企业进行债券投资，需要衡量债券是否值得投资，也就是必须知道债券的价值。一般地，一项金融资产的价值是以该资产将来所能产生的现金流量为基础的，用式（8-1）来评估。

$$\text{资产价值}V=\frac{CF_1}{(1+R)^1}+\frac{CF_2}{(1+R)^2}+\cdots+\frac{CF_n}{(1+R)^n} \tag{8-1}$$

式中：

CF_n——第 n 年的现金流入量；

R——折现率；

n——带来现金流量的期限数。

结合债券的具体情况，上述式（8-1）的基本评估模型会有不同的修正，以下是几个常见的估价模型。

1. 债券基本估价模型

典型的债券是固定利率，每年计算并支付利息，到期归还本金。利息支付实际上是一种年金，在到期时支付本金是一次性的支付行为。在此情况下，按复利方式计算：

$$\begin{aligned}\text{债券的价值}V_{\mathrm{d}}&=\frac{I}{(1+R_{\mathrm{d}})^1}+\frac{I}{(1+R_{\mathrm{d}})^2}+\cdots+\frac{I}{(1+R_{\mathrm{d}})^{N-1}}+\frac{I}{(1+R_{\mathrm{d}})^N}+\frac{M}{(1+R_{\mathrm{d}})^N}\\&=\sum_{t=1}^{N}\frac{I}{(1+R_{\mathrm{d}})^t}+\frac{M}{(1+R_{\mathrm{d}})^N}\end{aligned} \tag{8-2}$$

式中：

I——各年的利息现金流量（票面利率×面值）；

R_{d}——必要报酬率或当前的市场利率；

N——债券的期限数，在债券发行后 N 的数值每年都会减少；

M——债券面值。

同时，本节中涉及的其他公式中的相同变量定义均与上式相同。

【例 1】某国债面值为 1,000 元，票面利率为 6%，期限为 5 年，某企业欲对这种债券进行投资，要求必须获得 8%的报酬率，问这个债券发行价格为多少时才能进行投资？

根据式（8-2）得：

$$\begin{aligned}V_{\mathrm{d}} &= 1000\times6\%\times(P/A, 8\%, 5)+ 1000\times(P/F, 8\%, 5)\\ &= 60\times3.993 + 1000\times0.681\\ &= 920.58（元）\end{aligned}$$

即这种国债的价格必须低于 920.58 元时，该企业才能购买，否则得不到 8%的报酬率。

2. 贴现债券估价模型

贴现债券无票面利率，到期只按面值偿付本金的债券，其估价模型为：

$$V_{\mathrm{d}} = \frac{M}{(1+R_{\mathrm{d}})^N} \tag{8-3}$$

【例 2】某债券面值为 1,000 元，期限 5 年，以贴现方式发行，期内不计利息，到期按面值偿还，当前的市场利率为 8%，其价格为多少时，企业才能购买？

由式（8-3）得：

$$V_{\mathrm{d}} = 1,000\times(P/F, 8\%, 5)= 1,000\times0.681 = 681（元）$$

即该债券的价格只有低于 681 元时，企业才可购买。

3. 到期一次还本付息且不计复利的债券估价模型

我国很多债券属于此类型，这种债券的估价模型为：

$$V_{\mathrm{d}} = \frac{M + M\times R_{\mathrm{d}}\times N}{(1+R_{\mathrm{d}})^N} \tag{8-4}$$

【例 3】某国债面值为 1,000 元，票面利率为 6%，期限为 5 年，不计复利，到期一次还本付息。当前市场利率为 8%，问其价格为多少时，企业才能购买？

由式（8-4）可知：

$$V_{\mathrm{d}} =(1,000+1,000\times6\%\times5)\times (P/F, 8\%, 5)= 1,300\times0.681 = 885.3（元）$$

即该债券价格低于 885.3 元时，企业才能购买。

4. 多次复利估价模型

我国绝大多数附息债券是一年支付一次利息。但在国外存在每半年支付一次利息的债券，其估价模型：

$$V_{\mathrm{d}} = \sum_{t=1}^{2n}\frac{I/2}{(1+R_{\mathrm{d}}/2)^t} + \frac{M}{(1+R_{\mathrm{d}}/2)^{2N}} \tag{8-5}$$

对于一年多次付息的债券，当每年付息 n 次时，每次付息年利息除以 n，付息次数增加 n 倍。

【例 4】某债券面值为 1,000 元，票面利率为 6%，期限为 5 年，每半年付息一次。当前企业要求的必要报酬率为 8%，问其价格为多少时，企业才能购买？

$$V_{\mathrm{d}} = 1,000\times6\%/2\times (P/A, 4\%, 10) + 1000\times(P/F, 4\%, 10)= 30\times8.111 + 1,000\times0.676 = 919.33（元）$$

即该债券价格低于 919.33 元时，企业才能购买。

5. 流通债券的价值估计

流通债券是指已发行并在二级市流通场上流通了一段时间的债券，估价的时点可以是发行日至到期日之间的任何时点。流通债券在估价时需要考虑现在至下一次利息支付的时间估价方法有两种：一是以现在为折算时间点，历年现金流量按非整数计息期折现；二是以最近一次付息时间为折算时间点，计算历次现金流量现值，然后再贴现至现在时点。

【例 5】某债券面值为 1,000 元，票面利率为 6%，期限为 5 年，每年支付一次利息，2013 年 6 月 1 日发行，2018 年 6 月 1 日到期。现在是 2014 年 9 月 1 日，假设市场利率为 8%，问该债券的价值是多少？

先计算债券在 2015 年 6 月 1 日的价值，假设当年利息未付。然后将其贴现至 2014 年 9 月 1 日。

2015 年 6 月 1 日价值=1000×6%+1000×6%×(P/A, 8%, 3)+1000×(P/F, 8%, 3)=1008.62（元）

2014 年 9 月 1 日价值=1008.62×(P/F, 6%, 1)=1008.62×0.943=951.13（元）

进一步地，当市场中给定了一只可交易债券的市场价格、票面利率、期限及市场必要报酬率时，可以利用内部报酬率模型来估测债券的真实投资收益率。

8.1.4 可转换债券价值评估

1992 年，我国第一只 A 股上市可转换债券深宝安转债发行，标志着我国可转债市场的起步。中国宝安股份有限公司为解决业务发展所需要的资金，于 1992 年年底向社会发行 5 亿元可转换债券，并于 1993 年 2 月 10 日在深圳证券交易所挂牌交易。

可转换的特征允许债券投资人把其债权按照固定的价格兑换或是转化为普通股股份。对投资者来说，可转换债券比普通债券有更大的灵活性，因为投资者能够选择是持有公司债券还是把它转换成股票。当发生转换时，公司相当于发行了股票。一旦转换完成，投资者就不能再把股票转回债券了。

1. 可转换债券的价值变动风险

市场风险与非市场风险都可能引起可转换债券的价值变化。

市场风险也称价格波动风险。证券市场有涨有落，如果可转换债券发行时正逢市场处于高涨，即使可转换债券的转换价格定得合理，若上市之后股市陷入低迷、股价跌落于转股价格之下，可转换债券则无法转换，投资者只相当于投资了一种低息债券。另外，市场平均利率也影响可转换债券标的股票的价格，因而影响它的转换价值。市场利率上升，购买股票的机会成本增大，股票价格下跌；市场利率下降，购买股票的机会成本减少，股票价格上升。

同时，发行债券企业的经营业绩等非市场风险也会影响可转换债券价值。投资者购买可转换债券，是希望可转换债券发行人的股票会随着其经营业绩的不断提高而使该企业的股价不断上升，股票市价超过转换价格而给他们带来较高的投资收益。当发行人经营业绩不佳而导致其股价下跌，投资者不愿将可转换债券转换成股票时，就会导致损失。同时，债券发行人总是希望发行的可转换债券全部转换成股票，而对到期偿还债务不会做太多的准备。在可转换债券的有效期内，若企业经营失误或股市低迷，可转换债券到期会无法转换成股票，可能会出现发行人无力偿债或拖延偿债的局面。在一定的条件下，当赎回条件满足时，公司可以行使赎回权，以保障原有股东的利益。对于可转债的投资者来说，赎回就代表了获得的收益将会减少或者受到限制，也就是承受了风险。

2. 计算原理

由于可转换债券相比普通债券具有可转换的特性，股价下跌可以继续持有可转换债券，一旦股票价格上涨，可转换债券持有者可以选择行使转股权获得股价上涨所带来的收益，因而可转换债券价值必定高于纯债券价值，价值曲线位于纯债券价值线以上。正是由于存在这种选择权，可转换债券价值也必定高于转换能够得到的普通股票的价格总和，即可转换债券的转换价值。

因此可转换债券的价值由两个因素决定：纯债券价值和转换价值。可转换债券价值等于纯债券价值和转换价值的最大值与期权价值之和。

可转换债券价值=Max（纯债券价值，转换价值）+ 期权价值

纯债券价值可以使用债券定价公式计算；转换价值是可转换债券按时价兑换成股票而得到的价值，即转换比例与股票价格的乘积；期权价值则需要利用无套利方法推导出可转换价值的控制方程，结合边界条件，采用有限差分法、模拟法、二叉树法和 Black-Scholes 法等数值方法为控制方程求解。

8.2 股票投资估价

中国内地除了主板市场，2009 年 10 月 30 日，28 家公司在深交所创业板上市交易。创业板意味着暴富的梦想有了新的实现可能，这让众多机构和散户趋之若鹜。不仅如此，创业板被期待成长为中国的“纳斯达克”，生出一代天骄中国的“微软”。正是由于人们对创业板的美好憧憬，创业板几近疯狂。28 家创业板公司，平均发行市盈率超过 50 倍，累计超募资金 83.2 亿元，超出上市公司原计划募集资金的一倍还多，也确实让一些人成了大赢家。28 家创业板公司制造了 82 位亿万富翁。华谊兄弟是关注度最高的公司之一，在其上市之前，多位演员、导演为主的明星名人就以原始股价甚至以不足 1 元的超低价格购入数十万股乃至数百万股的华谊兄弟股票。2009 年华谊兄弟以发行价格 28.58 元/股成功上市后，华谊兄弟九位原始股东迈入了亿万富翁的行列。王中军和王中磊兄弟身价分别达到 10.98 亿元和 3.97 亿元，多位名人的持股市值出现了大幅度的增长。

投资者一直希望能找到这种有投资价值的股票。虽然股票价值分析大致始于 20 世纪初，但是由于当时证券监管和信息披露的法规还很不完备，公众可以得到的信息以及运用信息进行投资分析的余地有限。真正使价值分析大行其道的是 1929 年起世界范围内的经济危机。1929 年 10 月 24 日“黑色星期四”开始的随后 3 年，在历经 10 年的大牛市后，纽约证券交易所股票价格雪崩似地跌落，人们歇斯底里地甩卖股票，股指从最高点 363 跌至 40 多点，最大跌幅超过 90%，股票从巅峰跌入深渊。此后，美国和全球进入了长达 10 年的经济大萧条时期。股市的崩溃告诉人们：再美丽的肥皂泡也都是会破灭的，应当根据投资价值来决定是否投资。

沃伦·巴菲特，伯克希尔·哈撒韦集团董事长，金融界的传奇人物，以其独特的投资策略、投资技巧成为 20 世纪，也许是整个人类历史上最伟大的投资者之一。巴菲特经营的伯克希尔公司的股票更是在短短的 30 年间就上涨了 2,000 倍。十几年来，巴菲特的财富一直稳居《福布斯》全球富豪榜的前四名。2000 年起每年拍卖一次“巴菲特午餐”，并从 2003 年起转为网上拍卖，所得善款全部捐给美国慈善机构。“巴菲特午餐”是和股神巴菲特在纽约知名的牛排馆共进午餐的活动。2010 年年度巴菲特午餐价最终落槌在 262 万零 6311 美元，超过 2008 年创造的 211 万美元最高拍卖纪录。2011 年 6 月初，巴菲特午餐再破纪录，买家在拍得 234.5678 万美元后意犹未尽，在已经夺标的情况下，自愿多付出几十万美元，将午餐价格提高到了 262.6411 万美元。2014“巴菲特午餐”最后出价是 216.7 万美元（约合 1355 万元）。为了一顿午餐竟然花费百万美元，这个到底值不值？对此，翻阅史料，一些成功的案例证实，和投资大师巴菲特共进午餐确实值这个价，他们或者捕捉到了投资机会，或者就此在华尔街成名，或者从“股神”身上学到了投资经验，总之，各有所获。

2007 年 10 月 24 日，巴菲特的私人飞机从美国飞抵大连，并在机场接受了中央电视台的专访。巴菲特说：“读年报像其他人在读报纸一样，每年我都读成千上万，我不知道我读了多少，不过像中石油，我读了 2002 年 4 月的年报，而且又读了 2003 年的年报，然后我决定投资 5 亿美元给中石油，仅仅根据我读的年报，我没有见过管理层，也没有见过分析家的报告，但是非常通俗易懂，是很好的一个投资。”

孙子曰：夫未战而庙算胜者，得算多也；未战而庙算不胜者，得算少也。多算胜少算，而况于无算乎！吾以此观之，胜负见矣。同进行债券投资一样，企业进行股票投资，也必须知道股票价值的估计方法。优先股的估价比较简单，其计算方法与债券的计算方法基本一致，在此不再赘述。普通股价值的估计大致有 3 种模型。

8.2.1 股票估价的折现模型

股票带给持有者的现金流入包括两部分：股利收入和出售时的售价。股票估价的折现模型表明股票的内在价值即由一系列的股利和将来出售股票时售价的现值所构成，即为：

$$\text{股票价值}V_s = \frac{D_1}{(1+R_s)^1} + \frac{D_2}{(1+R_s)^2} + \cdots + \frac{D_{N-1}}{(1+R_s)^{N-1}} + \frac{D_N}{(1+R_s)^N} + \frac{P_N}{(1+R_s)^N}$$

$$= \sum_{t=1}^{N} \frac{D_t}{(1+R_s)^t} + \frac{P_N}{(1+R_s)^N} \tag{8-6}$$

式中：

R_s——投资者投资于股票所要求的必要报酬率；

N——预计持有股票的期数；

D_t——第 t 期支付的股利；

P_N——第 N 期的股票价格。

如果股东永远持有股票，其获得的是一个永续的股利现金流入，股票的价值为：

$$\text{股票价值}V_s = \frac{D_1}{(1+R_s=0)^1} + \frac{D_2}{(1+R_s)^2} + \cdots + \frac{D_{N-1}}{(1+R_s)^{N-1}} + \frac{D_N}{(1+R_s)^N} + \frac{D_{N+1}}{(1+R_s=0)^{N+1}} + \cdots$$

$$= \sum_{t=1}^{\infty} \frac{D_t}{(1+R_s)^t} \tag{8-7}$$

有了上述的基本模型，结合具体情况可以得到股票投资估价的其他简化模型。

1. 零增长型股票的估价

零增长型股票的估价即长期持有股利稳定不变的股票的估价（就像优先股），股票的估价模型可简化为：

$$V_s = \sum_{t=1}^{\infty} \frac{D}{(1+R_s)^t} = \frac{D}{R_s} \tag{8-8}$$

2. 固定增长型股票的估价

固定增长型股票的估价即长期持有股利固定增长的股票的估价。设上年股利为 D_0，每年股利相比上年增长率为 G，则：

$$V_s = \frac{D_0(1+G)}{(1+R_s)} + \frac{D_0(1+G)^2}{(1+R_s)^2} + \cdots \frac{D_0(1+G)^N}{(1+R_s)^N} + \cdots$$

假设 $R_s > G$，则可求出：

$$V_s = \frac{D_0(1+G)}{R_s - G} = \frac{D_1}{R_s - G} \tag{8-9}$$

3. 非固定增长型股票的估价

通常，企业发展期其股利增长率高于经济增长速度；接着和经济增长保持一致；最后公司的股利增长率要低于经济增长。例如，20 世纪 20 年代的汽车制造商与 90 年代的微软等高科技公司都是处于发展期企业的例子。而如烟草或煤炭企业在 21 世纪初则正处在衰退期，因此其股利增长率往往低于经济增长率，有时甚至为负。在股利增长率不固定的情况下，要分段计算确定股票的价值。

【例 6】光华公司的必要报酬率为 12%，准备投资购买 A 公司或 B 公司的股票，两只股票去年每股股利均为 2 元，其中：A 公司的每股股利预计以后每年以 6%的增长率增长。B 公司的每股股利预计未来 3 年以 20%的增长率高速增长，此后转为正常增长，增长率为 6%。则 A 公司或 B 公司的股票价格分别为多少时，光华公司方可购买？

对A公司的股票，由式（8-9）可得：

$$V_s = \frac{2(1+6\%)}{12\%-6\%} = \frac{2.12}{6\%} = 35.33(\text{元})$$

即A公司的股票价格在35.33元以下时，光华公司才能购买。

对B公司的股票，首先，计算非固定增长期的股利现值如表8-1所示。

表8-1　非正常增长期股利现值

年份	股利（D_t）	折现系数（12%）	现值
1	2×1.2=2.4	0.893	2.14
2	2.4×1.2=2.88	0.797	2.30
3	2.88×1.2=3.456	0.712	2.46
合计（三年股利现值）			6.90

其次，计算第三年年底的普通股价值：

$$V_3 = \frac{D_3(1+G_n)}{R_s - G} = \frac{3.456\times(1+6\%)}{12\%-6\%} = \frac{3.66336}{6\%} = 61.056（\text{元}）$$

计算其现值：61.056×0.712 = 43.47（元）

最后，计算股票目前的价值：

$$V_0 = 6.90 + 43.47 = 50.37（\text{元}）$$

即B公司的股票价格在50.37元以下时，光华公司才能购买。

4. 自由现金流量折现模型

上述3种股利折现模型的应用受到了现实环境和具体操作的种种限制。例如，对折现率的确定就存在颇多的争议，另外我国上市公司很多不分配股利或只分配少量股利，使得运用股利折现模型难以真实反映股票的真正价值。

为了解决公司不分股利的问题，美国经济学家肯尼斯·汉克尔（Kenneth S.Hackel）在《现金流量与证券分析》①一书中介绍了一种基于自由现金流量的证券估价模型，认为自由现金流量才是公司真正能全部用于股利支付的现金流，该现金流的支付不会给公司经营产生任何不良影响。其定义如下：

自由现金流量=净利润+折旧摊销-营运资本增加-资本性支出

自由现金流量折现模型与股利折现模型的原理一致，都是对未来现金流量的折现，只是自由现金流量折现模型用自由现金流量替代了股利，其一般形式：

$$\begin{aligned}\text{股票价值}V_s &= \frac{FCF_1}{(1+R_s)^1} + \frac{FCF_2}{(1+R_s)^2} + \cdots + \frac{FCF_{N-1}}{(1+R_s)^{N-1}} + \frac{FCF_N}{(1+R_s)^N} + \cdots \\ &= \sum_{t=1}^{\infty} \frac{FCF_t}{(1+R_s)^t} \end{aligned} \tag{8-10}$$

式中：

FCF_t——第 t 期公司产生的自由现金流量。

8.2.2 市盈率模型

市盈率是指普通股每股市价与每股收益的比值，如式（8-11）所示，反映投资者为每一元的当期收益支付多少钱。市盈率模型可操作性强，可以粗略地反映股票的价值，它表明市场对某只股票的评

① Kenneth S. Hackel,Joshua Livnat. Cash Flow and Security Analysis. McGraw-Hill Professional, 2010, 11:8,18.

价。投资者依据式（8-12）来估算股票价值：

市盈率=每股股票价格/每股收益　　（8-11）

股票价值=行业平均市盈率×该股票每股收益　　（8-12）

一般高市盈率说明企业能够获得社会信赖，具有良好的发展前景，但要结合资本市场当时的平均市盈率，而不能简单判断越低越好或越高越好。市盈率通常不能用于不同行业间的公司比较。在其他因素保持不变的情况下，充满发展机会的朝阳行业以及高成长前景行业的市盈率普遍较高，而成熟工业或者高风险行业的市盈率普遍较低。因此，在运用此指标评价企业的盈利能力时，应与同行业的其他企业和行业平均水平进行比较。

【例 7】东方股份有限公司每股收益是 2 元，该公司主营业务所处行业的平均市盈率为 19.4，问东方股份有限公司的股价为多少时，你才会购买？

按市盈率估价=2×19.4 = 39.8（元）

股票价格低于 39.8 元时，才可购买。

市盈率模型的优点是：首先，计算市盈率的数据容易取得，并且计算简单；其次，市盈率把价格和收益联系起来，直观地反映投入和产出的关系。但如果收益是负值，市盈率就失去了意义，而且市盈率还受到整个经济景气程度的影响。因此，市盈率模型适合连续盈利，并且其系统风险与市场系统风险接近的企业的估价。

8.2.3　市净率模型

20 世纪 90 年代，费尔森和奥尔森提出的市值/账面净值的市净率计价模型（Market-to-Book Value Model）①，即式（8-13），为计算股票价值提供了另外一种方法。这种方法假设股权价值是净资产的函数，类似企业有相同的市净率，净资产越大则股权价值越大。因此股票市值是净资产的一定倍数，目标股票价值可以用每股净资产乘以平均市净率计算，即式（8-14）。

市净率=股票市值/资产净值　　（8-13）

股票价值=平均市净率×每股净资产　　（8-14）

【例 8】东方股份有限公司今年的每股净资产是 2 元，该公司主营业务所处行业的平均市净率为 16.7，问东方股份有限公司的股价为多少时，你才会购买？

按市净率估价= 2×16.7 = 33.4（元）

股票价格低于 33.4 元时，方可购买。

市净率估价模型的优点：首先，净利为负值的企业不能用市盈率估价，而净资产极少为负值，市净率可用于大多数公司；其次，净资产账面价值的数据容易取得，并且容易理解。再有，净资产账面价值比净利润稳定，也不像利润那样容易被人为操纵。局限性在于：有些行业企业的净资产所占比重小，净资产与企业价值的关系不大。另外有些企业净资产是负值，市净率没有意义。因此，这种方法主要适用于需要拥有大量资产、净资产为正值的企业的估价。

8.3　利率对证券投资的影响

自 1979 年以来，中国人民银行做出了数十次的利率调整，利率上调对抑制物价上涨和通货膨胀起到

① Feltham Gerald A, Ohlson James A. Valuation and Clean Surplus Accounting for Operating and Financial Activities. Contemporary Accounting Research, Spring1995, 11(2): 689-731.

了一定的积极作用，利率下调一定程度上刺激了投资和消费，扩大总需求，对国民经济适度增长起到促进作用。尤其是进入20世纪90年代以来，利率调整信息的经济效应，已反映在经济发展的晴雨表——证券市场上。不仅中国，2000年以后，美联储在IT泡沫破灭之后大幅度降息，实行宽松的货币政策，借贷资金很容易获得，这促使了美国出现了房地产市场的繁荣。而房地产的上涨，导致美国消费者财富增加，增加了消费力，使得美国经济持续快速增长，又进一步促进了美国房价的上涨。低利率情形下，借贷双方风险意识日趋薄弱，次级贷款和次级债券在美国快速增长。从2004年开始，美国连续加息17次，房地产价格止升回落，平均房价下跌。这导致无力还贷的房贷人越来越多，造成的信贷损失越来越大。次级债券市场的全球化导致整个次级债的危机变成一个全球性的问题。最终，导致全球证券市场应声下落。

利率，即货币的成本，表明了平均资金回报率，离开了利率因素，就无法正确做出投资决策。因此，利率是进行证券投资时需要考虑的因素，利率原理也是财务管理中的一项基本原理。

8.3.1 利率对投资决策的影响

资金通过利率实现在资金使用者中分配：投资机会获利最大的公司愿意而且有能力偿还大部分资本，因此与效率低于它的企业或产品无需求的企业相比，获利最大的公司更能吸引资金。利率是企业使用资金的机会成本或者必须支付的代价，利率越高说明企业所要支付的使用资金的代价就越高，要用企业收益补偿的数额也就越大，因此，利率高低对企业收益将产生直接影响。如果投资收益不足以补偿利率，则该项投资就无利可图。只有当利率小于投资收益率时，投资才是可取的。

同时，长期资金利率高于短期资金利率，因此存在企业投资决策与债务期限匹配的问题。如果企业为了节省资金成本而举借短期资金以满足长期投资的需要，则企业将不断借新债还旧债。如果新债利率较高，企业使用资金的成本就会提高，从而导致利润下降，一旦到期不能偿还本息，企业信誉就会下降。而企业信誉下降，举借新债时，债权人所要求的利率就会提高，企业将面临举债困难的局面。如果企业信誉持续下降，资金周转不畅，将会面临破产的危险。

8.3.2 利率对证券价格的影响

利率水平的高低对上市公司发行的股票、债券价格产生直接与间接影响。

直接影响表现在，利率是公司使用资金的成本，它将直接影响企业的财务费用，从而影响利润水平。而上市公司利润的升高或下降显然将会对股价产生直接的影响。同时，利率是固定收益证券的主要风险，特别是债券的主要风险。当市场利率提高时，以往发行又尚未到期的债券利率相对偏低，此时投资者若继续持有债券，在利息上要受损失，若将债券出售，又必须在价格上做出让步，要受损失。可见，此时投资者无法回避利率变动对债券价格和收益的影响，而且这种影响与债券本身无关。

间接影响表现在利率影响股市和债市的竞争。一方面如果在证券市场上，债券利率上升，投资者就会将投资于股票的资金转向债券以取得更高的投资收益，这样就会造成股价下跌；相反，如果债券利率下降，投资者就会转而购买股票以获得更高的报酬率，股票价格就会上升。另一方面，当银行利率上升，存款利息增多时，资金就会从证券市场流向银行，证券投资需求减少，证券价格便会下跌。而且，银行贷款利率上升，信贷市场银根紧缩，上市公司资金周转不畅，利息成本提高，获利能力降低，同样会使公司发行的股票价格下跌。上述的理论与前美国联邦储备委员会主席格林斯潘提交给国会的《货币政策报告》存在一致性。在1997年7月格林斯潘提交给国会的《货币政策报告》中提到，自1982年以来10年期债券（代表了利率水平）和市盈率之间呈现显著的负相关关系①。事实上，从

① 罗伯特·J·希勒. 非理性繁荣. 北京：中国人民大学出版社，2008.1.

20世纪60年代中期到80年代初期，利率水平逐步提高，而市盈率水平逐渐下降。从80年代初到90年代末，利率下降而股价不断攀升。股票市场与10年期利率的这种关系被称为联邦储备模型(Fed Model)。但是，这一模型不完全可靠。例如，在大萧条时期，利率很低，根据联邦储备模型估价应该呈现较高水平的市盈率，但是事实并非如此。2000年美国股市到达顶峰之后，利率和市盈率同时走低。也就是说，尽管利率确实对市场有影响，但是市场对于利率所做出的反应却是不可预知的。

【讨论案例】

雅戈尔的“三驾马车”

一、雅戈尔简介

雅戈尔集团创建于1979年，以品牌服装为主业，涉足地产开发、金融投资领域，是一家拥有5万余员工的大型跨国集团公司，旗下的雅戈尔集团股份有限公司为上市公司。雅戈尔以生产服装起家，而后大举进军房地产，同时又在股票、期货等投资领域风生水起。服装、地产和投资，组成了雅戈尔的“三驾马车”。由于三个领域跨度颇大，雅戈尔曾在资本市场背负了“不务正业”之名。2013年，集团实现销售收入532亿元，利润30.18亿元，进出口总额24亿美元，完成税收38.42亿元，同比增长58%。位列2013年中国企业500强第235位，中国民企500强第37位。2013年，集团获得首届中国质量奖提名奖，雅戈尔集团股份有限公司荣获“最佳股东回报上市公司”奖项。

经过近30年的发展，雅戈尔已成为中国的知名品牌。2007年，世界品牌实验室发布2006年度“中国500最具价值品牌排行榜”。“雅戈尔”商标品牌价值91.81亿元，位列500强第52位，成为宁波市最“贵”的商标，继续稳居全国纺织服装品牌第一。“雅戈尔”品牌是国家第一批“中国驰名商标”，也是国家第一批“重点支持和发展的名牌出口商品”品牌，并被国家商标局列入全国重点商标保护名录，多次入选“中国最佳服装品牌”“最受消费者欢迎的男装品牌”。

（1）品牌服装

品牌服装是雅戈尔集团的基础产业，自1979年从单一的生产加工起步，迄今已经形成了以品牌服装经营为龙头的纺织服装垂直产业链。雅戈尔集团旗下的雅戈尔服饰公司在全国拥有100余家分公司，400多家自营专卖店，共2000多个商业网点。公司针对国际商务、行政公务、商务休闲三大消费群体进行开发，拥有衬衫、西服、西裤、夹克、领带和T恤衫6个中国名牌产品，主打产品衬衫为全国衬衫行业第一个国家出口免验产品，连续14年获得市场综合占有第一位，西服连续9年保持市场综合占有率第一位。雅戈尔品牌服饰连续7年稳居中国服装行业销售和利润总额双百强排行榜首位，被评为最受消费者喜爱品牌。相继获得中国服装协会颁发的公众大奖、成就大奖、营销大奖，是首届浙江省十大品牌创新先锋之一，被中国品牌研究院评为行业标志品牌。雅戈尔拥有五大品牌，主打品牌YOUNGOR突出功能性；高端品牌MAYOR旨在打造中国的量身定制品牌；GY品牌以时尚风格构筑年轻人的概念世界；HANP健康、环保，清新淡雅源自天成；Hart Schaffner Marx则传承美式休闲风。自2004年以来，雅戈尔集团将品牌服装进一步延伸至棉花种植、纺织等服装上游产业，随着2008年集团并购美国KELLWOOD公司旗下核心男装业务——香港新马集团（中国地区），雅戈尔更获得强大的设计开发能力、国际经营管理能力以及遍布美国的分销网络，形成了全球最大的纺织服装产业链之一。2013年，雅戈尔以打造“时尚雅戈尔、科技雅戈尔、文化雅戈尔”为方向，继续向品牌运营型企业转型，进一步整合产业联盟提升研发设计能力、革新多品牌运营模式，探索电商渠道与线下渠道融合模式。

（2）地产开发

雅戈尔集团于1992年开始涉足房地产开发，公司在宁波、苏州等地相继开发东湖花园、东湖馨园、都市森林、苏州未来城、海景花园、钱湖比华利等大型楼盘，累计开发住宅、别墅、商务楼等各类物业300万平方米。随着地产开发业务的进一步发展，近几年来，雅戈尔地产开发业务定位已从成立初的立足宁波转变为成为长三角区域强势品牌，目前已在上海、宁波、苏州、杭州、绍兴、台州等地开展地产开发，并准备整合地产开发业务，使雅戈尔地产开发公司走向全国，成为一家全国性的地产开发企业品牌。

2009年，楼市火爆，雅戈尔三四百人的地产团队创造的利润，约为几万工人支撑的服装板块利润的2.5倍。2013年，雅戈尔房地产板块销售突破百亿。

（3）金融投资

雅戈尔集团1993年开始介入股权投资领域，先后投资了广博集团、宜科科技、中信证券、宁波银行、海通证券等多家企业。2006年，公司持有的中信证券、宜科科技等股权投资价值逐步体现，公司净资产水平得以显著提高，股权投资获得巨大的增值空间，取得了良好的投资收益。对中信证券的投资成功，一时为投资者和舆论叹为"神话"。有数据称，雅戈尔通过减持中信证券的股票，累计套现达60亿元。2007年，雅戈尔集团成立了专业投资公司，针对已上市和拟上市的金融企业、资源型企业、行业龙头企业进行股权投资方面的探索，参与了苏宁电器、东方电气、华鲁恒升等20余家上市公司增发，并投资了多个PE项目。2008年，雅戈尔与基金经理出身的陈继武合作，成立了凯石投资。"投资得好，一下子就能赚制造业30年的钱。"这曾是雅戈尔掌门人李如成投资的态度。地产比做服装来钱快，比地产赚钱更快的是遇上好行情的金融投资。从资本市场的运作中，雅戈尔一度获益颇丰。

二、雅戈尔集团股份有限公司五年来的财务状况与经营成果

表8-2和表8-3从雅戈尔集团股份有限公司的合并报表展示了其5年来的财务状况和经营成果。

问题：

1. 分析雅戈尔集团股份有限公司的"三驾马车"是否并驾齐驱？"三驾马车"面对的风险因素各有哪些？

2. 有市场观察人士在接受《财经国家周刊》记者采访时称："辛苦赚来的服装利润是填补不了房地产现金流空白的，资金链断裂、巨额亏损的隐忧时刻存在，到时候怕连起家的雅戈尔服装也会被拖下水淹死。"你觉得这是杞人忧天还是可能性很大？这话是否有依据？

3. 作为一名普通投资者，如何对雅戈尔（600177）股票价值评估？最多能用几种方法实现其价值评估？这些方法得到的结果是否相同？如果不同，你更加信赖哪一种方法？

【专栏或者介绍】

证券从业资格证书

从学习本章内容可看出证券投资的复杂性，因此，从事此方面工作的人员要经过专门的资格考试。

证券从业资格是进入证券行业的必备证书，是进入银行及非银行金融机构、政府经济部门、上市公司及大型企业集团、会计公司、投资公司、财经媒体的重要参考，也是个人进行投资获利的知识保障。

1995年，国务院证券委发布了《证券从业人员资格管理暂行规定》，开始在我国推行证券业从业人员资格管理制度，并在1999年进行了第一次考试。这一全国统一考试由中国证券业协会在中国证监

表 8-2　　雅戈尔集团股份有限公司 2009—2013 年的财务状况　　单位：元

	2013.12.31	2012.12.31	2011.12.31	2010.12.31	2009.12.31		2013.12.31	2012.12.31	2011.12.31	2010.12.31	2009.12.31
货币资金	3,533,175,898.61	3,144,172,816.15	3,234,915,085.07	4,355,722,568.12	2,103,247,227.65	短期借款	12,920,611,987.36	15,115,552,010.24	12,984,498,130.72	11,996,743,137.18	8,207,684,616.79
交易性金融资产			1,000,000.00	1,136,590,625.34	893,249,881.06	交易性金融负债			15,209,990.42		190,213.02
应收票据	6,930,950.00	14,050,215.41	7,670,940.00	2,768,480.00	11,583,398.87	应付票据	73,442,952.47	107,710,000.00	127,613,465.07	308,030,747.60	488,527,063.87
应收账款	448,391,001.87	277,326,827.44	405,954,206.23	682,189,607.84	666,535,693.00	应付账款	940,833,589.43	1,041,902,715.68	815,217,397.76	1,030,124,801.63	467,421,795.80
预付款项	222,243,217.58	1,417,447,462.34	1,761,126,460.95	1,723,377,378.38	433,325,133.27	应付账款	940,833,589.43	1,041,902,715.68	815,217,397.76	1,030,124,801.63	467,421,795.80
应收利息	5,629,837.17	12,191,498.41	2,306,935,223.22	2,028,831,251.45	5,244.89	预收款项	15,867,066,058.45	14,887,405,255.83	12,239,057,885.96	9,669,381,616.74	7,717,797,986.59
其他应收款	2,902,355,779.90	2,777,194,263.62			1,329,169,513.04	应付职工薪酬	323,001,708.89	297,831,250.63	364,079,867.94	378,250,048.10	381,030,262.59
存货	22,645,442,235.60	23,472,966,928.66			18,256,615,495.36	应交税费	61,501,078.30	-601,884,558.82	275,193,415.65	1,132,950,373.62	74,105,393.77
流动资产合计	29,764,168,920.73	31,115,350,012.03	31,037,441,092.00	28,664,804,530.05	23,693,726,342.25	应付利息	84,231,881.68	70,689,759.39	30,422,060.38	10,731,617.27	16,514,674.82
可供出售金融资产	6,516,692,802.14	8,522,747,917.68	9,361,665,703.86	12,188,685,053.96	11,247,021,729.96	应付股利			251,275,000.00	4,666,614.33	
长期应收款				5,000,507.93	7,106,235.01	其他应付款	685,705,156.76	600,714,017.62	667,852,214.94	1,115,882,572.60	1,133,545,022.75
长期股权投资	6,476,377,249.85	4,474,478,575.28	2,503,428,583.45	2,176,288,212.21	1,341,553,987.82	一年内到期的非流动负债	614,692,710.00	1,881,359,450.00	2,618,612,060.00	1,943,681,000.00	448,586,012.00
投资性房地产	474,062,123.18	495,396,329.53	151,739,247.79	54,141,526.34	51,021,506.69	其他流动负债			1,855,189,000.00		1,805,486,000.00
固定资产	4,304,897,640.37	4,596,478,089.56	4,535,362,541.83	3,840,337,447.29	4,636,678,902.31	流动负债合计	31,571,087,123.34	33,401,279,900.57	32,244,220,488.84	27,590,442,529.07	20,740,889,042.00
在建工程	265,454,017.39	459,736,379.73	864,771,437.20	881,836,485.59	409,467,977.52	长期借款	2,074,593,648.17	1,681,662,235.94	2,797,680,071.17	4,129,045,196.67	3,389,198,985.07
无形资产	307,861,407.85	315,563,256.22	264,926,203.46	263,658,312.23	367,892,951.13	专项应付款	1,008,860.17	701,562.17	1,006,962.17	114,542,111.17	1,355,780.17
商誉	47,814,252.96	47,814,252.96	47,814,252.96	47,814,252.96	47,814,252.96	递延所得税负债	409,465,623.01	539,596,585.21	502,278,711.48	1,221,818,717.24	2,229,341,412.68
长期待摊费用	7,352,656.18	7,694,237.32	8,361,066.44	28,006,274.26	27,148,829.17	其他非流动负债	69,574,691.00				
递延所得税资产	181,445,479.84	198,841,049.83	157,063,212.81	112,085,114.82	104,526,813.15	非流动负债合计	2,554,642,822.35	2,221,960,383.32	3,300,965,744.82	5,465,406,025.08	5,619,896,177.92
其他非流动资产				42,346.83	41,588.17	负债合计	34,125,729,945.69	35,623,240,283.89	35,545,186,233.66	33,055,848,554.15	26,360,785,219.92
非流动资产合计	18,581,957,629.76	19,118,750,088.11	17,895,132,249.80	19,597,895,534.42	18,240,274,773.89	实收资本（股本）	2,226,611,695.00	2,226,611,695.00	2,226,611,695.00	2,226,611,695.00	2,226,611,695.00
						资本公积	1,549,896,420.84	2,182,028,768.80	658,687,635.07	3,331,710,917.93	5,176,852,896.72
						盈余公积	1,247,221,898.95	1,247,221,898.95	1,247,120,079.46	1,115,566,361.47	916,227,764.99
						未分配利润	8,919,440,517.07	8,673,149,397.64	7,965,527,649.28	7,448,116,076.97	6,200,216,711.82
						外币报表折算差额	−12,068,867.00	−14,269,541.81	−22,019,773.11	−114,744,730.40	−85,311,151.65
						归属于母公司所有者权益合计	13,931,101,664.86	14,314,742,218.58	12,075,927,285.70	14,007,260,320.97	14,434,597,916.88
						少数股东权益	289,294,939.94	296,117,597.67	1,311,459,822.44	1,199,591,189.35	1,138,617,979.34
						所有者权益合计	14,220,396,604.80	14,610,859,816.25	13,387,387,108.14	15,206,851,510.32	15,573,215,896.22
资产总计	48,346,126,550.49	50,234,100,100.14	48,932,573,341.80	48,262,700,064.47	41,934,001,116.14	负债和所有者权益总计	48,346,126,550.49	50,234,100,100.14	48,932,573,341.80	48,262,700,064.47	41,934,001,116.14

表 8-3　　雅戈尔集团股份有限公司 2009—2013 年的经营成果　　单位：元

	2013 年度	2012 年度	2011 年度	2010 年度	2009 年度
一、营业总收入	15,166,875,602.26	10,732,502,076.11	11,539,440,070.34	14,513,590,505.84	12,278,622,223.27
二、营业总成本	13,233,633,379.11	9,195,020,872.04	10,540,533,381.39	13,139,046,394.53	10,153,353,663.42
其中：营业成本	8,102,648,971.53	5,448,222,090.68	6,969,521,829.87	9,634,579,845.66	7,562,856,061.37
营业税金及附加	1,534,496,249.66	566,405,242.73	359,620,136.63	971,053,947.10	350,015,942.23
销售费用	1,660,511,441.57	1,568,297,196.52	1,453,829,679.44	1,139,286,518.75	1,098,217,781.09
管理费用	758,758,437.36	754,138,276.12	1,013,823,449.75	1,004,004,951.88	813,038,025.79
财务费用	730,817,323.23	844,511,411.28	745,253,805.36	420,632,282.73	301,151,231.61
资产减值损失	446,400,955.76	13,446,654.71	−1,515,519.66	−30,511,151.59	28,074,621.33
公允价值变动收益			−2,993,150.00	−31,822,477.85	35,434,412.03
投资收益	653,644,243.54	543,450,202.65	1,442,506,171.07	2,057,854,203.72	1,979,018,706.93
其中：对联营和合营企业的投资收益	28,869,316.13	98,777,045.00	133,744,802.39	50,638,664.96	2,683,363.41
三、营业利润	2,586,886,466.69	2,080,931,406.72	2,438,419,710.02	3,400,575,837.18	4,139,721,678.81
营业外收入	75,876,725.95	147,878,256.42	198,327,109.08	306,479,966.20	61,035,869.28
营业外支出	533,535,590.35	13,215,350.29	15,621,913.06	46,332,485.63	103,156,289.72
其中：非流动资产处置损失	21,405,969.47	3,362,448.51	5,452,833.86	3,232,857.90	17,513,685.82
四、利润总额	2,129,227,602.29	2,215,594,312.85	2,621,124,906.04	3,660,723,317.75	4,097,601,258.37
所得税费用	770,265,208.93	558,977,266.45	562,623,374.30	726,402,800.11	603,420,926.53
五、净利润	1,358,962,393.36	1,656,617,046.40	2,058,501,531.74	2,934,320,517.64	3,494,180,331.84
归属于母公司所有者净利润	1,359,596,966.93	1,597,350,050.92	1,762,708,183.64	2,672,171,883.12	3,263,921,145.98
少数股东损益	−634,573.57	59,266,995.48	295,793,348.10	262,148,634.52	230,259,185.86
六、每股收益：	0.61	0.72	0.79	1.20	1.47
七、其他综合收益	−316,350,929.29	1,024,427,389.12	−2,571,733,422.60	−1,873,361,598.77	2,424,841,134.96
八、综合收益总额	1,042,611,464.07	2,681,044,435.52	−513,231,890.86	1,060,958,918.87	5,919,021,466.80
归属于母公司所有者的综合收益总额	1,043,246,037.64	2,621,777,440.04	−809,025,238.96	798,810,284.35	
归属于少数股东的综合收益总额	−634,573.57	59,266,995.48	295,793,348.10	262,148,634.52	

会指导监督下组织实施。通过基础科目及任意一门专业科目考试的考生，即可取得证券业从业资格。符合《证券业从业人员资格管理办法》规定的从业人员，可通过所在公司向中国证券业协会申请执业证书。证券从业资格证书由中国证券业协会颁发，是从事证券行业工作必须持有的资格证书，全国范围内有效。

【关键词语】

证券投资（securities investment）　　债券估价（bond valuation）

可转换债券（convertible bond）　　股票估价（stock valuation）

面值（face value）　　利率（interest rate）

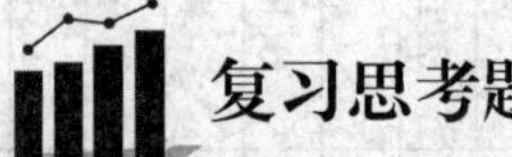

复习思考题

一、概念题

1. 债券的价值　　2. 股票的内在价值

3. 市盈率　　4. 市净率

二、单选题

1. 某债券面值为 500 元，期限为 5 年，以折现方式发行，期内不计利息，到期按面值偿还，当时市场利率为 8%，其价格为（　　）元时，企业才能购买。

A. 高于 340　　B. 低于 340　　C. 高于 510　　D. 低于 500

2. 一般认为，企业进行短期债券投资的主要目的是（　　）。

A. 控制被投资企业

B. 获得稳定收入

C. 调节现金余额，使现金余额达到合理水平

D. 增强资产流动性

3. 星海公司欲投资购买某上市公司股票，预计持有期限为三年。该股票预计年股利额为 8 元／股，三年后市价可望涨至 80 元，企业报酬率为 10%，则该股票现在可用最多（　　）元购买。

A. 59　　B. 80　　C. 75　　D. 86

4. 面值为 60 元的普通股票，预计年固定股利收入为 6 元，如果折现率为 8%，那么，准备长期持有该股票的投资者能接受的购买价格为（　　）元。

A. 60　　B. 80　　C. 75　　D. 65

5. 有一笔国债，五年期，平价发行，票面利率 10%，单利计息，到期一次还本付息，其到期收益率是（　　）。

A. 9%　　B. 11%　　C. 10%　　D. 12%

6. 下列哪些因素不会影响债券的价值（　　）。

A. 票面价值与票面利率　　B. 市场利率

C. 到期日与付息方式　　D. 购买价格

7. 某人以 40 元的价格购入一股票，该股票目前的股利为每股 1 元，股利增长率为 2%，预计一年后以 50 元的价格出售，则该股票的投资收益率应为（　　）。

A. 2%　　B. 20%　　C. 21%　　D. 27.55%

8. 某股票的未来股利不变，当股票市价低于股票价值时，则股票的投资收益率比投资人要求的最低报酬率（　　）。

A. 低　　B. 高

C. 相等　　D. 可能高于也可能低于

9. 债券投资者购买证券时，可以接受的最高价格是（　　）。

A. 出卖市价　　B. 到期价值　　C. 债券价值　　D. 票面价值

10. 某公司发行的股票，预期报酬率为20%，最近刚支付的股利为每股2元，估计股利年增长率为10%，则该种股票的价值（　　）。

A. 20　　B. 24　　C. 22　　D. 18

11. 企业对外进行债券投资，从其产权关系来看属于（　　）。

A. 债权投资　　B. 股权投资　　C. 证券投资　　D. 实物投资

三、判断题

1. 在计算长期证券收益率时，应考虑资金时间价值因素。（　　）

2. 根据我国公司法规定，发行普通股股票可以按票面金额等价发行，也可以偏离票面金额按溢、折价发行。（　　）

3. 债券面值应包括两个基本内容：币种和票面金额。（　　）

4. 债券利息和优先股股利都作为财务费用在所得税前支付。（　　）

5. 银行利率上升可能会引起证券价格下跌。（　　）

6. 股票投资的收益只有股利。（　　）

7. 公司增发新股时，可以用市盈率确定其发行价格。（　　）

四、计算题

1. 某企业计划利用一笔长期资金投资购买股票。现有A公司股票和B公司股票可供选择，该企业只准备投资一家公司股票。已知A公司股票现行市价为每股8元，上年每股股利为0.14元，预计以后每年以6%的增长率增长。B公司股票现行市价为每股6元，上年每股股利为0.5元，股利分配将一直保持不变。该企业所要求的投资必要报酬率为8%。

要求：（1）利用股票估价模型，分别计算A、B公司股票价值。

（2）为该企业作出股票投资决策。

2. 甲企业于2012年1月10日以每张1,050元的价格购买乙企业发行的利随本清的企业债券。该债券的面值为1,000元，期限为三年，票面年利率为10%，不计复利。购买时市场年利率为8%。不考虑所得税。

要求：（1）利用债券估价模型评价甲企业购买此债券是否合算?

（2）如果甲企业于2014年1月10日将该债券以1,190元的市价出售，计算该债券的投资收益率。

3. 某股东持有某公司股票100股，每股面值100元，投资最低报酬率为20%。预期该公司未来三年股利零增长，每期股利20元。预计从第四年起转为正常增长，增长率为10%。要求：计算该公司股票的价值。

第9章 投资风险管理

【引导案例】

投资风险是个看不见、摸不着的敌人，能在不经意间打败优秀的公司。不管是进行项目投资还是进行证券投资，投资风险都如影随形。

摩托罗拉曾经是引领尖端技术和卓越典范的代表，享有着全球最受尊敬公司之一的地位。成立近百年来，发明过车载收音机、彩电显像管、全晶体管彩色电视机、半导体微处理器、对讲机、寻呼机、大哥大（蜂窝电话）以及“六西格玛”质量管理体系认证，先后开创了汽车电子、晶体管彩电、集群通信、半导体、移动通信、手机等多个产业，并长时间在各个领域中找不到对手。十几年前，摩托罗拉在中国手机市场几乎是家喻户晓，在2003年手机的品牌竞争力排在第一位，2004年排在了诺基亚之后居于第二位，而到了2005年，则又被三星超过，排到了第三位。时至今日，手机市场听到更多的是“苹果”的声音，摩托罗拉已经变得不言不语。

作为一家顶级的投资银行，雷曼兄弟公司也曾有着辉煌的过去，是拥有158年历史的华尔街第四大投资银行，世界500强排名200位以内。20世纪90年代后，随着固定收益产品、金融衍生品的流行和交易的飞速发展，雷曼兄弟从注重于传统的投资银行业务（证券发行承销，兼并收购顾问等）也大力拓展了这些领域的业务，并取得了巨大的成功，被称为华尔街上的“债券之王”。然而，2008年9月15日，雷曼兄弟按照美国公司破产法案的相关规定提交了破产申请，成为美国有史以来倒闭的最大金融公司。“债券之王”毁于债券投资①。

摩托罗拉和雷曼都是业内的佼佼者，却败于投资风险这个敌人的强大之下。那么，作为普通的企业或者投资者中的一员，更没有理由不注重投资风险的判断和控制。2013年年底，国资委发布《关于2013年中央企业开展全面风险管理工作有关事项的通知》，要求各中央企业健全风险评估制度，强化重大风险管控，完善风险管理机制。该通知同时要求央企：在2014年4月30日前向国资委报送全面风险管理年度报告。国资委为何对风险管理如此重视，道理不言自明。

① 李延喜，孙文章. 债务危机、资产泡沫与经济衰退[M]. 大连：大连出版社，2015. 7.

本章我们将介绍投资项目的风险分类及其分析方法，认识项目风险对投资决策的影响；同时，掌握证券投资组合的风险计量方法，并理解投资组合对非系统风险的分散作用。在此基础上，了解如何利用资本资产定价模型对风险定价。

【学习目标】

- 掌握项目的风险分类及其分析方法；
- 熟悉证券投资组合的风险计量方法；
- 理解投资组合分散风险的原理；
- 掌握资本资产定价模型；
- 了解套利定价模型。

据统计，中国民营企业的平均寿命只有 2.9 年，60%的企业在 5 年内破产，85%的企业在 10 年内消亡，大型企业集团的平均寿命也只有七八年。而美国中小企业的平均寿命不到 7 年，大企业的平均寿命不超过 40 年；欧洲与日本企业的平均寿命为 12.5 年，跨国公司的平均寿命为 40～50 年。结束企业的有限生命有太多的风险因素。

9.1 风险分析与方法

早在 19 世纪，西方古典经济学著作就提出了风险的初步定义，认为风险是生产经营活动的副产品，经营者的经营收入是对其在生产经营活动中所承担的风险的报酬和补偿[①]。其后，美国学者威雷特于 1901 年给出了比较准确的风险定义[②]，认为风险是关于人们不愿看到的事件发生不确定性的客观体现。

风险无处不在，无时不有。一般来说，风险是指在一定条件下和一定时期内可能发生的各种结果的变动程度。“各种结果”也就是风险指事先就知道所有可能的结果，以及每种结果发生的概率。“变动程度”越大，风险就越大。风险是在“一定条件下”的风险，在不同的条件下，其风险是不一样的。条件一旦决策下来，风险大小就无法改变了。也就是说，投资的风险是客观存在的，是否愿意去冒风险及冒多大风险则是可以选择的，是主观决策的。风险的大小随时间的变化而变化，可以说是“一定时期内”的风险。随着时间延续，事件不确定性在缩小最后就完全肯定了。

风险可能给投资人带来超出预期的收益，也可能带来超出预期的损失。从财务的角度来说，风险主要是指无法达到预期收益的可能性。而行为金融的研究表明[③]，投资者对意外损失的关注要比对意外收益的关注强烈得多。因此，人们研究风险时侧重于减少风险，经常把风险看成是不利事件发生的可能性而要求规避风险。

比如说，买彩票就是一个风险事件，在没有开奖之前，购买彩票的结果可能是不中奖或者中奖，其中中奖又包括了中不同等级奖项的各种结果。那么，中头奖的概率就是中奖号码在各种数据组合中出现的概率，显然，这种概率很小，小到比被狗咬死的概率还低。所以，选择彩票号码结果的变动情况非常大，风险也就大，真的中了奖，得到的收益也相当丰厚。但在开奖之后，中奖号码一目了然，风险完全消失了，收益也不再存在了。

---

① Fischhoff B. Managing perceptions[J].Issues In Science And Technology, 1985(2):83-96.

② Willet,A.H. The Economic Theory of Risk and Insurance [M]. Philadelphia: University of Pennsylvania Press, 1901.

③ 丹尼尔·卡尼曼. 2002 年诺贝尔经济学奖. 行为金融理论的相关研究.

9.1.1 项目的风险分类

在前面讨论投资决策时，忽略了对投资项目的风险的考虑。事实上，不同投资项目在决策时，由于某些信息的取得成本过高，或者对有些事情的未来发展事先不能确知，例如价格、销量、成本等都可能发生预想不到并且无法控制的变化，以及决策者对事物进程的不可控，如政府政策的变化，顾客需求的改变，供应商的违约等，都会导致风险的产生，不同的风险对公司的影响程度也各不相同。

与投资项目有关的风险一般包括项目风险、公司风险以及市场风险三类。

1. 项目风险

项目风险是指某一投资项目本身特有的风险，即不考虑与公司其他项目的组合风险效应，单纯反映特定项目未来收益（净现值或内部报酬率）可能结果相对于预期值的离散程度。通常采用概率的方法，以项目的预期收益率及标准差衡量。

摩托罗拉在手机市场地位的急转直下，很多分析专家都认为其败于“铱星”项目。为了夺得对世界移动通信市场的主动权，并实现在世界任何地方使用无线手机通信，以摩托罗拉为首的美国一些公司在政府的帮助下，于 1987 年提出新一代卫星移动通信系统——铱星。该通信系统用 66 颗高技术卫星编织的整个卫星系统的维护费一年就需几亿美元之巨。铱星手机价格每部高达 3,000 美元，加上高昂的通话费用，开业的前两个季度在全球只发展了 1 万用户，这使得前两个季度的亏损即达 10 亿美元。尽管铱星手机后来降低了收费，但仍未能扭转颓势，项目风险直接主宰了投资结果。

2. 公司风险

或称总风险，包括经营风险和财务风险两种，由公司特有事件引起的，如法律诉讼、罢工、重要员工的流失、产品安全、管理质量、成功或失败的营销计划、成功或失败的筹资计划、重要合约的得失、竞争条件等。这些事件基本上是随机的，可以通过多样化加以消除，也就是一家公司的不利事件可以被其有利事件抵消。

在一家公司内部，某一项目可能具有高度的不确定性，但如果该项目在整个公司资产中所占的比重相对较小，而且该项目的收益与公司其他资产的收益并不密切相关，那么，该投资项目的风险就可以在与公司其他资产组合中被分散，公司规模越大，这种风险分散效应就越大。一般可参照投资组合风险分析法，将某一特定项目与公司其他资产视为一种投资组合，分析组合投资的收益和风险。

3. 市场风险

市场风险是来源于影响绝大多数公司的系统因素，如战争、通货膨胀、经济衰退和高利率、汇率变化、政治风险等[①]。由于这些市场环境对绝大多数项目有相同的影响，所以，即使站在拥有高度多元化投资组合的角度来规避投资风险，这部分投资风险也无法加以消除，通常用投资的贝他系数（β）来表示。市场风险可能直接对项目产生影响，也可能通过公司竞争者、供应商或者消费者间接对公司产生影响。

在 2000 年美国房地产和信贷这些非传统的业务蓬勃发展中，雷曼兄弟和其他华尔街上的银行一样，开始涉足此类业务，并成为住宅抵押债券和商业地产债券的顶级承销商和账簿管理人。在市场情况好的年份，整个市场都在向上，市场流动性泛滥，投资者被乐观情绪所蒙蔽，巨大的系统性风险带来了巨大的收益；可是当市场崩溃的时候，大的系统风险必然带来巨大的负面影响。美国的连续加息造成房地产价格止升回落，平均房价下跌。这导致无力还贷的房贷人越来越多，造成的信贷损失越来越大，雷曼兄弟遭遇危机。不仅如此，次级债券市场的全球化导致危机变成一个全球性的问题。从 2008 年 9 月 9 日，雷曼公司股票一周内股价暴跌 77%，公司市值从 112 亿美元大幅缩水至 25 亿美元。雷曼

① 斯科特·贝里斯，尤金·F. 布里格姆. 陈国欣，等译. 财务管理精要（第 14 版）. 北京：北京大学出版社. 2010.6.

通过卖掉部分杠杆贷款、资产抵押贷款、变卖资产、大规模裁员等自救方式也没有把自己带出困境。

4. 三者关系

上述三种风险中，由于市场风险不能通过多元化投资加以分散，因此它对项目影响非常重要。但对单一股票持有者，包括小型企业的所有者，以及公司的股东、管理人员、员工、客户、供应商、债权人以及公司所处的社区，他们对公司风险的关心要胜于市场风险。因为如果公司风险高、经营状况差、获利能力低甚至面临破产，公司的各种利益相关者利益都会受到损害。因此即使对那些实行多元化投资的股东而言，也很重视公司风险。另外，项目风险的大小可能直接引发企业的生死存亡。例如，摩托罗拉投资的铱星系统，由于项目风险大，阻碍了摩托罗拉的发展。

9.1.2 项目风险分析方法

投资风险分析的方法主要包括风险调整折现率法和肯定当量法。

1. 风险调整折现率法

风险调整折现率法的基本思想是对高风险项目采用较高的折现率去计算净现值，然后根据净现值法的规则来选择方案。问题的关键是根据风险的大小确定风险调整折现率。

风险调整折现率的计量为式（9-1）：

$$K=i+b\times Q \tag{9-1}$$

式中：

K——风险调整折现率；

i——无风险折现率；

b——风险报酬斜率，反映了风险程度变化对风险调整折现率影响的大小，该值一般是经验数据，也可以根据历史资料用高低点法或直线回归法求出；

Q——风险程度，为了综合各年的风险，对具有一系列现金流入的方案用综合变化系数描述。

综合变化系数为综合标准差与现金流入预期现值的比值，是用相对数表示的离散程度即风险大小。计算如式（9-2）所示：

$$Q=\frac{D}{EPV} \tag{9-2}$$

其中，综合标准差（D）表示各年现金流入总的离散程度，计算公式为式（9-3）所示：

$$D=\sqrt{\sum_{t=1}^{n}\left[\frac{\sigma_t}{(1+i)^t}\right]^2} \tag{9-3}$$

式中：

σ_t——第 t 年现金流入的标准差；

$\sigma_t^{\,2}=\sum_{k=1}^{m}(E_{tk}-E_t)^2\times P_{tk}$——第 t 年现金流入的离散程度，可以反映其不确定性大小。

其中，E_{tk} 为第 t 年第 k 种可能的现金流入，E_t 为第 t 年的期望现金流入，$E_t=\sum_{k=1}^{m}E_{tk}P_{tk}$；$P_{tk}$ 为第 t 年的第 k 种可能的现金流入的概率，同时满足：$0\leqslant P_{tk}\leqslant 1$ 且 $\sum_{k=1}^{m}P_{tk}=1$；m 为第 t 年的所有可能现金流入结果的数目。

现金流入预期现值（EPV）直接计算各年期望现金流入的现值，计算为式（9-4）所示：

$$EPV=\sum_{t=1}^{n}\frac{E_t}{(1+i)^t} \tag{9-4}$$

【例 1】某公司的最低报酬率为 6%，现有一个投资机会，根据统计资料，项目的 b=0.1，其他有关资料如表 9-1 所示。

表 9-1　　第 t 年现金流入及其概率

年 t	现金流入（万元）	概率
0	−5,000	1
1	3,000	0.25
	2,000	0.50
	1,000	0.25
2	4,000	0.20
	3,000	0.60
	2,000	0.20
3	2,500	0.30
	2,000	0.40
	1,500	0.30

（1）风险程度 Q 的计算

项目各年的期望值：

$$E_1=3,000\times0.25+2,000\times0.50+1,000\times0.25=2,000$$
$$E_2=4,000\times0.20+3,000\times0.60+2,000\times0.20=3,000$$
$$E_3=2,500\times0.30+2,000\times0.40+1,500\times0.30=2,000$$

项目各年现金流入的标准差：

$$\sigma_1=\sqrt{(3,000-2,000)^2\times0.25+(2,000-2,000)^2\times0.50+(1,000-2,000)^2\times0.25}=707.11$$
$$\sigma_2=\sqrt{(4,000-3,000)^2\times0.20+(3,000-3,000)^2\times0.60+(2,000-3,000)^2\times0.20}=632.46$$
$$\sigma_3=\sqrt{(2,500-2,000)^2\times0.30+(2,000-2,000)^2\times0.40+(1,500-2,000)^2\times0.30}=387.30$$

三年现金流入的综合标准差，公司要求的最低报酬率可理解为无风险折现率：

$$D=\sqrt{\frac{707.11^2}{(1+6\%)^2}+\frac{632.46^2}{(1+6\%)^4}+\frac{387.30^2}{(1+6\%)^6}}=931.44$$

三年现金流入的预期现值：

$$EPV=\frac{2,000}{1+6\%}+\frac{3,000}{(1+6\%)^2}+\frac{2,000}{(1+6\%)^3}=6,236.02$$

综合变化系数即风险程度：

$$Q=\frac{D}{EPV}=\frac{931.44}{6,236.02}=0.15$$

（2）确定项目的风险调整折现率

$$k=6\%+0.1\times0.15=7.5\%$$

（3）按照风险调整折现率计算净现值

$$NPV=-5,000+\frac{2,000}{1+7.5\%}+\frac{3,000}{(1+7.5\%)^2}+\frac{2,000}{(1+7.5\%)^3}=1,066.38$$

可见，按照风险调整折现率计算的净现值 1,066.38 万元小于按照无风险折现率计算的净现值 6,236.02−5,000=1,236.02（万元），但仍然大于 0，所以项目可行。

风险调整折现率法对风险大的项目采用较高的折现率，对风险小的项目采用较低的折现率，比较符合逻辑，不仅理论上可行，并且使用广泛。但是，把时间价值和风险价值混在一起，并据此对预期现金流量进行折现，意味着风险随着时间的推移而加大，有时与事实不符。在种植、餐饮等行业，前几年的现金流量难以预测，越往后预测反而越有把握。

为了克服风险调整折现率法的缺点，提出了肯定当量法。

2. 肯定当量法

该方法先用一个系数把有风险的现金收支调整为无风险的现金收支，然后用无风险的折现率去计算净现值，再用净现值法的规则判断投资机会的可取程度。

$$NPV=\sum_{t=1}^{n}\frac{\alpha_t CFAT_t}{(1+i)^t} \tag{9-5}$$

式中：

α_t——第 t 年现金流量的肯定当量系数；

i——无风险的折现率；

$CFAT_t$——第 t 年的税后现金流量。

肯定当量系数，是指未来各年不确定的 1 元现金流量可以换算成确定的现金流量的数量，它可由经验丰富的分析人员凭主观判断确定，也可以通过数据分析为风险调整折现率规定相应的肯定当量系数。

肯定当量法是用调整净现值公式中的分子的办法来考虑风险，风险调整折现率法是用调整净现值公式中的分母的办法来考虑风险，这是两者的重要区别。肯定当量法克服了风险调整折现率法夸大远期风险的缺点，但如何确定合理的肯定当量系数是个困难的问题。

9.2　投资组合与风险分散

投资组合是指由一种以上证券或资产构成的集合。由于投资组合涉及的资产主要是金融资产，因此投资组合通常指证券的投资组合。

美国经济学家马科维茨（Markowitz）1952 年首次提出投资组合理论①，并进行了系统、深入和卓有成效的研究，他因此获得了 1990 年的诺贝尔经济学奖。投资组合理论认为，若干种证券组成的投资组合，其收益是这些证券收益的加权平均数，但是其风险不是这些证券的加权平均风险，证券组合能降低风险。正如“不要将所有的鸡蛋放在一个篮子里”这句古老谚语体现出的原则能够有效地避免投资失败。

2008 年 1 月，中国平安欲巨额融资 1,600 亿元的方案在排山倒海的反对声中以 92%的赞成票顺利过关，其董事长马明哲认为这是千载难逢的投资海外市场的抄底良机。巨额融资之举立即成为股市下跌的导火索，此后股市狂跌。事实证明事与愿违，最初投资富通的 238.74 亿元一年时间仅仅剩约 6 亿元，而当初中国平安想用 1,600 亿元的再融资买下富通银行 50%的股权。中国平安 2008 年第三季度已经对部分浮亏计提了 157 亿元的减值准备，导致第三季度亏损达到 78 亿元。富通集团的股价持续下行让平安的最初投资缩水超过九成。当年，中国平安每股收益 0.22 元，下降近 90%。可见，集中投资一家企业，若投资失败，后果不堪设想。

那么，人们在证券投资决策中应该怎样选择收益和风险的组合呢？这正是投资组合理论研究的中心问题。投资组合理论研究“理性投资者”如何优化选择投资组合。所谓理性投资者，是指这样的投资者：他们在给定期望风险水平下对期望收益进行最大化，或者在给定期望收益水平下对期望风险进行最小化。

9.2.1　证券组合的预期报酬率和标准差

证券投资本质上是在不确定性的收益和风险中进行选择，以实现预期报酬率。即：一定条件下，

---

① Harry Markowitz. Portfolio Selection. The Journal of Finance, 1952, 7(3): 77-91.

投资者的证券组合选择可以简化为两个因素的权衡，即证券投资组合的预期报酬率和标准差。所谓投资组合的预期报酬率，是组合中单只证券预期报酬率的加权平均，权重为相应的投资比例。所谓标准差，描述了投资组合的各证券预期报酬率的波动和相互关系，它刻画了投资组合的风险。

1. 预期报酬率

两种或两种以上证券的组合，其预期报酬率（r_p）可以直接表示为：

$$r_p = \sum_{j=1}^{m} r_j A_j \tag{9-6}$$

式中：

r_j——第 j 种证券的预期报酬率；

A_j——第 j 种证券在全部投资额中的比重；

m——组合中的证券种类总数。

银行推出的一些理财产品通常以“收益高，风险低”的短期固定收益来吸引投资者购买。2014 年下半年，国内股市热火朝天，受到投资者热捧的银行理财产品风光不再。银行推出的理财产品的预期收益率出现下滑。其中，国有商业银行的产品预期收益率已平均跌破 5%，仅有部分城商行产品的预期收益率能在 5%以上，预期收益率超 6%的理财产品已寥寥无几。

2. 标准差

证券组合的标准差，并不是单个证券标准差的简单加权平均，而是取决于组合内的各证券的各自风险以及各证券之间的关系。

【例 2】假设投资组合①投资 100 万元，A 和 B 各占 50%，各自以及组合的收益和报酬率情况如表 9-2 所示；投资组合②投资 100 万元，C 和 D 各占 50%，各自以及组合的收益和报酬率情况如表 9-3 所示。

表 9-2　投资组合①数据

方案	A		B		组合	
年度	收益	报酬率（%）	收益	报酬率（%）	收益	报酬率（%）
2009	20	40	−5	−10	15	15
2010	−5	−10	20	40	15	15
2011	17.5	35	−2.5	−5	15	15
2012	−2.5	−5	17.5	35	15	15
2013	7.5	15	7.5	15	15	15
均值	7.5	15	7.5	15	15	15
标准差	22.64	45	22.64	0.45	0	0

表 9-3　投资组合②数据

方案	C		D		组合	
年度	收益	报酬率（%）	收益	报酬率（%）	收益	报酬率（%）
2009	20	40	20	40	40	40
2010	−5	−10	−5	−10	−10	−10
2011	17.5	35	17.5	35	35	35
2012	−2.5	−5	−2.5	−5	−5	−5
2013	7.5	15	7.5	15	15	15
均值	7.5	15	7.5	15	15	15
标准差	22.64	45	22.64	0.45	45	45

如表 9-2 所示，投资组合①中，A 和 B 收益及报酬率的均值、标准差均相同，组合的报酬率均值与 A、B 报酬率均值相同，组合报酬率的标准差为 0，风险被全部抵消，两只证券完全负相关；表 9-3 所示，投资组合②中，C 和 D 收益及报酬率的均值和标准差相同，组合的报酬率均值与 A、B 报酬率均值相同，组合报酬率的标准差与 C 和 D 报酬率的标准差相同，组合的风险不减少也不扩大，两只证券完全正相关。

实际上，各种股票之间不可能完全正相关，也不可能完全负相关，所以不同股票的投资组合可以降低风险，但又不能完全消除风险。一般而言，股票的种类越多，组合的风险越小。

各基金公司旗下的证券投资基金有很多是股票投资组合。比如：华夏基金的“华夏成长混合”基金主要通过投资于具有良好成长性的、多行业的上市公司股票，在保持基金资产安全性和流动性的前提下，实现基金的长期资本增值。

再举个简单的例子。假定一个抛硬币的游戏：如果正面朝上，玩家可得 200 元；如果反面朝上，玩家将损失 150 元。因为：预期报酬=200×0.5−150×0.5=25（元），总体而言，这个游戏还不错。然而，玩家有损失的概率为 50%，属于高风险，因此，大多数理性的玩家会拒绝玩这个游戏。如果换种方式，玩家可以抛硬币 10 次，出现一次正面朝上就得到 20 元，出现一次反面朝上就损失 15 元。此时，出现的结果可能是全部正面朝上或者全部反面朝上，但最可能的结果是 5 次正面朝上和 5 次反面朝上，得到差不多 25 元。这样，尽管每次抛硬币都有风险，但整个游戏的风险却降低了，大部分风险被分散掉了。这就是股票投资组合相对于投资单只股票的优势。

9.2.2 投资组合的风险计量

投资组合的风险不是各证券标准差的简单加权平均数，那么如何计量呢？

投资组合的标准差是：

$$\sigma_p = \sqrt{\sum_{j=1}^{m}\sum_{k=1}^{m} A_j A_k \sigma_{jk}} \quad (9\text{-}7)$$

式中：

m——组合内证券种类总数；

A_j、A_k——第 j 种、第 k 种证券在投资总额中的比例；

当 $j=k$ 时，σ_{jk}——第 j 种或第 k 种证券报酬率的方差；

当 $j\neq k$ 时，σ_{jk}——第 j 种证券与第 k 种证券报酬率的协方差。

式（9-7）表明，证券组合的标准差不仅取决于单个证券的标准差，而且还取决于证券之间的协方差。

1. 协方差的计算

两种证券报酬率的协方差，用来衡量它们之间共同变动的程度：

$$\sigma_{jk} = r_{jk}\sigma_j\sigma_k \quad (9\text{-}8)$$

式中：

r_{jk}——证券 j 和证券 k 报酬率之间的预期相关系数；

σ_j——第 j 种证券的标准差；

σ_k——第 k 种证券的标准差。

相关系数取值区间为[−1，+1]。当相关系数为 1 时，表示一种证券报酬率与另一种证券报酬率完全正相关；当相关系数为−1 时，表示一种证券报酬率与另一种证券报酬率完全负相关；当相关系数为 0 时，表示缺乏相关性，每种证券的报酬率相对于另外证券的报酬率独立变动。一般而言，多数证券的报酬率趋于同向变动，可谓大“市”所趋，因此两种证券之间的相关系数多为小于 1 的正值。

$$相关系数(r)=\frac{\sum_{i=1}^{n}\left[\left(x_i-\bar{x}\right)\times\left(y_i-\bar{y}\right)\right]}{\sqrt{\sum_{i=1}^{n}\left(x_i-\bar{x}\right)^2}\times\sqrt{\sum_{i=1}^{n}\left(y_i-\bar{y}\right)^2}} \quad (9\text{-}9)$$

式中：

$x_i(i=1,2,\cdots,n)$和$y_i(i=1,2,\cdots,n)$ ——第 j 种、第 k 种证券 1 到 n 各期的收益率；

$\bar{x}$ 和 $\bar{y}$ ——第 j 种、第 k 种证券各期收益率的均值。

2. 协方差矩阵

式（9-7）中的 σ_{jk} 实际上可以用协方差矩阵来表达。

例如，当 m 为 3 时，所有可能的协方差如下矩阵中所示：

$$\begin{pmatrix} \sigma_{1,1} & \sigma_{1,2} & \sigma_{1,3} \\ \sigma_{2,1} & \sigma_{2,2} & \sigma_{2,3} \\ \sigma_{3,1} & \sigma_{3,2} & \sigma_{3,3} \end{pmatrix}$$

矩阵对角线上 $j=k$，相关系数是 1，$\sigma_{1,1}$、$\sigma_{2,2}$、$\sigma_{3,3}$ 为方差。$\sigma_{1,2}$ 代表证券 1 和证券 2 报酬率之间的协方差，$\sigma_{2,1}$ 代表证券 2 和证券 1 报酬率的协方差，它们的数值是相同的。这就是说需要计算两次证券 1 和证券 2 之间的协方差。其他不在对角线上的配对组合的协方差，同样计算了两次。因此，结合式（9-7），三种证券的组合，一共有 9 项，由 3 个方差项和 6 个协方差项（3 个计算了两次的协方差项）组成。

而且，随着证券组合中的证券数目增加，协方差项比方差项更重要。例如，在四种证券组合中（沿着对角线）有 4 项方差项和 12 项协方差项。当组合中证券数量较多时，总方差主要取决于各证券间的协方差。例如，在含有 20 种证券的组合中，共有 20 个方差项和 380 个协方差项。因此，充分组合的投资风险，只有证券之间的协方差是重要的，方差将变得微不足道。

【例 3】A 证券的预期报酬率为 10%，标准差是 12%。B 证券的预期报酬率是 18%，标准差是 20%。假设等比例投资于两种证券，即各占 50%。求：投资组合的预期报酬率和标准差。

该组合的预期报酬率为：r_p=10%×0.50+18%×0.50=14%

如果两种证券的相关系数等于 1，没有任何风险抵消作用，在等比例投资的情况下该组合的标准差等于两种证券各自标准差的简单算术平均数，即 16%。

如果两种证券之间的预期相关系数是 0.2，组合的标准差会小于加权平均的标准差，其标准差是：

$$\sigma_p=(0.5\times12\%)^2+2\times0.5\times0.5\times0.2\times12\%\times20\%+(0.5\times20\%)^2=0.1265$$

从这个计算过程可以看出：只要两种证券之间的相关系数小于 1，证券组合报酬率的标准差就小于各证券报酬率标准差的加权平均数。

9.2.3 风险资产的定价

证券的投资组合可以分散风险，但又不能完全消除风险。无法消除的是系统风险或称不可分散风险，可以分散掉的是非系统风险或称可分散风险，如图 9-1 所示。因此一个充分的投资组合几乎没有非系统风险。

假设投资人都是理性的，都会选择充分投资组合，非系统风险将与资本市场无关。市场不会对它给予任何价格补偿，就像商品市场只承认社会必要劳动时间而不承认个别劳动时间一样。市场不会给“浪费”以价格补偿，不会给那些不必要的风险以回报。承担风险会从市场上得到回报，回报大小取决于系统风险。这就是说，一项资产的定价高低取决于该资产的系统风险大小。

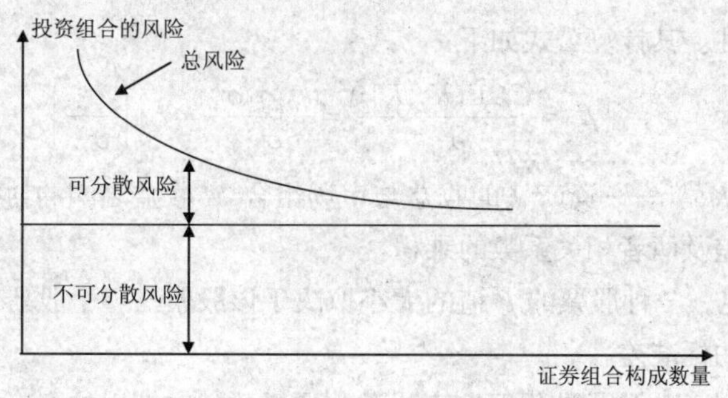

图 9-1 投资组合的风险

9.3 风险定价模型

9.3.1 资本资产定价模型

现代资本资产定价模型（Capital Asset Pricing Model，CAPM）是由夏普（William Sharpe）①、林特纳（Jone Lintner）②和莫辛（Jan Mossin）③根据马科维茨最优资产组合选择的思想发展起来的，因此资本资产定价模型也称为 SLM 模型。后来马科维茨和夏普两人由于在此方面做出的贡献而在 1990 年获得了诺贝尔经学奖。资本资产定价模型是财务学形成和发展中最重要的里程碑之一。它第一次使人们可以量化市场的风险程度，并且能够对风险进行具体定价。

资本资产定价模型的研究对象，是充分组合情况下风险与要求的收益率之间的均衡关系。资本资产定价模型回答了不容回避的问题：为了补偿某一特定程度的风险，投资者应该获得多大的收益率？在前面的讨论中，我们将风险定义为预期报酬率的不确定性；然后根据投资理论将风险区分为系统风险和非系统风险，知道了在高度分散化的资本市场里只有系统风险，并且会得到相应的回报。现在将讨论如何衡量系统风险以及如何给风险定价。

1. 资本资产定价模型的假设

资本资产定价模型建立在如下基本假设之上。

① 所有投资者均追求单期财富的期望效用最大化，并以各备选组合的期望收益和标准差为基础进行组合选择。

② 所有投资者均可以无风险利率无限制的借入或贷出资金。

③ 所有投资者拥有同样预期，即对所有资产收益的均值、方差和协方差等，投资者均有完全相同的主观估计。

④ 所有的资产均可被完全细分，拥有充分的流动性且没有交易成本和税金。

在以上假设的基础上，提出了具有奠基意义的资本资产定价模型。随后，每一个假设逐步被放开，并在新的基础上进行研究，这些研究成果是对资本资产定价模型的突破与发展。

2. 系统风险的度量

度量一项资产系统风险的指标是贝他系数，用希腊字母 β 表示，定义为某项资产的收益率与市场

---

① Sharpe William F. Capital Asset Prices: A Theory of Market Equilibrium under Conditions of Risk. Journal of Finance, 1964,19 (9): 425-442.

② Lintner John. The Valuation of Risk Assets and the Selection of Risky Investments in Stock Portfolios and Capital Budgets. Review of Economics & Statistics, 1965, 47(2): 13-38.

③ Mossin Jan. Equlibrium in a Capital Asset Market. Econometrica, 1966, 34(10): 768-783.

组合收益率之间的相关性。其计算公式如下：

$$\beta_J = \frac{COV(K_J,K_M)}{{\sigma_M}^2} = \frac{r_{JM}\sigma_J\sigma_M}{{\sigma_M}^2} = r_{JM}\left(\frac{\sigma_J}{\sigma_M}\right) \quad (9\text{-}10)$$

式中，分子 COV（K_J，K_M）——资产 J 的收益与市场组合 M 收益之间的协方差，它等于该证券的标准差、市场组合的标准差及两者相关系数的乘积。

根据式（9-10）可见，一种股票的 β 值的大小取决于该股票与整个股票市场的相关性，它自身的标准差，以及整个市场的标准差。

β 的计算方法有两种：一种是使用回归直线法，通过同一时期内的资产收益率和市场组合收益率的历史数据，使用线性回归方程预测该方程的回归系数，就是 β 系数。另一种方法是按照定义，如根据证券与股票指数收益率的相关系数、股票指数的标准差和股票收益率的标准差直接计算。

【例 4】 J 股票历史已获得收益率（Y_i）以及市场历史已获得收益率（X_i）的有关资料，如表 9-4 第 2 列、第 3 列前 7 行所示。

表 9-4　　计算 β 值的数据

年度	Y_i	X_i	X_i^2	X_iY_i	(X_i-X)	(Y_i-Y)	$(X_i-X)\times(Y_i-Y)$	$(X_i-X)^2$	$(Y_i-Y)^2$
1	1.8	1.5	2.25	2.7	0.25	−0.08	−0.02	0.0625	0.0064
2	−0.5	1	1	−0.5	−0.25	−2.38	0.595	0.625	5.6644
3	2	0	0	0	−1.25	0.12	−0.15	1.5625	0.0144
4	−2	−2	4	4	−3.25	−3.88	12.61	10.5625	15.0544
5	5	4	16	20	2.75	3.12	8.58	7.5625	9.7344
6	5	3	9	15	1.75	3.12	5.46	3.0625	9.7344
总计	11.3	7.5	32.25	41.2			27.075	22.875	40.2084
均值	1.88	1.25							
标准差	2.8358	2.1389							

① 第一种计算方法，求解方程 $y=\alpha+\beta\cdot x$ 的回归系数：

$$\beta = \frac{n\sum_{i=1}^{n}X_iY_i - \sum_{i=1}^{n}X_i \times \sum_{i=1}^{n}Y_i}{n\sum_{i=1}^{n}{X_i}^2 - (\sum_{i=1}^{n}X_i)^2} \quad (9\text{-}11)$$

将有关数据计算，列入表 9-4 第 4 列、第 5 列以及第 8 行，并代入式（9-11）：

$$\beta = \frac{6\times41.2-7.5\times11.3}{6\times32.25-7.5\times7.5} = \frac{162.45}{137.25} = 1.18$$

② 第二种计算方法，按照定义式（9-10）计算：

相关系数：

$$r = \frac{\sum_{i=1}^{n}\left[(X_i-\bar{X})\times(Y_i-\bar{Y})\right]}{\sqrt{\sum_{i=1}^{n}(X_i-\bar{X})^2}\times\sqrt{\sum_{i=1}^{n}(Y_i-\bar{Y})^2}} \quad (9\text{-}12)$$

相关数据如表 9-4 所示第 6～10 列及第 8～10 行，并代入式（9-12）：

$$r_{JM} = \frac{27.075}{\sqrt{22.875}\times\sqrt{40.2084}} = 0.8928$$

标准差的计算：

$$\sigma = \sqrt{\frac{\sum_{i=1}^{n}(X_i-\bar{X})^2}{n-1}} \quad (9\text{-}13)$$

$$\sigma_M = \sqrt{\frac{22.875}{6-1}} = 2.1389$$

$$\sigma_J = \sqrt{\frac{40.2084}{6-1}} = 2.8358$$

β 系数的计算：

$$\beta_J = r_{JM}(\frac{\sigma_J}{\sigma_M}) = 0.8928 \times \frac{2.8358}{2.1389} = 1.18$$

3. 投资组合的 β 系数

投资组合的 β_p 等于被组合各证券 β 系数的加权平均数。

如果一个高 β 系数股票（$\beta > 1$）被加入到一个平均风险组合中，则组合风险将会提高；反之，如果一个低 β 系数股票（$\beta < 1$）加入到一个平均风险组合中，则组合风险将会降低。所以，一种股票的 β 系数值可以度量该股票对整个组合风险的贡献，β 系数值可以作为这一股票风险程度的一个大致度量。

例如，替代投资组合中的高 β 系数值的股票，取而代之的是低 β 系数值的股票。此时，股票组合的整体风险程度将下降。

4. 证券市场线

按照资本资产定价模型理论，单一证券的系统风险可由 β 系数来度量，其风险与收益之间的关系可由证券市场线来描述，即以 β 值表示的风险与要求的收益率之间的线性函数，式（9-14）。

$$K_i = R_f + \beta(K_m - R_f) \tag{9-14}$$

式中：

K_i——第 i 个股票的要求收益率；

R_f——无风险收益率（通常以国库券的收益率作为无风险收益率），因为无风险证券的 β=0，故 R_f 成为证券市场线在纵轴的截距；

K_m——要求的平均收益率（指所有股票的市场组合要求的收益率）。

在均衡状态下，（K_m-R_f）是投资者为补偿承担超过无风险收益的平均风险而要求的额外收益，即风险价格。如图 9-2 所示，证券市场线的斜率表示经济系统中风险厌恶程度，风险厌恶越强，证券市场线的斜率越大，对风险资产所要求的风险补偿越大，对风险资产的要求收益率越高。图中例子显示图中例子显示在 β 值分别为 0.5、1 和 1.5 的情况下，要求的收益率由最低 K_l=10%到市场平均的 K_m=12%，再到最高的 K_h=14%。β 值越大，要求的收益率越高。

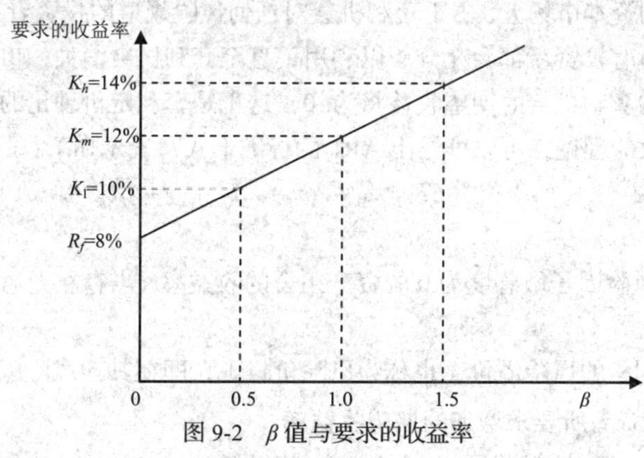

图 9-2 β 值与要求的收益率

从证券市场线可以看出，投资者要求的收益率取决于市场风险、无风险利率（证券市场线的截距）和市场风险补偿程度（证券市场线的斜率）。由于这些因素始终处于变动之中，所以证券市场线也不会一成不变。预计通货膨胀提高时，无风险利率会随之提高，进而导致证券市场线的向上平移。投资者风险厌恶的增强，也会提高证券市场线的斜率。

9.3.2 套利定价模型

斯蒂芬·罗斯（Stephen Ross）于 1976 年提出的套利定价理论（APT）以新的视角探讨了风险资产的定价问题[①]。资本资产定价模型揭示所有证券的收益率预测都与唯一的公共因子——市场证券组合的收益率存在着线性关系。套利定价理论扩展了这一结果，该模型是以收益率形成的多因素模型为基础，证明了 CAPM 只是 APT 的一个特例。

套利是资本市场理论中的一个基本概念，是指投资者利用不同市场上同一资产或同一市场上不同资产价格之间暂时存在的不合理关系，通过买进和卖出相关资产，待这些资产的价格关系趋向合理后，立即进行反向操作，从中获取利润的交易行为。套利具体可分为跨期套利、跨市套利和跨商品套利三类。在金融市场中，投资者通过买入收益率较高的证券同时卖出收益率较低的证券来实现的，其结果是使收益率偏高的证券价格上升，其收益率相应回落；同时使收益率偏低的证券价格下跌，其收益率相应回升。

1. 套利定价模型的假设

① 资本市场是有效率的。同时假设不存在交易成本以及忽略税收的影响。

② 投资者是理性的，追求财富多多益善；

③ 投资者对影响证券价格因素的预期相同，因此对证券价值的预期相同；

④ 市场上存在足够多的资金进行套利行为，直至套利机会消失为止。

2. 因素模型

APT 假设资本市场上任何资产的收益都由 k 个因素生成，表示如下[②]：

$$R_i = ER_i + b_{i1}F_1 + b_{i2}F_2 + \cdots + b_{ik}F_k + \varepsilon_i \qquad i = 1,2,\cdots,n \tag{9-15}$$

式中：

F_j——对所有资产的收益产生影响的第 j 个公共风险因子，表示系统风险；

b_{ij}——资产 i 的收益对第 j 个公共风险因子的敏感度（又称为因子负载）；

ER_i——所有公共风险因子均为 0 时，资产 i 的期望收益；

ε_i——资产 i 的随机误差项，表示该资产风险中不被公共风险因子解释的那一部分风险，即非系统风险。

在完全竞争和有效的资本市场上，由于套利机会对任何风险规避的投资者又是有利可图的，因此，这种机会一旦被发现，所有投资者都会充分予以利用，直至套利机会消失，市场达到均衡为止。换而言之，零投资、零风险的套利机会的期望收益将为 0，这正是套利定价理论的逻辑核心。根据这一均衡条件，并利用线性代数的理论，可以推导出 APT 的标准形式，表示如下：

$$ER_i = \lambda_0 + \lambda_1 b_{i1} + \lambda_2 b_{i2} + \cdots + \lambda_k b_{ik} \tag{9-16}$$

式中：

λ_0——对所有公共风险因子敏感度为 0 的资产组合的收益率，当存在无风险资产时，λ_0 就是无风险资产的收益率 R_f；

λ_j——第 j 个风险因子的风险溢价（也称为风险价格），即在其他风险因子不变的情况下，风险因子 j 增加 1 个单位，投资者所要求增加的期望收益率。

---

① Ross Stephen A. The Arbitrage Theory of Capital Asset Pricing. Journal of Economic Theory, 1976, 13(12): 341-360.

② 林新，赵陵，张宏伟. 套利定价理论的实证研究. 数量经济技术经济研究，2001，(5): 29-33.

若存在无风险资产，令 δ_j 表示某个资产组合对所有其他风险因子的敏感度均为 0，而对第 j 个风险因子的敏感度为 1 时的期望收益率，即 $\lambda_j=\delta_j-R_f$，则 APT 也可表述为：

$$ER_i-R_f=(\delta_1-R_f)b_{i1}+(\delta_2-R_f)b_{i2}+\cdots+(\delta_k-R_f)b_{ik} \tag{9-17}$$

在资产的收益服从联合正态分布以及公共风险因子不相关的情况下，根据上述表达式，bij 可被解释为：

$$b_{ij}=\frac{\mathrm{cov}(R_i,\delta_j)}{\mathrm{var}(\delta_j)}$$

可见，此时 b_{ij} 的形式与 CPAM 中 β_i 的定义形式相同。

综上所述，APT 与 CAPM 既有区别，又有联系。APT 与 CAPM 都是建立在一系列的假设之上，只不过 APT 的假设比 CAPM 的假设少；两者都是一种均衡模型①，前者强调无套利均衡原则，后者是典型的收益/风险权衡所主导的市场均衡。同时，APT 的定价在实践中，主要是对组合投资决策起支持作用。对于单项资产定价，CAPM 则有更广泛的应用。

【讨论案例】

中投投资黑石风险几何

截至 2008 年 4 月 22 日，黑石股价跌至 20 美元以下，如图 9-3 所示，中投的 30 亿美元投资已浮亏 39%，此前还曾一度接近 50%！

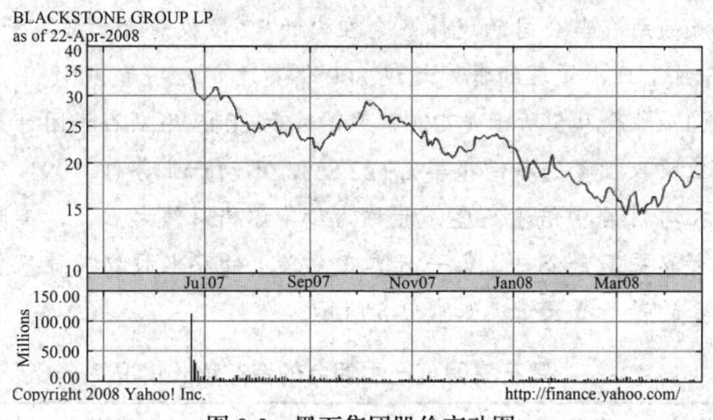

图 9-3　黑石集团股价变动图

1. 中投简介

中投全称中国投资有限责任公司，为依据《公司法》设立的国有独资公司，实行政企分开、自主经营、商业化运作，注册资本金为 2,000 亿美元，所从事的外汇投资业务以境外金融组合产品为主，于 2007 年 9 月 29 日正式成立。

国家设立中投的短期目标：①加强财政政策和货币政策的协调性，提高对冲流动性的有效性。②提高外汇储备的运营效率。中国外汇储备的投资主体是国家外管局外汇投资中心，投资方向是美国国债等低风险资产，30 年期美国国债的收益率约为 4.4%。由于投资主体和投资目标相对单一，因此收益率不高，按照 FitchRatings（惠誉国际评级）的测算，2006 年中国外部资产收益率仅为 3.6%，其中外储的比重达 69%。③维护股市的健康发展。针对自 2007 年下半年以来股市快速上涨的局面，决策层同时通过股市扩容（新股发行 + 蓝筹回归）和资金外移（放松管制+QDII 放行+中投成立）来缓解流动性过剩带来的泡沫化问题，其中，中投的设立是进行资金外移并实现增值的重要手段。④完善债市发展。

① 宋逢明．金融工程原理．北京：清华大学出版社．2004.7.

流动性压力之下我国债市中的央票规模偏大，阻碍了债市的快速发展。

当然，这些目标都是为战略目标服务的。国家设立中投的战略目标：通过中国资本战略布局，完成由被选择者向选择者的转型，将中国由“世界工厂”转变为“世界资本策源地”。（1）通过中投在外部能源、材料、实用技术和金融服务等方面的资产配置，加强“南南合作”，提高中外资本的融合度，最终实现“中国资本”的外部战略布局。（2）在“中国资本”走出去的基础上参与国际资源分配，加快国内产业升级和全球产业布局，转变贸易方式，扭转由于外贸顺差带来的国民福利外流的局面。

2. 黑石简介

黑石集团英文名称为 Blackstone Group，成立于 1985 年，以 4 个人、40 万美元起家，又称“百仕通集团”，纽约交易所交易代码 BX。黑石集团是世界最大的独立另类资产管理机构之一，美国规模最大的上市投资管理公司，其盈利主要来源于企业私募股权基金（管理 5 只私募股权基金，最大的一只规模达 196 亿美元）、不动产管理（最大的一支不动产基金规模为 72 亿美元）、交易性资产管理（包括对冲基金、夹层基金、公司债券等业务）、金融咨询服务（向公司提供购并、重组等方面的顾问服务）4 个业务领域，前两种业务决定了集团的长期盈利能力，后两种业务则体现短期盈利能力。私募基金的利润主要来源于两种渠道，一种是根据其管理资产规模收取管理佣金，另一种是根据其投资绩效获得的绩效佣金和自有投资收益。来源于第一种渠道的利润体现了投资者对于基金管理公司的信心，来源于第二种渠道的收益体现了基金管理公司的盈利能力，而盈利能力是投资者信心的基础。

黑石的第一桶金，源于创业者代表 SONY 公司出价 20 亿美元收购美国哥伦比亚唱片公司。在 19 个最有希望的投资者和 488 个潜在投资者拒绝之后，黑石的第一只基金吸引了包括大都会人寿、通用电气公司、日行证券以及通用汽车公司的退休基金在内的 32 位投资者，募集资金 8.5 亿美元。

黑石截至 2007 年 5 月 1 日，管理的资产超过 800 亿美元，远高于 2001 年 12 月 31 日的 141 亿美元，年平均增长率为 41.1%。表 9-5 所示是 2007 年相对于 2006 年黑石集团可产生佣金的资产增长情况。自 1987 年起其企业股权投资的年回报率为 22.8%，不动产业务自 1991 年起的年投资回报率为 29.2%，2006 年黑石的人均利润 9 倍于高盛，号称为“华尔街赚钱大王”，美国和全球顶尖的股权私募投资集团、美国第二大私募基金公司、第一只真正意义上的私人股权投资基金，以投资高回报率著称。黑石集团可产生佣金的资产增长情况如表 9-5 所示。

表 9-5　　黑石集团可产生佣金的资产增长情况　　单位：千美元

加权平均可产生佣金的资产（全年平均）	2006 年	2007 年	资产规模增长率
私募股权基金	20,070,331	23,725,437	18.00%
不动产管理	8,984,748	16,527,761	84.00%
交易性资产管理（MAAM）	19,978,875	33,438,382	67.00%
全部资产	49,033,954	73,691,580	50.00%

3. 中投投资黑石的过程

国家外汇投资公司（筹划中的中投）规划在北美、欧洲及亚洲设立分部，带领数以千亿计的外汇储备“走出去”，但美国对于中国政府在美设立金融分支机构的审批程序很复杂。2007 年 3 月，黑石宣布了公开上市的计划。2007 年 4 月，黑石集团大中华区主席梁锦松开始与国家外汇投资公司筹备小组接触并提出一个可行性较强的方案：入股黑石集团少于 10%的股权。这样便无需美国政府审批。3 周后，国家外汇投资公司向黑石集团表达了投资的兴趣。2007 年 5 月 20 日，双方共同宣布国家外汇投资公司将投资 30 亿美元，用于购买黑石集团部分无投票权的股份，股票有四年的限售期。2007 年 6 月 22 日，黑石集团在纽约证券交易所上市，以 31 美元的价格实现 IPO，IPO 后的股权结构如表 9-6 所示，之后，股价一路下跌。

特别是，IPO使其财务状况暴露于公众视野。此前，根据美国1987年制定的一项税收法案，对于一家合伙制公司，如果其收入的90%以上属于“非积极型收入”（passive-type income），那么它只需缴纳15%的资本利得税，而不是35%的公司所得税。黑石即适用15%资本利得税。IPO后，黑石的高收入与低税率的强烈反差引起美国社会的广泛关注，同时引发了美国国会对于合伙企业制度及其享有的低税率的争议。2007年6月22日，黑石集团上市当天，十几位民主党议员再次递交提案，拟将附股权益的税率从15%提高到35%。

表9-6　　黑石IPO后的股权结构　　单位：百万美元

股票持有方	持有份额	占比%	代价	占融资比	均价
旧股东	846,798,087	78.30	—	0.00%	—
中国投资	101,334,234	9.40	3,000.00	42.10%	$29.61
公众股东	133,333,334	12.30	4,133.30	57.90%	$31.00
总计	1,081,465,655	100.00	7,133.30	100.00%	$6.60

数据来源：《中国商界评论》

4. 美国当时的投资环境

2007年2月，美国抵押贷款风险已经浮出水面，2007年3月、4月，拉开了美国次贷危机或称次级债危机的序幕。

次贷危机爆发后资产估值泡沫破裂，原先购买的资产大幅贬值，导致原有投资出现亏损。次贷危机的扩散图9-4所示，次贷危机爆发后全球经济受到巨大影响，经济增长放缓，居民消费能力下降，经济衰退使得很多行业的业务量减少。同时，次贷危机使得投资者变得风险厌恶，发行债券的收购方式越来越不被社会接受，杠杆收购的成本已接近6年来的最高水平，导致了一些企业的融资困难，甚至为完成的收购业务而支付高额的违约金。次贷危机导致股市大动荡，各类公司股价走势情况不明朗，2007年1～11月道琼斯指数走势如图9-5所示。

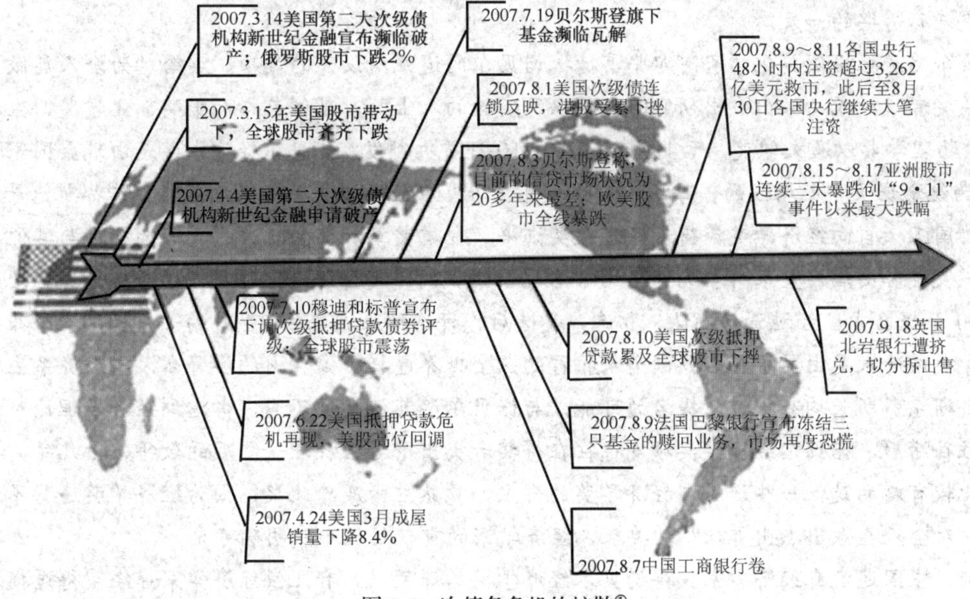

图9-4　次债务危机的扩散[①]

① 李延喜．次贷危机与房地产泡沫．北京：中国经济出版社，2008．10．

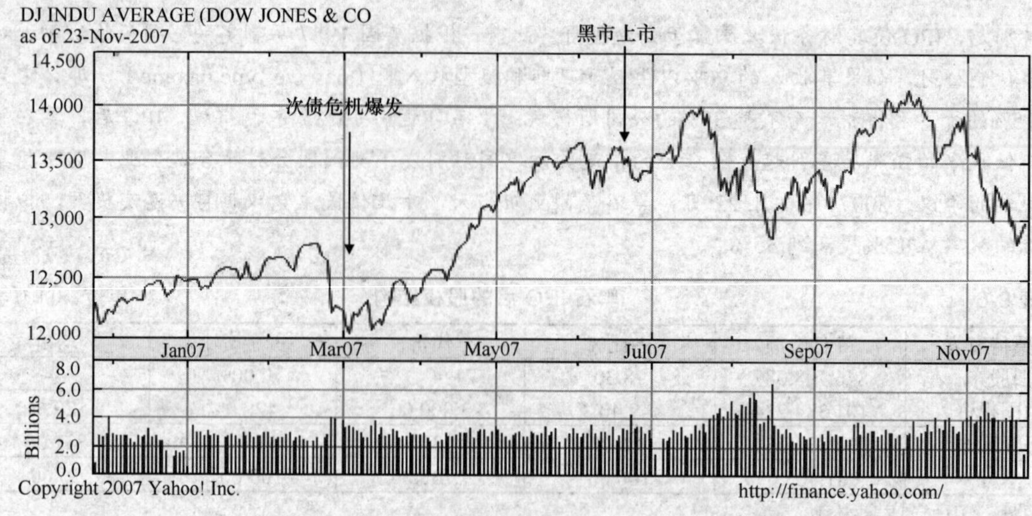

图 9-5　2007 年 1～11 月道琼斯指数走势图

资料来源：雅虎财经

请分析：中投对黑石的投资到底存在哪些风险？

【专栏或者介绍】

诺贝尔经济学奖

本章的一些学习内容直接来自诺贝尔经济学奖 1990 年的两位得主——马科维茨和夏普。马科维茨的主要贡献就在于创造性地发展了证券组合理论。夏普的主要贡献是不确定条件下的有价证券决策理论、资本市场的均衡理论，以及资本资产定价模型等。另外，创立了套利定价理论的斯蒂芬·罗斯也是 2012 年诺贝尔经济学奖的热门候选人之一，其成功地将金融理论与实践结合起来，得到各界高度的赞扬，或许有得奖的一天。

诺贝尔奖是根据瑞典化学家阿尔弗雷德·诺贝尔的遗嘱所设立的奖项，奖给“为全人类做出杰出贡献的获奖者”，或“做出杰出研究、发明以及实验的人士”，具体包括和平奖、化学奖、生理学或医学奖、物理学奖以及文学奖，于 1901 年 12 月 10 日首次颁发。诺贝尔经济学奖是由瑞典国家银行在 1968 年为纪念诺贝尔而增设的，每年 12 月 10 日，诺贝尔经济学奖颁奖仪式在瑞典首都斯德哥尔摩举行，瑞典国王亲自向经济学奖获得者颁发获奖证书、金质奖章和奖金支票。其评选标准与其他奖项是相同的，获奖者由瑞典皇家科学院 5 名到 8 名院士组成的评委会评选。每年评委会从世界各地收到的 200～300 个提名中，经过资格确认、初选、复选后，评选结果在每年 10 月的一个星期一公布。诺贝尔经济学奖候选人是由具备提名权的个人推荐的。全世界包括中国在内的各著名大学经济系主任和科学院经济研究所所长均有被邀请提名的可能。与诺贝尔奖其他奖项不同，考虑到经济学理论对社会产生影响往往滞后，诺贝尔经济学奖颁发往往在得奖者提出重大经济理论之后的数年、十几年，甚至几十年。比较有趣的是，一些诺贝尔经济学奖的得主，竟然主张废除此奖，因为经济学奖违背了诺贝尔遗嘱中“对全人类做出杰出贡献”的要求，经济学家的贡献往往难以明确可见。

目前，中国还没有经济学家获得诺贝尔经济学奖的殊荣，只有几位经济学家曾经获得过提名。显然，只研究中国的个性化问题似乎也难以实现“对全人类做出杰出贡献”的要求。中国经济学家诺贝尔奖之路还很漫长。

【关键词语】

投资风险管理（investment risk management）　　项目风险（project risk）
系统风险（systematic risk）　　非系统风险（non systematic risk）
投资组合（portfolio）　　风险分散（risk diversification）
预期报酬率（expected rate of return）　　标准差（standard deviation）
资本资产定价模型（CAPM）　　套利定价模型（APT model）

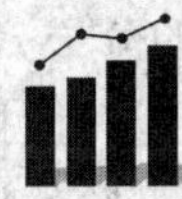

复习思考题

一、概念题

1. 风险　　2. 项目风险
3. 市场风险　　4. 投资组合

二、单选题

1. 非系统风险（　　）。
A. 归因于广泛的价格趋势和事件　　B. 源于公司本身的商业活动和财务活动
C. 不能通过投资组合得以分散　　D. 通常是以β系数进行衡量

2. 大宇公司股票的β系数为 1.5，无风险收益率为 8%，市场上所有股票的平均收益率为 15%，则该公司股票的必要收益率应为（　　）。
A. 15%　　B. 18.5%　　C. 19.5%　　D. 17.5%

3. 如某投资组合由收益呈完全负相关的两只股票构成，则（　　）。
A. 该组合的非系统性风险能完全抵消　　B. 该组合的风险收益为零
C. 该组合不能抵消任何非系统风险　　D. 该组合的投资收益为 50%

4. 已知某证券的β系数等于 0.5，则表明该证券（　　）。
A. 无风险　　B. 有非常低的风险
C. 其风险等于整个市场风险　　D. 其风险只有整个市场证券风险的一半

5. 如果组合中包括了全部股票，则投资人（　　）。
A. 只承担市场风险　　B. 只承担特有风险
C. 只承担非系统风险　　D. 没有风险

6. 当股票投资期望收益率等于无风险投资收益率时，β系数应（　　）。
A. 大于 1　　B. 等于 1　　C. 小于 1　　D. 等于 0

7. 两种股票完全正相关时，则这两种股票组成的投资组合可以（　　）。
A. 能适当分散风险　　B. 不能分散风险
C. 能分散掉部分风险　　D. 能分散掉全部风险

8. 已知某种证券的β系数为 1，则表明该证券（　　）。
A. 基本没有投资风险　　B. 与市场上的所有证券的平均风险一致
C. 投资风险很低　　D. 比市场上的所有证券的平均风险高 1 倍

9. 现有两个投资项目甲和乙，已知甲、乙方案的期望值分别为 10%、25%，标准差分别为 20%、

49%，那么（　　）。

A. 甲项目的大于乙项目的风险程度　　B. 甲项目的小于乙项目的风险程度

C. 甲项目的等于乙项目的风险程度　　D. 不能确定

10. 甲、乙两个投资项目的期望报酬率不同，但甲项目的标准差大于乙项目，则（　　）。

A. 甲项目的小于乙项目　　B. 甲项目的不大于乙项目

C. 甲项目的大于乙项目　　D. 难以判断风险大小

三、判断题

1. 风险调整折现率法与肯定当量法的共同缺点，均对远期现金流量予以较大的调整，两者的区别在于前者调整净现值公式的分母，后者调整净现值公式的分子。（　　）

2. 当股票种类足够多时，几乎可以把所有的系统风险分散掉。（　　）

3. 证券组合投资风险的大小，等于组合中各个证券风险的加权平均数。（　　）

4. 证券投资的系统风险，又称为市场风险、可分散风险。（　　）

5. β越大，说明该股票的风险越大；某股票的β大于1，说明该股票的市场风险大于股票市场的平均风险。（　　）

6. β值为0的股票，其预期收益率也等于0。（　　）

四、计算题

1. 某种股票为固定成长股票，年增长率为5%，预期一年后的股利为6元。现行国库券的收益率为11%，市场的必要收益率等于16%，而该股票的β系数为1.2，该股票的价值为多少。

2. 新海公司持有A、B、C三种股票构成的证券组合，其β系数分别是1.5、1.7和1.8，在证券投资组合中所占比重分别为30%、30%、40%，股票的市场收益率为9%，无风险收益率为7%。

要求：（1）计算该证券组合的β系数（2）计算该证券组合的必要投资收益率。

3. 某公司股票的β系数为2.5，目前无风险收益率为8%，市场上所有股票的平均报酬率为10%，若该股票为固定成长股，成长率为6%，预计一年后的股利为1.5元。

要求：（1）测算该股票的风险收益率；（2）测算该股票的必要投资收益率；（3）该股票的价格为多少时可购买？

4. 某公司的无风险报酬率为5%，现有两个投资机会，根据统计资料项目的b=0.1，其他有关资料如表9-7所示，要求：采用风险调整折现率法来确定应该选择哪一个方案。

表9-7　投资方案各年现金净流入及其概率分布

年 t	甲方案		乙方案	
	现金流入（万元）	概率	现金流入（万元）	概率
0	−50	1	−20	1
1	30	0.25	7.5	0.2
	20	0.50	10	0.6
	10	0.25	12.5	0.2
2	40	0.30	7.5	0.2
	30	0.40	10	0.6
	20	0.30	12.5	0.2
3	25	0.20	7.5	0.2
	20	0.60	10	0.6
	15	0.20	12.5	0.2

第四部分

企业业绩管理

第 10 章 业绩与考核管理

【引导案例】

一个和尚挑水吃，两个和尚抬水吃，三个和尚没水吃的故事，几乎家喻户晓。人多力气大在这儿行不通了。人性使然，没有那么多的雷锋，在缺乏考核度量的情况下，搭便车、大锅饭成为必然。如何吃上水？竹子做引水渠，用技术创新解决难题；或者制定取水的管理制度，用加强管理来保证大家能吃上水。相对于技术方面的努力，管理制度的改变可以达到立竿见影的效果，节省了时间和技术创新的投入。例如，新的管理制度可以采用协作机制接力挑水，将路程等分三段，三个和尚每人一段，距离短，力气省，效率高；或者也可以采用三个和尚轮流取水的制度。但是无论哪种，必须将责任落实到人，违者重罚；或者同时引入激励机制，用加餐、奖金等方式来提高挑水的积极性，才能保持管理制度的充分有效，这就是业绩管理。即使没有与经济收益奖励直接联动，绩效计量结果是一个"风向标"，只要这个结果存在，就能够指示企业"主张什么行为，不主张什么行为"的价值观。

上述说明了绩效管理的重要性，解决了陷入"大和尚说他挑水挑得最多，二和尚说新来的应该多干活，小和尚说他年幼身体太单薄"怪圈之中的小寺庙的问题，谁都别想搭便车。

然而，2007 年 1 月，索尼前常务董事天外伺郎在媒体上发表了《绩效主义毁了索尼》一文，使得人们对于绩效管理的质疑达到高潮。

本章首先介绍了三大责任中心，即成本中心、利润中心和投资中心，以及它们的衡量指标形成的控制体系；其次介绍了业绩管理的相关知识，包括考核的形式和方法；最后，详细介绍了经济增加值 EVA 和平衡计分卡 BSC 方法。相信你可以对索尼事件进行客观的评判。

【学习目标】

- 掌握责任中心的类型与各自的考核指标；
- 了解绩效考核的形式与方法；
- 了解 EVA 法与 BSC 法。

在东汉，进入腊月，皇帝就开始给文武百官发年终奖了，美其名曰“腊赐”。发多少[①]，有定例：大将军、三公，每人发钱20万（五铢钱，下同）、牛肉200斤、大米200斛；九卿每人发钱10万；校尉每人发钱5万；尚书每人发钱3万；侍中每人发钱2万。东汉后期，一枚五铢钱的购买力相当于现在人民币4角，一斛大米重16公斤，由此估算，大将军和三公每人所能领到的年终奖，折合成人民币大概在10万元左右。而当时三公和大将军的月薪只有17,500枚五铢钱，折合成人民币不过7,000元，领这一回年终奖，要超过他们一年的工资。在《后汉书》第四十三卷，一个名叫何敞的大臣领完他自己那份儿年终奖，忧心忡忡地说：“国恩覆载，赏赉过度，但闻腊赐，自郎官以上，公卿王侯以下，至于空竭帑藏，损耗国资。寻公家之用，皆百姓之力。明君赐赉，宜有品制，忠臣受赏，亦应有度。”到了北宋，跟东汉刚好相反，文武百官的工资很高，年终奖却很少。每年冬至，皇帝给宰相、枢密使以及曾经封王的大臣们发年终奖，每人只有5只羊、5石面、两石米、两坛子黄酒而已。宋朝一石是66公升，大概能装米50公斤，装面30公斤，两石米无非100公斤，5石面无非150公斤，再加上那5只羊，撑死了值几千块钱。而著名清官包拯“倒坐南衙开封府”时，有工资（月料），有餐补（餐钱），有饮料补贴（茶汤钱），有取暖补贴（薪炭钱），有招待补贴（公使钱），有岗位补贴（添支钱），全部加一块儿，一年将近1万贯，按购买力折合成人民币，至少在600万元以上。那点儿年终奖跟他的薪水相比，简直不值一提。

可见，中国历史上的奖惩并非都以业绩为标准，更多的是依据级别。现代经济社会，组织的扁平化和管理的精细化，使得业绩评价变得复杂了。

10.1 责任中心与考核指标

责任中心是企业业绩管理的手段之一。它是将企业经营体分割成拥有独自产品或市场的几个绩效责任单位，然后将总部的管理责任授权给这些单位，将这些单位置于市场竞争环境之下，透过客观性的绩效指标计算，实施必要的业绩衡量与奖惩，以期达成企业设定的经营成果的一种管理制度，又称责任单位，责任主体。

不同的部门和单位有不同的职能，按其责任和控制范围的大小，责任中心一般可以分为成本中心、利润中心和投资中心，分而治之。

10.1.1 成本中心

成本中心是其责任者只对成本或费用负责的单位，即成本中心的职责是用一定的成本去完成规定的具体任务。成本中心的范围最广，只要有成本费用发生的地方，都可以建立成本中心，从而在企业形成逐级控制、层层负责的成本中心体系。

成本对企业的重要性不言而喻。迈克尔·波特的竞争战略理论表明成本领先能够创造竞争优势。不只是对于传统企业，对于电子商务企业，成本领先依然是获得竞争优势的来源。电子商务企业用虚拟的网络店面代替了实体店面，虽然节约了店面租金，却增加了物流成本。世界著名的电子商务企业亚马逊（Amazon）用五年的时间，将物流成本降低了近一半，利用这种物流成本优势，以减免运费的方式，打击竞争对手，扩大销售额和市场份额，以发挥规模效应，从而进一步降低了物流成本。

美航是美国最大的航空公司之一，也是最赚钱的航空公司。但是美国航空公司还总是想尽办法降

① 李开周．历史上的年终奖：大官得十万，小吏卖废品．第15版．中国商报，2014-1-17.

低成本，节约一切可能节约的费用。在美航的飞机上，除了代表美航标志的红、白、蓝条纹外，一概不涂其他油漆，这不仅降低了油漆的费用，而且还因为不上漆飞机轻了，使每架飞机每年可以节省大约 1.2 万美元的燃油费用。有一次，美航老板柯南道尔曾将自己在美航班机上未吃完的生菜倒入一个塑料袋，交给负责机上餐食的主管，下令“缩减晚餐沙拉的分量”！之后，他还是不满意，又下令拿掉供给旅客沙拉中的一粒黑橄榄。如此一来，既减少了浪费，又使美航每年减少了 7 万美元的开支，既不降低品质，又能把减少成本落到实处。

1. 成本中心的特点

成本中心往往没有收入或收入很少。例如，很多生产车间的产品或半成品并不由自己出售，没有销售职能，没有收入；有的生产车间可能会取得少量外部加工收入，但这不是它的主要职能，不是考核其的主要内容。

一个成本中心可以由若干个更小的成本中心所组成。例如，一个分厂是成本中心，它由几个车间所组成，而每个车间还可以划分为若干个工段，这些工段是更小的成本中心。确定为成本中心的责任领域，大到一个分公司，小到可能是一台卡车和两个司机组成的单位。

成本中心的考核指标即其责任成本。

2. 成本中心的类型

成本中心有两种类型：标准成本中心和费用中心。

标准成本中心是所生产的产品稳定而明确，并且已经知道单位产品所需投入量的责任中心。典型代表是制造业的工厂、车间、工段、班组等。实际上任何一种重复性的活动都可以建立标准成本中心，只要这种活动能够计量产出的实际数量，并且能够说明投入与产出之间可望达到的函数关系。银行、医院等都可以建立标准成本中心。

费用中心是产出物不能用财务指标来衡量，或者投入和产出之间没有密切关系的单位。费用中心包括一般行政管理部门（会计、人事、劳资、计划等）；研究开发部门（设备改造、新产品研制等）以及某些销售部门（广告、宣传、仓储等）。费用中心可以准确计量的是实际费用，无法通过投入和产出的比较来评价其效果和效率，从而限制无效费用的支出，因此，有人称之为“无限制的费用中心”。

当然，成本中心与费用中心的考核要区分归属期间。本期发生的成本与费用不可与上期或下期的混淆。如果实际上 3 月的成本偏高，而 4 月经努力已大幅度降低，但核算时，3 月的成本仍摊到 4 月，就会发生绩效考核不准，奖惩不当。

【例 1】设某公司生产 A、B 两个产品，该公司有三个成本中心即生产车间、修理车间、管理部门。2010 年该公司发生的成本费用如表 10-1 所示。各个成本中心的责任成本是多少？

表 10-1　　A、B 产品成本费用资料表　　单位：元

项目	A 产品	B 产品	合计
直接材料	30,000	60,000	90,000
直接人工	25,000	35,000	60,000
制造费用：间接材料	5,000	10,000	15,000
间接人工	2,000	4,000	6,000
管理人员工资	5,500	11,000	16,500
折旧费：生产车间	6,000	12,000	18,000
修理车间	1,000	2,000	3,000
管理部门	700	1,400	2,100

续表

项目	A 产品	B 产品	合计
水电费：生产车间	3,500	7,000	10,500
修理车间	1,700	3,400	5,100
管理部门	1,400	2,800	4,200
合计	81,800	148,600	230,400

表 10-1 所示是按产品归集的成本：A 产品的生产成本为 81,800 元，B 产品的生产成本为 148,600 元。若按成本中心归集，则责任成本见表 10-2。

表 10-2　　按成本中心归集的责任成本计算表　　单位: 元

成本项目	生产车间	修理车间	管理部门	合计
直接材料	90,000			90,000
直接人工	60,000			60,000
制造费用：间接材料		15,000		15,000
间接人工		6,000		6,000
管理人员工资			16,500	16,500
折旧费	18,000	3,000	2,100	23,100
水电费	10,500	5,100	4,200	19,800
合计	178,500	29,100	22,800	230,400

则: 标准成本中心——生产车间的责任成本为 178,500 元；成本中心——修理车间的责任成本为 29,100 元；费用中心——管理部门的责任成本为 22,800 元。

10.1.2　利润中心

“无利不起早”“天下熙熙，皆为利来；天下攘攘，皆为利往”“唯利是图”“见利忘义”，这里的“利”在财务词汇中最接近的就是“利润”。

利润中心被赋予经营自主权，可以用最灵活的营销策略及最适当的成本控制方法，创造最佳利润，以达成其利润责任。一个责任中心，如果能同时控制生产和销售，既要对成本负责又要对收入负责，但没有责任或没有权力决定该中心资产投资的水平，可以根据其利润的多少来评价该中心的业绩，那么该中心称为利润中心。

1. 利润中心的类型

利润中心的类型包括自然利润中心和人为利润中心两种。

自然利润中心具有产品或劳务的销售权、价格制定权、材料采购权及生产决策权。人为利润中心也有部分的经营权，能自主决定其产品或劳务的品种、产量、作业方法、人员调配、资金使用等。一般地说，只要能够制定出合理的内部转移价格，就可以将企业大多数生产半成品或提供劳务的成本中心变成人为利润中心。

2. 利润中心的考核指标

在共同成本难以合理分摊或无需共同分摊的情况下，人为利润中心通常只计算可控成本，而不分担不可控成本，其考核指标是利润中心边际贡献总额，该指标等于利润中心销售收入总额与可控成本总额（或变动成本总额）的差额；在共同成本易于合理分摊或者不存在共同成本分摊的情况下，自然利润中心不仅计算可控成本，也应计算不可控成本，其考核指标包括：利润中心边际贡献总额；利润中心可控利润总额等。

其中，利润中心边际贡献总额=部门可控边际贡献－部门不可控固定成本

=（边际贡献－可控固定成本）－部门不可控固定成本

=[（部门销售收入－部门变动成本）－可控固定成本]

－部门不可控固定成本

利润中心可控利润总额=利润中心边际贡献总额－公司管理费用

2014 年 11 月，美国投资公司 Canaccord Genuity 分析师迈克尔·沃克利（Michael Walkley）发布研究报告称，通过对第三季度智能手机行业估算运营利润进行的最新分析，苹果在这一市场上占据着 86%的庞大份额，完胜三星等利润水平下降的竞争对手。除了苹果和三星以外，第三季度中在这个市场上占据了正数份额的智能手机厂商仅有 LG，为 2%。由于缺少可用的销售额和盈利数据，这份报告并未将人气渐增的中国智能手机厂商计算在内。

10.1.3 投资中心

投资中心是指既对成本、收入和利润负责，又对投资效果负责的责任中心。投资中心是最高层次的责任中心，拥有最大的决策权，也承担最大的责任。

投资中心必然是利润中心，但利润中心并不都是投资中心。利润中心没有投资决策权，在考核时不考虑所占用的资产。投资中心主要考核能集中反映利润与投资额之间关系的指标，包括投资报酬率和剩余收益。

1. 投资报酬率

又称投资回报率、投资利润率，是指投资中心所获得的利润与投资额之间的比率，可用于评价和考核由投资中心掌握、使用的全部净资产的盈利能力。其计算公式为：

$$\text{投资报酬率}=\frac{\text{净利润}}{\text{投资额}}\times 100\%=\text{资本周转率}\times\text{销售成本率}\times\text{成本费用利润率} \qquad (10\text{-}1)$$

式中，投资额是指投资中心的总资产扣除对外负债后的余额，即投资中心的净资产。

投资报酬率指标的优点有：能反映投资中心的综合盈利能力；具有横向可比性；可以作为选择投资机会的依据；可以正确引导投资中心的经营管理行为，使其长期化。该指标的最大局限性在于会造成投资中心与整个企业利益的不一致。

【例 2】设某公司有 A、B 两个投资中心。A 今年的净利为 40 万元，净资产 200 万元，投资报酬率为 20%。B 今年的净利为 10 万元，净资产 100 万元，投资报酬率为 10%。A 中心现有一个新的投资项目，投资金额为 200 万元，期望利润 35 万元。是否应该投资？

分析如下：

公司今年的净利=40+10=50（万元）

公司今年的净资产=200+100=300（万元）

公司的投资报酬率=50÷300=16.67%

若 A 接受该项目，则：

A 的投资收益率=（35+40）÷（200+200）=18.75%

该投资报酬率比原来 A 的投资报酬率 20%有所下降。接受该投资项目对 A 不利。但是对整个公司而言，公司的投资报酬率为：

（35+40+10）÷（200+200+100）=17%

该投资报酬率比原来的 16.67%上升了。从整个公司的立场上看，A 接受该投资项目对公司是有利

的。由于采用单一的投资报酬率作为评价投资中心的指标，A 投资中心的利益与公司的整体利益出现了不一致的现象。

2. 剩余收益

剩余收益是指投资中心获得的利润，扣减其投资额（或净资产占用额）按规定（或预期）的最低报酬率计算的投资收益后的余额。其计算公式为：

剩余收益=净利润－投资额（或净资产占用额）×规定或预期的最低投资报酬率　　（10-2）

剩余收益指标能够反映投入产出的关系，使个别投资中心的利益与整个企业的利益统一起来。

【例 3】沿用例 2 的资料。设公司规定的最低报酬率为 10%，在考虑剩余收益指标的情况下，重新做出决策。

分析：

A 投资中心在接受投资项目前的剩余收益=40−200×10%=20（万元）

若 A 投资中心接受新的投资项目，则：

剩余收益=（40+35）−（200+200）×10%=35（万元）

剩余收益总额增加，所以 A 接受该投资项目，从而使得 A 中心的利益与公司的整体利益保持一致。

10.2 绩效考核

《红楼梦》第十三回中有这样一段：

这里凤姐儿来至三间一所抱厦内坐了，因想：头一件是人口混杂，遗失东西，第二件，事无专执，临期推委，第三件，需用过费，滥支冒领，第四件，任无大小，苦乐不均，第五件，家人豪纵，有脸者不服钤束，无脸者不能上进。此五件实是宁国府中风俗，不知凤姐如何处治。

不仅是宁国府，上述的一些情形也会发生在一些企业中。好的绩效考核能够让这些“风俗”无处遁形。

企业制定了战略发展的目标，为了更好地完成这个目标需要把目标分阶段分解到各部门各人员身上，也就是说每个人都有任务。所为业绩或绩效，简单地说就是公司、部门或人员对任务的完成情况。客观评价业绩，即绩效考核，或者说绩效评价，它是一项系统工程，涉及战略目标体系及其目标责任体系、指标评价体系、评价标准及评价方法等内容，是对企业人员完成目标的设定、跟踪、记录、考核，其核心是促进企业获利能力的提高及综合实力的增强，其实质是做到人尽其才、物尽其用。从组织理论及控制论的观点来讲，绩效评价能够表明管理的倾向性，具有巨大的导向、激励作用，评价什么，就能得到什么[①]；只有评价目标，才能达到目标。那么，企业财务管理的最优目标——价值最大化，应该成为整个绩效评价系统设计的指南和运行的目的之所在，而其他子目标都是为其服务的。对北欧公司绩效评价情况进行的调查表明，绩效评价的用途和作用已发生了根本性变化，支持战略决策在其众多目的中排在首位[②]。

绩效评价也不仅仅是将工作业绩联系薪酬或者奖惩那么狭隘。一些在业内表现优异公司的老板正拿着“一美元”年薪。《财富》杂志列举了 13 位只领 1 美元年薪的美国商界领袖和政界名人。商界领袖人物如：美国花旗银行老板维克拉姆·潘迪特、苹果公司已故前老板史蒂夫·乔布斯、梦工厂动画制作公司行政总裁杰弗·卡森伯格、美国保险业巨头国际集团总裁爱德华·李迪、雅虎创始人及前任老板杨致远、谷歌两位创始人谢尔盖·布林和拉里·佩奇以及执行董事长埃里克·施密特等。

① Hummel J, Huitt W. What you measure is what you get. GaASCD Newsletter, 1994 (Feb): 10-11.

② Magnus Kald, Fredrik Nilson. Performance measurement at Nordic companies. European Management Journal, 2000(2): 113-126.

中国平安保险（集团）股份有限公司董事长马明哲，决定 2008 年不领薪酬，以“零薪酬”的方式显示与全体员工共度时艰和谋求业绩增长的决心以及诚恳接受社会批评之意。此前，马明哲因 2007 年 6,600 万元“天价年薪”备受舆论压力。

10.2.1 绩效考核的形式

绩效考核应该对其责任单位按其责任和控制范围的大小来进行考核形式可以采用财务指标评价和非财务指标评价，以及两者相结合。

传统的财务指标评价，如利润总额、净利润、投资报酬率、剩余收益等；传统的非财务指标评价包括市场占有率等指标。

全球经济的一体化，使企业面对着来自世界各个角落的竞争。高新技术出现和更替的加快，产品生命周期的缩短，消费者导向作用的日益重要，使得质量、可靠性、灵活性等概念的重要性大大加强，高质量、低价格、低消耗、柔性生产、快速的产品发展、更可信赖的服务，新的需求概念不断出现。在许多行业中，智力资本和顾客对企业的感情等无形资产成为促进成功的重要因素。无形资产多以非财务指标评价，这使得客户评价指标、员工评价指标、质量评价指标、流程评价指标、研究与发展评价指标等非财务指标的建立和评价越来越重要。一项有关无形资产的非财务评价指标的研究，对公司在股票市场上的不同价值获取能力进行的调查发现，一些与创新、管理能力、雇员关系、质量和品牌价值有关的评价标准在很大程度上反映了一家公司的价值①。英国的 CIMA（The Chartered Institute of Management Accountants）前任会长布罗姆威奇和比希曼尼两教授在题为《管理会计：发展而不是革命》的报告中，特别强调了产品质量、新产品设计和开发，市场需求情况、市场占有率、生产能力的利用程度、交送货率、机器完好率、设备利用率等非财务指标的重要性②。ICAEW（The Institute of Chartered Accountants in England & Wales）和 ICAS（The Institute of Chartered Accountants of Scotland）于 1991 年发表的《财务报告的未来模式》中，将企业内部经营管理使用的信息，有关企业未来发展计划以及未来发展计划中可动用资源方面的信息等非财务指标也列入应披露的信息之中。这些理论上的认识触发了新方法的出现。为此，一系列新的衡量方法应运而生。从作业成本法到最终被熟知的平衡计分卡，企业绩效评价中财务指标和非财务指标的融合现象更为普遍。

10.2.2 企业绩效考核方法

索尼公司是全球知名的大型综合性跨国企业集团，成立于 1946 年 5 月。曾经的索尼是全世界最大的电影公司、世界最大的电子产品制造商之一、世界电子游戏业三大巨头之一、世界十大专利公司之一。索尼公司自 1995 年开始推行绩效考评，是日本最早引入美国式绩效管理的企业之一。2003 年 4 月，索尼 2002 年年度财务报表的巨额亏损消息披露后，引发了索尼震撼（Sony Shock），其股票连续 2 天跌停 25%，诱发日本股市的高科技股纷纷跳水，带动日经指数大幅下跌，重创了日本股市。其 CEO 出井伸之从过去被评选为最成功的 CEO 沦落成最差劲的 CEO。2003 年 12 月出井伸之谈到，网络就像陨石坠落一样，恐龙因此惨遭灭绝，索尼正有如此的危机存在。接下来的是索尼连续的亏损，2006 年亏损达 63 亿美元。“索尼过去像钻石一样晶莹璀璨，而今却变得满身污垢，暗淡无光。”为什么？绩效主义毁了索尼！天外伺郎在《绩效主义毁了索尼》文中炮轰索尼因为实施绩效管理，使员工丧失了工作的激情，无法产生“激情集团”，追逐眼前利益，团队横向合作（部门之间）和纵向合作（上司与下属）的氛围遭到破坏。更因实行绩效统计，花费了大量的精力和时间，而在真正的工作上却敷衍

① [美]克里斯托夫．伊特纳，戴维．拉克尔．微翁译．改革公司业绩评价标准．国外社会科学文摘，2001.4: 69-71.
② 冯巧根．21 世纪管理会计发展展望．外国经济与管理，2001(2):37-44.

了事，出现了本末倒置的倾向。

真的是绩效主义毁了索尼吗？还是绩效考核的方法毁了索尼？

自20世纪20年代绩效考核诞生以来，理论和实践研究有了很大发展，涌现出各种各样的新思想、新方法。绩效考核目前的趋势是，企业充分利用各种资料和信息以提高效率和寻求创造价值的途径为目的的自我评价，评价更注重企业价值的提升并逐渐向战略性绩效评价发展和演变。

分别以质量、时间、最弱因素、成本、利益相关者、标杆、股东价值、财务和非财务指标结合为指标和目标的全面质量管理、及时生产、约束理论、作业成本法、利益相关者理论、标杆比较、经济增加值、平衡计分卡等新方法，有针对性地改进了传统财务体系的缺陷，并形成其方法体系的核心思想，它们反映了绩效考核中最具优势的方法前沿。其中，经济增加值（简称EVA）、平衡计分卡（简称BSC）由于其应用的更大广泛性，在10.3节专门介绍。

（1）全面质量管理（TQM）

由戴明、约瑟夫·朱兰和石川倡导，其基本假设是：提升产品质量所需的成本远低于弥补糟糕工作所花费的成本。具体做法是通过改善业务流程达到标准化，保证产品的高质量和低缺陷，维持产品品质和顾客满意度。一般由上层经理开始，详细勾勒出“品质远景”，并将观念逐层教育和落实到整个组织各阶层。TQM盛行在20世纪90年代初，其流行部分归因于表彰模范质量管理的公司所颁发的“Malcolm Baldrig国家品质奖”。TQM被应用在制造、公共服务、教育、政府等部门用以提高服务质量和绩效水平。

但TQM只适合局部改造，能帮助运作良好的公司在既有经营基础上改进，却不能根本改变企业的运作模式[①]。其由上到下的管理方式，决策过程仍然集权于高层，不鼓励员工参与和创造，对市场反应较慢。

（2）及时生产（JIT）

也称准时化或适时制生产方式，主张消除浪费和充分调动员工能力。它是一种需求拉动的生产，材料在需要时到达，取消等待时间并杜绝超产，以达到利用最少投入实现最大产出的目的。在AT&T、丰田汽车、宝丽来、西门子、德州设备等公司获得较成功的应用。Rosemary等对253家美国制造企业研究发现，盈利能力和JIT应用的细致化程度呈显著的统计关系[②]。

为了保证需求及时供应，只能选择和保持少数或单一供应商的紧密关系，而由于顾客的多种需求，可能会要求与大量供应商建立联系。同时，因为过多依赖供应商，风险增大且不利于获得竞争性价格。如果供应商不能和供应需要合拍，成本节约也许不会实现。由于对时间的严格要求，易形成短期化的倾向，缺少中长期的规划和战略。

（3）约束理论（TOC）

20世纪80年代末，Eliyahu与合作者在对最优生产技术的发展上提出[③]，其理论基础是任何系统只有几个制约因素——约束，否则就可能无限产出，约束决定了任何系统的绩效。TOC运用“找出系统约束——有效使用约束（使其他决策附和）——提高约束——冲破约束——寻找新约束”过程持续提高绩效，得出了一套紧紧围绕约束环节组织生产经营活动的管理决策思想和具体操作办法，并最终覆盖到企业管理的所有职能方面。TOC适用于解决企业有限资源条件下的高效率生产问题，被应用在如航天工业、制造业、半导体、钢铁、纺织、食品、学校、医院、政府等营利和非营利机构。

① Hackman J. Richard, Ruth Wageman. Total Quality Management: Empirical, Conceptual and Practical Issues. Administrative Science Quarterly. 1995 (June): 309-342.

② Fullerton Rosemary R, McWatters Cheryl S, Fawson Chris. An examination of the relationships between JIT and financial performance. Journal of Operations Management, 2003(7): 383-404.

③ Jack M. Ruhl. An Introduction to the Theory of Constraints. Cost Management, 1996(Summer): 43-48.

绩效提高因素间的关系有两种，一是“与”的关系，即所有因素同时作用才能发挥效用，必须抓薄弱环节；二是“或”的关系，即任何一个因素可以单独起作用，则要充分发挥优势因素的作用。TOC仅适用于具有“与”关系的因素，不适合“或”关系的。

（4）作业成本法（ABC）

ABC将组织看成是一系列材料、能源、员工、设备、空间被获得和消耗来进行作业以支持产品和服务产出的系统。这一系列的资源成本利用成本动因分配到作业，作业成本又利用作业动因被分配给产品等成本目标。通过一个作业消耗资源数量及一个产品消耗作业数量的确定，直接追踪成本尤其是间接成本到产品，提高了产品成本计算的准确性。它以成本降低为目标，通过提高增值作业效率或消除非增值作业来提升绩效。ABC应用在制造业、交通运输业、网络公司、金融保险业，学校和医疗机构等。

实施ABC最困难的是为系统收集信息以及人员培训。尽管成本消减可以给收益带来立竿见影的效果，但有时致力于此可能无益甚至妨碍生产率的提高而有损生产能力。而且，成本消减总有个尽头，当逼近生产无浪费的极端情况时，企业改进的进程就此终止，不再发生作用。

（5）利益相关者理论（SHT）

由Freeman最早提出，是一个非常宽泛的定义，包括任何影响或者被组织影响的团体①，如股东、顾客和员工，各方都有各自的利益，共同参与构成企业的利益制衡机制。利益相关者的满意程度取决于其对公司的绩效期望与所感知的实际绩效之间的差距。SHT在战略管理文献中获得了一定的接受，并作为一种战略分析工具出现在一些新的教科书中。

但在一些经济文献中其原理受到了抵制，因为对非股东的责任是对追求股东利益的负面限制。某种程度上说，满足每一个利益相关者的利益，是难以达到的。所有者及股东看重收益的增长或者红利的稳定性；管理者除了关心利润外，还看重企业规模和在业界的地位；顾客想拥有低价格、高质量和超值服务；员工想要高工资、高质量的工作环境、好的福利，没有失业的威胁；供应商期望以最低的风险和最高的回报进行交易；政府部门则关注企业是否合法经营；社区希望企业有高的慈善事业贡献、提供就业、增加投资，等等。很明显这些利益相关者之间的目标是不一致的和相互冲突的，难以取得平衡。没有解决各利益相关者利益的平衡问题，也就没有解决好与坏的问题，所以也就不能真正被用于绩效评价和提高。

（6）标杆比较（BM）

产生于20世纪70年代末，核心是向业界或其他行业的最优企业学习。具体做法是企业把自己的产品或经营管理方式与业界最好的企业比较，找出自身不足，制定绩效指标，从而提高管理水平和竞争力。开辟标杆比较管理先河的是施乐公司。标杆比较很多情况下和其他方法结合在一起，成为其他方法实现过程的一部分。

选择比较对象和收集标杆比较的信息，往往是困难的。为了寻找与先进企业的差距，必须要明确对比指标和尺度问题，设置过多的目标和目标设置得过高都是难以实施的。由于企业的不同，重要的绩效衡量标准往往不同，盲目的跟随别人，往往丧失自己的优势。

10.3 EVA与BSC考核

10.3.1 EVA方法

经济增加值（Economic Value Added，EVA）是1990年前后由美国思腾思特咨询公司（Stern &

① Freeman R. Edward. The Politics of Stakeholder Theory: Some Future Directions. Business Ethics Quarterly, 1994(Oct): 409-421.

Steward）提出的[①]，EVA在数量上是一定时期企业税后经营净利润与投入资本的资本成本的差额。EVA被看作是表明股东价值创造多少的简单指标，不断增加的正的EVA将增加公司价值和股东财富，而负的EVA将损害公司价值，EVA的可持续性增长将会带来公司市场价值的增值，其实现过程触发了公司股价的上升[②]，EVA当前的绝对水平并不真正起决定性作用，重要的是EVA的增长。EVA指出了传统财务绩效指标的两大缺陷[③]：只用净收入或利润等绩效指标的过度投资问题，以及使用比率如投资报酬率时的投资不足问题。EVA旨在提高资产利用和减少成本，即提高回报率或者取消盈利能力不足的资产与投资，用于引导经理们像股东一样行事[④]。EVA指标被可口可乐、IBM、美国运通、通用汽车、西门子公司、索尼、戴尔、沃尔玛等很多公司应用。

1. EVA的计量

EVA等于税后经营利润减去债务和股本成本，是所有成本被扣除后的剩余收入，包括股权在内的所有资本成本之后的沉淀利润，是对真正"经济"利润的评价，或者说，是表示净营运利润与投资者用同样资本投资其他风险相近的有价证券的最低回报相比，超出或低于后者的量值。这与会计利润没有扣除资本成本有很大的不同。股权资本是有成本的，持股人投资A公司的同时也就放弃了该资本投资其他公司的机会。投资者如果投资与A公司相同风险的其他公司，所应得到的回报就是A公司的股权资本成本。股权资本成本是机会成本，而非会计成本。

根据定义，EVA的计算公式：

$$EVA = R_{\mathrm{P}} - C \times K_{\mathrm{WACC}} \tag{10-3}$$

式中：

R_{P}——税后利润调整额，其精确计算需要进行多达164项调整；

C——资本投入额；

K_{WACC}——加权平均资本成本，包括债务资本的成本，也包括权益资本的成本。

$$K_{\mathrm{WACC}} = \frac{S}{S+L} \times K_{\mathrm{S}} + \frac{L}{S+L} \times K_{\mathrm{L}} \tag{10-4}$$

式中：

S——权益资本总额；

L——债务资本总额；

K_{S}——权益资本成本；

K_{L}——债务资本成本。

2. EVA的优点

（1）能更真实地反映股东财富

在传统会计利润条件下，盈利的一些公司，因为所得利润是小于全部资本成本的，很可能实际上是在损害股东财富。计算会计利润只确认和计量债务资本的成本，没有将权益资本成本从利润中扣除，这样不能真实评价公司的经营业绩。同时也会使经营者误认为权益资本是一种免费资本，不重视资本的有效使用。

EVA纠正了这个错误，并明确指出在运用资本时，必须为资本付费，就像付工资一样。考虑所有资本的成本，EVA显示了一个企业在每个报表时期创造或损害了的财富价值量，即股东定义的利润。

---

① Stern Joel M. One way to build value in your firm, a la executive compensation. Financial Executive, 1990, 6 (11-12): 51-54.

② Burkette G. D, Hedley. The Truth about Economic Value Added. CPA Journal, 1997 (7): 46-49.

③ Myers Randy. Measure for measure. CFO Magazine, 1997 (Nov.1): 44-56.

④ Tully S. The Real Key to Creating Wealth. Fortune, 1993 (Sep. 20): 38-40, 44-45, 48, 50.

假设股东希望得到10%的投资回报率，只有税后营业利润超出10%的资本金的时候，股东们才是在“赚钱”。在10%之前的任何事情，都只是为达到企业风险投资的可接受报酬的最低量而努力。

（2）能较准确地反映公司在一定时期内创造的价值

传统的以利润为基础衡量企业经营业绩时，容易导致经营者为粉饰业绩而操纵利润。而EVA在计算时，需要对财务报表的相关内容进行适当的调整，一定程度上避免了会计信息的失真。EVA指标的创造者斯特恩认为：调整的目的在于创造一种能使管理者像所有者一样行动的业绩计量方式。其具体目的包括调整稳健会计的影响（如研发费用资本化）、防止盈余管理（如不提坏账准备）、消除过去的会计误差对决策的影响（如防止资产账面价值不实）等。

（3）能较好地实现局部与整体的目标一致

在传统财务评价体系下，子公司之间为争取母公司的投资而展开竞争以增加投入获取包括利润增加在内的许多好处，母公司在资金分配上由于缺乏合理的依据往往采取“政策分配”的办法，致使资金闲置或低效使用；而EVA方法从根本上解决了这一难题：子公司争取到的资金必须创造正的EVA，如果EVA为负，就需要其他业务的EVA或利润来补偿，因此，子公司在没有多大把握实现正的EVA的情况下，不会争取母公司的过度投资。公司总部可根据公司的总体规划和总资产以及子公司或部门的EVA指标，综合制定公司的EVA目标。公司下属的各公司或部门可根据各自的资本成本来确定EVA目标，这些目标还应该通过部门间的沟通来互相协调。因此，许多经营上的问题，如是否接受新的投资项目、公司的分散经营范围如何确定、是否放弃某个部门或某项投资，其答案都取决于股东的价值是否增值、EVA能否实现。例如，采用投资报酬率ROI作为部门经理业绩考核指标时，部门经理将会放弃高于资金成本而低于目前部门投资报酬率的投资机会，或者减少现有的投资报酬率较低但高于资金成本的某些资产，以提高本部门的业绩，但却损害了股东的利益。EVA可以避免内部决策与执行的冲突，使各部门目标与整个企业目标一致。（见表10-3）

表10-3　　部门基于ROI或EVA做出的决策及其结果

评价标准	重要决策点	部门决策	公司决策	部门决策结果
基于ROI的投资决策	ROI_2＜资本成本	拒绝	拒绝	目标一致
	ROI_2＞资本成本且ROI_2＜ROI_1	拒绝	接受	目标不一致
	ROI_2>ROI_1	接受	接受	目标一致
基于EVA的投资决策	EVA<0	拒绝	拒绝	目标一致
	EVA>0	接受	接受	目标一致

注：ROI_1为在不考虑新投资机会情况下的部门投资报酬率；ROI_2为新投资机会的投资报酬率。

（4）能设计较有效的一种激励方式

固定薪酬不能对经营者形成有效激励，浮动薪酬激励的设计又比较困难。EVA激励机制可以用EVA的增长数额来衡量经营者的贡献，并按此数额的固定比例作为奖励给经营者的奖金，使经营者利益和股东利益挂钩，激励经营者从企业角度出发，创造更多的价值，是一种便捷而有效的激励方式。

（5）能注重公司的可持续发展

EVA鼓励公司在现有资本基础上，提高资本报酬，也就是促进营业利润的增长，相对于传统的创利指标，特别是企业处于规模扩张的情况下，能较早地发现企业的经营状况不佳，从EVA<0的投资中撤出资金和对这种项目进行清算。同时，EVA的调整计算中不鼓励削减研究和开发费用的行为，鼓励企业经营者进行能给企业带来长远利益的投资决策，如新产品的开发研究、人力资源的培养等，着眼于企业的长远发展，减少了企业经营者短期行为的发生。

3. EVA存在的问题

在以知识为基础的、专业的服务业经济中，人力资本要比金融资本更重要，而人力资本的价值和成本是较难衡量的，EVA在这种行业就不适用，甚至毫无意义。

许多实施EVA的公司只是因为其易于理解，其信息来自熟悉的会计过程，这背离了价值管理的意图。EVA计量中进行的众多调整在实践中，许多公司只是运用推荐使用的5～15项调整，但更多的公司进行的调整少于5项，甚至只有1项，而1～2项调整可能会使EVA信息产生相当大的变化，进行全部164项调整引起结果的变化就更大。EVA是基于权责发生制的价值管理方法，调整后以接近现金流的状况，处于价值管理的过渡期，它根据现有业务情况推测价值增长趋势，做出近似的价值评价。

10.3.2 BSC方法

1992年，哈佛商学院的教授罗伯特·卡普兰和复兴全球战略集团的创始人兼总裁戴维·诺顿建立了包含财务、客户、内部过程及学习与提高4个方面的平衡计分卡（Balanced Score Card，BSC）[①]，其每一方面又包含着众多财务与非财务绩效指标。它并非将众多的绩效指标简单的分类，如绩效棱镜[②]、绩效表盘（Tableau de bord）[③]等多指标的评价方法，BSC的进步之处在于为战略实施提出了战略地图模式[④]，利用因果关系假设，使绩效评价体系与战略目标实现紧密结合起来，使绩效改进为战略目标服务。《哈佛商业评论》称BSC为最近75年来最重要、最有影响的商业思想之一。BSC被应用在营利性企业、非营利性机构、政府部门。1999年，Hackett标杆专家小组，调查了美国和欧洲的1,400家跨国公司，50%已经实现了BSC[⑤]。

1. BSC的由来

Analog Devices（简称ADI）公司早在1987年就进行了BSC的实践尝试。

ADI是一家半导体公司，主要生产模拟、数字及数模混合信号处理装置，其产品广泛应用于通信、计算机、工业自动化领域。同很多公司一样，ADI每5年进行一次战略方案调整，在制订新的战略方案的同时检讨原方案的执行情况。但是，如同管理者们经常遇到的战略问题一样，“制订战略方案”被当作一项“任务”完成后，形成的文件便被束之高阁，并不能在公司的日常生产经营工作中得以执行。在1987年，ADI公司又开始了公司战略方案的调整。与以前不同的是，这次的战略方案制订，公司决策层意识到战略不仅仅要注重制订过程，还要更加注意战略实施，希望通过面对面与公司员工的交流与沟通，使其充分理解并认同公司战略，并将战略落实到日常管理中来推动战略的执行。此次ADI公司的战略文件在形式上发生了重大的变化，从以往长达几十甚至几百页的战略文件变成精简的几页纸。在制订战略的过程中，ADI公司首先确定了公司的重要利益相关者为股东、员工、客户、供应商和社区，然后在公司使命、价值观与愿景下，根据上述利益相关者的“利益”分别设定了战略目标并明晰了3个战略重点。

为了确保战略目标的实现，ADI推行了一个名为“质量提高”的子项目，简称QIP（Quality Improvement Process）。在该项目进行的同时，ADI公司继续将战略目标实现的关键成功要素转化为年度经营绩效计划，由此衍生出了世界上第一张BSC的雏形：ADI公司第一张“公司计分卡”。

哈佛商学院的教授罗伯特·卡普兰是ADI公司为了推行作业成本法（ABC）时邀请的管理学者之

① Robert S. Kaplan, David P. Norton. The Balanced Scorecard Measures That Drive Performance. Harvard Business Review, 1992(1): 71-79.

② Kennerly, Neely, A framework of the factors affecting the evolution of performance measurement system. International Journal of Operations and Production Management,2002.22:1222-1245.

③ M.Lebas. Managerial Accounting in France: Overview of Past Tradition and Current Practice. European Accounting Review, 1994(3): 471-487.

④ Robert S. Kaplan, David P. Norton. Having trouble with your strategy? Then map it. Harvard Business Review, 2000(9/10): 167-176.

⑤ Price Waterhouse. CFO: Architect of the Corporation's Future. John Wiley, 1997.

一，他本人这样描述 ADI 公司计分卡的："这个计分卡除了传统的财务指标外，还包括客户服务指标（主要涉及供货时间、及时交货）、内部生产流程（产量、质量和成本）和新产品发展（革新）……"在帮助 ADI 公司推行 ABC 的过程中，卡普兰发现了 ADI 的计分卡，并认识到它的重要价值。卡普兰和诺顿后期又做了学术上的深化，并把它推广到全球的企业中。

可见，管理理论的发展往往来自于实践。

2. 战略地图

战略与平衡计分卡之间的中介是战略地图，它是卡普兰和诺顿对平衡计分卡的发展和升华，是描述企业战略与平衡计分卡 4 个层面之间因果关系的可视化工具①。战略地图的标准模板与 BSC 四方面相对应，如图 10-1 所示，包括财务、客户、内部过程、学习与成长 4 个方面。平衡计分卡通过战略地图分解企业的战略，使企业战略转化为一系列具有"因果关系"的绩效评价指标。

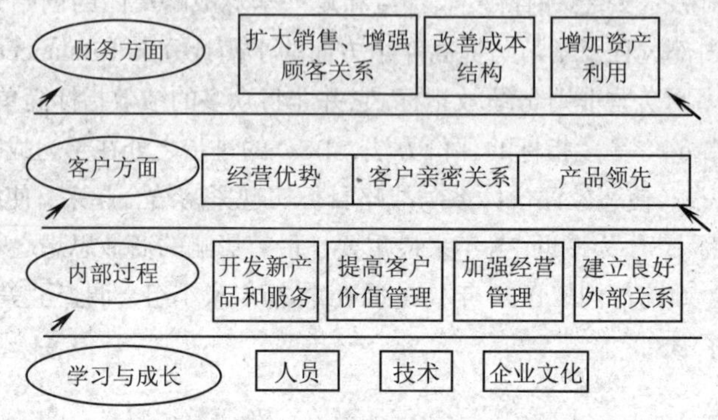

图 10-1　战略地图示意图

此模板就像财务报表提供了一个普遍接受的、描述财务状况的结构一样，它提供了用于描述任何战略的普遍框架和通用语言，建立了实施战略的内容体系，描述了关键绩效因素与组织战略的联系，明晰了创造预期产出结果的因果联系，包括组织如何将人员积极性和资源（包括无形资产）转变成有形产出，建立所有职能部门和员工间共同理解的参考点，让员工明确其工作和组织整个目标间的联系，使员工在追求组织目标下的协同工作成为可能。

3. BSC 的内容

（1）财务指标设计

财务衡量的目标和意义就在于解决"投资者是如何看待我们"的问题。企业经营的最终目标都体现为财务指标，平衡计分卡的四个方面最后都将归集到财务上来。平衡计分卡体系下的财务评价指标和传统财务业绩评价体系没有大的区别，只是特别强调了要根据不同的企业生命周期选择不同的财务指标。

财务指标主要围绕着五个方面设置：①获利能力，典型的指标有利润率、投资报酬率（或经济增加值）和净现金流量等；②收入的增加，典型的指标有销售收入增长率和市场份额等；③降低成本和提高生产率，典型的指标有单位成本和费用功效等；④资产的运营效率，典型的指标主要有资产周转率、现金周转期和设备开工利用率等；⑤经营风险和财务风险，典型的指标有经营杠杆、流动比率、负债比率和利息保障倍数等。

企业所处的发展阶段不同，企业选取的财务指标会有所不同。处于成长期的企业，其财务目标侧重于销售收入增长率及市场份额增长率；处于成熟期的企业，其财务目标为收入、毛利、投资报酬率

① Norton David P, Kaplan Robert S. Strategy Maps: Converting Intangible Assets into Tangible Outcomes. Harvard Business School Press Books, 2004(Jan): 324.

与获利能力等；处于衰退期的企业更注重现金流指标。

（2）客户指标设计

在当今这个客户至上的年代，如何向客户提供所需的产品和服务，从而满足客户需要，提高企业竞争力，已经成为企业能否可持续发展的关键。企业想要获得长期出色的财务业绩，就必须创造出受客户青睐的产品或服务。企业产品只有获得客户的认可并通过销售才能实现价值。当然，企业应满足核心客户的需求，而不是企图满足所有客户的偏好。平衡计分卡的客户方面就是要解决"客户如何看待我们"的问题，就是要通过客户的眼睛来反观企业的经营。客户最关心的五个方面是时间、质量、功能、服务和价格。企业必须为这五个方面设定好清晰的目标。

客户方面的主要衡量指标有：市场份额、客户满意度、客户保持率、客户获得率、客户留住率、客户盈利能力等。这些评价指标不是孤立的而是相互联系的。获得较高市场份额必须能够留住现有的客户，即所谓的产生回头客；但这并不够，还要不断吸引新客户加入到为企业创造价值的行列中来，这些工作的成绩就反映在客户留住率、客户获得率这两个指标上。而客户留住率、客户获得率显然要通过改善质量、合理定价，满足客户要求，使客户满意，这正是客户满意程度这一指标所要衡量和反映的内容。市场份额的扩大是企业希望看到的事情，但片面地追求市场占有程度，把业务摊大，会使管理人员产生企业获得了成功的错觉。事实上，企业市场份额的扩大还必须反映在企业财务指标的改善上，这就要借助另外一个指标——客户盈利能力来考察。只有企业获得的客户是盈利的，才能为企业创造经济效益。

（3）内部经营过程指标设计

内部经营过程是指从输入各种原材料和顾客需求，到企业创造出对顾客有价值的产品或服务，提供这种产品或服务给客户，并进行培训和售后跟踪服务的一系列活动，它是企业改善经营绩效的重点。平衡计分卡的内部过程主要解决"我们擅长什么"之类的问题，重视有助于提高企业整体绩效的过程、决策和行动，尤其是对客户满意度有重要影响的关键内部经营活动。

内部经营指标既包括对短期的现有业务的改善，又涉及长远的产品和服务的革新。平衡计分卡内部经营过程方面的主要衡量指标有三个：一是研究与开发过程指标，包括新产品在销售额中的比重、新产品上市速度与竞争者的上市速度比较、开发新产品的时间等；二是生产过程指标，包括订货周期、准时送货率、良品率、成品存货周转率等；三是售后服务流程指标，包括从客户提出要求到问题得到解决所需的时间、售后服务的成本、客户对售后服务的满意率等。

（4）员工学习与成长指标设计

学习与成长方面主要解决"我们如何提高自己的能力""为实现财务目标和客户需要、内部经营指标，我们需要具备什么样的知识和技能"。学习与成长目标为平衡计分卡其他三个方面的目标提供了动力源泉。

学习和成长指标强调雇员能力，提倡为提高雇员能力进行投资，为企业的未来发展提供前提条件，形成"学习——持续改进——增强竞争优势——良好经济效益——再学习"的良性循环。平衡计分卡的学习与成长方面应包括三个方面的内容：雇员能力、信息系统能力和企业程序（尤指企业的激励机制）。①雇员能力，反映员工被激励后发挥能力的状况，用员工的满意程度、员工的保持率、员工的创新性、员工培训次数、员工培训费用增长率、员工知识水平提高程度等来指标来评价。②信息系统能力，指企业和员工能否快捷地取得有关市场、客户、内部经营过程及决策后的反馈等重要信息的能力。衡量信息系统能力的指标主要有：当前取得信息与期望取得信息之比例、现有信息系统满足员工需要的程度、信息反馈的成本、信息反馈速度和周期、信息系统更新成本等。③企业的激励机制，反映员工积极性被激发的状况及集权、授权与分权的程度。设置的主要指标有：员工提出合理化建议数量及增长程度、员工建议（意见）被采纳的比例、员工工作效率、员工参与公司决策的程度、中层领导向高层领导请示率及汇报率等。

4. BSC 存在的问题

（1）指标的选择和量化

BSC 四方面绩效指标之间如果并不呈现正相关关系（实际情况往往如此），管理者往往会失去行为准则，难于平衡哪个指标重要，而将每个可能的指标都包含进来，不仅导致信息过载，不符合信息的成本与效益原则，更重要的是可能导致指标之间主次不分，“因果关系”不清，无法进行系统化的指标创建、指标的优先顺序选择与权重的确定，太多的绩效指标往往引起管理者和员工的迷惑、冲突；与会计评价标准不同，非财务指标以多种数据形式衡量，没有标准化的定义，在不同公司其定义变化很大，量化困难；Hanne 认为联系非财务指标和长期绩效之间因果关系，缺少严格与合理的定义[①]。

（2）利益相关者考虑不够

Atkinson 等认为绩效评价系统应该具有对各利益相关者之间的关系进行协调、控制和诊断的职能，但认为 BSC 没有将所有的利益相关者纳入模型中，从而无法使业绩计量成为一种双向过程[②]，即绩效评价体系不仅能让股东据以计量其他利益相关者对目标达成所做的贡献，而且也应能够让其他利益相关者衡量企业是否履行其所负的责任，以便据此做出留在或退出企业契约网的决策。有鉴于此，卡普兰和诺顿将外部利益相关者，如政府、社区等纳入了计分卡模型中，将其作为内部经营过程的子过程[③]。

【讨论案例】

怎样考核才合理？

置业房屋交易公司是西安一家以房屋买卖和租赁业务为主的中介机构，其业务模式是通过收购、租赁等形式取得房屋的所有权和经营权后，再出售或对外租赁。该公司成立后不久，随着写字楼租赁的火爆，加之价格优势，该公司进入快速发展时期，目前已经在西安市内和城郊分设了 30 家分店。

每个分店的设立成本大约 10 万元，设店长一名，销售人员 5～6 名，会计核算人员 1 名，行政人员 2 名。会计核算人员和行政人员每月工资大约 1,200 元。销售人员的薪水由每月 600 元的固定工资加销售额 2%的提成组成。为了激励店长的工作热情，总经理王洋决定让每个店长出资 2 万元入股，约占 2%的股本，店长每月薪水为该店当月净利润的 2%。王洋觉得这种做法的最大的优点就是考核店长的业绩指标直接与净利润联系起来。

然而最近发生一件事情却让王洋感到困扰。今年年初王洋到各个分店巡视的时候，有个店长向他反映了这样一个问题。这位店长的分店处于城郊，每个月的营业额只有 40 万元左右，扣除各项税费，净利润只有 20 万元左右销售人员每月能拿到 3,000 元左右，店长本人月薪 4,000 元。令他感到不公平的是，地处市中心的同样规模的分店由于房屋成交量大，营业额高。普通销售人员的工资一般在 7,000～8,000 元，店长更是月薪过万。在城郊，一个店长的月薪却没有在市中心一个销售人员的月薪高。郊区的店长纷纷要求调到市中心来工作。

另外，由于店面的选址只能由总店决定，店长无法控制房租费用，而目前作为考核指标的净利润是扣除房租费用以后的净利润。因此另一个店长向总经理王洋建议，考核指标的净利润不应扣除房租

① Hanne Norreklit. The balance on the balanced scorecard- a critical analysis of some of its assumptions. Management Accounting Research, 2000(11): 65-88.

② Atkinson A. A, Waterhouse J.H, Wells R. B. A Stakeholder Approach to Strategic Performance Measurement. Sloan Management Review, 1997 (Spring): 25-37.

③ Robert S. Kaplan, David P. Norton. Having trouble with your strategy? Then map it. Harvard Business Review, 2000(9/10): 167-176.

费用，房租应该由总店承担。

根据以上情况，请讨论以下问题：

（1）从店长的角度看，你认为店面地理位置的差异是否是决定店长薪金问题的关键因素？如果是的话，应该如何将该因素考虑进去？

（2）如果选择不扣除房租费用的净利润作为考核指标是否合理？对各店长和总经理的利润分成将有何影响？

（3）除了以上因素，还有哪些因素会影响店长的业绩考核？

（4）如果你是总经理王洋，你将如何解决店长薪金问题，能提出一套比较合理的业绩考核解决方案吗？

【专栏或者介绍】

绩效综合评价

绩效综合评价具体包括建立评价指标体系、选择评价标准和评价方法。

① 评价指标体系一般应具备适用范围广、兼顾长短期利益、评价成本低、层次分明、结构严密等特征，按其作用分为基本指标和辅助指标两大类。基本指标是评价的主要指标，辅助指标是对基本指标的进一步说明和必要补充。例如，评价企业盈利能力，可以设置净资产收益率、销售利润率作为基本指标，总资产报酬率、资本收益率、成本费用利润率等作为辅助指标。

② 评价标准是客观、公正分析评判的标尺。有比较才有鉴别，只有将评价指标的实际值与标准值进行对比，才能揭示差异，鉴别优劣。常用的评价标准主要有：预期目标、以往的实际水平、企业所在行业的平均水平或先进企业的实际水平、竞争对手的实际水平，在实际工作中应综合运用各种不同的标准。

③ 评价采用何种具体方法，要根据评价的目的、要求以及所掌握资料的性质和内容来确定。常用的单一指标的评价方法主要有比较法、比率法、趋势法等；综合评价方法主要有雷达图法、杜邦分析法、沃尔比重评分法等。

【关键词语】

责任中心（responsibility center）
成本中心（cost center）
绩效考核（performance evaluation）
利润中心（profit center）
投资中心（investment center）
企业价值（corporate value）
投资报酬（return on investment）
全面质量管理（total quality management）
利益相关者理论（stakeholder theory）
及时生产（just-in-time）
标杆比较（bench marking）
约束理论（theory of constraints）
经济增加值（economic-value added）
作业成本法（activity-based costing）
平衡计分卡（balanced scorecard）

复习思考题

一、概念题

1. 责任中心

2. 成本中心
3. 利润中心
4. 投资中心

二、单选题

1. 在责任中心中，应用最为广泛的责任中心形式是（　　）。

A. 核算中心　　B. 成本中心　　C. 利润中心　　D. 投资中心

2. 成本的可控性与不可控性，随着条件变化可能发生相互转化。下列表述中，不正确的说法是（　　）。

A. 高层责任中心的不可控成本，对于较低层次的责任中心来说一定是不可控的
B. 低层次责任中心的不可控成本对于较高层次责任中心来说，一定是可控的
C. 某一责任中心的不可控成本，对另一个责任中心来说则可能是可控的
D. 某些从短期看属不可控的成本，从较长的期间看，可能又成为可控成本

3. 下列成本中，属于成本中心必须控制和考核的指标是（　　）。

A. 产品成本　　B. 期间费用　　C. 不可控成本　　D. 责任成本

4. 从成本的可控性与成本的性态和可辨认的关系看，下列表述中，不正确的说法是（　　）。

A. 变动成本一定是可控成本　　B. 固定成本大都是不可控成本
C. 直接成本大都是可控成本　　D. 间接成本大都是不可控成本

5. 以下可以作为典型的标准成本中心的部门是（　　）。

A. 科研开发部　　B. 事业部　　C. 生产车间　　D. 销售部

6. 以下各项费用中，属于生产部门的可控成本的是（　　）。

A. 加工不当造成的报废损失　　B. 劣质材料造成的报废损失
C. 大修理期间的停工损失　　D. 原材料的单价

7. 利润中心与投资中心的主要区别是它没有（　　）。

A. 产品销售权　　B. 价格制定权　　C. 材料采购权　　D. 投资决策权

8. 在投资中心的主要考核指标中，能够全面反映该责任中心投入产出的关系，避免本位主义发生，并使个别投资中心的利益与整个企业的利益统一起来的指标是（　　）。

A. 可控成本　　B. 边际贡献　　C. 投资报酬率　　D. 剩余收益

9. 某投资中心的投资额为 30 万元，最低投资报酬率为 10%，剩余收益为 5 万元，则该中心的营业利润为（　　）万元。

A. 8　　B. 5　　C. 3　　D. 2

10. 若使投资中心的剩余收益大于零，则该中心的投资利润率必定是（　　）。

A. 大于最低投资报酬率　　B. 小于最低投资报酬率
C. 大于销售利润率　　D. 小于最低销售利润率

11. 某投资中心的投资额为 300,000 元，加权平均的最低投资报酬率为 15%，剩余收益为 30,000 元，则该中心的投资报酬率为（　　）。

A. 15%　　B. 20%　　C. 25%　　D. 30%

三、判断题

1. 一般地说，只要能够制定出合理的内部转移价格，就可以将企业大多数生产半成品或提供劳务的成本中心变成人为利润中心。（　　）

2. 企业内部个人不能构成责任实体，所以企业内部个人不能作为责任中心。（　　）

3. 某项会导致个别投资中心的投资报酬率提高的投资，不一定会使整个企业的投资报酬率提高；某项会导致个别投资中心的剩余收益指标提高的投资，则一定会使整个企业的剩余收益提高。（　　）

4. 同一成本项目，对有的部门来说是可控的，而对另一个部门则可能是不可控的。也就是说，成本的可控与否是相对的，而不是绝对的。（　　）

5. 在其他因素不变的条件下，一个投资中心的剩余收益的大小与企业最低投资报酬率呈反向变动。（　　）

6. 利润中心必然是成本中心，投资中心必然是利润中心，所以投资中心首先是成本中心，但利润中心并不一定都是投资中心。（　　）

7. 绩效评价方法就是找到恰当的财务评价指标的过程。（　　）

8. 平衡计分卡方法只能包括 4 个方面，这 4 个方面之间是独立没有联系的。（　　）

四、计算题

A 公司下设甲、乙两个投资中心。甲投资中心的投资额为 200 万元，投资报酬率为 15%；乙投资中心的投资报酬率为 17%，剩余收益为 20 万元。A 公司要求的最低投资报酬率为 12%。A 公司决定追加投资 100 万元，若投向甲投资中心，每年可增加利润 20 万元；若投向乙投资中心，每年可增加利润 15 万元。

要求：（1）计算追加投资前甲投资中心的剩余收益。（2）计算追加投资前乙投资中心的投资额。（3）计算追加投资前 A 公司的投资报酬率。（4）若甲投资中心接受追加投资，计算其剩余收益。（5）若乙投资中心接受追加投资，计算其投资报酬率。

第11章 公司股利分配管理

【引导案例】

股份有限公司盈利后，通过股利分配向股东分派盈利，是其利润分配的一部分，也是企业财务管理的重要内容。然而，股利分配却是个存在争议的问题，分与不分都似有理，到底分什么以及分多少不同企业也各有高招。

上市公司派现是美国最主要的红利支付方式，在1971—1993年年间，美国公司税后利润中约有50%～70%被用于支付红利，但这绝非来自政府的强制政策[①]。因为不分红的企业也不在少数，且业绩并不差。知名企业如eBay、亚马逊、安进制药自从上市以来都十几年、几十年从未分红。著名的苹果从1995年就从未向股东分红。微软1986年在纳斯达克上市，一直到2003年都是一毛不拔。但如果1986年时把一万美元投入微软，到2003年该投资则变成了223万美元。2003年以后，微软开始向股东派息和回购股票，但其股价却开始原地踏步，甚至轻微弱于指数。有分析认为，2003年之前不分红使微软有充足资金保证每年30%以上的高增长，一旦企业不能证明有能力通过投资为其股东们创造超常价值，将累积的现金分红让股东寻找投资机会反而是负责任的做法。

国内市场曾出现过高派现的例子。例如，2001年5月18日上市的北京用友软件股份有限公司，于2002年4月28日股东大会审议通过2001年年度分配方案为10股派6元（含税），共计派发现金股利6,000万元。刚刚上市一年即大比例分红，一时间市场上众说纷纭。一些学者认为，用友软件的高派现股利政策源于当前制度背景下控股股东经济利益最大化的理性选择，是在法律和市场规则的范围内进行的正当行为，也有学者认为这种高派现股利政策客观上形成了对流通股股东利益的侵害，有“恶意分红”的嫌疑。

但国内市场有部分上市公司将目光放在募资、再融资上，股利分配更多选择送股形式，忽略投资者的现金回报要求。因此，监管层不断出台措施，将上市公司融资需求与分红问题相结合，帮助市场树立诚信与回报的新秩序。这也使得有再融资要求的上市公司为了达到目的，进行象征性的分红。近

① 沈明. 苹果与微软的悭吝告诉我们什么. 证券日报，2011. 12-20.

年来，另类分红方案也在盛行。2013年4月3日，南方食品发布董事会决议公告，向股东赠送公司产品黑芝麻乳。这一行为，引来围观和热议，有人说这种做法是“实物分红”，有人说这是“促销赠送”。

股利能否这样分？股利到底该不该分？如果应该分，到底应该分多少？

本章将会介绍股利分配相关的知识，包括企业利润分配的基本原则，利润分配的项目、支付方式、分配顺序和分配过程，股利分配理论以及不同的股利分配政策的优缺点，以及股票股利、股票分割及合并等内容。

【学习目标】

- 了解利润分配的原则；
- 掌握利润分配的项目与顺序；
- 掌握股利支付方式；
- 了解股利分配理论；
- 熟悉股利分配政策。

苹果公司已故的CEO史蒂夫·乔布斯（Steve Jobs）曾在公司股东大会上表示，与分红和回购股票相比，他更喜欢持有现金进行投资。乔布斯说，苹果希望进行“大胆的、投入巨额资金的”冒险。乔布斯指出：“当你尝试冒险时，那种感觉就像是跳跃在半空中，只有当你的双脚最终着地时才能够放下心来。我们之所以采取从财务角度来看是比较保守的企业运作模式，是因为人们永远无法预见到下一个机遇到底何时才能到来。我们非常幸运，因为如果我们想要收购一样东西的时候，可以直接写一张支票，而无需东拼西凑地借钱。”

截至2011财年第三财季，苹果公司的现金储备达到了762亿美元，股价从1997不到5美元，到目前400美元左右，其间股价涨幅高达近80倍，这无疑是对股票持有者最大的回报。投资者获得了苹果公司创造的股价价格大幅上涨的回报，可能不再介意是否分红。

11.1 股利分配概述

股利分配属于企业利润分配的一种形式，是指股份有限公司向股东分派股利。具体内容包括：日期的确定、股利支付比率的确定、股利支付形式的确定、支付现金股利所需资金的筹集方式的确定等。其中，确定股利支付比率是最重要的部分。股利支付比率为每股股利与每股收益之比。

11.1.1 利润分配原则

企业的利润分配涉及国家、企业、股东、债权人、内部职工等多方利益主体的利益，与企业的生存与发展紧密相关，因此，在利润分配时，应遵循以下原则。

1. 依法分配原则

国家有关法律、法规对企业利润分配的基本原则、一般次序和重大比例做了较为明确的规定，企业的利润分配必须切实执行法律法规，正确处理和协调各方的利益，切实保障各利益主体的合法权益。

2. 资本保全的原则

利润的分配是对经营中资本增值额的分配，而不是对资本金的返还。因此，企业在分配中不能侵蚀资本，即当企业出现亏损，尤其是连年亏损，年终会计核算中没有账面盈利或没有留存收益的，不得进行投资分红或分配股利。

3. 充分保护债权人利益的原则

按照风险承担的顺序及合同契约的规定，企业在利润分配之前必须偿清所有债权人的到期债务。同时，在利润分配之后，企业还应保持一定的偿债能力，以免因利润分配造成财力枯竭，产生财务危机，危及企业生存。此外，当企业存在长期债务契约时，其利润分配政策还应征得债权人的同意方能执行。

4. 多方及长短期利益兼顾的原则

利润分配必须兼顾投资者、经营者、职工等多方面的利益。在企业获得稳定增长的利润后，应增加利润分配的数额或百分比。同时，由于发展及优化资本结构的需要，企业除必须依法留用的利润外，企业仍可以出于长远发展的考虑，合理留用利润。在积累与消费关系的处理上，企业应贯彻积累优先的原则，合理确定提取任意盈余公积金和分配给投资者利润的比例，使利润分配真正成为促进企业发展的有效手段。

11.1.2 股利分配制度

利润分配决策与投资决策、筹资决策并称企业的三大决策，三者相互关联，密不可分。企业的利润分配决策，一方面受到企业发展规划及筹资、投资决策的影响；另一方面又反过来影响企业未来的发展、筹资和投资决策，对协调和处理企业的长远利益与近期利益、整体利益与局部利益等关系产生重要作用。与股利分配相关的制度也体现出这一特点。

2006 年 5 月，中国证监会《上市公司证券发行管理办法》明确要求，上市公司公开发行证券应符合最近三年以现金或股票方式累计分配的利润不少于最近三年实现的年均可分配利润的 20%。两年后，证监会对这一标准进行了修订。2008 年 10 月，证监会发布《关于修改上市公司现金分红若干规定的决定》，将《上市公司证券发行管理办法》第八条第五项“最近三年以现金或股票方式累计分配的利润不少于最近三年实现的年均可分配利润的 20%”修改为“最近三年以现金或股票方式累计分配的利润不少于最近三年实现的年均可分配利润的 30%”。这一管理制度将上市公司再融资资格与股利分配水平相挂钩，不满足股利分配要求的上市公司将不能进行再融资。

2013 年，国务院发布新国九条保护中小投资者的合法权益，即：《国务院办公厅关于进一步加强资本市场中小投资者合法权益保护工作的意见》，从九方面明确了八十多项管理要求。与股利分配相关的包括：（1）不履行分红承诺的上市公司，将记入诚信档案，未达到整改要求的不得再融资；（2）建立多元化投资回报体系，研究建立“以股代息”制度，丰富股利分配方式；（3）公司 IPO、再融资或并购重组摊薄即期回报的，应承诺并兑现填补回报的具体措施；（4）上市公司违法行为责任人，应主动、依法将所持股权及其他资产用于赔偿中小投资者；（5）将投资者教育纳入国民教育体系等。

当然，《上市公司证券发行管理办法》的制度监管考核期间是再融资“前三年”，上市公司为迎合政府监管可能诱发“钓鱼式分红”的短期行为。优质企业将不得不在分红后通过股权再融资把资金再筹集进来，中间产生的税费等损耗将无疑会增加融资成本；而对于某些企图通过配股、增发来“圈钱”的公司而言，分红派息可能会沦为其“欲先取之，必先予之”的手段——先付出一点现金股利以图再融资时获取更多资金。一些现金流匮乏但有较强融资需求的高成长公司，未必有能力达到再融资的分红要求，但迫于监管的规定又不得不发放现金股利；而那些现金流充沛的成熟型或垄断行业上市公司，理论上要进行较高比例分红，却由于其没有融资需求，从而产生监管盲区。

以占市场重要权重的银行股为例，2010 年一些上市银行一边分红一边再融资，实施的时间都像约好了一样。2010 年 6 月 3 日，中国银行对 2009 年利润进行分配，10 股分红 1.4 元，11 月即实施配股方案，每 10 股配 1 股，配股价 2.36 元；2010 年 6 月建设银行对 2009 年利润进行分配，每 10 股分红 2.02 元，11 月即实施配股方案，每 10 股配 0.7 股，配股价 3.77 元；2010 年 6 月工商银行对 2009 年利润进行分配，每 10 股分红 1.7 元，11 月即实施配股方案，每 10 股配 1.45 股，配股价 2.99 元。

11.2 股利分配内容

11.2.1 股利分配项目

股份公司税后利润分配包括以下部分。

1. 盈余公积金

盈余公积金从净利润中提取形成，用于弥补公司亏损、扩大公司生产经营或者转增资本。

盈余公积金分为法定盈余公积金和任意盈余公积金。法定盈余公积金按照税后利润 10%的比例提取；当盈余公积金累计达到公司注册资本 50%时，可不再继续提取。任意盈余公积金的提取由股东大会根据需要决定。

2. 股利

企业向股东（投资者）支付股利（分配利润），要在提取盈余公积金之后。股利的分配以各股东持有股份的数额为依据，每一股东取得的股利与其持有的股份数成正比。股份有限公司原则上应从累计盈利中分派股利，无盈利不得支付股利，即所谓的“无利不分”。

11.2.2 股利支付方式

股利支付方式有多种，常见的有以下几种。

1. 现金股利

现金股利是指股份公司以现金支付的股利，它是股利支付的主要方式。例如，每 10 股派现 2 元。发放现金股利的多少取决于公司的股利政策和经营业绩。上市公司发放现金股利主要出于三个原因：迎合投资者偏好、减少代理成本和传递公司的未来信息。发放现金股利的优点是能够满足投资者获取现金的投资要求，并且分配后不影响公司原来的所有权结构。这种方式的不足是加大了公司支付现金的压力，公司支付现金股利除了要有足够的未指明用途的留存收益（未分配利润）外，还要有足够的现金，因此公司在支付现金股利前必须筹备充足的现金；另一方面，通常来说，现金股利的发放会对股票价格产生下跌的影响。

中国 A 股市场实行现金股利的公司从 2000 年的 648 家增加到 2010 年的 1,258 家，分红额度从 310 亿元增加到近 5,000 亿元，各年度进行现金分红的上市公司比例基本保持在一半左右的水平。

2. 财产股利

财产股利是除现金以外的实物或者证券资产支付的股利。其中，实物股利是指以公司实物资产或实物产品充当股利；证券股利则是指以公司拥有的其他企业的有价证券或政府公债等作为股利发放给股东。

财产股利一般不改变公司的现金流，不会增加现金流出，不会产生现金支付压力；财产股利并不是一种每年都派发的经常性的股利，具有一定的偶然性、特定性；财产股利分配实物资产，可以扩大产品销路，相当于在一定程度上为公司产品做了广告宣传。

继南方食品给投资者发放黑芝麻乳、量子高科向投资者赠送龟苓膏后，人福医药也向投资者赠送新产品，安全套、感冒药和艾滋病快速自检试剂三选一。接连出现的“实物馈赠”投资者的另类分红方案，正在使中国 A 股市场分红迅速娱乐化。

3. 负债股利

负债股利是公司以负债支付的股利，通常以公司的应付票据等应付的证券作为股利支付给股东，不得已情况下也有发行公司债券抵付股利的。

4. 股票股利

股票股利是公司以增发的股票作为股利的支付方式。股票股利的优点在于公司既进行了股利分配，又没有动用现金，这使公司留存了大量现金，便于进行再投资，有利于公司长期发展；对股东，既获得节税的好处，又可以在未来发放现金股利时获得更多。例如，某公司每 10 股送 3 股，相当于 10 股送 3 元钱红利，只不过这 3 元钱转变成了 3 股股票，在股东需要现金时，可以将分得的股票股利出售，有些国家税法规定出售股票所需交纳税率比收到现金股利所需缴纳的税率低，这使得股东可以从中获得纳税上的好处。如果公司在发放股票股利后发放现金股利，股东会因为所持股数的增加而得到更多的现金。例如，公司宣布发放 10%的股票股利，然后每股再支付现金股利 2 元，某投资者拥有 100 股，可得现金股利为：2×100×（1+10%）=220（元）。而若先不发放股票股利，该股东所得现金股利只有 200 元。

股票股利不直接增加股东的财富，不导致公司资产的流出或负债的增加，同时也不增加公司的股东权益总额，但是会引起所有者权益各项目的结构发生变化。股票股利将公司的留存收益转化为股本，留存收益和股本之间是此消彼长的关系，增加了流通在外的股票数量，同时降低股票的每股价值以及每股市价，吸引更多的投资者，但是股价并不成比例下降，一般在发放少量股票股利（如 2%～3%）后，大体不会引起股价的立即变化，这可使股东得到股票价值相对上升的好处。特别是，发放股票股利通常由成长中的公司所为，因此投资者往往认为发放股票股利预示着公司将会有较大发展，利润将大幅度增长，足以抵消增发股票带来的消极影响，这种心理会稳定住股价甚至导致股价上升。

在现实生活中，我国上市公司的股利分配广泛采用一部分股票股利和一部分现金股利的做法。财产股利和负债股利实际上是现金股利的替代。这两种股利方式目前在我国公司实务中很少使用，但是可以采用。

11.2.3 利润分配的顺序

企业按照我国《公司法》的有关规定，利润分配应按下列顺序进行。

1. 计算可供分配的利润

企业当期实现的净利润加上年初未分配利润（或减去年初未弥补亏损）后的余额，为可供分配的利润。如果可供分配的利润为负数（即亏损），则不能进行后续分配；如果可供分配的利润为正数（即本年累计盈余），则在弥补以前年度亏损后，进行后续分配。

需要注意的是，企业的亏损分为两种：政策性亏损和经营性亏损。政策性亏损可以向国家申请补贴；经营性亏损则需要用以前年度的盈余公积、以后年度的税前利润和以后年度的税后利润依次弥补。具体而言，应当首先用以前年度的盈余公积弥补；不足弥补的，可以在以后连续五年内由税前利润延续弥补，如果发生的亏损在五年内用税前利润仍然不足弥补的，从第六年开始以税后利润弥补。

2. 计提盈余公积金

计提盈余公积，是指企业根据有关法律的规定，按照当年净利润的一定比例提取盈余公积。按照我国《公司法》的规定，公司分配当年税后利润时，应当按照本年净利润（若年初存在累计亏损，则为抵减年初亏损后的本年净利润）的 10%的比例提取法定盈余公积。公司从税后利润中提取法定公积金后，经股东大会决议，还可以从税后利润中提取任意公积金。提取任意盈余公积金可以让更多利润留存于公司以便今后发展，同时也能起到限制普通股股利的分配，平衡各年股利分配的作用。任意盈余公积金的计提比例没有法定要求，可由公司董事会提出方案，经股东大会审议通过后实施。

3. 向股东（投资者）支付股利（分配利润）

企业的利润在弥补亏损、提取法定盈余公积金和任意盈余公积金后，可以按照利润分配方案给非股份有限公司投资者分配利润，或者依据普通股股东所持股份的比例进行股利分配。

需要注意的是，上述利润分配是按顺序进行的。若公司股东会或董事会违反上述利润分配顺序，在抵补亏损和提取法定盈余公积金之前向股东分配利润的，必须将违反规定发放的利润退还公司。

11.2.4 股利分配流程

股份有限公司的股利分配方案通常由公司董事会提出，然后提交股东大会决议，股东大会据以通过分配预案之后，向股东发布发放股利的方案。不同国家的公司每年发放股利的次数不同。我国的股份公司均为 1 年发放 1 次股利，美国公司则为一季度发放 1 次。股份有限公司向股东支付股利，主要包括以下流程节点：股利宣告日、股权登记日、股票除息日和股利支付日。

1. 股利宣告日

股利宣告日即公司董事会将股利支付情况予以公告的日期。股份公司董事会一般根据发放股利的周期举行董事会讨论并提出股利分配方案，由公司股东大会讨论通过后，正式宣布股利发放方案。公告中将宣布每股股利、股权登记日、股票除息日和股利支付日。

2. 股权登记日

股权登记日即有权领取股利的股东资格登记截止日期，也称为除权日。只有在股权登记日前在公司股东名册上有名的股东，才有权分享股利。

上市公司的股票在公司宣布发放股利至公司实际发出股利间有一定的时间间隔，在此时间间隔内交易并没有停止，公司股东也会随股票交易而不断改变。为了明确股利的归属，公司确定有股权登记日，凡在股权登记日之前（含登记日当天）列于公司股东名单上的股东，都将获得此次发放的股利，而在这一天之后才列于公司股东名单上的股东，即使在股利发放之前取得股票，也将得不到此次发放的股利，股利归原股东所有。

3. 股票除息日

股票除息日即指领取股利的权利与股票相互分离的日期。一般规定除息日为股权登记日的次交易日。在除息日前，股利权从属于股票，持有股票者即享有领取股利的权利；除息日开始，股利权与股票相分离，新购入股票的人不能分享股利。

股票除息日通常会显著影响股票的价格。因为股利的价值在除息日之前包含在股票价格中，而在除息日之后进行的股票交易，股票价格中不再包含股利收入，所以其价格一般低于除息日之前的交易价格。在除息日当天及其后购买的股票又称为除息股。

4. 股利支付日

股利支付日即向股东发放股利的日期，也称为付息日。

【例 1】某上市公司 2013 年 5 月 28 日发布股东大会决议，每 10 股送 6 股，派发现金 2 元。股利宣告日为 2013 年 5 月 28 日，股权登记日 2013 年 6 月 3 日，除息日为 2013 年 6 月 4 日，红利派发日为2013年6月8日。

即在2013年6月3日之前在公司股东名册上有名的股东，有权利分享股利。6月4日新购入的股票不参加分红。6月8日向股东发放股利。

11.3　股利分配政策的理论与实践

11.3.1　股利分配政策的相关理论

股利分配作为财务管理的一部分，同样要考虑其对公司价值的影响。在股利分配对公司价值的影响这一问题上，存在不同的观点。一方面，有人认为股利政策是无关的，因为公司价值应该由公司的基本盈利能力和经营风险决定，价值只取决于收益的产生，而与收益在股利和留存收益之间的分配无关；另一方面，投资者很可能偏好某一股利政策，如有观点认为投资者偏好当期股利，因为这比未来留存收益再投资而可能产生的资本利得更加确定，资本成本会随着股利支出的增加而减少。同时，有观点认为投资者偏好的股利政策还可能与税收因素有关。

1. 股利无关论

股利无关论的主要倡导者是莫顿·米勒（Merton Miller）和法兰克·莫迪葛利安尼（Franco Modigliani）①，分别获得1990年及1985年的诺贝尔经济学奖，他们认为股利政策对公司股票的价格或者资本成本都不会产生影响。该理论建立在一些假定之上：不存在个人或公司所得税；不存在股票的发行和交易费用（即不存在股票筹资费用）；公司的投资决策与股利决策彼此独立（即投资决策不受股利分配的影响）；公司的投资者和管理当局可相同地获得关于公司未来投资机会的信息。

由于假定投资者处于完美无缺的市场，因而股利无关论又被称为完全市场理论。股利无关论观点如下。

（1）投资者并不关心公司股利的分配

投资者对股利和资本利得并无偏好，即对于当期利益和长远利益并无偏好，送股和送红利没有区别。因为即使当期股利不高，但是如果公司为再投资留存了较多的收益，也会促使公司股票价格上升，此时，投资者同样也可以通过出售股票的方式获取现金收益。同样，如果公司发放的股利较多，投资者同样可以用现金再购入一些股票扩大出资以获取长远利益。

（2）股利的支付比率不影响公司的价值

既然投资者不关心股利的分配，公司的价值就完全由其投资的获利能力所决定，公司的股利支付比率并不影响公司的价值。即便公司已经支付了高额股利，与此同时又遇到了理想的投资机会，也可以重新募集新股，因为新投资者会对公司的投资机会做出认可。

股利无关论的缺陷，主要表现为其假设缺乏现实性：

① 企业和投资者需要支付所得税；

② 企业增发新股需要支付发行费用，投资者需要支付交易费用；

③ 股利政策通过影响企业现金流量，从而影响投资决策；

④ 企业管理层与投资者之间存在信息不对称。

---

① Merton H Miller, Franco Modigliani. Dividend Policy, Growth, and the Valuation of Shares. The Journal of Business, 1961,34, (10): 411-433.

2. 股利相关论

股利相关论认为公司的股利分配对公司的市场价值是有影响的，主要包括“手中鸟”理论和税差理论两种。

（1）“手中鸟”理论

“手中鸟”理论又称“一鸟在手”理论[①]，源于谚语“双鸟在林不如一鸟在手”。其基本观点是：投资者对投资风险有天生的抵触情绪，因此对股利收益与资本利得有着不同的偏好。资本利得指的是卖出股票时卖出价和原来买入价的差额，然而出售时的股票价格具有很大的不确定性，如果起伏过于频繁，尤其是当股价下跌的时候，资本利得就会大大损失，并且企业此时用留存收益再投资方式带给投资者的收益不确定性和不稳定性都很高，尤其是随着时间的推移，投资风险将更加加大。相比之下，现金股利具有较高的确定性和稳定性，投资者有把握按时、按量得到收入，就如同手中之鸟一样，所以投资者偏好现金股利。正是由于未来的资本利得比现在的现金股利具有更高的风险，因此未来的资本利得的折现率高于现金股利，所以，现金股利越高，权益资本成本越低，反之越高，即权益资本成本与现金股利成反比。

然而，这一理论对股利的解释尚存一定疑问。从长远来看，企业的实际业绩才是支撑现金股利和资本利得的支柱。如果没有长期盈利业绩的支持，企业必然会在某一时期无法保证现金股利的发放，因此，即便短期内依靠资金的调度和安排满足了既定数额的现金股利的发放，也无法保证未来能够一直有资金支持。相反，如果企业能够长期保持良好的盈利势头，尽管在一定期间市场也许并不能充分认识公司股票的价值而导致其价格被低估，但从长远来看企业的实际价值一定会反映在股票价格上。当然，这些结论必须有一个前提作为保障，即股票市场在一个较长时期内是一个有效率的市场。

（2）税差理论

税差理论的基本观点是[②]，资本利得税一般低于股利所得税，此外，即使股利与资本利得按相同的税率征税，考虑到货币的时间价值，投资者可以通过延迟实现资本利得而延迟缴纳资本利得所得税，因此，均需纳税的股东会倾向于选择资本利得而非现金股利。

然而，对那些希望保持资本的流动性、交易成本较高的股东而言，现金股利仍是较好的选择，因为在资本市场上转让股票所发生的交易成本将会抵消税收收益。即使交易成本不是很高，只要交易成本不等于零，那些享受免税又希望保持资本流动性的股东将倾向于现金股利，避免交易成本是他们考虑的首要因素。

3. 股利分配政策的影响因素

在现实生活中，影响股利分配的因素有如下几点。

① 法律因素。为了保护债权人和股东的利益，有关法律法规对公司的股利分配经常有资本保全、资本积累、偿债能力等方面的限制性规范。这些法律规范体现在企业财务通则和《公司法》《证券法》等法律规范中。其具体限制如下。

第一，资本保全。即规定公司不能用资本（包括股本和资本公积）发放股利。股利的发放只能来源于企业当期利润或留存收益，投入资本不能随着企业的生产经营、利润分配而改变，不能抽逃资本金。

第二，资本积累。即规定公司必须按净利润的一定比例提取盈余公积金，公司年度累计净利润必须

---

① M. J. Gordon. Dividends, Earnings and Stock Prices. The Review of Economics and Statistics, 1959, 41 (2): 99-105.

② Litzenberger Robert H, Ramaswarmy Krishna. The Effects of Personal Taxes and Dividend on Capital Asset Prices, Journal of financial Economics, 1979, (6): 163-195.

为正数时才可发放股利，以前年度亏损必须足额弥补。当年出现亏损时，一般不得给投资者分配利润。

第三，偿债能力限制。如果企业已经无力偿付到期债务或因支付股利将失去偿债能力，则企业不能支付现金股利。

第四，其他规定。例如，一些国家规定公司不得超额累积利润，一旦公司的保留盈余超过法律认可的水平，将被加征额外税额。由于股东接受股利缴纳的所得税高于其进行股票交易的资本利得税，因此许多公司通过积累利润使股价上涨的方式来避税。我国法律目前尚未对公司累计利润的额度做出限制性规定。

② 股东因素。股东从自身需要出发，对公司的股利分配往往产生如下的一些影响。

首先，一些依靠股利维持生活的股东，如低收入阶层或者养老基金等机构投资者往往要求公司支付稳定的股利，用于维持生活或用于发放养老金；若公司留存较多的利润，将受到这部分股东的反对。另一方面，一些高股利收入的股东又出于避税的考虑（股利收入的所得税高于股票交易的资本利得税），往往反对公司发放较多的股利，以获得更多的资本利得收入达到避税的目的。

其次，公司支付较高的股利，就会导致留存盈余减少，这意味着将来发行新股的可能性加大，而发行新股必然稀释公司的控制权。若发行新的普通股，流通在外的普通股股数增加，将导致普通股每股盈利和每股市价的下降。这都是公司的老股东们所不愿看到的局面，因此，由现有股东组成的董事会为维持其控制地位，往往倾向于公司少分配现金股利，多留存利润。

③ 公司的因素。就公司的经营需要来讲，也存在一些影响股利分配的因素。

第一，盈余的稳定性。公司能否获得长期稳定的盈余，是其股利决策的重要基础。盈余相对稳定的公司能够较好地把握自已，有可能支付比盈余不稳定的公司更高的股利。通常，盈余下降容易产生无法支付股利、股价急剧下降的风险，盈余不稳定的公司若采取低股利政策，则不仅可以有效地降低风险，同时可以将更多的盈余再投资，以提高公司权益资本的比重，减少财务风险。

第二，资产的流动性。支付现金股利，会减少公司的现金持有量，使资产的流动性降低。唯有现金充裕，公司才能较多地支付现金股利。倘若公司没有足够的现金，则其发放现金股利的数额必然受到限制，公司必须从经营需要出发，保持一定的资产流动性。

第三，举债能力。发放过高股利的公司要想弥补现金短缺，唯有通过增加外部筹资来实现。具有较强举债能力的公司因为能够及时地筹措到所需的现金，有可能采取较宽松的股利政策，而举债能力弱的公司往往采取保守的股利政策。

第四，投资机会。有着良好投资机会的公司，需要有强大的资金支持，因而往往少发放股利，将大部分盈余用于投资。相反，如果公司没有良好的投资机会，资金的需求量小，则公司有可能多发放现金股利。因此，公司在确定其股利政策时，需要充分分析与判断其未来的发展趋势和投资机会。以企业的生命周期来看，处于上升期的企业投资机会多，资金的需求量大，通常股利分配额较低。而处于成熟期和衰退期的企业，投资机会少，资金的需求量较小，同时其利润由于前期的积累相对较为丰厚，资金充裕，因此其现金股利分配额通常相对较高。

11.3.2 股利分配政策的实践

支付给股东的盈余与留在企业的保留盈余，存在此消彼长的关系。所以，股利分配政策既决定给股东分配多少红利，也决定有多少净利留在企业。减少股利分配，会增加保留盈余，从而降低外部融资需求，因此股利决策也是内部融资决策。

股利分配的实务中，公司采用的股利政策包括剩余股利政策、固定股利额政策、固定股利支付率政策、低正常股利加额外股利政策等。

1. 剩余股利政策

剩余股利政策是将股利的分配与公司的资本结构有机地联系起来，即根据公司的最佳资本结构测算出公司投资所需要的权益资本数额，先从盈余中留用，然后将剩余的盈余作为股利向投资者分配。

（1）剩余股利政策支付股利的步骤

第一，确定公司的最佳资本结构，即确定权益性资本和债务性资本结构，在这种结构下，公司的资本成本率达到最低水平。

第二，确定在最佳资本结构下所需权益资本数额。

第三，最大限度地使用公司留存收益来满足投资方案对权益资本的需要数额。

第四，投资方案所需要的权益性资本得到满足后，如果公司的未分配利润还有剩余，就将其作为股利发放给股东。

【例2】某公司某年提取了公积金后的税后净利为700万元，第二年的投资计划所需资金900万元。公司的最佳资本结构为权益资本占60%、债务资本占40%，那么，按照剩余股利政策能够发放的股利是多少？

按照最佳资本结构的要求，公司投资方案所需的权益资本数额为：900×60%=540（万元）

公司当年全部可用于分配股利的盈余为700万元，可以满足上述投资方案所需的权益资本数额并有剩余，剩余部分再作为股利发放。当年发放的股利额即为：

$$700-540=160\text{（万元）}$$

假设当年该公司流通在外的普通股为80万股，则每股股利为：

$$160\div 80=2\text{（元）}$$

采用剩余股利政策的理论基础是保持公司最佳的资本结构，使公司资本成本达到最低，从而使公司的价值达到最大。

（2）剩余股利政策的优点

留存收益首先保证再投资的需要，可以充分利用筹资成本最低的资金来源，保持理想的资本结构，并使得资金供求相等，使加权平均资本成本最低，实现企业价值的长期最大化。

（3）剩余股利政策的缺点

股利发放额每年会随投资机会和盈利水平的波动而波动，即使投资机会和盈利水平不同时变动，只要其一发生改变，股利也会随之改变。具体而言，在盈利水平不变时，股利将与投资机会的多寡呈反方向变动，投资机会越多，股利越少；反之，投资机会越少，股利发放越多。而在投资机会维持不变的情况下，股利发放额将因公司每年盈利的波动而呈现同方向波动，盈利越多，股利越多；反之，盈利越少，股利的发放也会越少。股利政策不稳定，容易造成股价不稳定，同时也不利于投资者安排收入与支出，影响公司树立良好的形象。因此，剩余股利政策一般适用于公司初创阶段。

2. 固定股利额政策

固定股利额政策是指公司支付给股东的现金股利不随公司税后利润的多少而调整，即公司定期支付固定的股利额。只有企业管理层确信企业的盈利确实已经增加而且不会发生逆转，未来的盈利有能力支付更多的股利时，企业才会提高每股股利支付额，实施固定或稳定增长的股利政策。采用这种股利政策的公司一般其盈利水平比较稳定或正处于成长期。

（1）固定股利额政策的优点

分配固定股利可使公司树立良好的市场形象，有利于公司股票价格的稳定，增加投资者的投资信心。

尤其当公司利润下降而现金股利保持稳定时，证明公司管理层对公司未来的盈利能力、财务状况充满信心，尽管短期内公司利润出现下滑，在一定时期内公司有能力扭亏为盈，同样也有能力保持其股东应得的利益。因此，投资者及资本市场对公司的信心通常要比现金股利额随利润下滑也同时下降时要强。

另外，稳定的股利政策降低了投资风险，投资者可以预先根据公司的股利水平安排支出，尤其是对于那些期望有固定数额收入的投资者，更喜欢其投资的股利回报能够成为其稳定的收入来源，以便安排各种经常性的消费和其他支出。

（2）固定股利额政策的缺点

固定股利额政策的缺点主要在于股利的支付与公司盈利相脱节。无论公司盈利多少，均要按照固定的比例支付股利，固定股利对企业来说是一种必须开支的“固定费用”，增加企业风险。公司成长过程中难免会出现经营状况不佳或短暂的困难时期，此时再支付固定的股利则变成了固定的负担。尤其是当公司盈利较低时仍需支付固定的股利额，这会导致公司资金紧张，财务状况恶化，增加了企业的风险，影响其正常的生产经营活动和后续发展。同时，大多数投资者会希望公司能够提供足以抵消通货膨胀不利影响的股利，因此长期通货膨胀的背景下应提高股利发放额。

鉴于此，采用固定股利额政策的公司，必须对其未来的盈利和支付能力做出良好的判断。一般而言，固定股利额不应过高，要留有余地，以免公司陷入无力支付的被动局面。

3. 固定股利支付率政策

固定股利支付率政策是指公司预先确定一个股利占净利润的比率，并且按此比率支付股利的政策。公司每年支付的股利会随其净利润额的多少而波动，从而使股利支付额不稳定。

（1）固定股利支付率政策的优点

固定股利支付率政策的优点是保持分配利润和留存收益之间一定的比例关系，多盈多分、少盈少分、无盈不分，股东与企业共担风险、共享收益，真正公平地对待每一位股东，体现了投资与收益的一致性。同时，当公司盈利逐年增多时，投资者可以得到更多的股利，公司也能得到更多的留存收益。

（2）固定股利支付率政策的缺点

由于每年的股利支付额不稳定，容易使投资者产生公司经营不稳定的感觉，对稳定股票价格不利；固定股利支付率政策也不像剩余股利政策那样能够保持相对较低的资本成本。因此，大多数公司不采用这一股利政策。

4. 低正常股利加额外股利政策

低正常股利加额外股利政策是公司一般情况下每年支付固定的、数额较低的股利，在盈利多的年份，再根据实际情况向股东支付额外股利。但额外股利并不固定，不意味着公司永久地提高了规定的股利支付率。这种股利政策是介于固定股利支付政策与变动股利政策之间的一种折中政策，具有较大的灵活性，可以使投资者接受正常的较低股利。这种股利政策适用于各年盈余变化较大且现金流量较难把握的企业，因而被大多数企业所采用。

（1）低正常股利加额外股利政策的优点

这种股利政策既保持了一定的稳定性，又具有较大的灵活性，当公司盈余较少或投资需要较多的资金时，可维持既定的较低的正常股利，股东不会有股利跌落感；而当公司盈余较多时，则因增发额外股利，把公司繁荣所得利益与股东分配结合起来，投资风险较小，增强股东投资信心，有利于稳定股票价格，从而吸引股东投资。

（2）低正常股利加额外股利政策的缺点

若不同年份之间公司的盈利波动大，使得额外股利不断变化，容易使投资者对公司收益的稳定性产生质疑；当公司在较长时期持续发放额外股利后，股东容易产生额外股利就是正常股利的错觉，而一旦取消了这部分额外股利，传递出去的信号可能会使股东认为这是公司经营状况恶化的表现，进而可能会引起公司股价下跌等不良后果。

11.4 股票分割与合并

11.4.1 股票分割

股票分割又称拆股，指的是股份公司将面额较高的股票交换成面额较低的股票的过程，是公司管理当局将其股票分割或拆细的行为。例如，两股换一股的股票分割，是指两股新股换一股旧股的行为。股票分割会导致公司发行在外的流通股数增加，从而降低每股面额，使得每股盈余下降。但是，股票分割并不影响公司的资本结构、股东权益总额、股东权益各项目的金额及其比例、公司的总价值和公司总资本。因此，股票分割虽然不属于股利分配方式，股票分割与发放股票股利十分相似，都是在不增加股东权益的前提下增加股票的数量。有所不同的是，股票股利虽然不会因其股东权益总额的改变，但股东权益构成项目之间的比例会发生变化，而股票分割后，股东权益总额及其构成项目的金额都不会发生任何变化，变化的只是股票面值，同时，股票分割引起的股票数量的增加量可以远远大于发放的股票股利股票数量的增加量。

【例3】某股份公司股票分割前的股东权益账面价值如下：

普通股（面值2元，已发行200,000股）	400,000元
资本公积	980,000元
留存收益	3,620,000元
股东权益合计	5,000,000元

2009年，公司决定将原先的普通股每一股分割成两股，进行股票分割后，公司的股东权益账面价值为：

普通股（面值1元，已发行400,000股）	400,000元
资本公积	980,000元
留存收益	3,620,000元
股东权益合计	5,000,000元

假定本公司本年净利润600,000元，则股票分割前的每股收益为3元（600,000 ÷ 200,000）。假定股票分割后公司净利润保持不变，则分割后的每股收益为1.5元（600,000 ÷ 400,000）。相应地，普通股每股市价也会因此而下降。

股票分割通常具备以下作用。

① 提高公司股票的流动性。由于股票分割是在不增加股东权益的情况下增加流通中的股票数量，分割后每股股票所代表的股东权益的价值将降低，每股股票的市场价格也将相应降低。当股票的市场价格过高时，对于许多潜在投资者尤其是小户和散户而言，股票交易会因每手交易所需的资金量太大而力不从心，从而限制了这类股票的流动性。因此，许多公司在其股价过高或者准备发行新股时，通过股票分割降低股票的交易价格。这样可以提高公司股票的流通性，提高股票的可转让性和促进市场交易活动，由此增加投资者对股票的兴趣，促进新发行股票的畅销；同时通过扩大公司的股东规模，使公司股票更为广泛地分散到投资者手中，可以有效地防止少数小集团的股东通过委托代理权实现对企业的控制。

② 传递公司发展壮大的信号。股票分割易给人一种公司正处于发展壮大的印象，可以向股票市场和广大投资者传递公司业绩好、利润高、具备很好的增长潜力的信号，有利于公司树立良好的形象并吸引投资者。股票的价格有望在目前的高价位上进一步上升。因此，股票分割往往是成长中公司的行为。合并方在兼并或合并另一个公司前，首先将自己的股票加以分割，有助于增加对被合并方股东的吸引力。

【例 4】假定 A 公司准备通过股票交换实施对 B 公司的兼并。设 A、B 两公司目前的股票市场价格分别为 50 元和 5 元，根据对双方企业价值的分析，A 公司认为以 1∶10 的交换比率（即 1 股 A 公司股票换 10 股 B 公司的股票）对于双方股东基本是公平合理的，但有可能会使 B 公司心理上难以接受。为此，A 公司决定先按 5 股换 1 股对本公司的股票进行分割，然后再按 1∶2 的交换比率对 B 公司进行兼并。尽管实质并未改变，但 1∶2 的交换比率易于为 B 公司股东所接受，有助于兼并的顺利完成。

③ 增加现金股利的获得。只要股票分割后每股现金股利的下降幅度小于股票分割幅度，即使股票分割会导致每股收益的下降，但股东仍能多获现金股利，因此股票分割可能增加股东的现金股利，使股东感到满意。例如，某公司股票分割前每股现金股利 2 元，持有 100 股股票的某股东可分得现金股利 200 元，公司按 1 换 2 的比例进行股票分割后，该股东股数增为 200 股，若现金股利降为每股 1.1 元，该股东可得现金股利 220 元，大于其股票分割前所得的现金股利。

11.4.2 股票合并

与股票分割相反，企业有时也进行股票合并操作。股票合并又称为合股、逆向分割或反分割，即公司用一股新股换取一股以上的旧股。例如，某公司股票市价为 7 元，公司为提高其股票市价，决定采用 3 股旧股换 1 股新股的反分割，反分割的结果将使其股价由原来的每股 7 元提高到每股 21 元。显然，股票合并可以减少流通在外的股票数量，提高每股股票的面值和其所代表的净资产的数额，进而提高股票的市场价格，公司却没有发生任何的现金流出。通常业绩不佳、股价过低的公司通过股票合并来提高股票价格，使之达到一个合理的交易价格水平。

【讨论案例】

贵州茅台的股利政策

以下分别是贵州茅台酒股份有限公司（证券代码：600519）2013 年、2012 年及 2011 年的利润分配方案。

一、2013 年度利润分配实施公告的主要内容

贵州茅台酒股份有限公司（以下简称“公司”或“本公司”）2013 年度利润分配方案已经 2014 年 5 月 18 日召开的本公司 2013 年度股东大会审议通过。股东大会决议公告刊登于 2014 年 5 月 20 日的《上海证券报》《中国证券报》和上海证券交易所网站（网址：www.sse.com.cn）。本公司董事会及全体董事保证本公告内容不存在任何虚假记载、误导性陈述或者重大遗漏，并对其内容的真实性、准确性和完整性承担个别及连带责任。

每股分配比例：以 2013 年年末总股本 103,818 万股为基数，对公司全体股东每股派送红股 0.10000 股、每股派发现金红利 4.37400 元（含税）。扣税前与扣税后每股现金红利：扣税前每股派发现金红利 4.37400 元；扣税后个人股东（包括证券投资基金）每股派发现金红利 4.15030 元，合格境外机构投资者（QFII）股东每股派发现金红利 3.92660 元。本次分配共分配利润 4,644,817,320 元。股权登记日：2014 年 6 月 24 日；除权（除息）日：2014 年 6 月 25 日；新增无限售条件流通股份上市日：2014 年 6 月 26 日；现金红利发放日：2014 年 6 月 25 日。发放范围：截至 2014 年 6 月 24 日（股权登记日）下午上海证券交易所收市后，在中国证券登记结算有限责任公司上海分公司（以下简称“登记公司”）

登记在册的本公司全体股东。

扣税说明：第一，对于个人股东（包括证券投资基金），根据《关于实施上市公司股息红利差别化个人所得税政策有关问题的通知》（财税[2012]85 号）的规定，公司暂按 5%的税率代扣个人所得税，扣税后实际每股派发现金红利 4.15030 元。如股东持股期限在 1 个月以内（含 1 个月）的，其股息红利所得全额计入应纳税所得额，实际税负为 20%；持股期限在 1 个月以上至 1 年（含 1 年）的，实际税负为 10%；持股期限超过一年的，实际税负为 5%。个人股东（包括证券投资基金）转让股票时，登记公司根据其持股期限计算实际应纳税额，超过已扣缴税款的部分，由该股东指定交易的证券公司从其个人资金账户中扣收并划付登记公司，登记公司于次月 5 个工作日内划付本公司，本公司在收到税款当月的法定申报期内向主管税务机关申报缴纳。第二，对于居民企业（该词语具有相关中华人民共和国税务法规及规则下的含义）股东（含机构投资者），本公司不代扣代缴所得税，每股派发现金红利 4.37400 元。第三，对于合格境外机构投资者（QFII）股东，根据 2009 年 1 月 23 日国家税务总局颁布的《国家税务总局关于中国居民企业向 QFII 支付股息、红利、利息代扣代缴企业所得税有关问题的通知》（国税函[2009]47 号）的规定，按 10%的税率代扣代缴企业所得税后，实际每股派发现金红利 3.92660 元；如该类股东认为其取得的股息红利收入需要享受税收协定（安排）待遇的，可按照相关规定在取得股息红利后自行向主管税务机关提出退税申请。第四，对于其他非居民企业股东，本公司不代扣代缴所得税，由纳税人自行缴纳。

分配实施办法：（一）现金红利：股东中国贵州茅台酒厂（集团）有限责任公司、贵州茅台酒厂集团技术开发公司的现金红利由本公司直接派发。除上述股东外，其余股东的现金红利委托登记公司通过其资金清算系统向股权登记日登记在册并在上海证券交易所各会员单位办理了指定交易的本公司股东派发。已办理指定交易的股东可于红利发放日在其指定的证券营业部领取现金红利，未办理指定交易的股东红利暂由登记公司保管，待办理指定交易后再进行派发。（二）股票股利：本次送股由登记公司通过计算机网络系统，根据股权登记日登记在册的公司股东的持股数，按比例自动计入股东账户。送股过程中产生的不足 1 股的零碎股份，登记公司按照股东零碎股份数量大小顺序排列，零碎股份数量相同的，由电子结算系统随机排列。登记公司按照排列顺序，依次均登记为 1 股，直至完成全部送股。实施送股方案后，按新股本 1,141,998,000 股摊薄计算的公司 2013 年度每股收益为 13.25 元。

2013 年度股本变动结构表　　单位：股

		本次变动前	变动数		本次变动后
			送股	合计	
无限售条件的流通股份	A 股	1,038,180,000	103,818,000	103,818,000	1,141,998,000
	无限售条件的流通股份合计	1,038,180,000	103,818,000	103,818,000	1,141,998,000
股份总额		1,038,180,000	103,818,000	103,818,000	1,141,998,000

二、2012 年度利润分配实施公告的主要内容

2012 年度利润分配方案已经 2013 年 5 月 16 日召开的本公司 2012 年度股东大会审议通过。股东大会决议公告刊登于 2013 年 5 月 17 日的《上海证券报》《中国证券报》和上海证券交易所网站（网址:www.sse.com.cn）。

发放年度：2012 年年度；发放范围：截至 2013 年 6 月 6 日（股权登记日）下午上海证券交易所收市后，在中国证券登记结算有限责任公司上海分公司（以下简称“登记公司”）登记在册的本公司全体股东。本次分配以 2012 年年末总股本 103,818 万股为基数，向本公司全体股东每股派发现金红利

6.419 元（含税），共计派发股利 6,664,077,420.00 元（含税）。

股权登记日：2013 年 6 月 6 日；除息日：2013 年 6 月 7 日；现金红利发放日：2013 年 6 月 17 日。

扣税说明：（1）对于个人股东（包括证券投资基金），根据《关于实施上市公司股息红利判别化个人所得税政策有关问题的通知》（财税[2012]85 号）的规定，公司暂按 5%的税率代扣个人所得税，扣税后实际每股派发现金红利 6.09805 元。如股东持股期限在 1 个月以内（含 1 个月）的，其股息红利所得全额计入应纳税所得额，实际税负为 20%；持股期限在 1 个月以上至 1 年（含 1 年）的，实际税负为 10%；持股期限超过 1 年的，实际税负为 5%。个人股东（包括证券投资基金）转让股票时，登记公司根据其持股期限计算实际应纳税额，超过已扣缴税款的部分，由该股东指定交易的证券公司从其个人资金账户中扣收并划付登记公司，登记公司于次月 5 个工作日内划付本公司，本公司在收到税款当月的法定申报期内向主管税务机关申报缴纳。（2）对于在中国注册的居民企业（该词语具有相关中华人民共和国税务法规及规则下的含义）的法人股东（含机构投资者），本公司不代扣代缴所得税，每股派发现金红利 6.419 元。（3）对于合格境外机构投资者（QFII）股东，根据 2009 年 1 月 23 日国家税务总局颁布的《国家税务总局关于中国居民企业向 QFII 支付股息、红利、利息代扣代缴企业所得税有关问题的通知》（国税函[2009]47 号）的规定，按 10%的税率代扣代缴企业所得税后，实际每股派发现金红利 5.7771 元；如该类股东认为其取得的股息红利收入需要享受税收协定（安排）待遇的，可按照相关规定在取得股息红利后自行向主管税务机关提出退税申请。（4）对于其他非居民企业股东，本公司不代扣代缴所得税，由纳税人自行缴纳。

三、2011 年度利润分配实施公告的主要内容

2011 年度利润分配方案已在 2012 年 5 月 29 日召开的股东大会审议通过。股东大会决议公告刊登于 2012 年 5 月 30 日的《上海证券报》《中国证券报》和上海证券交易所网站（网址：www.sse.com.cn）。

发放年度：2011 年度；发放范围：截至 2012 年 7 月 4 日（股权登记日）下午上海证券交易所收市后，在中国证券登记结算有限责任公司上海分公司（以下简称“登记公司”）登记在册的本公司全体股东。本次分配以 2011 年年末总股本 103,818 万股为基数，向本公司全体股东每 10 股派发现金红利 39.97 元（含税），扣税后每 10 股派发现金红利 35.973 元，共计派发股利 4,149,605,460.00 元（含税）。

股权登记日：股权登记日 2012 年 7 月 4 日。除息日：2012 年 7 月 5 日。现金红利发放日：2012 年 7 月 13 日。

分红实施办法：第一，对于个人股东（包括证券投资基金），按 10%的税率代扣个人所得税，实际派发现金红利为每股 3.5973 元；第二，对于在中国注册的居民企业的法人股东（含机构投资者），实际派发现金红利为每股 3.997 元；第三，对于合格境外机构投资者（QFII），公司将根据国家税务总局（国税函[2009]47 号）等规定，由公司按照 10%的税率代扣代缴企业所得税。

思考题：

1. 请比较贵州茅台 3 年度的股利分配方案，分析 3 年的异同。
2. 在股利分配过程的各个时间点，你认为股价理论上会有怎样的变化？实际结果和理论分析是一致的吗？
3. 进一步分析贵州茅台股利政策的类型。

【专栏或者介绍】

视同股利分配需缴纳个人所得税

我国个人所得税法规定，个人获得的股息、红利所得，以每次收入额为应纳税所得额，适用 20%

的比例税率，按次征收个人所得税。国家税务总局在2013年税收工作要点中明确，要切实加强利息、股息和红利所得等非劳动所得的个人所得税征管。以下七种情形应视为股利分配[①]，需要申报缴纳个人所得税。

第一，股东向公司长期借款视同股利分配。企业投资者个人、投资者家庭成员或企业其他人员向企业借款用于购买房屋及其他财产，将所有权登记为投资者、投资者家庭成员或企业其他人员，借款年度终了后未归还借款的，不论所有权人是否将财产无偿或有偿交付企业使用，视为企业对个人进行了实物性质的分配，应依法计征个人所得税。企业实质上把应该以正常形式分配给投资者的利息、股息及红利，通过借款或企业资金形式，为投资者本人、家庭成员及其相关人员支付与企业经营无关的消费性支出和购买住房、汽车等财产性支出，自然人股东应按照"利息、股息、红利所得"项目缴纳个人所得税。

第二，盈余公积金转增资本视同股利分配。根据《国家税务总局关于盈余公积金转增注册资本征收个人所得税问题的批复》，公司将税后利润中提取的法定公积金和任意公积金转增注册资本，实际上是该公司将盈余公积金向股东分配了股息、红利，股东再以分得的股息、红利增加注册资本。因此，对属于个人股东分得并再投入公司，转增注册资本的部分应征收个人所得税。税款由股份有限公司在有关部门批准增资、公司股东大会决议通过后代扣代缴。

第三，资本公积金转增资本视同股利分配。《国家税务总局关于原城市信用社在转制为城市合作银行过程中个人股增值所得应纳个人所得税的批复》明确，"资本公积金"是指股份制企业股票溢价发行收入所形成的资本公积金。将此转增股本由个人取得的数额，不作为应税所得征收个人所得税。而与此不相符合的其他资本公积金分配个人所得部分，应当依法征收个人所得税。其中包括企业接受捐赠、拨款转入、外币资本折算差额、资产评估增值等形成资本公积金转增个人股本要征收个人所得税。

第四，未分配利润转增资本视同股利分配。《国家税务总局关于企业股权投资业务若干所得税问题的通知》规定，除另有规定者外，被投资企业会计账务上实际做利润分配处理（包括以盈余公积和未分配利润转增资本）时，投资方企业应确认投资所得的实现。因此，未分配利润转增资本应视同利润分配，缴纳个人所得税和企业所得税。

第五，应付股利挂账未支付视同股利分配。《国家税务总局关于利息、股息、红利所得征税问题的通知》规定，扣缴义务人将属于纳税义务人应得的股息、红利收入，应及时代扣代缴个人所得税。即：企业将应分配给投资者个人的股利挂在"应付股利、其他应付款"等账户，虽然没有支付，仍然视同个人取得了股息、红利，企业应当代扣代缴个人所得税。

第六，股东将公款用于消费性支出视同股利分配。《财政部、国家税务总局关于规范个人投资者个人所得税征收管理的通知》规定，个人投资者以企业资金为本人、家庭成员支付与企业经营无关的消费性支出及购买汽车、住房等财产性支出，应认定为个人投资者的股息、红利所得，征收个人所得税。

第七，股东将公款用于财产性支出视同股利分配。《财政部、国家税务总局关于企业为个人购买房屋或其他财产征收个人所得税问题的批复》规定，针对实际中存在大量企业的资产计入投资者个人或其家庭成员名下的情况，该资产即使为企业使用，同样要征收个人所得税。企业出资购买房屋、汽车、电脑、股票、基金及其他财产，将所有权登记为投资者个人、投资者家庭成员的，不论所有权人是否将财产无偿或有偿交付企业使用，其实质均为企业对个人进行了实物性质的分配，应视同投资者取得股息、红利所得，缴纳个人所得税。同时，为企业所用的个人资产提取的折旧不得在企业所得税税前扣除。

① 樊其国. 七种视同股利分配情形需缴个税. 中国税务报，2013-5-20.

【关键词语】

利润分配（profit distribution）
股利分配（dividend distribution）
现金股利（cash dividend）
财产股利（property dividend）
负债股利（liability dividend）
股票股利（stock dividend）
股利宣布日（declaration date）
股权登记日（date of record）
股票除息日（ex-dividend date）
股利发放日（payment date）
股利分配理论（dividend theory）
股利无关论（dividend irrelevance theory）
股利相关论（dividend relevance theory）
“手中鸟”理论（bird-in-the-hand theory）
税差理论（tax preference theory）
股利分配政策（dividend policy）
剩余股利政策（residual dividend policy）
固定股利额政策（regular dividend policy）
固定股利支付率政策（constant payout ratio policy）
低正常股利加额外股利政策（low regular dividend plus extras policy）
股票分割（stock split）
股票合并（Reverse Split）

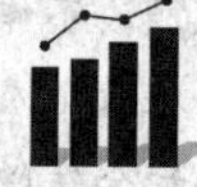

复习思考题

一、单选题

1. 可最大限度满足企业对再投资的权益资金需要的股利政策是（　　）。

A. 固定股利政策　　B. 剩余股利政策
C. 固定股利支付率政策　　D. 低正常股利加额外股利政策

2. 能使股利与公司盈利紧密结合的股利政策是（　　）。

A. 剩余股利政策　　B. 固定股利政策
C. 固定股利支付率政策　　D. 低正常股利加额外股利政策

3. 某企业年初未分配利润为亏损 50 万元，当年净利润为 100 万元，则当年以 10%提取的法定盈余公积为（　　）万元。

A. 15　　B. 5　　C. 7.5　　D. 10

4. 某企业年初未分配利润为盈利 50 万元，当年净利润为 100 万元，则当年以 10%提取的法定盈余公积为（　　）万元。

A. 15　　B. 5　　C. 7.5　　D. 10

5. 属于影响股利分配的法律因素的是（　　）。

A. 资本保全限制　　B. 资产的流动性
C. 筹资能力　　D. 资本成本

6. 下列不属于利润分配的项目是（　　）。

A. 法定盈余公积　　B. 任意盈余公积
C. 所得税　　D. 股利

7. 要保持目标资本结构，应采用的股利政策是（　　）。

A. 固定股利支付率政策　　B. 固定股利政策

C. 低正常股利加额外股利政策　　D. 剩余股利政策

8. 领取股利的权利与股票相分离的日期是（　　）。

A. 股权登记日　　B. 除息日

C. 股利宣告日　　D. 股利发放日

9. 有利于稳定股票价格，树立公司良好形象，但与公司盈利脱节达到股利政策是（　　）。

A. 剩余股利政策　　B. 固定股利政策

C. 固定股利支付率政策　　D. 低正常股利加额外股利政策

10. 我国公司常采用的股利分配方式是（　　）。

A. 现金股利和财产股利　　B. 现金股利和负债股利

C. 现金股利和股票股利　　D. 股票股利和财产股利

二、多项选择题

1. 影响企业股利政策的法律因素有（　　）。

A. 资本保全限制　　B. 资本积累限制

C. 避税考虑　　D. 偿债能力限制

2. 影响企业股利政策的企业因素有（　　）。

A. 偿债能力限制　　B. 资产的流动性

C. 投资机会　　D. 盈利的稳定性

3. 影响企业股利政策的股东因素有（　　）。

A. 避税考虑　　B. 规避风险　　C. 股权稀释　　D. 筹资能力

4. 剩余股利政策（　　）。

A. 可最大限度满足企业对再投资的权益资金需要

B. 能使综合资本成本最低

C. 有可能影响股东对企业的信心

D. 不利于保持理想的资本结构

5. 固定股利政策（　　）。

A. 有助于消除投资者的不确定感　　B. 股利的支付与盈利相脱节

C. 有可能使企业财务状况恶化　　D. 适用于盈利稳定的企业

6. 固定股利支付率政策（　　）。

A. 能使股利与企业盈利紧密结合　　B. 股利随盈利波动

C. 会增强股东对企业的信心　　D. 有利于股票价格的稳定

7. 正常股利加额外股利政策（　　）。

A. 能保证股利的稳定性　　B. 使股利与盈利结合

C. 适用于盈利与现金流不够稳定的企业　　D. 适用于盈利稳定或处于成长期的企业

8. 现金股利（　　）。

A. 是最常见的股利支付方式　　B. 最易为投资者接受的股利支付方式

C. 会减少企业的资产和所有者权益　　D. 常被资金短缺的企业采用

9. 股票股利（　　）。

A. 常被资金短缺的企业采用　　B. 可节约企业的现金支出

C. 会减少企业的资产和所有者权益　　D. 不会减少企业的资产和所有者权益

10. 股票股利对股东的好处是（　　）。

A. 若股价不同比例下降可增加利得收益　B. 可获得纳税上的好处

C. 能节约现金　　D. 可增加企业的所有者权益

11. 股票股利对企业的好处是（　　）。

A. 股东可能得到利得收益　　B. 可获得纳税上的好处

C. 能节约现金　　D. 有利于吸引更多的投资者

12. 在股利支付程序中涉及的时间界限有（　　）。

A. 股利宣告日　B. 股权登记日　　C. 除息日　　D. 股利发放日

13. 财务管理中常用的股利政策有（　　）。

A. 剩余股利政策　　B. 固定股利政策

C. 浮动股利政策　　D. 固定股利支付率政策

14. 支付现金股利（　　）。

A. 会使企业的现金减少　　B. 会使企业的未分配利润减少

C. 不会使企业的所有者权益减少　　D. 会使企业的所有者权益减少

15. 支付股票股利（　　）。

A. 实际是向投资者再融资的一种方式　B. 只涉及所有者权益的内部调整

C. 不改变所有者权益总额　　D. 只对企业有好处，对股东没好处

三、判断题

1. 固定股利支付率政策，能使股利与公司盈余紧密结合，以体现多盈多分、少盈少分的原则。（　　）

2. 成长中的企业，一般采用低股利政策；处于经营收缩期的企业，则可能采用高股利政策。（　　）

3. 由于发放股票股利后，增加了市场流通的股票股数，从而使每位股东所持股票的市场价值总额增加。（　　）

4. 一个新股东要想取得本期股利，必须在除权日之前购入股票，否则即使持有股票也无权领取股利。（　　）

5. 股份公司的股利分配政策遵循“无利不分”的原则，公司当年无盈利就不能支付股利。（　　）

6. 只要公司拥有足够现金，就可以发放现金股利。（　　）

四、计算题

1. 某公司目标资本结构为权益资本占 60%，负债占 40%，本年度净利润为 100 万元，下年度计划固定资产投资 120 万元，该公司执行剩余股利政策，求该公司需留存的利润和发放的股利各是多少？需对外筹资多少？

2. 某公司执行剩余股利政策，目标资本结构为资产负债率 50%，本年税后利润为 100 万元，若不增发新股，可从事的最大投资支出是多少？

3. 某公司当年实现净利润 500 万元，年初未分配利润 200 万元，按 15%提取法定盈余公积和任意盈余公积，按可供给投资者分配利润的 30%向投资者分配现金股利，求提取的盈余公积以及支付的现金股利总额。

第五部分

企业财务战略与控制

第12章 财务战略

【引导案例】

巨人集团的失败

十几年前，巨人集团曾经是一个红遍全国的知名企业。当年其高层领导欲想在房地产业中大展宏图，决定建设珠海第一高楼。为使巨人科技大厦成为珠海市的标志性建筑物，他们将拟建的巨人科技大厦设计改变初衷，一变再变，楼层节节拔高，由原来的38层一直增加到70层，投资也从2亿元涨到12亿元。对于当时仅有1亿元资产的巨人集团来说，单凭自己的实力来承受这项浩大的工程是不现实的。对此，巨人集团决定通过三个渠道来筹集建设大厦的资金：1/3来自银行贷款，1/3来自巨人集团自有资金，1/3来自销售楼花的资金。由于当时集团楼花销售得很不错，于是集团决定采取不向银行贷款的财务战略，在大厦的建造中未申请一分钱的银行贷款，全凭自有资金和卖楼花的钱支撑。后来由于金融环境等各种因素的变化，巨人集团出现了前所未有的财务危机，却难于得到银行的资金支持。最后，由于巨人集团财务战略的决策失误，使巨人大厦的建设得不到稳定的现金流支持，不仅导致巨人集团无法实施企业整体战略的转移，而且导致了巨人集团这个“巨人”一夜之间的轰然倒下。

【学习目标】

- 了解公司财务战略的概念及其与企业战略的区别与联系；
- 了解财务战略的分类及其作用；
- 熟悉财务战略的主要内容，包括筹资战略、投资战略和收益分配战略；
- 了解财务战略的管理流程包括财务战略的制订、实施和评价。

财务战略是主要涉及资金全局的、长期的规划，是战略管理思想在公司财务领域中的应用与发展[①]。财务战略是企业财务活动的主要依据和重要前提，是企业财务运作的指挥棒和方向标。制订合适的财务战略并付诸实施，是财务管理的一项重要任务。

① 刘志远. 企业财务战略[M]. 大连：东北财经大学出版社，1997.

2012年平衡计分卡的创始人卡普兰教授，在接受《哈佛商业评论》记者采访时指出“崩溃始于战略”。卡普兰教授指出“格雷欣法则”频频在很多公司（其中不乏成功的上市公司）的会议室中上演：糟糕的运营成为会议讨论的主题。一旦落入这个陷阱，他们很快会发现公司总是要竭尽全力才能刚刚完成季度目标（甚至无法完成），永远没有时间来思考如何改进公司战略，来创造更好的发展机遇，或弥补公司的财务短板。卡普兰认为，公司的糟糕表现不能归咎于管理团队的无能或疏忽，而是由于公司管理系统的崩溃。这里定义的管理系统，是指公司在设计公司战略，将战略转化为运营行动，监测、改进战略和运营效率的过程中，使用的一整套流程和工具。无法正确平衡战略和运营是一个非常普遍的问题，在过去25年间的多个研究显示：60%～80%的公司无法达到新战略设定的目标。

通过建立一个闭环的管理系统，公司可以避免上述问题的发生。这种管理系统包含5个阶段，其中第一个阶段是设计战略宣言。设计公司战略宣言会涉及对一些工具、流程和概念的使用，例如，公司使命、管理层愿景和价值宣言；SWOT 分析法；股东价值管理；竞争定位和核心竞争力。第二，将公司战略宣言转化为具体的目标和行动，这需要使用其他工具和流程，如战略地图和平衡计分卡。第三，战略实施，目的是将战略和运营连接起来，这需要使用第三套工具和流程，如质量和流程管理、流程再造、流程指示板、滚动预测（rolling forecasts）、作业成本分析法（activity-based costing）、资源能力规划（resource capacity planning）和动态预算管理（dynamic budgeting）。第四，随着战略的实施，管理者应持续地对内部的运营数据以及外部的竞争对手、商业环境数据进行检查。第五，管理者定期对战略进行评估，一旦发现对战略的假设是过时或错误的，管理者应对战略进行更新；以此开启管理系统的新一轮循环。

公司一定要慎重地设计这样的管理系统，因为系统的崩溃往往发生在最开始的阶段：公司设计出雄心壮志的战略，但无法将这些战略转化为具体的目标，导致中层和基层管理者无法理解并努力实现公司的战略。即便成功地制订其战略目标，很多公司也无法用适当的工具改进运营流程，最终造成不能实现这些目标。

12.1 企业战略与财务战略

12.1.1 企业战略概述

企业战略是指企业根据环境变化，为谋求竞争优势并实现企业价值最大化目标，寻求企业长期生存和稳定发展而制订的总体性、长远性的谋划与方略①。企业战略的总体性体现在它以全局为对象，确定公司总的目标，是一种原则性和概括性的发展方向的规定，其重点放在公司的整体生存和发展上，关乎兴衰存亡。企业战略的长远性体现在战略的着眼点是公司的未来发展和长远利益，作为公司全体员工的行动纲领，要求妥善处理当前利益和长远利益的关系，经过一系列分析、展开和具体化的过程把战略变成实际行动。

一般来说，企业战略可以划分为三个层次：公司层战略、业务层战略和职能层战略②。这种划分有助于使公司资源调动最大程度地符合公司长期发展目标的要求，同时还能实现分权管理，保证各业务层行动的灵活性。

（1）公司层战略

公司层战略又称公司总体战略，是公司总的行动纲领，是公司最高层次的战略。它是针对企业的

① 艾尔弗雷德. D. 钱德勒. 战略与结构[M]. 昆明：云南人民出版社，2002.

② 安索夫. I. 战略管理[M]. 北京：机械工业出版社，2010.

整个经营范围，由最高管理层制订，用于指导企业一切行动的纲领。企业总体战略的确立在很大程度上取决于企业所处生命周期的发展阶段。

（2）业务层战略

业务层战略又叫竞争战略，是公司的二级战略，是在公司总体战略的制约下，为管理和指导具体业务单元的计划、行动而制订和实施的战略。业务层战略主要解决的是如何在一个具体的、可识别的市场上建立可持续竞争优势，形成各业务单位具体的经营战略，使公司生产经营活动更加有效，以保证总体战略实现的问题。依据迈克尔·波特的观点，企业可以通过成本领先、产品差异化和目标聚集三种基本的竞争战略来取得竞争优势地位。

（3）职能层战略

职能层战略主要是公司各职能部门具体的战略，是为更好地服务于公司层战略或业务层战略以及提高组织效率而形成的各职能领域的战略，涉及研究开发、采购、生产作业、市场营销、财务会计和人力资源等各个职能部门。与公司层战略和业务层战略相比较，职能层战略更为详细、具体，是前两者的具体落实。

12.1.2 财务战略的含义及作用

1. 财务战略的含义

为谋求企业资金均衡有效地流动和实现企业战略，增强企业的财务竞争优势，在分析内外环境因素对资金流动影响的基础上，对资金流动进行全局性、长期性和创造性地谋划，并确保其执行的过程即为企业财务战略[①]。

财务是一门研究资金运动的学科，公司财务战略关注的焦点是企业的资金流动，这是财务战略与其他各种职能战略的显著区别。财务战略与一般的战略管理一样，强调环境因素的影响，着重考察环境因素对资金流动的影响。财务战略的内涵说明财务战略是战略的一个层次，它是从财务的角度对公司总体发展战略所作的描述，为整体战略而服务，包含战略的制订、实施等基本环节，对公司的各项具体财务工作、计划等起着普遍的和权威的指导作用。

由于每个企业的具体情况各不相同，因此所制订的财务战略也是多种多样的。公司的财务战略按不同的标准有不同的分类。

（1）根据资金筹集和使用情况不同划分

① 快速扩张型财务战略。快速扩张型财务战略以实现企业资产规模的快速扩张为目的，企业往往需要将大部分乃至全部利润留存，较少进行收益分配；同时，大量地进行外部融资，多利用负债弥补内部积累相对于企业扩张需要的不足，以享有负债融资带给企业的财务杠杆效应，并防止净资产收益率和每股收益的稀释。随着企业资产规模的扩张，由于收益的增长相对于资产的增长总是具有一定的滞后性，往往使公司的资产收益率在一个较长时期内表现出相对较低的水平。

② 稳健发展型财务战略。稳健发展型财务战略以实现企业财务绩效的稳定增长和资产规模的平稳扩张为目的，一般把优化现有资源的配置和提高现有资源的使用效率作为首要任务。为防止过重的利息负担，对举债持十分谨慎的态度，将利润积累作为实现企业资产规模扩张的基本资金来源。这种财务战略的特点是充分利用现有资源，集中竞争优势，兼有战略防御和战略进攻的双重特点。

③ 防御收缩型财务战略。防御收缩型财务战略以预防财务危机和求得生存及新发展为目标，一般将尽可能减少现金流出和尽可能增加现金流入作为首要任务。公司发展过程中曾遇到过挫折或历史上

---

① 鲁斯·本德. 公司财务战略[M]. 北京：清华大学出版社，2013.

形成过度负债，当经营面临困难时，往往采取防御收缩型财务战略，精简机构，盘活存量资产，节约成本开支，集中一切力量用于主导业务，以增强公司主导业务的市场竞争能力，并为将来选择其他财务战略积聚资金。

上述这三种不同的财务战略本身无所谓优劣，每一个公司应结合自身的特点、所处的环境及不同的发展阶段等因素综合权衡，选择适合本公司的财务战略，并实行动态的调整①。在现实中，不同公司所采取的财务战略并不一定能明确地归为上述三种中的哪一种，它们的界限是模糊的，只是侧重点有所不同而已。

（2）根据财务战略涉及的时间长度划分

根据所涉及的时间长度，财务战略可以分为长期财务战略、中期财务战略、短期财务战略。这种分类有利于长期财务战略的落实，能够为长期战略的执行提供阶段性的措施和保证②。

① 长期财务战略。长期财务战略主要确定涉及企业财务的长远发展目标。所涉及的时间长度一般在10年以上，属于公司具有方向性和趋势性的远景规划，一般不涉及具体的细节问题。

② 中期财务战略。中期财务战略是对长期财务战略目标的阶段性分解和具体化，所涉及的时间跨度一般为3～5年，是长期财务战略得到贯彻执行的阶段保证。一般要依据长期财务战略和各阶段企业所面临的财务环境的特点来拟订。

③ 短期财务战略。短期财务战略是中长期财务战略目标在短期内的落实和具体化，时间一般在3年以内。它明确了最近一个中期的财务战略目标及为实现这一目标的行动方案，是执行中长期战略最直接、最近期的行动纲领。

（3）根据财务战略的内容划分

根据财务战略所涉及的内容可以划分为筹资战略、投资战略和收益分配战略。这是财务战略最重要、最普遍的一种分类，这种分类将财务战略与公司财务管理工作的内容相结合，因而有利于公司在财务管理工作中遵循财务战略的要求，实现财务战略目标。财务战略的具体内容将在本章的12.2节中详细阐述。

2. 财务战略的作用

财务战略是财务决策中非常重要的一类决策，其制订和实施对企业的长期健康发展具有重要意义。

（1）财务战略为创造价值提供了保证

一方面，在市场经济条件下，公司的经营具有很大的风险，不对可能存在的风险加以估计和防范，就会给公司的生产经营带来重大损失；制定财务战略，规划公司各种财务活动，提高企业财务系统对环境的适应性，控制财务风险，从而实现公司价值的创造。另一方面，财务战略的规划与实施，着眼于长远利益与整体绩效，通过财务活动的合理安排创造并维持企业的财务优势，进而创造并保持企业的竞争优势，提高创造价值的能力。因此，财务战略为公司安全可靠地创造价值，进而实现价值最大化目标提供有力保证和支持。

（2）财务战略优化了资金管理

首先，筹措必要的资金是企业战略实施的前提，筹集渠道和方式选择的不同会给公司带来不同的财务影响。因此，通过财务战略的制订与实施，不仅可以为企业战略的实施提供可靠的资金支持，而且可以通过对筹资渠道和方式的系统筹划提高公司的筹资效益。其次，通过财务战略的制订，明确了资金投向，可以使公司把有限的资金合理配置，优先保障符合公司总体战略方向的投资项目，并采取

① 姚文韵. 公司财务战略：基于企业价值可持续增长视角[M]. 南京：南京大学出版社，2011.

② Allen, D. Introduction to strategic financial management: the key to long term profitability. Kogan, 1997.

恰当的收益分配政策，从而提高资金的利用效率。

12.1.3 企业战略与财务战略的关系

1. 两者的目标都是为了创造长远的企业价值

创造价值是管理者运用企业资源，增加企业价值的管理活动。企业的生存、发展和壮大都离不开价值创造，创造价值是现代企业理财的核心目标。最大限度地创造长远的企业价值是公司的战略追求。财务战略的制订与实施必须服从并贯彻企业战略的总体要求，来支持和完成公司总体战略。财务战略也必定将企业价值创造置于核心位置，其制订和实施的目的正是服务于公司的价值目标，即创造长远的企业价值。因此，企业战略和财务战略的目标具有一致性，都是为了实现长远的企业价值最大化[①]。

2. 财务战略是企业战略的核心

财务战略具有一定的独立性和综合性，任何战略的制订或实施，都必须分析和论证其财务上的可行性，从而决定某战略方案的取舍。公司总体战略，生产、研发和营销等职能子战略，它们的实施都离不开资金的筹集与投放。资金是企业的血液，由于资金的有限性以及资金在企业中的重要作用，要求企业在制订战略及其职能子战略的过程中需要对资金的可得性进行研究。而财务战略以促使资金长期均衡有效地流转和配置为决策标准，这就决定了财务战略必然会影响企业战略的方方面面，财务职能成为企业发展的中坚力量。只有资金能长期均衡有效地流动、合理地配置，才能为企业带来整体价值的增加，才能行之有效地实现企业的战略，从而也就决定了财务战略必定成为企业战略的核心战略[②]。

3. 企业战略与财务战略是整体与局部的关系

无论是什么类型的企业，财务战略都是企业战略的一部分，是企业战略的职能战略之一，财务战略从属于企业战略。财务战略应当与企业战略相协调，其制订、实施和评价都必须反映企业战略的总体要求，服从公司总体发展的需要，并为企业战略的顺利实施和圆满完成提供资金支持，反映并服务于公司经营战略总体发展的目标。例如，一些项目本身无利可图，但对于创造企业的整体价值却有极大贡献，此时就必须从企业整体战略的角度对资金的流动进行修正分析。

总之，财务战略与企业战略密不可分，财务战略只有在充分分析企业内外环境诸多因素的同时，配合企业战略，才能制订出切实可行的战略计划，为公司长期发展奠定基础[③]。

12.2 财务战略的内容

由于财务战略关注的焦点是公司资金均衡、有效的流动。因此，对公司资金流动进行全局性和长期性的谋划，就是财务战略的内容[④]。具体说，财务战略包含整个公司的筹资、投资和收益分配等内容。

12.2.1 筹资战略

筹资战略是公司在总体战略的指导下，根据公司内外环境的分析和对未来趋势的预测，对公司筹资的规模、结构、渠道和方式等进行的长期和系统的谋划，旨在为企业战略实施和提高公司的长期竞

---

① Tony Grand. Exploring Strategic Financial Management[M]. New York: Prentice Hall Europe, 1998.
② 陆正飞. 企业发展的财务战略[M]. 大连：东北财经大学出版社，1999.
③ 梯若尔. 公司金融理论[M]. 王永钦，等译. 北京：人民大学出版社，2007.
④ 班德，沃德. 公司财务战略[M]. 北京：人民邮电出版社，2003.

争力提供可靠的资金保证，并不断提高公司筹资效益。它更关注筹资质量，既要筹集公司维持正常生产经营活动及发展所需的资金，又要保证稳定的资金来源，增强筹资灵活性，努力降低资金成本与筹资风险，不断增强筹资竞争力。公司筹资战略是公司具体筹资方法选择和运用的依据，是决定公司筹资效益最重要的因素。

筹资战略决策的具体内容包括以下几类。

1. 筹资规模

筹资规模是指一定时期内公司的筹资总额，是筹资战略的重要组成部分，决定了可供分配使用的资金数量。筹资越多，可用于生产经营的资金就越多，投资的数量就可以增加，其生产规模也就可以扩大，从而加快公司的发展速度。而筹资不足则会导致资金短缺，使投资需要得不到满足，造成生产萎缩，效益下降。但是，筹资规模也不是越大越好。筹资规模过大，资金不能得到充分合理的利用，必然会产生资金闲置、浪费的状况，同时还可能使公司背上沉重的债务包袱，最终阻碍公司的生存与发展。由此可见，筹资规模必须依据公司发展战略和资金投放战略对资金的需要量而定，对资金在战略期间的总需要量和每一主要阶段的需要量进行测算，以此为根据，再适当考虑其他影响因素，确定战略期间内筹资的总规模及其时间安排。

2. 资金来源结构

资金来源结构是指公司筹资总额中，各种来源的资金所占的比例。资金来源结构直接决定了公司的资本结构，进而决定了公司的财务风险和资本成本的大小。一方面，公司的筹资战略必须考虑权益资金和负债资金的合理结构关系，防止公司负债过多而增加财务风险，增加偿债压力；另一方面，又不能惧怕风险放弃利用负债筹资，造成权益资金收益水平下降。通过调整资金来源结构可以降低筹资风险、降低资本成本和提高权益资本净利润率，这对增强公司的竞争能力，顺利实现投资战略和企业战略，均具有重要的作用。

3. 筹资渠道与方式

筹资渠道是指公司取得资金的来源，包括国家财政资金、银行信贷资金、非银行金融机构资金、其他企业和单位资金、企业自留资金和外商资金等。筹资方式是指公司取得资金的具体形式，如对于负债资金的筹集，可以通过银行借款也可以通过发行债券的方式。公司筹资战略不但要满足已确定的资金需要，而且要保持随时能够筹集足够数量资金的能力。资金从哪里来和如何取得资金，两者既有联系，又有区别。前者提出的是取得资金的客观可能性，后者提出的是通过什么方式把筹资的可能性变成现实。同一渠道的资金往往可以采用不同的方式取得，而同一筹资方式又往往适用于不同的筹资渠道。但在多数情况下，筹资渠道与筹资方式的选择是紧密联系在一起的，不能截然分开。由于公司环境复杂多变，公司在其经营过程中往往会碰到许多意想不到的情况，公司应从战略角度设计、保持和拓展筹资渠道与方式。

4. 筹资时机决策

企业筹资的目的是投资。筹资时机，即指公司应在何时进行筹资的战略决策。首先，公司环境变化所提供的投资机会出现的时间决定了筹资时机的选择，即何时进行筹资取决于投资的时机。过早筹资会造成资金的闲置，过迟筹资则可能会丧失有利的投资机会。其次，公司外部的筹资环境也随着时间、地点、条件的不同而处于不断地变化之中。这些变化往往导致筹资成本时高时低，筹资难易程度时大时小等状况。因此公司若能抓住环境变化提供的有利时机进行筹资，将能够比较容易地获得资金成本较低的资金，这对公司会产生有利的影响。

然而，公司往往只能适应外部环境而无力左右外部环境，因此必须积极地寻找、预测外部环境变化所提供的有利的筹资机会与投资机会，并从长期和整体的战略观点出发，努力探求投资需要与筹资机会相适应的可能性，尽力抓住有利的筹资机会，避开对筹资的不利威胁，从而做出恰当筹资时机的战略决策。

12.2.2 投资战略

投资战略是在企业战略的指导下，公司为了长期生存和发展，在充分估计企业长期发展的内外环境中各种影响因素的基础上，对公司长期的投资行为所做出的整体筹划和部署。投资战略对全部资金乃至其他资源运用具有指导性和方向性的特点，不但是表达企业战略意图的一种重要方式，而且还是保证企业战略实施的一个关键性环节。投资战略决策的首要任务不是选择备选项目，而是确定诸如多元化或是单一化的投资战略，这是搜寻和决策项目的前提。投资战略目标不仅决定了投资的规模和实现方式，还决定了筹资的规模、方式和时机，以及公司日常经营活动的特点。

1. 投资战略目标

现代公司财务理论认为，财务管理的目标是实现价值最大化。这一目标在公司投资行为中的体现就是以较少的资金投放和较低的投资风险，获得较大的投资收益和竞争优势。但是，公司投资战略的制订和实施必须充分考虑公司内外环境因素和企业战略的要求。为保证企业战略的顺利实现，企业必须制订相应的多元化或是单一化的投资战略，并从收益性目标、成长性目标、市场占有目标、技术领先目标、产业转移目标、一体化目标、社会公益性目标等目标中选择其中的一个或者多个。

收益性目标是指企业获利程度方面的目标，如利润额及利润率、投资报酬率、每股盈余和股票价格等指标，都可用来表达企业资金投放所追求的收益性目标。在市场经济中，收益性目标应该是大部分企业投资的基本目标或最终目标。成长性目标指那些能表明企业成长、发展程度的目标，如企业规模扩大、企业产量增加、销售额上升、技术装备水平提高等。市场占有目标指以占领市场、提高企业市场占有率等为企业资金投放的直接目标。技术领先目标指企业进行投资的目的是为了能以某项技术占据领先地位。产业转移目标指企业投资的目的是为了改变生产方向，从一个行业转向另一个行业，或实现经营多角化，这是为适应风云变化的市场竞争形势，减少经营风险的必然结果。一体化目标指企业投资的目的是进行前向或后向或水平一体化，以取得或建立有保证的销售渠道、关键技术、原材料供应基地和能源供给等，是企业避开竞争威胁，增强竞争优势的重要途径。社会公益性目标指投资为了社会公共效益方面的目标，如环境保护、公共交通和节约能源等，此类投资是维护人们正常生产、生活环境所必不可少的，企业和社会对此应越来越重视。

这些目标是相互联系的，共同构成一个多元化的投资战略目标体系。公司必须在对投资环境与投资能力进行正确分析的基础上，选定适合于自身的投资目标。投资目标不明确，就无法监控投资实施的效果。例如，美国安然能源公司，曾名列世界500强第16位，并连续4年荣获“美国最具创新精神的公司”称号，其投资领域不仅包括传统的天然气和电力业务，还包括风力、水力、煤、纸业、木材、化学药品、广告、投资和保险等。最终，曾经是“业绩优良”的巨型公司竟遭遇了破产。安然的破产与其投资战略目标不明确有直接的关系。

2. 投资规模

投资规模即企业对选定的产品或投资领域的投资数量。一定程度内的投资规模扩大能引起企业成本降低从而收益增加，提高投资的边际收益率，产生投资规模的经济性。但是，由于投资规模而带来的规模经济效益并不是无限的，当投资规模达到一定的程度，如果再行扩大规模，规模经济就不会再提高效率，而且还会带来一系列的新困难和新问题，并导致成本上升，效益下降，产生投资规模的不经济性。如果企业投资规模经济性大于投资规模不经济性，那么扩大投资规模是合理的，反之则不合理。对于企业来说，最佳选择是将规模扩大到使平均成本达到最低点，边际收益率最高为止。在此之前，企业可以得到由规模经济性大于规模不经济性所带来的好处，即平均成本减少；而超过这一点，规模不经济性将会大于规模经济性，平均成本增大，再扩大规模对企业来说是不利的。

特别值得注意的是，资金的投放要保证日常资金的需要，不能影响公司正常的资金周转，即要保持一定的流动性。

3. 投资实现方式

投资实现方式即企业达到投资目标的途径。企业投资实现方式主要有外延型投资实现方式、内涵型投资实现方式、兼并方式、联合方式、收购投资方式等。各种投资实现方式的特点不同，适应的情况不同，组织的难易不同，给企业带来的收益也不相同，所以企业在投资过程中必须认真做好投资实现方式的选择。

外延型投资实现方式是指以通过基本建设投资，增加劳动资料为主要手段实现投资目标的方式。内涵型投资实现方式是在现有企业规模的基础上，用先进的工艺、技术和装备代替落后的工艺、技术和装备，以改变企业落后的生产技术面貌，实现内涵为主的扩大再生产，以达到提高产品质量、促进产品更新换代、节约能源、降低消耗、扩大生产规模，最终增加企业的市场竞争能力和全面提高经济效益的目的。兼并方式是指企业通过对其他企业兼并实现扩大再生产目的的方式。联合方式是指在企业生产与再生产过程中，彼此相关的经济或非经济单位，为了发挥各自的优势，取长补短，为使企业得到发展和获取最大经济效益而组成的经济集合体。收购投资方式是指企业用现金、债券或股票购买另一家公司的部分或全部资产或股权，以获得该企业的控制权，从而增强企业实力。收购投资能以较少的投资额获得对另一家企业的控制权，加强自身的优势地位，是一种投资较少的扩张方法。

12.2.3 收益分配战略

收益分配战略是指依据企业战略的要求和内外环境的变化，对收益分配所进行的全局性和长期性谋划。具有以下特点：第一，收益分配战略不仅仅是从单纯的财务观点出发决定公司的收益分配，而是从公司全局出发，从企业战略的总体要求出发来决定收益分配；第二，收益分配战略在决定收益分配时是从长期效果着眼的，它不过分计较股票价格的短期涨落，而是关注收益分配对公司长期发展的影响。

1. 收益分配战略的目标

（1）保障和平衡股东利益

公司收益分配战略必须通过创造实实在在的高效益以回报投资者，保障股东权益。由于现代股份公司股权的分散性和股东的复杂性，控股股东、关联股东和零星股东关注的重点有所不同。控股和关联股东侧重于公司的长远发展，零星股东倾向于近期收益。投资者以出资额享有利润分配权，收益分配战略要本着公开、公平和公正的原则，不侵蚀零星股东的利益。如收益分配政策仅限于满足控股和关联股东利益，则会使零星股东产生不满，行使“用脚投票”的权力，使股价下跌，严重时将导致法律诉讼事件，影响公司声誉。因此，要在不同的股东间平衡，保护投资者利益，从长远角度决策收益的分配策略。

（2）促进公司长期发展

如果公司不进行收益分配，其内部资金来源就等于其现金净流量，即

内部资金来源=现金净流量=净收益+折旧

如果公司进行收益分配，那么，

内部资金来源=留存收益+折旧

留存收益=净收益-利润分配

确定利润分配在净收益中所占的比重，即利润分配支付率，也就是利润分配与留存收益之间的比例是多少，是收益分配战略的一个最重要，也是最困难的问题。收益分配战略实质上就是探寻利润分配与留存收益之间的比例关系，构成公司有关权益分配和资金运作方面的重要决策。收益分配战略要正确处理长期利益和近期利益的关系，坚持分配和积累并重。积累的净利润不仅可以为公司增强发展后劲，保证扩大再生产的进行，还能提供足够的资金抵抗未来的风险，以丰补歉，促进公司长期稳定发展。

（3）稳定股票价格

最新的研究表明，收益分配作为一种信号，会给投资者传达信息，对其投资决策产生影响，进而影响公司的股票价格。一般而言，公司股票在市场上股价过高或过低都不利于公司的正常经营和稳定发展。股价过低，必然影响公司声誉，不利于今后增资扩股或负债经营，也可能引起被收购兼并事件；股价过高，会影响股票流动性，并将留下股价急骤下降的隐患；股价时高时低，波动剧烈，将动摇投资者的信心，成为投机者的投资对象。所以，保证股价稳定必然成为收益分配战略的目标。收益分配要从长期效果着眼关注收益分配对公司长期发展的影响，不要过分计较短期股票价格的涨跌。

2. 收益分配战略的影响因素

收益分配战略关注长期收益分配的稳定性，即决定收益分配发放是稳定不变还是不断变动，也是收益分配战略需要解决的重要问题。当收益分配战略置于企业战略的整体要求下时，其战略目标更加复杂，多种影响因素必须均衡考虑。收益分配不仅需要关注企业内部的相关财务因素，而且也受到外部环境因素的影响。

（1）内部因素

内部因素主要包括现金流量因素、筹资能力因素、投资机会因素、资本结构的弹性、收益分配的惯性等。

① 现金流量因素。公司的现金流量是影响收益分配的重要因素。如果一个公司的流动性较高，即持有大量的现金和其他流动资产，现金充裕，其支付收益分配的能力就强。如果一个公司的流动性较低，或因扩充资产、偿还债务等原因已消耗了大量的现金，再用现金大量支付收益分配显然是不明智的。一般来讲，一个公司的盈利提供的现金流量越稳定，则其股利支付水平也越高。在确定收益分配战略时，绝不能因收益分配而危及公司的支付能力。

② 筹资能力因素。一个公司若筹资能力很强，能随时筹集到经营所需的资金，那么它就有较强的支付收益分配的能力。反之，如果公司外部筹资能力较弱，不能随时筹集到所需资金，或虽能筹集但成本太高，则应采用限制收益分配支付的方式，以大量保留盈余作为公司的重要筹资方式。一般规模较大、获利丰厚、经营期长和前景广阔的公司，都能较容易地从外部筹集到所需资金。而新创立、小规模的公司，往往经历一段时间后，才能较容易地从外部取得资金。这些公司因经营的风险大，其筹资的代价相当高，因此多限制收益分配的支付，以大量保留盈余。

③ 投资机会因素。收益分配战略的确定在很大程度上还要受公司投资机会因素的左右。一般说来，如果一个公司有较多的有利可图的投资机会，需要大量资金，则经常会采用高保留盈余、低收益分配支付的方案。反之，如果公司的投资机会较少，资金积累较多，那就可以采用高收益分配支付的方案。对于那些处于发展中的公司因投资机会多，对股东支付的收益分配就会少些。当然，在采用低收益分

配政策时，公司的财务人员必须把股东的短期利益（支付收益分配）与长期利益（增加内部积累）很好地结合起来，并应证明从长远来看，提高保留盈余投资于高盈利项目可使股东获得更大的收益。

④ 资本结构的弹性。公司债务与股东权益之间应当有一个最优的比例（最优资本结构），在这个最优的比例上，公司价值最大，或公司的平均资本成本最低。一般认为，平均资本成本呈曲线的形状，说明公司资本结构具有弹性。如果平均资本成本曲线弯度较大，说明债务比率的变化对资本成本影响很大，资本结构的弹性就小。收益分配在资本结构弹性小的公司比在资本结构弹性大的公司要重要得多。如果企业的负债资金较多，资本结构欠佳，一般将净收益作为筹资的第一选择渠道。

⑤ 收益分配的惯性。在确定收益分配政策时，应当充分考虑收益分配政策调整可能带来的负面影响。如果公司历年采取的收益分配具有连续性和稳定性，一旦决定做重大调整，就应该充分地估计到这些调整在公司声誉、公司股票价格、负债能力、信用等方面带来的一系列后果。

（2）外部因素

外部因素主要包括经济因素、法律因素、债务（合同）条款因素、股东（所有权者）因素、其他因素等。

① 经济因素。宏观经济环境的状况与趋势会影响公司的收益分配，在持续通货膨胀时期，投资者往往要求支付更高的收益分配，以抵消通货膨胀的影响，所以通货膨胀时期收益分配支付率一般应稍高些。

② 法律因素。各国对公司收益分配支付制定了很多法规，收益分配面临着多种法律条文的限制，包括：资本限制、偿债能力限制和内部积累限制等。

③ 债务（合同）条款因素。债务特别是长期债务合同通常包括限制公司现金收益分配支付权力的一些条款。

④ 股东（所有权者）因素。公司的收益分配最终要由董事会来确定。董事会是股东的代表，在制订收益分配战略时，必须尊重股东的意见。

其他因素，如行业因素也会影响股利支付水平。

综合以上各种因素对收益分配的影响，公司就可以拟定出可行的收益分配的备选方案。进一步地，公司需按照企业战略的要求对这些方案进行分析、评价，才能从中选出与企业战略协调一致的收益分配方案来，确定为公司在未来战略期间内的收益分配战略并予以实施。

12.3 财务战略管理流程

12.3.1 财务战略的制订

财务战略的制订实际上就是财务战略方案的设计。它是在审视公司以往财务战略和对公司外部环境因素分析的基础上，根据公司在未来发展阶段的公司总体战略和经营战略，探索财务战略的路径选择、拓展方向、措施和目标体系等问题，对公司未来发展阶段的筹资、投资和分配等财务活动进行全局性、长期性和创造性的谋划[①]。

1. 财务战略环境分析

企业的财务管理环境总是在不断变化的，环境对企业的财务战略具有直接的影响，任何公司的财

① Allen D. Strategic financial management in practice. London: Financial Times Business Information, 1991.

务战略都伴随着风险。因此，要收集环境及其变化过程和规律的信息，分析、预测环境因素及其变化对企业资金流动所产生的重大影响，如影响的性质、程度、时间等，作为制订财务战略的出发点和重要依据。

财务战略环境可分为外部环境和内部环境两个方面。外部环境存在于企业外部，包括直接影响企业资金流动的客观条件和因素，如产业环境、竞争环境、金融环境等；或者间接影响因素，如政治环境、法律环境、经济环境、社会文化环境、科技教育环境、自然环境等。外部环境分析的目的主要是找出外部环境中存在的机会和威胁，以便充分利用发展机会，避免外部环境变化带来的威胁。内部环境存在于企业内部，包括影响资金流动的内部条件和因素，如企业管理体制、企业组织形式、生产经营规模及特点、管理水平及管理状况、财务组织结构及财务人员素质等因素。内部财务战略环境分析的目的主要是弄清本企业的财务优势和劣势，以便扬长避短，充分发挥企业自身的优势，增强企业的竞争能力和应变能力。

内部环境和外部环境相互影响，相互作用，共同构成完整的企业财务战略环境。一般来说，两者中外部环境起主导作用，企业要主动改善内部环境，以适应外部环境的发展与变化。通过对企业内外财务战略环境的分析，在尊重客观可能性的前提下，充分发挥主观能动性，实现企业内外财务战略环境的动态平衡，从而制订出最佳的财务战略。

2. 确定财务战略目标

财务战略目标是财务战略的核心和财务战略实施的最终成果。确立财务战略目标既是制订财务战略的主要工作内容，也是制订财务战略的关键环节，它应当符合公司价值增长目标，并且应该有激励性、定量性和前瞻性。有了明确的财务战略目标，企业才能根据自身的财务能力，并结合企业整体战略的要求，界定财务战略方案选择的边界，从而排除那些偏离企业发展方向和财务目标要求的战略选择[①]。

3. 制订财务战略方案

根据企业内外部环境和企业的财务战略目标，拟定出若干个财务战略备选方案，并从中选择最合适的方案。在制订财务战略的过程中，可供选择的方案越多越好。企业可以从对企业整体目标的保障、对管理人员积极性的发挥等多个角度考虑，选择自上而下、自下而上或上下结合的方法来制订财务战略的备选方案。管理层和利益相关者的价值观和期望在很大程度上影响着财务战略的选择。通过对各备选方案进行可行性分析论证，在权衡利弊得失的基础上，落实财务战略的风险和收益等财务指标，选择最适合本企业的财务战略方案。

12.3.2 财务战略的实施

财务战略的实施是通过一定的程序，采取一定的方式和手段，将财务战略转化为行动。财务战略实施首先要求企业将战略规划落实到可以量化的关键成功因素和关键绩效考核指标；然后，与企业全面预算管理体系对接，确定本年度具体的目标指标体系，作为编制、监督、考核预算的起点和依据。一般来说，财务战略实施主要包括制订中间计划、拟订行动方案、编制财务预算、确定工作程序、实施战略控制等工作内容。

1. 制订中间计划

中间计划是介于长期战略与行动方案之间的计划。从时间上讲，一般在1～3年；从内容上讲，它包括了比行动方案更全面的内容。在财务战略的时间跨度不是很长的情况下，中间计划往往就是年度计划。

---

① 徐光华，沈弋. 企业共生财务战略及其实现路径[J]. 会计研究，2011（2）：52-58.

2. 拟订行动方案

行动方案是对中间计划的进一步细化，是实施某一计划的具体安排。例如，如果企业选择了股票筹资战略，就需要在战略实施过程中为发行股票制订具体的行动方案。

3. 编制财务预算

财务预算是以货币形式综合反映企业未来一定时期内财务活动和财务成果的预算，主要包括现金预算、预计资产负债表、预计利润表和预计现金流量表等内容。从财务战略的角度讲，财务预算是财务战略目标的具体化、系统化、定量化，是财务战略行动方案及相应措施的数量说明。

4. 确定工作程序

工作程序规定了完成某一行动或任务的步骤和方法。企业在确定财务战略实施过程中的工作程序时，必须合理安排人力、物力、财力，使之与财务战略目标的要求相适应。为了制订最佳的工作程序，可以借助于计算机，采用计划评审法、关键线路法、线性规划、动态规划和目标规划等一系列科学管理方法。

5. 实施战略控制

在财务战略实施过程中，由于受环境因素的影响，财务战略的实际执行情况与预定目标往往会出现偏差，为此就需要采取措施进行控制。财务战略控制，就是将财务战略的实际执行情况与预定目标进行比较，检测两者的偏离程度，并采取有效措施进行纠正，使两者保持协调一致的过程。财务战略控制可以分为事前控制、事中控制和事后控制。事前就采取措施的事前控制与事后再采取补救措施的事后控制相比，事前控制具有事半功倍的效果。

12.3.3 财务战略的评价

财务战略评价是指通过评价企业的经营业绩，审视财务战略的科学性和有效性。这是财务战略管理的最后阶段。在阶段性推进财务战略实施之后，管理者需要了解该财务战略是否在企业得到了有效实施，以及该财务战略本身是否需要调整。因此，财务战略评价既是对财务战略实施情况的总结，又是制订新一轮财务战略的重要依据，在财务战略管理过程中起着承上启下的作用。

1. 建立科学合理的评价指标体系

评价指标体系一般应具备适用范围广、兼顾长短期利益、评价成本低、层次分明、结构严密等特征。按照这一要求，在评价企业偿债能力时，可以设置资产负债率、利息保障倍数、流动比率、速动比率、现金比率、产权比率等指标；评价企业盈利能力，可以设置净资产收益率、总资产报酬率、资本收益率、销售利润率、成本费用利润率等指标；评价企业营运能力，可以设置总资产周转率、流动资产周转率、存货周转率、应收账款周转率、不良资产比率、劳动效率等指标；评价企业发展能力，可以设置销售增长率、资本积累率、总资产增长率、固定资产增长率、收益增长率等指标。上述指标可按其作用分为基本指标和辅助指标两大类。基本指标是评价财务战略实施效果的主要指标，是整个评价指标体系的核心。辅助指标是对基本指标的进一步说明，是对基本指标的必要补充。

2. 制订适当的评价标准

评价标准是对评价客体进行客观、公正、科学地分析评判的标尺。有比较才有鉴别，只有将评价指标的实际值与标准值进行对比，才能揭示差异，鉴别优劣，从而得出正确的判断。常用的企业财务战略实施效果的评价标准主要有：预期目标、以往的实际水平、企业所在行业的平均水平或先进企业的实际水平、竞争对手的实际水平等。在实际工作中，企业应综合运用各种不同的标准。

3. 选择科学合理的评价方法

评价方法是沟通评价指标与评价标准的桥梁，没有科学合理的评价方法，评价指标和评价标准就成了孤立的评价要素，从而就失去了存在的意义。企业财务战略实施效果的评价方法可以分为一般方法和具体方法两个层次。一般方法是指从财务评价的基本要求出发而确立的具有指导意义和普遍适用性的评价方法，即马克思主义唯物辩证法；具体方法是指为了得出具体的评价结论而采用的技术方法。财务战略评价的具体方法大多是根据系统论、运筹学和数理统计的基本原理建立的，采用何种具体方法，要根据评价的目的、要求以及所掌握的资料的性质和内容来确定。常用的单一指标的评价方法主要有比较法、比率法、趋势法等；综合评价方法主要有功能系数法、综合评分法、绘制雷达图法、杜邦分析法、沃尔比重评分法等。

【讨论案例】

房地产业"地王"们的财务战略

1. 恒大地产

恒大地产是主要开发大型综合住宅项目的公司。按照之前制订的财务战略，恒大地产应在 2008 年 3 月 20 日 IPO（首次公开发行股票）结束招股、公布定价，并在 3 月 28 日上市，预计的融资额可达到 100 亿港币。但是，在股市急转直下之后，恒大地产在 3 月 20 日的公告中称："鉴于国际资本市场现时波动不定及市况不明朗，本公司决定不会根据原有时间表进行全球发售。" IPO 遇阻，对原本负债累累的恒大地产来说可谓雪上加霜。

实际上，在 IPO 遇阻前的 1 月 8 日，16 号的恒大地产历时 75 分钟，竞价 228 轮，以 41 亿元的高成交价拿下广州绢麻厂地块(折合楼面地价 13,016 元/平方米,之后该区的楼价只有 7,000 多元/平方米)，成为广州天河新地王。合同要求它在半年内交清全部款项。如果这次 IPO 成功，恒大地产本可以"坐地生财"，但是现存的大幅土地储备，却成了公司难言的痛。

屋漏偏逢连阴雨，市场传来了广州房价下跌的消息。由于 IPO 失败，公司在严重缺少资金的条件下开始启动降价销楼策略。2008 年 3 月 27 日，恒大地产在广州当地刊登一则广告称，其知名楼盘恒大御景半岛中有 100 套以 7 折销售，全江景准现楼 7980～9380 元/平方米，并附送 3000 元/平方米的豪华装修。另有 10 套独立别墅、5 套联排别墅以 7.5 折发售。消息公布之后数天，所售房源几乎全部卖完。其后，恒大地产旗下"恒大云湖""世纪名门"和"金碧领秀国际"项目均传出打折消息，折扣从 25%～30%不等，相比楼市最高峰，有部分楼盘的价格缩水甚至达到 40%～50%。尽管这样，因为一直没有缴纳地价款，恒大地产原本拍得的广州绢麻厂地块面临着土地被收回、1.3 亿元保证金被没收的危险。

2. 大龙地产

2009 年 11 月 20 日，北京顺义区后沙峪镇天竺开发区 22 号住宅用地公开拍卖，12 家房地产企业参与竞争，包括保利、龙湖、远洋以及大龙地产的子公司大龙公司等。最终，经过了一个半小时、190 轮竞价，原先并不被看好的大龙公司以超出底价 2.6 倍的 50.5 亿元最终拿下该地块。该地块总价以及每平米近 3 万元的楼面地价，使该地块成为了北京的"双料地王"。然而两个多月后，该地块因欠缴地价款被北京市国土局收回。公司已经交纳的 2 亿元竞买保证金也"有去无回"。

回顾这位 50.5 亿元的"地王" 2006—2008 年年报数据，大龙地产的主营收入分别只有 4.65 亿元、3.26 亿元和 1.37 亿元，净利润则只有区区 2,958 万元、3,785 万元和 236 万元。大龙地产在其公布的 2009 年年报中称，公司 2009 年实现了爆发式的增长，报告期末总资产为 30.06 余亿元，营业收入 17.48 亿元，同比增长 1,175.91%，实现净利润 3.39 亿元，同比增长 14,264.40%，实现基本每股收益 0.82 元。

3. 招商地产

就在北京市国土局宣布收回大龙地产拍下的地块不久，基于同样的原因，招商地产和其合作伙伴九龙仓集团在 2007 年 12 月 6 日以 24.1 亿元高价共同拍得的南京市仙林湖地块也被南京市国土局收回，共投的2.45亿港币竞买保证金被没收。此地块的成交价高出底价9.1亿元，是当年南京市第二高价。

招商地产董秘刘宁表示，公司对这块地后来经过测算，觉得没有钱赚，于是在2008年年底的时候决定放弃，并在2008年年报中公布计提这块土地的损失。根据招商地产2008年年报，在“财务报表附注——其他应收款续”一项中，公司已经明文表示，招商地产的子公司瑞嘉投资实业有限公司（被收回地块的开发商）由于未按约定期限缴纳竞得土地的首期款，公司对瑞嘉公司已交纳的保证金全额计提了减值准备，合计1.08亿元。

这些房地产“地王”为了规模的扩张，都选择了扩大自身的土地储备量。事实上，看上去财大气粗的“地王”们无一例外地都栽在了“钱”字上。

案例问题：

通过阅读材料，你认为房地产“地王”们的财务战略有何不妥之处？

【专栏或者介绍】

逃离战略的舒适陷阱

管理者都深知战略的重要性，然而战略迫使他们面对难以捉摸的未来。面对战略决策困局，出于避险本性，管理者往往依赖熟悉的工具，计算出企业发展方向。这种战略制订方式非常糟糕。管理者或许能借此克服前途未卜的恐惧，但真正的战略抉择必然包含恐惧和不安。如果你对自己的战略很有把握，那它很可能有漏洞：你可能陷入了“舒适陷阱”——用规划代替战略、成本导向思维和对核心竞争优势的执迷。为制订真正的战略，领导者需要如履薄冰，如临深渊，做艰难抉择，甚至下赌注。制订战略的目标是增大成功几率，而非完全消除风险。

战略制订远不止进行殚精竭虑的数据和模型分析，好战略绝非某种看似万无一失的解决方案。战略思考的正确方法是：扼要地考虑企业实现目标所需的条件，然后根据实际情况评估成功的可能性。如果达到这种认识，管理者或许能跳出“舒适陷阱”，真正进行战略思考。

【关键词语】

企业战略（enterprise strategy）
财务战略（financial strategy）
公司层战略（corporate-level strategy）
业务层战略（business-level strategy）
职能层战略（functional-level strategy）
筹资战略（strategy of raising funds）
投资战略（investment strategy）
环境分析（environmental analysis）
内部因素（internal factors）
外部因素（external factors）
收益分配战略（income distribution strategy）

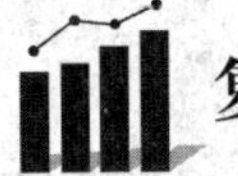

复习思考题

一、概念题

1. 财务战略
2. 筹资战略
3. 投资战略
4. 收益分配战略

二、多项选择题

1. 关于不同阶段的财务战略，下列说法中正确的是（　　）。

A. 初创期应该尽量使用权益筹资，应寻找从事高风险投资、要求高回报的投资人

B. 在成长期，由于风险降低了，因此可以大量增加负债比例，以获得杠杆利益

C. 在成熟期，企业权益人主要是大众投资者，公司多余的现金应该返还给股东

D. 在衰退期，企业应该进一步提高债务筹资比例

2. 财务战略按财务管理的职能领域分类，可以分为（　　）。

A. 投资战略　　B. 筹资战略　　C. 营销战略　　D. 股利战略

3. 财务战略的特征包括（　　）。

A. 财务战略属于全局性、长期性和导向性的重大谋划

B. 财务战略涉及企业的外部环境和内部条件环境

C. 财务战略是对企业财务资源的短期优化配置安排

D. 财务战略与企业拥有的财务资源及其配置能力有关

4. 对财务战略具有重要影响的主要财务因素包括（　　）。

A. 产业政策　　B. 财政政策　　C. 税收政策　　D. 金融政策

5. 某公司是一家刚刚成立的对媒体产品研制和生产企业，产品还处于研发投入阶段，尚未形成收入和利润能力，但其市场前景被评估机构看好，对这家公司，以下说法中正确的有（　　）。

A. 该企业处于引入期

B. 该企业面临的经营风险非常小

C. 该企业的筹资战略应是筹集股权资本

D. 该企业的股利战略最好是不分红

6. 某公司是一家成立不久的清洁用品开发生产企业，其开发的新产品荣获多项国家专利，并已经成功打入地方市场，销售区域正在全国快速铺开，利润有了大幅增长，超额利润明显。该企业在企业战略上可以考虑进行的安排包括（　　）。

A. 以促进销售增长、快速提高市场占有率为战略重点

B. 采用积极扩张型财务战略

C. 筹资战略上尽量利用债务资本，适度引入资本市场增加股权资本

D. 投资战略是对核心业务大力追求投资

三、判断题

1. 财务战略属于局部性、长期性和导向性的重大谋划。（　　）

2. 财务战略与企业文化和价值观没有关系。（　　）

3. 财务战略的选择必须与宏观经济周期相适应。（　　）

4. 财务战略的选择必须与企业发展阶段相适应。（　　）

5. 在企业的衰退期，企业财务战略的关键是如何回收现有投资，并将退出的投资现金流返还给投资者。（　　）

四、简答题

1. 简述财务战略与企业战略之间的关系。

2. 列举财务战略按不同标准的分类。

3. 简述财务战略管理流程。

第 13 章 财务规划

【引导案例】

施乐公司的财务规划

施乐公司主要从事各种复印机的生产、销售和租赁，并提供复印服务。这些复印机的工作效率及特征各不相同，因此，相应的生产、销售和租赁计划也各不相同。

每年，施乐公司都要对企业的整体经营活动进行财务规划，预测各种因素变动对利润变动的影响，并及时采取相应的处理措施。同时，施乐公司还要对企业的原材料采购、生产、销售、租赁及复印服务进行整体规划。例如，每年施乐公司都要对投放多少台各种型号的复印机用于公司提供的复印服务进行计划，并且要对收回多少台旧复印机进行计划，然后依照这些信息制订下一年的生产计划和零配件的采购计划等，最终形成对企业整个生产经营活动过程的整体规划。

【学习目标】

- 了解利润规划的概念；
- 掌握本量利分析、盈亏平衡分析、影响因素变动分析以及敏感分析四种本量利分析方法；
- 了解全面预算的概念与流程；
- 理解全面预算的构成、作用和依据；
- 了解常见的预算编制方法，主要包括固定预算与弹性预算、增量预算与零基预算、定期预算与滚动预算。

财务规划是指企业依据过去和当前的资料，为企业未来的发展变化制定准则。企业财务规划主要包括利润规划和全面预算体系。为了使企业理财目标更为具体和规范化，并能顺利完成企业短期和长期目标，企业必须编制财务规划。

13.1 利润规划

现代企业管理的特点之一就是侧重于筹划未来。为了规划企业的经济活动，首先要规划企业的利润，因为利润是生产的目的和直接动机。任何公司都应认真做好目标利润规划，这是现代企业管理的基本要求，也是社会经济发展的必然趋势。利润规划是公司为实现目标利润而综合调整其经营活动的规模和水平，它是企业编制期间预算的基础。进行利润规划的方法主要有本量利分析、盈亏平衡分析、影响因素变动分析和敏感性分析等[①]。

13.1.1 本量利分析

本量利分析是企业经营管理中应用非常普遍的一种分析方法，是成本、业务量和利润三者依存关系分析的简称。它以数量化的会计模型与图形来揭示固定成本、变动成本、销售量、销售单价、销售收入和销售利润之间的内在规律性联系，是为预测、决策和规划提供必要的财务信息的一种技术方法。

1. 成本性态

所谓成本性态，是指成本总额对业务量的依存关系。在这里，业务量是指企业的生产经营活动水平的标志量。它可以是产出量也可以是投入量；可以使用实物度量、时间度量，也可以使用货币度量。全部成本按其性态可以分为固定成本、变动成本和混合成本[②]。

固定成本是指在特定的业务量范围内不受业务量影响，一定期间的总额能保持相对稳定的成本，例如，固定工资、固定资产折旧、取暖费、财产保险费等；变动成本是指在特定的业务量范围内其总额随业务量变动而正比例变动的成本，例如，直接材料、直接人工、外部加工费等；混合成本是介于固定成本和变动成本之间的成本，总额因业务量变动而变动，但不是成正比例关系，可以将其分解成固定成本和变动成本两部分。这样全部成本都可以分成固定成本和变动成本两部分。

2. 本量利关系的数学模型

（1）损益方程式

① 基本的损益方程式。目前多数企业都使用损益法来计算利润，即首先确定一定期间的收入，然后计算与这些收入相配合的成本，两者之差为销售利润：

$$\text{销售利润}=\text{销售收入}-\text{总成本} \tag{13-1}$$

由于：总成本=变动成本+固定成本=单位变动成本×销量+固定成本

销售收入=单价×销量

假设产量和销量相同，则有：

$$\text{销售利润}=\text{单价}\times\text{销量}-\text{单位变动成本}\times\text{销量}-\text{固定成本} \tag{13-2}$$

在规划销售利润时，通常把单价、单位变动成本和固定成本视为稳定的常量，只有销量和利润两个自由变量。给定销量时，可利用方程式直接计算出预期利润；给定目标利润时，可直接计算出应达到的销售量。

【例 1】某企业每月固定成本 2,000 元，生产一种产品，单价 20 元，单位变动成本 10 元，本月计划生产销售 500 件，问预期销售利润是多少？

---

① Horngren, C. T., S. M. Datar, G. Foster, M. V. Rajan, C. Ittner. Cost Accounting: A Managerial Emphasis[M]. 北京：人民大学出版社，2012.

② Atkinson, A. A., R. S. Kaplan, E. M. Matsumura, S. M. Young, Management Accounting[M]. 北京：清华大学出版社，2011.

将有关数据代入损益方程式：

$$销售利润=单价\times销量-单位变动成本\times销量-固定成本$$
$$=20\times500-10\times500-2,000=3,000（元）$$

② 损益方程式的变换形式。基本的损益方程式把“销售利润”放在等号的左边，其他变量放在等号的右边，这种形式便于计算销售利润。如果待求的数值是其他变量，则可以将方程进行恒等变换，使等号左边是待求的变量，其他参数放在右边，由此可得出不同的损益方程式的变换形式，即计算销量、计算单价、计算单位变动成本、计算固定成本的方程式。

$$销量=\frac{固定成本+销售利润}{单价-单位变动成本} \quad（13-3）$$

$$单价=\frac{固定成本+销售利润}{销量}+单位变动成本 \quad（13-4）$$

$$单位变动成本=单价-\frac{固定成本+销售利润}{销量} \quad（13-5）$$

$$固定成本=单价\times销量-单位变动成本\times销量-销售利润 \quad（13-6）$$

【例2】某企业每月固定成本2,000元，单价20元，计划销售300件产品，要实现目标利润1,600元，单位变动成本应为多少？

将有关数据带入计算单位变动成本的方程式：

$$单位变动成本=单价-\frac{固定成本+销售利润}{销量}=20-\frac{2,000+1,600}{300}=8（元/件）$$

③ 计算税后利润的损益方程式。考虑税后利润的损益方程式变为：

$$税后利润=销售利润-所得税=销售利润\times（1-所得税率） \quad（13-7）$$

$$税后利润=（单价\times销量-单位变动成本\times销量-固定成本）\times（1-所得税率） \quad（13-8）$$

可变形为：

$$销量=\frac{固定成本+\frac{税后利润}{1-所得税率}}{单价-单位变动成本} \quad（13-9）$$

【例3】企业每月固定成本2,000元，单位变动成本5元；该企业生产甲产品，单价20元；所得税率25%，本月计划生产600件，求预期利润？如果要实现净利润700元，求最低销售量？

$$税后利润=（单价\times销量-单位变动成本\times销量-固定成本）\times（1-所得税率）$$
$$=（20\times600-5\times600-2,000）\times（1-25\%）=5,250（元）$$

$$销量=\frac{固定成本+\frac{税后利润}{1-所得税率}}{单价-单位变动成本}=\frac{2,000+\frac{700}{1-25\%}}{20-5}=196（件）$$

（2）边际贡献方程式

① 边际贡献。边际贡献是指产品扣除自身变动成本后给企业所做的贡献，它首先用于收回企业的固定成本，如果还有剩余则成为利润，如果不足以收回固定成本则发生亏损。

$$边际贡献=销售收入-变动成本 \quad（13-10）$$

如果用单位产品表示：

$$单位边际贡献=单价-单位变动成本 \quad（13-11）$$

由于变动成本包括产品变动成本（生产制造过程的变动成本）和期间变动成本（销售、管理中的变动成本），因而，边际贡献也可分为制造边际贡献（生产边际贡献）和产品边际贡献（总营业边际贡献）。通常，“边际贡献”指产品边际贡献，“边际贡献率”指产品边际贡献率。

【例 4】某企业生产一种产品，单价 20 元，单位变动成本 5 元，销量 600 件，则边际贡献和单位边际贡献均为多少?

边际贡献=20×600−5×600=9,000（元）

单位边际贡献=20−5=15（元）

② 边际贡献率。边际贡献率是指边际贡献在销售收入中所占的比重，其高低说明该产品为补偿固定成本所做出的相对贡献的大小，直接反映该产品的获利能力。

$$边际贡献率=\frac{边际贡献}{销售收入}\times100\%=\frac{单位边际贡献}{单价}\times100\% \quad (13\text{-}12)$$

例【4】中，边际贡献率=75%，边际贡献率可以理解为每一元销售收入中边际贡献所占的比重，它反映产品给企业做出贡献的能力。

③ 变动成本率。变动成本率是指变动成本在销售收入中所占的比率，它是与边际贡献率相对应的概念。

$$变动成本率=\frac{变动成本}{销售收入}\times100\%=\frac{单位变动成本}{单价}\times100\% \quad (13\text{-}13)$$

由于销售收入被分为变动成本和边际贡献两部分，变动成本是产品自身的消耗，边际贡献是对企业的贡献，两者百分率之和为 1，即变动成本率+边际贡献率=1。

④ 边际贡献方程式。边际贡献方程式是由上面介绍的基本损益方程式改写的。

由于：销售利润=销售收入−变动成本−固定成本

边际贡献=销售收入−变动成本

因而： 销售利润=边际贡献−固定成本=销量×单位边际贡献−固定成本 （13-14）

【例 5】某企业生产一种产品，固定成本 2,000 元，单价 20 元，单位变动成本 5 元，预计销售量 600 件，则销售利润多少?

销售利润=销量×单位边际贡献−固定成本=600×（20−5）−2,000=7,000（元）

该方程式可变换成其他形式：

固定成本=销量×单位边际贡献−销售利润

$$销量=\frac{固定成本+销售利润}{单位边际贡献}$$

$$单位边际贡献=\frac{固定成本+销售利润}{销量}$$

⑤ 边际贡献率方程式。

由于：

$$边际贡献率=\frac{边际贡献}{销售收入}\times100\%$$

边际贡献=销售收入×边际贡献率

销售利润=边际贡献−固定成本

因而： 销售利润=销售收入×边际贡献率−固定成本 （13-15）

该方程式可以转换为其他形式：

固定成本=销售收入×边际贡献率−销售利润 （13-16）

$$销售收入=\frac{固定成本+销售利润}{边际贡献率} \quad (13\text{-}17)$$

$$边际贡献率=\frac{固定成本+销售利润}{销售收入}\times100\% \quad (13\text{-}18)$$

3. 本量利图

将成本、业务量、利润的关系反映在直角坐标系中，即成为本量利图，又称为盈亏临界图或损益平衡图[①]。

（1）基本本量利图

图 13-1 所示是根据【例 1】有关数据绘制的基本本量利图，其绘制步骤如下。

①选定直角坐标系，以横轴表示业务数量，纵轴表示成本和销售收入的金额；②在纵轴上找出固定成本数值，以此点（0，固定成本值）为起点，绘制一条与横轴平行的固定成本线 F；③以（0，固定成本值）为起点，以单位变动成本为斜率，绘制变动成本线 V；④以坐标原点 O（0，0）为起点以单价为斜率绘制销售收入线 S。

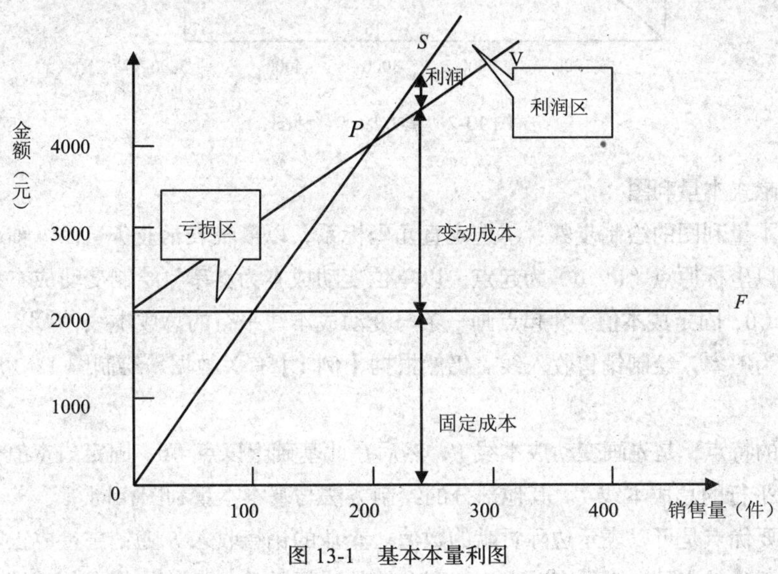

图 13-1　基本本量利图

基本本量利图表达的意义：

① 固定成本线与横轴之间的距离为固定成本值，它不因产量增减而变动；

② 变动成本线与固定成本线之间的距离为变动成本，它随产量而呈正比例变化；

③ 变动成本线与横轴之间的距离为总成本，它是固定成本与变动成本之和；

④ 销售收入线与总成本线的交点（P），是盈亏临界点。它在横轴上对应的销售量是 250 件，表明企业在此销售量下总收入与总成本相等，既没有利润，也不发生亏损。在此基础上，增加销售量，销售收入超过总成本，S 和 V 的距离为利润值，形成利润区；减少销售量，销售收入低于总成本，V 和 S 的距离为亏损值，形成亏损区。

图 13-1 中的业务量（横轴）不仅可以使用实物量，也可以使用金额来表示，其绘制方法与上面介绍的大体相同。通常，这种图画成正方形，如图 13-2 所示。

在绘制时，销售收入线 S 为从原点出发的对角线，其斜率为 1；变动成本线 V 从点（0，固定成本值）出发，斜率为变动成本率。这种图不仅用于单一产品，还可用于多种产品的情况，只不过需要计算加权平均的变动成本率。

① Drury, C. ed. Management Accounting Handbook. London, U. K.: Butterworth Heinemann and Charted Institute of Management Accounting, 1997.

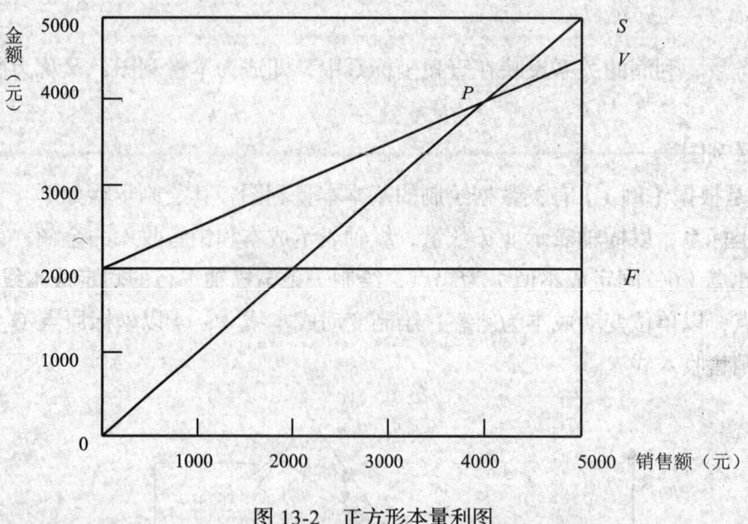

图 13-2　正方形本量利图

（2）边际贡献式本量利图

边际贡献式本量利图的绘制步骤：①选定直角坐标系，以横轴表示业务量，纵轴表示成本和销售收入的金额；②以坐标原点（0，0）为起点，以单位变动成本为斜率，绘制变动成本线；③在变动成本线基础上以点（0，固定成本值）为起点画一条与变动成本线平行的总成本线；④以坐标原点（0，0）为起点，以单价为斜率，绘制销售收入线。仍然根据【例 1】有关数据，绘制图 13-3 所示的边际贡献式本量利图。

这种图绘制的特点，是先画变动成本线 V，然后在此基础上以点（0，固定成本值）为起点画一条与变动成本线 V 平行的总成本线 T。其他部分的绘制方法与基本本量利图相同。

这种图的主要优点是可以表示边际贡献的数值。企业的销售收入 S 随销售量成正比例增长。这些销售收入首先用于弥补产品自身的变动成本，剩余的是边际贡献，即 SOV 围成的区域。边际贡献随销量增加而扩大，当其达到固定成本值时（到达 P 点），企业处于盈亏临界状态，当边际贡献超过固定成本后，企业进入盈利状态。

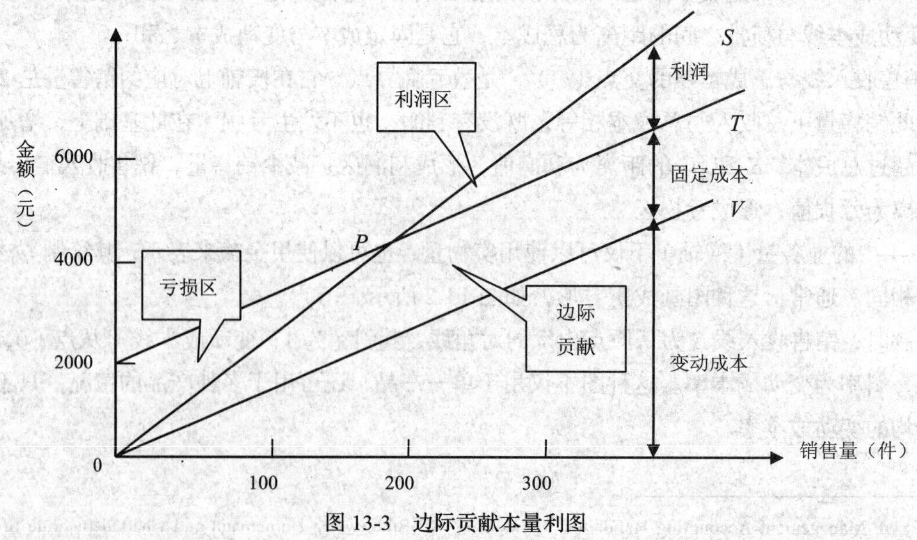

图 13-3　边际贡献本量利图

13.1.2 盈亏平衡分析

要规划企业利润首先必须要保本，因为保本是获得利润的基础。保本即是通过产品销售保证成本能够获得补偿，也就是不盈不亏，盈亏平衡。为了保本就要计算盈亏平衡时的销售量或销售额。因此在项目开发前往往会进行盈亏平衡分析。例如在飞机制造业，由于开发一款新型飞机所需的成本极为高昂，因此飞机制造商以及与相关的分析人士都十分关注实现盈亏平衡所需要销售的新型飞机的数量，同时也将其作为生产新机型所带来的企业风险。2010 年，EADS（空中客车的母公司）的首席财务官汉斯·彼得·林曾经说过，公司于 2007 年投产的巨无霸——空客 380-800，将在 2015 年实现盈亏平衡。之所以需要这么久才能实现盈亏平衡，是因为必须生产并销售出许多架新飞机才能覆盖开发成本以及每年固定的生产、销售和物流成本。

1. 盈亏平衡点的确定

盈亏平衡点，是指企业收入和成本相等的经营状态，即边际贡献等于固定成本时企业所处的既不盈利又不亏损的状态。通常用一定的业务量来表示这种状态。确定盈亏平衡点通常有两种方法，即销售量法和销售额法[①]。

（1）销售量法

销售量法以销售产品的实物量来表示盈亏平衡点。这种方法适用于产品单一的企业，多品种生产的企业要对各产品或重点产品分别确定其盈亏平衡点时，也可以使用。销售量法利用利润等于销售收入减总成本的关系来确定盈亏平衡点。

销售利润=单价×销量-单位变动成本×销量-固定成本

令销售利润为 0，此时的销量为盈亏平衡点的销售量，得到：

$$盈亏平衡点销量=\frac{固定成本}{单价-单位变动成本} \tag{13-19}$$

又因为：单价-单位变动成本=单位边际贡献，因此：

$$盈亏平衡点销量=\frac{固定成本}{单位边际贡献} \tag{13-20}$$

【例 6】某企业生产一种产品，单价 10 元，单位变动成本 5 元，固定成本 2,000 元/月，则其盈亏平衡点销售量为多少？

$$盈亏平衡点销量=\frac{固定成本}{单价-单位变动成本}=\frac{2,000}{10-5}=400（件）$$

（2）销售额法

销售额法以销售金额表示盈亏平衡点。这种方法适用于产销多种产品的企业，因为各种产品销售实物量计量单位不同，无法加总，只能用金额才能汇总反映其销售情况。多品种企业的盈亏平衡点，尽管可以使用联合单位销量来表示，但是更常见的还是使用销售额法来确定。当然，单一产品的企业也可用销售额法来确定其唯一产品的盈亏平衡点。

销售利润=销售额×边际贡献率-固定成本

令销售利润为 0，此时的销售额为盈亏平衡点销售额，得到：

$$盈亏平衡点销售额=\frac{固定成本}{边际贡献率} \tag{13-21}$$

---

① Drury, C. and M. Tayles. Cost System Design and Profitability Analysis in UK Companies. London. U. K.: Chartered Institute of Management Accountants, 2000.

（3）盈亏平衡点作业率

盈亏平衡点作业率，是指盈亏平衡点销售量占企业正常销售量的比重。这里所指的正常销售量，是指在正常市场和正常开工情况下，企业的销售数量，也可以用销售金额来表示。

$$盈亏平衡点作业率=\frac{盈亏平衡点的销售量}{正常销售量}\times 100\% \quad (13\text{-}22)$$

例【6】中，假如企业正常的销售量为 500 件，盈亏平衡点的销售量 400 件，

则该企业盈亏平衡点的作业率=400 ÷ 500=80%，说明该企业的作业率达到正常作业的 80%，才能取得盈利，否则会发生亏损。

这个比率表明企业保本的业务量在正常业务量中所占的比重。由于多数企业的生产经营能力是按正常销售量来规划的，生产经营能力与正常销售量基本相同。因此，盈亏平衡点作业率还表明保本状态下的生产经营能力的利用程度。

2. 安全边际和安全边际率

安全边际，是指正常销售额超过盈亏平衡点销售额的差额，它表明销售额下降多少企业仍不致亏损。

$$安全边际=正常销售额-盈亏平衡点销售额 \quad (13\text{-}23)$$

企业生产经营的安全性，还可以用安全边际率来表示：

$$安全边际率=\frac{安全边际}{正常销售额}\times 100\% \quad (13\text{-}24)$$

安全边际和安全边际率的数值越大，企业发生亏损的可能性越小，企业就越安全。安全边际率是一个相对指标，便于与不同企业和不同行业的比较。企业安全性的经验数据如表 13-1 所示。

表 13-1 安全性检验标准

安全边际率	40%以上	30%～40%	20%～30%	10%～20%	10%以下
安全等级	很安全	安全	较安全	值得注意	危险

13.1.3 影响因素变动分析

影响因素变动分析是指本量利发生变动时相互影响的定量分析，主要研究两个问题：一是产销量、成本和价格发生变动时，测定其对利润的影响；二是目标利润发生变动时，分析实现目标利润所需的产销量、收入和支出。盈亏平衡主要研究的是销售利润为零的特殊经营状态时的问题，而影响因素变动分析研究的是销售利润不为零时的一般经营状态的相关问题。

1. 分析有关因素变动对利润的影响

在进行生产经营决策之前，都应分析将要采取的行动对利润带来的影响。若行动产生的收益大于其支出，即可增加盈利，则这项行动在经济上是可取的。从本量利的关系中我们可以知道影响利润的因素主要有四个，即：单价、单位变动成本、固定成本和销售量。这些因素中的一项或多项同时变动，都会对销售利润产生影响。因此，通常要在遇到以下两种情况时，需要测定销售利润的变化。

（1）单一因素发生变化

单一因素发生变化时，要测定其对利润的影响，预计未来期间内的销售利润。各因素变化对利润的影响规律如下：

①单价的变动可通过改变销售收入总额而从正方向影响利润。单价越高，利润越高，反之利润越低。②单位变动成本的变动可通过改变变动成本总额从反方向影响利润。单位变动成本越高，利润越低，反之利润越高。③销售量的变动可通过改变边际贡献总额而从正方向影响利润，销售量越大，边际贡献总额越大，利润越高，反之利润越低。④固定成本的变动可直接从反方向影响利润。固定成本越大，从边际贡献中扣除部分越多，利润越低，反之利润越高。

【例7】A企业目前的损益状况如下：

销售收入（2,000件×20元/件）	40,000
销售成本：	
变动成本（2,000件×15元/件）	30,000
固定成本	4,000
销售和管理费（全部固定）	2,000
销售利润	4,000

用方程式表示，则是销售利润=销售收入-变动成本-固定成本

=2,000×20-2,000×15-（4,000+2,000）=4,000（元）

现假设由于原材料变动使单位变动成本上升到16元，利润将变为：

销售利润=2,000×20-2,000×16-（4,000+2,000）=2,000（元）

也就是说，由于单位变动成本上涨了1元，使企业利润减少了2,000元。企业应根据这种预见到的变化，采取措施，设法抵消这种影响。当单价、固定成本或销售量发生变动时，也可以用上述同样方法测定其对利润的影响。

（2）多因素变化

由于多因素独立变化，例如当产品的材料成本、人工成本、固定成本等同时发生变化时，企业要测定其引起的利润变动，以便选择决策方案；或者企业拟采取某项行动使有关因素发生相互关联的变化，应对相关因素的变动对利润的影响进行测定，作为评价该行动经济合理性的尺度。

【例8】上例中的A企业要实施一项技术培训计划，拟提高工效，使单位变动成本由15元降为14元。则销售利润变为：

销售利润=2,000×20-2,000×14-（4,000+2,000）=6,000（元）

由此可见，该计划使销售利润增加了2,000元，它是培训计划的上限。也就是说，如果培训计划支出在2,000元以内，公司可从该项计划的新增利润中得到补偿，获得长期收益。反之，则要考虑是否执行该项计划。

2. 分析实现目标利润的有关条件

在企业里有时会碰到另一种相反的情况，即销售利润是已知数，而其他因素是待求的未知数。在这种情况下，企业就可以在测定现有生产经营条件下的盈亏平衡点的基础上，根据市场需求情况，合理安排生产和销售，千方百计地采取措施以实现目标利润。

一方面，企业可以采取单项措施，如提高销售收入、降低单位变动成本等方式，来增加边际收益即获得利润。另一方面，因为在现实经济生活中，影响销售利润的各因素是相互联系的，比如想要提高产量就必须要增加固定成本，同时降低售价，因此企业很少采取单项措施来提高销售收入，而是采取综合措施以实现目标利润，就需要进行综合计算和反复平衡。

3. 实现目标利润业务量的计算

实现目标利润业务量，是指在单价和成本水平既定的条件下，为保证事先确定的目标利润能够实

现而应当达到的销售量或销售额。为实现目标利润业务量的计算公式如下：

$$实现目标利润的销售量=\frac{固定成本+目标利润}{单位边际贡献} \tag{13-25}$$

$$实现目标利润的销售额=\frac{固定成本+目标利润}{边际贡献率} \tag{13-26}$$

【例 9】A 公司只生产一种产品，单价为 200 元，单位变动成本为 120 元，固定成本全年为 600,000 元。公司制定了 300,000 元的目标利润。计算该产品的盈亏平衡点及实现目标利润的销售量和销售额。

$$单位边际贡献=200-120=80（元）$$

$$边际贡献率=80\div200\times100\%=40\%$$

$$盈亏平衡点销售量=\frac{600,000}{80}=7,500（件）$$

$$盈亏平衡点销售额=\frac{600,000}{40\%}=1,500,000（元）$$

$$实现目标利润的销售量=\frac{600,000+300,000}{80}=11,250（件）$$

$$实现目标利润的销售额=\frac{600,000+300,000}{40\%}=2,250,000（元）$$

4. 实现目标净利润业务量的计算

前述公式中的目标利润一般是指税前利润。目标净利润是指企业在未来计划期内应该实现的税后利润目标。

由于：目标净利润=目标利润×（1-所得税率）

因而有：

$$目标利润=\frac{目标净利润}{1-所得税率} \tag{13-27}$$

$$实现目标净利润销售量=\frac{固定成本+\frac{目标净利润}{1-所得税率}}{单价-单位变动成本}=\frac{固定成本+\frac{目标净利润}{1-所得税率}}{单位边际贡献} \tag{13-28}$$

$$实现目标净利润销售额=\frac{固定成本+\frac{目标净利润}{1-所得税率}}{\frac{单价-单位变动成本}{单价}}=\frac{固定成本+\frac{目标净利润}{1-所得税率}}{边际贡献率} \tag{13-29}$$

【例 10】按上例资料，假设 A 公司的所得税率为 25%，目标净利润为 300,000 元，计算实现目标净利润的销售量和销售额。

$$实现目标净利润销售量=\frac{600,000+\frac{300,000}{1-25\%}}{80}=12,500（件）$$

$$实现目标净利润销售额=\frac{600,000+\frac{600,000}{1-25\%}}{40\%}=2,500,000（元）$$

13.1.4 敏感分析

本量利关系的敏感分析，主要研究与分析有关参数发生多大变化会使盈利转为亏损，各参数变化对利润变化的影响程度，以及各因素变动时如何调整销量，以保证原目标利润的实现等问题①。

① Horngren, C. T., S. M. Datar, G. Foster, M. V. Rajan, C. Ittner. Cost Accounting: A Managerial Emphasis[M]. 北京：人民大学出版社，2012.

利润对各因素的敏感程度到底有多大，需要做定量描述。可用敏感度系数来反映利润对各因素的敏感程度，敏感度系数是指利润变动百分比与各因素变动百分比的比率，其公式如下：

$$敏感度系数=\frac{利润变动百分比}{各因素变动百分比} \tag{13-30}$$

敏感度系数表示各因素升降百分之一，利润会随之升降百分之多少。该值大，表示利润对该因素的敏感性强，其对利润的影响就大；反之，利润对其敏感性弱，其对利润的影响就小。由此可以得出：

$$利润变动=变动前利润\times各因素变动百分比\times敏感度系数 \tag{13-31}$$

$$\begin{aligned}变动后利润&=变动前利润+利润变动\\&=变动前利润\times(1+各因素动百分比\times敏感度系数)\end{aligned} \tag{13-32}$$

这样企业就可以根据实际情况分别测算利润对单价、单位变动成本、固定成本和销售量的敏感度系数，进而判断各因素变化对利润变化的影响程度，并在情况发生变化后及时采取对策，调整企业计划，使生产经营活动经常被控制在最有利的状态之下。

13.2 全面预算体系

预算就是用数字编制未来某一时期的计划，即用财务数字或非财务数字来计量预期的结果。预算是计划工作的成果，它既是决策的具体化，又是控制生产经营活动的依据。

13.2.1 全面预算的内涵

全面预算是企业根据战略规划、经营目标和资源状况，运用系统方法编制的企业整体经营、资本、财务等一系列业务管理标准和行动计划[①]。

企业的全面预算一般包括经营预算、资本预算和财务预算三大类[②]。

经营预算（又称日常业务预算）是指与企业日常生产经营活动直接相关的生产经营业务预算。就制造企业而言，经营预算一般包括销售预算、生产预算、直接材料预算、直接人工预算、制造费用预算、产品生产成本预算、销售及管理费用预算等。这些预算前后衔接，既有实物量指标，又有价值量和时间量指标。

资本预算（又称特种决策预算）是对企业投资和筹资业务的预算，最能体现直接决策的结果，它实际是企业特种决策的中选方案的进一步规划。一般包括长期投资预算和长期筹资预算。

财务预算是对企业财务状况、经营成果和现金流量的预算，从价值方面总括地反映了全面预算的结果，是企业的综合预算。一般包括现金预算、利润预算、财务状况预算等。它的编制必须以企业经营预算和资本预算为基础。

全面预算体系是由一系列预算构成的体系，各项预算之间相互关联，关系比较复杂，很难用一个简单的办法准确描述。图 13-4 反映了各项预算之间的主要联系。

企业应根据长期市场预测和生产能力，编制长期销售预算。以此为基础，确定本年度的销售预算，并根据企业财力确定资本支出预算。销售预算是全面预算的编制起点，根据“以销定产”的原则确定生产预算，同时确定所需的销售费用。生产预算的编制，除了考虑计划销售量外，还要考虑现有存货和期末存货，如产品品种较多，可单独编制存货预算。根据生产预算来确定直接材料、直接人工和制

① Merchant, K. A. Budgeting and the propensity to create budgetary slack [J]. Accounting, organizations and Society, 1985, 10(2): 201-210.

② 荆新，王化成，刘俊彦. 财务管理学[M]. 北京：人民大学出版社，2014.

造费用预算。在有关预算汇总的基础上编制产品成本预算和现金预算。预计损益表、资产负债表和现金流量表是全部预算的综合。

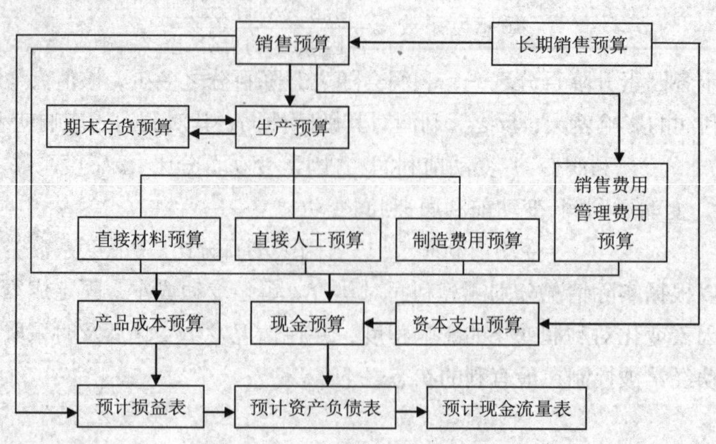

图 13-4　全面预算体系相互关系图

13.2.2　全面预算的方法

常见的预算编制方法主要包括固定预算与弹性预算、增量预算与零基预算、定期预算与滚动预算，这三对方法中前者均属于传统的预算方法，后者则属于比较现代的方法，这些方法均广泛应用于企业全面预算的编制[①]。

1. 固定预算与弹性预算

固定预算又称静态预算，是指以预算期内正常的、可实现的某一固定的业务量（如生产量、销售量）水平为基础编制预算的方法。预算编制后，在预算期内若无特殊情况，一般不进行修改或更正，具有相对固定性。通常适用于业务量水平较为稳定的生产和销售业务的成本费用预算的编制，如直接材料费、直接人工费和制造费用预算等。因为比较简单，传统预算大都采用这种编制方法。

弹性预算又称动态预算，是为克服固定预算的缺点而设计的，是在成本性态分析的基础上，以业务量、成本和利润之间的联动关系为依据，按照预算期内可预见的各种业务量（如产量、销售量、直接人工工时、材料消耗量等）水平编制系列预算的方法[②]。业务量范围的选择要视企业或部门的业务量变化情况而定，一般来说，可定在正常生产销售能力的 70%～110%，或以历史最高业务量和最低业务量为其上下限。弹性预算适用于与业务量有关的预算的编制，从实用角度看，主要用于编制弹性成本预算和弹性利润预算。

2. 增量预算与零基预算

增量预算与零基预算主要用于销售费用预算和管理费用预算的编制，两者之间的区别在于出发点的特征不同[③]。

增量预算是指以基期成本费用水平为基础，分析预算期内业务量水平及有关影响因素的变动情况，通过调整原有成本费用项目及数额，编制相关预算的方法。应用增量预算的前提条件是：①现有的业

① Horngren C. T., S. M. Datar, G. Foster, M. V. Rajan, C. Ittner. Cost Accounting: A Managerial Emphasis [M]. 北京：人民大学出版社，2012.

② Van Horne J. C. Financial Management and Policy [M]. Prentice Hall, Inc., 1998.

③ Hansen S. C., D. T. Otley, W. A. Van der Stede. Practice decelopment in budgeting: an overview and research perspective[J]. Journal of Management Accounting Research, 2003, 15(1): 95-116.

务活动是企业所必须的；②原有的各项业务都是合理的，必须予以保留；③增加成本费用预算是应该的、值得的。

零基预算全称为"以零为基础编制预算的方法"，是指在编制销售费用、管理费用等预算时，不考虑以往基期所发生的费用项目和费用数额，而是以所有的预算支出均为零为出发点，一切从实际需要和可能出发，分析费用项目和费用数额的合理性，综合平衡编制费用预算的一种方法。应用零基预算法编制费用预算，不受前期费用项目和费用水平的制约，能够调动各部门降低费用的积极性，现已被西方国家广泛采用作为管理间接费用的一种新的有效方法。

3. 定期预算与滚动预算

定期预算与滚动预算是根据预算期间的固定性和滚动性而区分的两项预算编制方法。

定期预算是指在编制预算时以固定不变的会计期间（如年度、季度、月份）作为预算期的一种编制预算的方法。定期预算能够使预算期间与会计年度相配合，便于依据会计报告的数据与预算的比较，考核和评价预算的执行结果。但它不利于前后各个期间的预算衔接，远期指导差，滞后可能大，不能适应连续不断的业务活动过程，不利于企业的长远发展。

滚动预算是为了克服定期预算的缺陷而设计的，是指在上期预算完成情况的基础上，调整和编制下期预算，将预算期与会计年度脱离开，将预算期间逐期连续向前滚动推移，使预算期保持一定的时期跨度的方法。滚动预算能够保持预算的连续性，实现了与日常管理的紧密衔接，有利于管理人员从动态的角度把握企业近期的目标和远期的战略布局，有利于充分发挥预算的指导和控制作用。因此，滚动预算适用于连续性强的业务或项目的预算安排。

13.2.3 经营预算的编制

经营预算包括销售预算、生产预算、直接材料预算、直接人工预算、制造费用预算、成本预算和销售管理费用预算等。下面以 ABC 公司为例，分别介绍各项预算。

1. 销售预算

销售预算是指在销售预测的基础上，根据企业年度目标利润，用于规划预算期内各季度销售目标和实施计划的一种经营预算。它是整个预算的起点，其他预算的编制都以销售预算为基础。销售预算的主要内容是销量、单价和销售收入，通常要分品种、分月份、分销售区域、分推销员来编制（见表13-2）。在实际工作中，产品销售往往不能及时全部收回货款，因此会产生大量的应收账款。因此，销售预算中通常还包括预计现金收入（见表 13-3）的计算，其目的是为编制现金预算提供必要的资料，如表 13-2 所示。

表 13-2　销售预算表

季度	1	2	3	4	全年
预计销售量（件）	350	500	550	400	1,800
预计单位售价（元）	200	200	200	200	200
销售收入（元）	70,000	100,000	110,000	80,000	360,000

表 13-3　预计现金收入表　单位：元

季度	1	2	3	4	全年
预计销售额	70,000	100,000	110,000	80,000	360,000
收到上季应收销货款	16,000	28,000	40,000	44,000	128,000

续表

季度	1	2	3	4	全年
收到本季销货款	42,000	60,000	66,000	48,000	216,000
现金收入合计	58,000	88,000	106,000	92,000	344,000

注：在表中，假设企业当期的销售收入中有60%可以收回，其余40%下期收回。预计预算年度第一季度可收回上年第四季度的应收账款16,000元。

2. 生产预算

生产预算是在销售预算的基础上编制的，是经营预算中唯一仅以数量形式反映预算期内各季度有关产品生产数量及品种构成的一种预算。因为企业的生产和销售不能做到同步，生产除了用于销售外，还要有一定的存货量，以保证应付不时之需，节省赶工的额外开支。生产预算涉及销售量、期初和期末存货、预计生产量等，如表13-4所示。

表13-4　　生产预算表　　单位：件

季度	1	2	3	4	全年
预计销售量	350	500	550	400	1,800
加：预计期末存货量	50	55	40	50	50
减：预计期初存货量	60	50	55	40	60
预计生产量	340	505	535	410	1,790

注：假设期末存货量为下一季度销售量的10%，预算年度第一季度期初存货量为60件，预算年度期末存货量为50件。

3. 直接材料预算

直接材料预算，是以生产预算为基础编制的，同时要考虑原材料存货水平。它是为规划预算期内直接材料情况及采购活动而编制的，是用于反映预算期各种材料消耗量、采购量、材料采购成本等预算信息的一种经营预算。其主要内容有直接材料的单位产品用量、生产需用量、期初和期末存量等，如表13-5所示。为了便于以后编制现金预算，通常要预计材料采购各季度的现金支出，如表13-6所示。

表13-5　　直接材料预算表　　单位：千克

季度	1	2	3	4	全年
预计生产量（件）	340	505	535	410	1,790
单位产品材料消耗定额	4	4	4	4	4
生产需要量	1,360	2,020	2,140	1,640	7,160
加：期末存量	404	428	328	450	450
减：期初存量	500	404	428	328	500
材料采购量	1,264	2,044	2,040	1,762	7,110

表13-6　　预计现金支出表　　单位：元

季度	1	2	3	4	全年
材料采购量（千克）	1,264	2,044	2,040	1,762	7,110
材料单位成本	12	12	12	12	12
预计材料采购额	15,168	24,528	24,480	21,144	85,320

续表

季度	1	2	3	4	全年
应付上季赊购款	4,000	4,550.4	7,358.4	7,344	23,252.8
应付本金现购款	10,617.6	17,169.6	17,136	14,800.8	59,724
现金支出	14,617.6	21,720	24,494.4	22,144.8	82,976.8

注：假设每季度末的材料存量为下一季度生产用量的 20%，每季度的购料款当季付 70%，其余款项下一季度支付。预算年度第一季度应付上年第四季度赊购材料款为 4,000 元，估计预算年度期初材料存量为 500 千克，期末材料存量为 450 千克。

4. 直接人工预算

直接人工预算是以生产预算为基础编制的，是一种既反映预算期内人工工时消耗水平，又规划人工成本开支的经营预算。内容包括：预算产量、单位产品工时、人工总工时、每小时人工成本和人工总成本等，如表 13-7 所示。

表 13-7　　直接人工预算表

季度	1	2	3	4	全年
预计产量（件）	340	505	535	410	1,790
单位产品工时（小时）	3	3	3	3	3
人工总工时（小时）	1,020	1,515	1,605	1,235	5,730
每小时人工成本（元）	5	5	5	5	5
人工总成本（元）	5,100	7,575	8,025	6,175	28,650

5. 制造费用预算

制造费用分为变动制造费用和固定制造费用，变动制造费用以生产预算为基础编制；固定制造费用需要逐项预计，通常与本期产量无关，按每季实际需要的支付预计，然后求出全年数，如表 13-8 所示。制造费用和人工费用一般需要当期用现金支付，折旧除外。

表 13-8　　制造费用预算表　　单位：元

季度	1	2	3	4	全年
预计生产量（件）	340	505	535	410	1,790
变动制造费用	6,120	9,090	9,630	7,380	32,220
固定制造费用	11,745	11,745	11,745	11,745	46,980
减：折旧	5,000	5,000	5,000	5,000	20,000
制造费用合计	12,865	15,835	16,375	14,125	59,200

注：假设在预算期间内变动制造费用为 32,220 元（包括：间接人工费用 10,000 元，间接材料费用 8,000 元，水电费 1,2000 元，维修费 2,220 元），固定制造费用 46,980 元（包括：管理人员工资 12,000 元，维护费 4,980 元，保险费 10,000 元，设备折旧费 20,000 元）。且变动制造费用分配率按产量计算，以现金支付的各项制造费用均于当期付款。

$$变动制造费用分配率=\frac{变动制造费用}{预算期生产总量}=\frac{32,220}{1790}=18$$

每季变动制造费用=预计生产量×变动制造费用分配率=预计生产量×18

固定制造费用=46,980/4，折旧=20,000/4。

6. 产品成本预算

产品成本预算是根据生产预算、直接材料预算、直接人工预算、制造费用预算进行汇总编制的，是反映预算期内各种产品生产成本水平的一种经营预算。内容包括产品单位成本和总成本，如表 13-9 所示。

表 13-9　　成本预算表　　单位：元

	单位成本			生产成本（1,790 件）	期末存货（50 件）	销货成本（1,800 件）
	元/单位	投入量	成本（元）			
直接材料	12	4 千克	48	85,920	2,400	86,400
直接人工	5	3 小时	15	26,850	750	27,000
制造费用			44	78,760	2,200	79,200
产品单位成本	—	—	107	191,530	5,350	192,600

注：表中制造费用为=（全年变动制造费用预算+全年固定制造费用预算）/预算期生产总量=（32,220+46,980）/1,790≈44。

7. 销售及管理费用预算

销售及管理费用预算以销售预算为基础，分析销售收入、销售利润和销售费用之间的关系，力求实现销售费用的最有效使用。在对以往费用支出的必要性、合理性进行分析后，销售及管理费用预算反映预算期内为销售商品和维持一般行政管理工作而发生的各项费用支出的预算，如表 13-10 所示。

表 13-10　　销售费用和管理费用预算表　　单位：元

季度	1	2	3	4	全年
预计销售量（件）	350	500	550	400	1,800
变动销售及管理费用分配率	2	2	2	2	2
变动销售及管理费用现金支出	700	1,000	1,100	800	3,600
固定销售及管理费用支出	3,000	3,000	3,000	3,000	12,000
现金支出总额	3,700	4,000	4,100	3,800	15,600

注：假设预算期内变动销售及管理费用总计为 3,600 元，按销售量计算分配率（=3,600/1,800=2）；固定及管理费用为 12,000 元，因此每季度固定销售及管理费用支出=12,000/4=3,000（元）。

13.2.4 财务预算的编制

财务预算是企业的综合性预算，包括现金流量预算（又称现金预算）、预计利润表和预计资产负债表。

1. 现金预算

现金预算是企业预算期现金流转时间及金额数量的预算，是企业的一种综合性预算，其主要内容包括现金收入、现金支出、现金多余或现金不足、现金的筹集和运用四个方面。

现金收入主要指经营业务活动的现金收入，包括期初现金余额和预算期现金收入。销货取得的现金收入是其主要来源。现金支出包括预算期的各项现金支出。除直接材料、直接人工、制造费用、销售及管理费用等经营性现金支出外，还包括所得税费用、购置设备、股利分配等现金支出。现金多余或不足列示现金收入合计与现金支出合计的差额。差额为正，说明收大于支，现金有多余，可用于偿还过去向银行取得的借款，或者用于短期投资。差额为负，说明支大于收，现金不足，要向银行取得新的借款。

现金预算的编制，以各项营业预算和资本预算为基础，它反映各预算期的收入款项和支出款项，并做对比说明，如表 13-11 所示。其目的在于资金不足时筹措资金，资金多余时及时处理现金余额，并且提供现金收支的控制限额，发挥现金管理的作用。

表 13-11　现金预算表

季度	1	2	3	4	全年
期初现金余额	50,000	24,717.4	46,587.4	82,593	50,000
加：现金收入（表 13-3）	58,000	88,000	106,000	92,000	344,000
可供使用现金	108,000	112,717.4	152,587.4	174,593	394,000
减：现金支出：					
直接材料（表 13-6）	14,617.6	21,720	24,494.4	22,144.8	82,976.8
直接人工（表 13-7）	5,100	7,575	8,025	6,175	28,650
制造费用（表 13-8）	12,865	15,835	16,375	14,125	59,200
销售及管理费用（表 13-10）	3,700	4,000	4,100	3,800	15,600
支付所得税	17,000	17,000	17,000	17,000	68,000
购买设备	90,000				90,000
现金支出合计	143,282.6	66,130	69,994.4	63,244.8	344,426.8
现金多余或不足	35,282.6	46,587.4	82,593	111,348.2	49,573.2
向银行借款	60,000				60,000
还银行借款				60,000	60,000
支付借款利息（年利 10%）				6,000	6,000
期末现金余额	24,717.4	46,587.4	82,593	45,348.2	43,573.2

注：假设第一季度购买设备 90,000 元。期末现金余额少于 20,000 元时，需要向银行借款，年利率为 10%。预计预算期初现金余额为 50,000 元。

2. 预计利润表

按照全面预算体系的内容，在编制完现金预算以后，即可编制预计利润表和预计资产负债表，通常先编制预计利润表，再编制预计资产负债表。通过编制预计的利润表，可以了解企业预期的盈利水平。如果预算利润与最初编制方针中的目标利润有较大的不一致，就需要调整部门预算，设法达到目标，或者经企业领导同意后修改目标利润。

表 13-12 所示是 ABC 公司的预计利润表。它是根据上文各有关预算编制而成。预计的利润表与实际的利润表内容、格式相同但数字是面向预算期的。

表 13-12　预计利润表　单位：元

项目	金额
销售收入（表 13-3）	344,000
减：销货成本（表 13-9）	192,600
毛利	151,400
减：销售及管理费用（表 13-10）	15,600
营业净利润	135,800
减：利息费用（表 13-11）	6,000
税前利润	129,800
减：所得税（表 13-11）	68,000
净利润	61,800

“所得税”项目是在利润规划时估计的，并已列入现金预算，它通常不是根据“利润”和所得税税率计算出来的，因为有很多纳税调整的事项的存在。此外，从预算编制程序上看，如果根据“税前利润”和税率重新计算所得税，就需要修改“现金预算”，引起信贷计划修订，进而改变“利息”，最

终又要修改“净利润”。

3. 预计资产负债表

预计资产负债表是利用本期期初资产负债表，根据销售、生产、资本等预算的有关数据加以调整编制的。编制预计资产负债表的目的，在于判断预算反映的财务状况的稳定性和流动性。如果通过预计资产负债表的分析，发现某些财务比率不佳，必要时可修改有关预算，以改善财务状况。

预计资产负债表，与实际的资产负债表内容、格式相同但数据反映的是预算期末的财务状况。利用预算期初资产负债表，根据销售、生产、资本等预算的有关数据加以整理就可以编制预计资产负债表。

表 13-13　　预计资产负债表　　单位：元

	年初	年末		年初	年末
流动资产：					
现金	50,000	43,573.2			
应收账款（表 13-2）	16,000	24,000	流动负债：		
原材料存货（表 13-5、表 13-6）	6,000	65,400	应付账款（表 13-6）	4,000	6,343.2
产成品存货（表 13-4、表 13-9）	6,420	5,350	长期负债		
合计	78,420	138,323.2	负债总计：	4,000	6,343.2
固定资产：					
土地	60,000	60,000	所有者权益：		
房屋及设备（表 13-11）	240,000	330,000	实收资本	200,000	200,000
减：折旧（表 13-8）	40,000	60,000	盈余公积	134,420	261,889
合计	260,000	330,000	所有者权益合计	330,420	461,889
资产总计	338,420	468,232.2	负债及所有者权益总计	338,420	468,232.2

13.2.5 财务预算的考核

财务预算的考核与评价在全面预算管理循环中，处于承上启下的关键环节。一方面，预算考核是对预算自身进行检查、衡量与评定，并为企业实行奖惩措施提供主要依据，这一环节是全面预算过程的最后环节；另一方面，它通过对全面预算进行检查及总结，能够促使企业全面预算的改进[①]。因此，预算考核既是本次预算管理循环的终结，又是下一次预算管理循环的起始。

1. 全面预算考核的含义

预算考核是对企业内部各级预算责任中心预算执行结果的考核和评价。它具有两层含义：一是对整个预算管理系统进行考核评价，即对公司经营业绩进行评价；二是对预算执行者的考核与评价。预算考核是发挥预算约束与激励作用的必要措施。

预算考核是预算事中控制和事后控制的主要手段，它是一种动态的考核过程。在预算执行过程中，各级管理者对预算执行结果的随时考核确认及考核信息的反馈，有利于最高管理者对整个预算执行进行适当以及整体控制，也有利于最高管理者对公司的整体效益进行评价。

2. 预算考核的原则

预算考核是对预算执行效果的一个认可过程。预算考核应遵循以下原则[②]。

（1）目标原则

以预算目标为基准，按预算完成情况评价预算执行者的业绩。

① Hofstede, G. H.. The Game of Budget Control [M]. London: Tavistock, 1968.
② 龚巧莉. 全面预算管理案例与实务指引[M]. 北京：机械工业出版社，2012.

（2）激励原则

预算目标是对预算执行者业绩评价的主要依据，考核必须与激励制度相配合。

（3）时效原则

预算考核是动态考核，每期预算执行完毕应立即进行。

（4）例外原则

对一些阻碍预算执行的重大因素，如产业环境的变化、市场的变化、重大以外灾害等，考核时应作为特殊情况处理。

（5）分级考核原则

预算考核要根据组织架构层次或预算目标的分解层次进行。

【讨论案例】

建山公司利润规划

以下材料为建山公司2010年度预计成本费用的构成情况，根据其与纯碱产销量变动关系划分为固定成本和变动成本两部分。固定成本不随纯碱产销量变动而变动，变动成本随纯碱产销量变动成正比变动。

请您通过本量利分析的方法，为公司2010年度利润做一个事前规划，以保证公司全年目标利润的完成。

案例问题：

1. 假定计划年度纯碱平均不含税销售价格为930元，计算公司盈亏平衡时的销售量和销售收入，并画出本量利图；

2. 设定公司的目标利润为16,715万元，计算达到此目标利润的销量；

3. 假定在计划执行过程中纯碱市场发生变化，纯碱销售价格由年初预计的930元降至915元，在其他因素不变的情况下，测定其对目标利润的影响。公司应采取哪些措施抵御由于价格下滑带来的不利影响？

变动成本构成（年纯碱产销量103万吨）

	项目	金额（万元）		项目	金额（万元）
生产成本中直接材料费用	原盐	18,088.86	其他间接费用	制造费用—机物料	610.00
	石灰石	6,551.83		制造费用—劳务费	128.10
	焦炭	4.483.59		制造费用—运输费	180.70
	液氨	746.75		制造费用—修理费（车间自控）	734.00
	包装物	3,376.43		销售费用—销售承包费	983.35
	动力费	15,427.86		销售费用—劳务费	14.50
				销售费用—仓库经费	574.15
				销售费用—出口费用	1,671.90
	小计	48,675.32		销售费用—运输费	200.00
产品销售税金及附加		703.50		小计	5,096.70
合计		54,475.52		纯碱变动成本（元/吨）	528.89

固定成本构成

项目	金额（万元）	项目	金额（万元）
生产成本—工资	1,578.44	管理费用	6,383.55
生产成本—福利	220.98	销售费用—工资	322.80

续表

固定成本构成			
制造费用—办公费	8.65	销售费用—办公费	16.00
制造费用—差旅费	10.10	销售费用—差旅费	21.00
制造费用—水电费	1,653.19	销售费用—修理费	88.50
制造费用—系统大修	3,110.21	销售费用—折旧费	67.20
制造费用—工资	942.85	销售费用—广告费	500.00
制造费用—福利	136.07	财务费用	3,107.88
制造费用—折旧费	5,453.96	营业外支出	350.00
制造费用—排污费	220.00	其他业务利润（亏损）	306.66
制造费用—劳保费	107.33	固定成本合计	24,605.37

【专栏或者介绍】

预算松弛

预算松弛是指最终确定的预算水平与最优预算水平之间的差异，是预算编制过程中普遍存在，并对整个预算管理制度的有效性产生直接影响的问题。

预算松弛现象普遍存在于企业的预算管理之中。卢因和希夫两位学者曾经就预算松弛问题，调查了 100 家大型企业的三个事业部的预算过程，调查结果表明，绝大多数企业或多或少地存在着预算松弛的问题。预算松弛有助于部门或个人实现目标，因此它能够激发出执行者的工作热情和自信，然而其消极的影响更是巨大。

【关键词语】

利润规划（profit planning）　　本量利分析（cost-volume-profit analysis）

敏感分析（sensitivity analysis）　　全面预算（comprehensive budget）

现金预算（cash budget）

复习思考题

一、概念题

1. 边际贡献
2. 盈亏平衡点
3. 全面预算
4. 经营预算
5. 资本预算

二、单项选择题

1. 某公司对营销人员薪金支付采取每月固定月工资，此外每推销一件提成 10 元的奖励，这种人工成本属于（　　）。

A. 混合成本　　B. 固定成本　　C. 变动成本　　D. 曲线成本

2. 在销售水平一定的条件下，盈亏平衡点的销售量越小，说明企业的（　　）。

A. 经营风险越小　B. 经营风险越大　C. 财务风险越小　D. 财务风险越大

3. 已知某企业总成本 y 是销售额 x 的函数，二者的函数关系为：$y=5,000+0.3x$，则该企业的边际贡献率为（　　）。

A. 30%　B. 50%　C. 70%　D. 无法确定

4. 假设某企业只生产销售一种产品，单价 50 元，边际贡献率 40%，每年固定成本 300 万元，预计下一年销量 20 万件，则价格对利润影响的敏感系数为（　　）。

A. 10　B. 8　C. 4　D. 0.4

5. 某公司上年资本实际平均占用额为 1,500 万元，其中不合理部分为 100 万元，预计本年度销售增长 20%，资本周转速度加快 1%，则预测年度资本需要额为（　　）万元。

A. 1663.2　B. 1696.8　C. 1900.8　D. 1939.2

6. 某公司 20×4 年财务结构预算安排中，股权资本结构的财务结构预算是 95%，这意味着该公司 20×4 年财务状况预算中，（　　）。

A. 股东权益/全部资产=95%　B. 股东权益/全部资产=5%

C. 总负债/股东权益=95%　D. 未分配利润/股东权益=5%

三、多项选择题

1. 在生产多产品的企业中，下列可能会影响企业总边际贡献的途径有（　　）。

A. 增加变动成本率较低的产品　B. 减少固定成本负担

C. 提高售价　D. 降低变动成本

2. 下列公式中，正确的有（　　）。

A. 利润=边际贡献率×安全边际

B. 安全边际率+边际贡献率=1

C. 安全边际率+盈亏临界点作业率=1

D. 边际贡献率=（固定成本+利润）/销售收入

3. 下列哪些是敏感系数所不具有的性质（　　）。

A. 敏感系数为正数，参量值与目标值发生同方向变化

B. 敏感系数为负数，参量值与目标值发生同方向变化

C. 只有敏感系数大于 1 的参量才是敏感因素

D. 只有敏感系数小于 1 的参量才是敏感因素

4. 财务预算一般包括（　　）。

A. 现金预算　B. 营业收入预算　C. 长期投资预算　D. 利润预算

5. 以下各项中属于财务状况预算内容的有（　　）。

A. 短期资产预算　B. 长期资产预算

C. 短期债务资本预算　D. 长期债务资本预算

四、判断题

1. 当销售额达到盈亏临界点时，经营杠杆系数趋近于零。（　　）

2. 市场对企业产品的需求不管大小，只要稳定，企业的经营风险就不大。（　　）

3. 企业的全面预算主要由营业预算、资本预算和财务预算构成。（　　）

4. 在企业的全面预算中，营业预算的预算期最短，资本预算其次，财务预算的预算期最长。（　　）

5. 利润预算是企业预算期营业利润、利润总额和税后利润的综合预算，是企业综合性最强的预算。( )

五、简答题

1. 基本损益方程式是什么？

2. 怎样确定盈亏平衡点？

3. 全面预算的含义？

4. 什么是零基预算？

5. 企业在实施全面预算管理时应注意哪些问题？

六、计算题

1. 某出版社与一畅销书作者正在洽谈新作出版的事宜，预计出版该书的固定成本总额为 70 万元，单位变动成本为 10 元/册；同时与作者约定，一次性支付稿酬 100 万元，另按销售量给予 10%的提成，若该书的售价定为 20 元/册，预计该书的销售量为 40 万册，企业适用的所得税税率为 25%。

要求：

（1）计算损益平衡销售量。

（2）企业预计实现的销售净利率为多少？

（3）企业产品安全边际率为多少？

（4）假设其他条件不变，计算使税后销售利润率为 20%的单价增长率。

2. 某企业现着手编制 20×4 年 6 月的现金收支计划。预计 20×4 年 6 月初现金余额为 8,000 元；月初应收账款 4,000 元，预计月内可收回 80%；本月销货 50,000 元，预计月内收款比例为 50%；本月采购材料 8,000 元，预计月内付款 70%；月初应付账款余额 5,000 元需在月内全部付清；月内以现金支付工资 8,400 元；本月制造费用等间接费用付现 16,000 元；其他经营性现金支出 900 元；购买设备支付现金 10,000 元。企业现金不足时，可向银行借款，借款金额为 1,000 元的倍数；现金多余时可购买有价证券。要求月末现金余额不低于 5,000 元。

要求：

（1）计算经营性现金收入。

（2）计算经营性现金支出。

（3）计算现金余缺。

（4）确定最佳资金筹措或运用数额。

（5）确定现金月末余额。

第 14 章 财务控制

【引导案例】

宜家的成功之源

宜家创立于 1943 年，现已发展成为分布于全球 42 个国家、拥有 180 家连锁商店的庞大集团，成为全球最大的家居用品零售商。宜家能够取得如此巨大的成功，最主要的原因之一就在于其有效的财务控制。

宜家的设计理念是“同样价格的产品，比谁的设计成本更低”。设计师在设计产品之前，就已经为该产品设定了比较低的销售价格及成本，然后在这个成本之内，尽一切可能做到精美、实用。而单纯靠设计师自己是很难在设定的很低价格内完成高难度的精美设计、选材，并估计出厂家生产成本的。设计师背后是一个研发团队，它包括设计师、产品开发人员、采购人员等。他们在一起讨论产品设计、所用的材料，并选择合适的供应商。设计团队必须充分考虑产品从生产到销售的各个环节，每个人都利用自己的专业知识在这一过程中发挥作用，使采购成本、生产成本及销售成本均达到最低。例如，采购人员与世界范围内供应商之间保持着良好的联系，有可能找到更便宜的替代材料、更容易降低成本的形状、尺寸等，因此，他们更了解哪家供应商能够在适当的时间，以适当的价格，并且保证以最高的质量来提供这种产品。

【学习目标】

- 理解财务控制的概念，掌握财务控制的内容；
- 了解采购中的财务控制的主要内容，主要包括：制订采购计划、实行采购审批制度，实行采购价格管理，做好应付账款的管理，最大限度利用供应商给予的商业信用，采购绩效考核与评价；
- 了解销售中的财务控制的主要内容，主要包括：制订销售计划、实施销售预算控制，制订信用政策、加强信用管理，实施销售收入与实物控制，实施应收账款管理控制，对销售部门及销售人员进行绩效考核与评价；
- 理解成本控制、标准成本及成本差异的概念；
- 掌握成本差异分析方法，包括变动成本差异分析和固定成本差异分析。

财务控制是为确保企业目标的实现而采取的一系列控制手段，通常侧重于采购、销售和成本控制等环节的控制。本章将介绍财务控制的基本内涵，并从采购中的财务控制、销售中的财务控制和成本中的财务控制三个方面阐述财务控制的内容和方法。

14.1 财务控制概述

14.1.1 财务控制的概念及目标

1. 财务控制概念

财务控制是按照一定的程序和方法，以价值为手段，将不同部门、不同层次和不同岗位的各种业务活动综合起来，实行目标控制，确保企业及其内部机构和人员全面落实及实现财务预算的过程[①]。它是财务管理的重要环节或基本职能，与财务规划、财务决策、财务分析与评价一起成为财务管理的系统或全部职能。

2. 财务控制目标

财务控制的总体目标是实现企业价值最大化，统一企业现实的低成本和未来的高收益，而不仅仅是确保财务活动的合规性和有效性。财务控制致力于将企业资源加以整合优化，使资源消耗最小、资源利用最高、企业价值最大[②]。

14.1.2 财务控制特征

1. 以价值形式为控制手段

这是财务控制实现企业价值最大化目标的要求。在采购、生产和销售的环节中，财务控制的目标都包括降低成本，实现财务预算。而财务预算所包括的现金预算、预计利润表和预计资产负债表等，都是以价值形式来反映的，因此，财务控制必须以价值形式为控制手段[③]。

2. 以综合经济业务为控制对象

财务控制涉及企业生产经营各个环节，可以将不同岗位、不同部门、不同层次的业务活动综合起来，控制企业的综合经济业务，而不是某一单项经济业务[④]。

3. 以现金流量控制为日常控制内容

日常的财务活动过程表现为组织现金流量的过程，因此，控制现金流量成为日常财务控制的主要内容[⑤]。

14.1.3 财务控制方式

1. 组织规划控制

组织规划控制，指对企业的组织结构进行控制。要求在确定和完善组织结构的过程中，遵循不相容职务相分离的原则，即一个人不能兼任同一部门财务活动中的不同职务。企业经济活动的每一步骤，都要由相对独立的人员或部门实施，便于财务控制作用的发挥。

---

① Atkinson, A. A., R. S. Kaplan, E. M. Matsumura, S. M. Young. Management Accounting[M]. 北京：清华大学出版社，2011.

② 赵岩，崔国平．企业会计制度设计[M]. 上海：立信会计出版社，2009.

③ 刘德道．企业会计制度设计理论与方法[M]. 北京：中国经济出版社，2011.

④ 屈志凤．会计制度设计[M]. 天津：天津大学出版社，2010.

⑤ 宋艳敏，刘晓东．会计制度设计[M]. 北京：科学出版社，2009.

2. 授权批准控制

授权批准控制，指对企业内部部门或职员的处理经济业务的权限进行控制。某部门或职员在处理经济业务时，必须经过授权批准才能进行，否则无权审批。一方面，授权批准控制可以保证企业既定方针的有效执行；另一方面，授权批准控制还可以限制职权滥用。

3. 实物资产控制

实物资产控制，包括限制接近控制和定期清查控制两种。限制接近控制，指对实物资产及与实物资产有关的文件的接触控制，如现金、银行存款、有价证券和存货等，为确保资产的安全，除出纳人员和仓库保管人员外，其他人员限制接触；定期清查控制，指对实物资产进行定期清查，确保实物资产的实有数量与账面数量相符，如若不符，则应查明原因，及时处理。

4. 预算控制

预算控制是财务控制的一个重要方面，它涉及企业经营活动的全过程。其基本要求是：①所编制的预算必须体现企业的经营管理目标，并明确责任；②预算在执行过程中，应当允许依照实际情况，经过授权批准对预算进行调整；③应当及时或定期反馈预算的执行情况。

5. 审计控制

审计控制主要是指内部审计控制，它是对会计的控制和再监督。内部审计，是为确定既定政策的程序是否贯彻，建立的标准是否有利于资源的合理利用，以及企业的目标是否达到，而在组织内部对各种经营活动与控制系统进行的独立评价。内部审计的内容十分广泛，一般包括内部财务审计和内部经营管理审计。内部审计对会计资料的监督、审查，不仅是财务控制的有效手段，也是保证会计资料的真实性和完整性的重要措施[①]。

6. 风险控制

风险控制，指对有可能出现或已经出现的不利于企业经营目标实现的各种风险进行控制。在这些风险中，经营风险和财务风险的控制最为重要。经营风险，是指因生产经营方面的原因给企业盈利带来的不确定性；财务风险，是指企业由于举债经营而给企业带来的不确定性。企业在进行决策时，必须尽力规避这两种风险[②]。

7. 成本控制

成本控制，分为粗放型成本控制和集约型成本控制两类。粗放型成本控制，指是从原材料采购到产品最终售出的整个过程进行控制。具体包括原材料采购成本控制、材料使用成本控制和产品销售成本控制三个方面。集约型成本控制，主要是指通过改善生产技术或产品工艺来降低成本[③]。

本章将从财务控制方式中的成本控制方式，即采购中的财务控制、销售中的财务控制和生产中的财务控制三个方面，来探讨企业是如何进行财务控制的。

14.2 采购中的财务控制

采购业务是企业生产经营活动过程中的重要环节，是企业生存发展的基础。它是指在一定时间、地点条件下，企业根据生产经营活动的需要，通过搜集、整理和评价信息，选择合适的供应商，并就

① 叶陈云．公司内部审计[M]．北京：机械工业出版社，2009.

② 财政部企业司．企业财务风险管理[M]．北京：经济科学出版社，2004.

③ Horngren, C. T., S. M. Datar, G. Foster, M. V. Rajan, C. Ittner. Cost Accounting: A Managerial Emphasis [M]. 北京：人民大学出版社，2012.

交易价格和其他交易条件进行谈判，最终达成协议，以满足企业生产经营需求的整个过程①。

采购方面的财务控制，主要目的在于控制采购费用、节约采购资金，在保证企业生产经营的前提下，最大限度降低采购成本。企业的采购流程环节和对应的财务控制方式如图 14-1 所示。

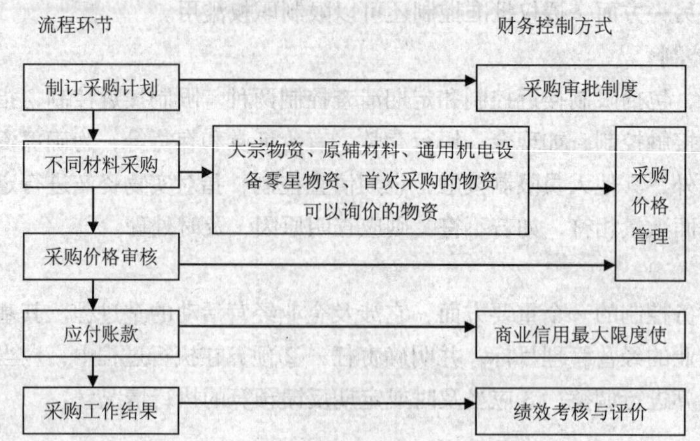

图 14-1　采购流程及财务控制方式

14.2.1　采购审批制度

企业采购部门应根据上年度的企业物资采购情况、生产情况、销售情况及企业资金流动状况，并在对本年度生产能力以及产品市场销售趋势进行预测的基础上，制订物资采购计划，并按月甚至按周滚动修改计划，确定最佳库存量、最佳采购量、最佳订货时间以及最佳进货渠道、最佳订货形式等。此外，采购部门还需编制采购预算，使采购物资能够满足企业生产经营活动需求，最大限度避免物资积压成本和因物资短缺导致的额外采购成本。

对于生产部门提出的采购请求，要严格实行采购审批制度，结合物资的库存管理，做到物资采购有计划，资金使用有控制，储备资产有考核，采购信息有反馈。采购审批制度应规定采购的申请、授权人的批准权限、采购的流程、相关部门的责任和关系、各种物料采购的规定和方式、报价和价格审批等。

14.2.2　采购价格管理

1. 不同材料采取不同的采购价格策略

对于采购企业来说，采购价格决策是其采购决策的一项重要内容。在“适价”原则（指为了买卖双方长期合作，使价格尽可能体现公平、合理的原则）的指导下，能否以最小的成本买到最好的材料已成为许多企业衡量采购人员工作绩效的一个标准。不同材料的采购应采取不同的采购价格策略。

（1）大宗物资、原辅材料、通用机电设备实行公开招标采购，控制成本支出

公开招标是一种无限竞争性的招标方式，由招标人在报刊、电子网络或其他媒体上刊登招标公告，吸引投标人前来竞争投标。由于大宗物资、原辅材料、通用机电设备等物资的采购数量多、价值高、价格差异大，如果采用单项询价或比价，会增加管理成本，所以必须实行公开招标。公开招标，一定要坚持程序公开、竞争公开、授标公开的原则，这样可避免“暗箱操作”的行为，打破垄断，促使供应商提高工作质量，降低供应成本，从而节约采购企业的管理成本，直接享受由竞争带来的降价的好处。招标

① 孙光国，陈艳利，刘英明. 会计制度设计[M]. 大连：东北财经大学出版社，2010.

采购完成后，还要对资产的分配、使用和管理情况进行监督、检查，以确保资产的安全与完整。

（2）零星物资、首次采购的物资实行集中竞价，开展定点采购

实行集中竞价，开展定点采购是保证采购的物资质优价廉的一项重要措施。选择的定点单位首先要是信誉良好和有实力的直接生产厂家，以避免增加中间环节的费用。对价值较低的零星物资采购，可就近选择信誉良好和有供货能力的企业。对首次采购的物资，必须经有关部门的考察，在产品质量、供货信誉、价格定位等方面通过认定后，才允许采购。

（3）对可以询价的物资实行比价采购，降低采购成本

价格竞争在一定程度上体现了企业优胜劣汰的自然法则。在买方市场条件下，价格就是潜力，比价采购就能出效益。比价采购是指采购人员请数家厂商提供价格后，从中加以比价之后，决定厂商进行采购事项。在市场经济中，企业为了降低成本，比价采购已是普遍采用的方法。对可以询价的物资实行比价采购可以保证原材料的产品质量，有助于防止采购工作中可能出现的腐败，有效地促进企业管理，完善企业内部控制制度，促进企业增收节支，提高经济效益和市场竞争力。

2. 建立采购价格信息系统，为顺利开展采购价格审核奠定基础

采购价格信息系统应包括两方面内容：一是对所有采购物资建立的价格档案库，对每一批采购物资的报价，要与档案中的物料价格进行比较，分析产生差异的原因。若无特殊原因，采购价格不可以超过档案中的价格水平；二是对重点物资建立价格评价体系，定期收集其供应价格信息，分析、评价现有价格水平，并对档案库中的价格进行评价和更新。

采购价格信息系统通过互联网，使企业可以以极低的成本获取和发布众多的信息，可以减少人为因素和信息不畅问题，节约时间和资金以提高产品和服务品质，集中精力改善内部管理，处理急需解决的关键问题。

14.2.3 商业信用的最大限度使用

供应商是企业价值链的重要组成部分，采购成本、采购费用、存货资金占用等均与供应商有密切关系。企业在进行采购时，供应商往往会给予一定时期的商业信用，加强应付账款管理，可以充分开发供应商对企业的潜在价值。例如，供应商给予的付款条件是“1/10，*n*/20”，那么企业就可以第 10 天付款，以获取 1%的折扣，这样，企业获得了 10 天的折扣期内的资金价值，并且获得了 1%的商业折扣，实际上降低了企业的采购成本。因此对应付账款的财务控制至少应包括：及时调度资金以保证到期支付供应商账款；定期由独立于付款业务之外的人员编制应付账款明细表并与供应商对账，保证记录的准确性；从维护企业形象和声誉的根本要求出发，建立现金流运筹机制，保证付款的及时性和准确性等。

14.2.4 采购绩效考核与评价

采购部门绩效的好坏对整个企业的生产、规划、决策都有着极其重要的影响，因此企业的财务控制系统必须要能完成采购绩效的考核与评价工作。应该能够做到对采购部门所选择的供应商供应能力、质量、价格、服务、财务稳定性、信誉等的评估；能够评价采购渠道是否可靠，对一般原材料、零部件等是否保证了两个以上的供应商；是否执行了比质比价采购制度、招标采购制度；考核采购人员是否为降低采购价格而加大采购数量，从而导致企业存货过多、库存成本增加；能够通过采购金额、采购金额占销售收入的百分比、订购单的件数、采购人员数量、采购部门费用、新增供应商数量和采购完成率等指标来测定企业的采购效率。

总之，企业财务控制系统能够有效评价采购预算执行情况以及采购成本、采购费用节约额等情况。

14.3 销售中的财务控制

销售是企业与消费者连接的窗口，销售活动是企业价值链活动的重要环节，销售收入是实现企业财务目标以及目标利润的关键，是企业利润和现金流入的来源。

销售控制是企业财务控制的一项重要内容，销售中财务控制的目的在于降低企业的销售成本、提高企业的销售利润。企业的销售流程环节及对应的财务控制方式如图 14-2 所示。

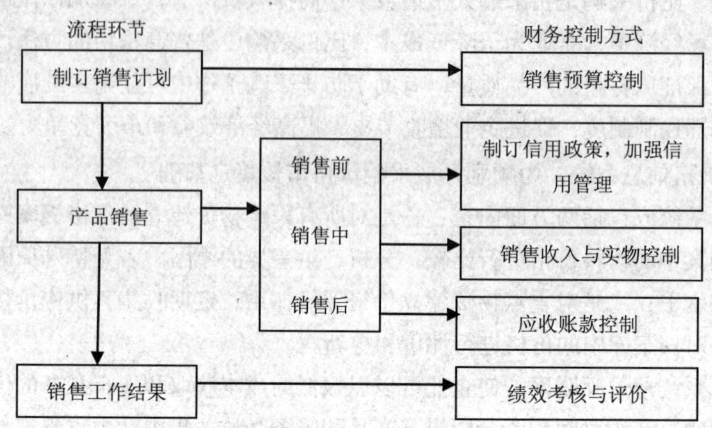

图 14-2 销售流程及财务控制方式

14.3.1 销售预算控制

1. 制订销售计划

销售计划是指在销售预测的基础上，设定销售目标额，为能实现该目标而分配具体的销售任务，然后编制销售预算，来支持未来一定期间内的销售额的达成。任何一个企业的销售活动都离不开销售计划的指导和控制，制订可行的、务实的销售计划的能力能够最真实的反映企业的营销管理水平。

在制订销售计划时，应根据企业的历史、产品的特点、营销组合的方式和市场的开发程度等多方面因素，以历史数据为基础，客观分析企业环境，充分调查产品市场状况，听取有关人员意见，制订客观、合理、符合实际的销售计划，在此基础上编制销售预算。

2. 预算控制

销售预算是计划的工具，也是实际工作的控制基准，形成了在销售计划方面的财务控制。销售预算使销售机会、销售目标、销售定额清晰化和集中化。销售目标同时被分解为多个层次的子目标，一旦这些子目标确定后，其相应的销售费用也被确定下来，从而使得销售成本和费用等投入明确化。

常用的销售预算控制方法主要有专项费用控制和定额管理。专项费用主要是指企业的单项费用指标和无程序性的随机费用指标，主要包括单位成本、材料燃料消耗、办公费、医药费、储备资金周转天数等。它们共同的特点是费用量大、随机性强、涉及面广，在销售预算控制中很难进行有效控制，因此需要进行专项控制。定额是企业及员工在进行生产活动时，在人、财、物等企业资源利用方面应遵循的标准。进行定额管理的目的就是要以尽可能小的消耗，完成尽可能多的工作量，提高工作效率，进而提高企业的经济效益，同时重新核实、编制企业各项工作、各个岗位的工作人员计划，使工作人员与工作任务相适应。

14.3.2 制订信用政策

产品销售前，为防止销售与收款业务中的错误、欺诈舞弊等行为，企业财务控制系统中的信用政策是很重要的。企业财务控制系统中应设置专门的信用管理岗位，与销售部门联合开展有关赊销业务处理。

信用是一种建立在信任基础上的能力，是不用立即付款就可获取资金、物资、服务等的能力。信用政策主要包括信用标准、信息条件、信用额度和收账政策四部分。信用标准是企业同意向客户提供商业信用而提出的基本条件，应该是在对收入和成本认真权衡的基础上慎重确定的。信用条件是企业要求客户支付赊销款项的条件，由信用期限和现金折扣组成。企业信用条件的制定要遵循本行业的惯例，在一定外部环境条件下，充分考虑企业本身的经济实力，以提高企业的经济效益，增强竞争力。信用额度是指企业在受到外部竞争压力下，根据自身的资金实力、销售政策、最佳生产规模和库存量等因素确定的可对客户发放的信用额度的规定。对每个重要客户都要建立档案和明细账，根据其购货数量、付款情况等信息，给予相应的信用额度。信用额度调整必须由销售人员提出申请，填写申请表报有关经理审批，再交财务部审核确定。收账政策也就是企业的收账策略，企业必须要设计完善的收账程序，选择优秀的收款人员，运用收账技巧收回企业款项。

控制中的关键环节包括：接受客户订单、信用调查、批准赊销、发货开票相互独立，由不同部门或人员负责处理；信用主管向财务部负责而不是向销售部门负责；对新客户必须进行信用核查，由信用主管在规定的额度内审批，超过规定额度的须由财务负责人批准后才能办理；对赊销单位信用调查是加强销售业务控制的重要环节，当客户信用额度超过一定标准之后，财务部门拒绝开具发票；应收账款总账控制人员不得从事应收账款明细账管理或记录等。

14.3.3 销售收入与实物控制

产品销售中，企业财务控制系统与销售系统之间所实现的有效控制应包括：收取货款与记账相互独立，以防止货款被贪污并篡改记录；销售业务人员不得同时经办收款业务；销售部门要按月编制资金收入计划，报财务部门；销售部门产品一经发出，及时将运输单、销售合同等有关资料转交财务部门，根据销售合同登记备查，列明付款时间、条件、方式等并及时通知收款；发送货物与开票相互独立，以防止发货未经批准、销售业务没有被记录或商品被盗窃；企业财务控制系统参与比价销售，建立管理制度，为价值增值服务；对销售费用进行详细分解、具体分析、制订控制标准等。

同时，对于实物进行定期盘点清查和账实核对，并且明确处理盘点差异的权限。企业可以采用全面清查或者局部清查，从效果上看，采用永续盘存制记录下的盘点比采用定期盘存制下的盘点效果更好。

14.3.4 应收账款控制

1. 应收账款控制目标

企业应收账款控制的基本目标是降低应收账款的成本，使企业因使用销售手段所增加的销售收益大于持有应收账款产生的所有成本。较高的应收账款持有额一方面对应较高的销售收入，另一方面也意味着较高的持有成本。应收账款管理控制就是要在两者间进行权衡，寻求应收账款最好的流动性和最高的收益性。

2. 应收账款控制内容

定期编制客户欠账分析表，进行应收账款的结构分析和账龄分析，定期与客户对账，及时催收账款、按期收回。严格控制赊销商品或服务的账款回收期，对于长期不能收回的应收款，要督促经办人员查明原因，积极催收并按照奖惩标准进行考核、奖惩。账款收回之后，根据收款单据及时记录客户明细账和总账。当确认应收款不能收回时，应根据权责划分范围，经有关主管人员批准方可注销，防止销售人员和财务人员利用坏账注销进行贪污。由记录应收账款之外的人员，每月编制应收账款明细表并与总账核对调节，该调节表由财务负责人或其指定人员审阅批准。

14.4　生产中的财务控制

生产是企业经营的核心环节，是联系采购与销售环节的中间环节。生产相关部门多处于成本中心，因此，生产中的财务控制主要体现在成本控制上。成本控制的方法有标准成本控制、责任成本控制、目标成本控制、预算成本控制等，这里仅介绍一种普遍应用并较有效的成本控制方法，即标准成本控制法。

14.4.1　成本控制概述

1. 成本控制内涵

成本控制，是指运用以成本会计为主的各种方法，预定成本限额，按限额开支成本和费用，以实际成本和成本限额进行比较，衡量经营活动的成绩和效果，并以例外管理原则纠正不利差异，以提高工作效率，实现以至超过预期的成本限额。

企业利润最大化的目标从成本角度讲就是成本费用的最小化，实施成本控制是企业完成成本目标和利润目标的重要手段，它在企业各控制体系中起着综合的控制作用，因此财务控制的重点在于成本控制。成本控制对于降低企业成本，增加企业盈利，提高企业经济效益，增强企业活力等方面也有着重要意义，成本控制的好坏直接关系企业的生存和发展。

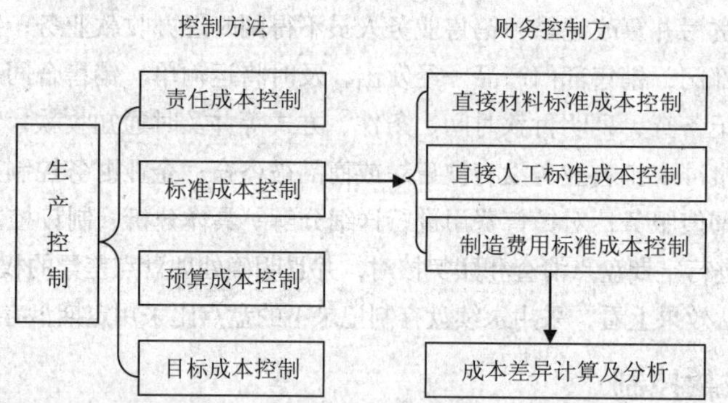

图 14-3　生产中的财务控制方式

2. 成本控制原则

（1）全面性原则

成本是一项综合反映企业生产经营状况的重要指标，它涉及企业内部的各个部门及每个职工，涉及生产经营的全过程，因此，成本控制必须坚持全面性原则。它包含三方面的含义。

① 全面控制，指对产品生产的全部费用要加以控制，不仅对变动费用要控制，对固定费用也要进行控制。

② 全员控制，指企业必须充分调动领导干部、管理人员、工程技术人员和广大职工控制成本、关心成本的积极性和主动性，做到上下结合，专业控制与群众控制相结合，加强职工成本意识，动员企业全体职工积极参加成本管理。

③ 全过程控制，指成本控制应贯穿于成本形成全过程，它包括从产品的设计、制造、生产、销售直至产品售后使用维修等各个环节。只有整个产品寿命周期的成本得到有效控制，成本才会得到有效控制。并将控制的成果在有关报表上加以反映，借以发现缺点和问题。

（2）责权利相结合的原则

要使成本控制真正发挥效益，必须严格按照经济责任制的要求，贯彻责权利相结合的原则。将成本管理目标层层分解后，明确规定有关各方应承担的成本控制责任，赋予其相应的权利，同时对他们的工作业绩进行考评，并同其经济利益挂钩，做到奖罚分明。

（3）讲求效益原则

成本控制的最终目的是获取最大的经济效益，也就是说因推行成本控制而发生的费用不应超过因缺少控制而丧失的收益。在进行成本控制过程中，要围绕提高经济效益这一目标，尽可能地降低成本费用支出，减少人力、物力、财力的消耗，最大限度地创造收入，将成本控制所必须支付的成本限制在最经济的限度内。讲求效益原则关键在于建立的成本控制系统的实用性和可操作性，要使所建立的成本控制系统能揭示何处发生了问题，发生了哪些问题，谁应对失误负责，应采取哪些纠正偏差的措施，同时应把注意力集中于重要事项，对成本费用细微或很小的项目可以从略。

（4）例外管理原则

在实际工作中，实际成本与标准成本之间的偏差是经常存在的，管理人员在进行成本控制时，不应把精力和时间分散在每一个差异上，而是要把注意力集中在那些重要的、不正常的、不符合常规的关键性成本差异上，查明原因，及时处理。这些不正常的、不符合常规的关键性差异，称为“例外”。通常，确定“例外”的标准有以下几项。

① 重要性。重要性主要是根据成本差异的大小来决定。一般来说，只有数据较大的差异才应给予足够的重视。数额的大小通常以成本差异率来表示。如当差异率超过一个限度，即视为重要差异，作为“例外”处理。

② 一贯性。如果有些差异虽未达到重要性标准，但却一贯在控制线附近徘徊，对这些差异也应视为“例外”，引起高度重视。因为这种情况可能是由于原标准已经过时失效，也可能是由于成本控制不严造成的。因此，有必要提醒有关人员引起注意，找出原因，以求解决。

③ 可控性。引起成本差异的原因，对管理者来讲，有些是可控的，有些是不可控的。凡属不可控因素引起的差异，即使达到重要性标准，也不视为“例外”，否则会挫伤管理者的积极性。

④ 项目本身的性质。凡对企业的长期获利能力有重要影响的成本项目，即使其差异没有达到重要性的标准，也应视为“例外”，以引起重视。

（5）因地制宜原则

这一原则要求成本控制系统必须个别设计，适合特定企业、部门、岗位和成本项目的实际情况，不可完全照搬人家的做法。这是因为不同企业不仅经营方式不同、成本形成过程和管理要求不同，而且控制的重点也有所不同。

14.4.2 标准成本控制系统

标准成本控制系统又称标准成本制度，是为克服实际成本计算系统的缺陷，提供有助于成本控制的确切信息而建立的一种成本计算与控制系统。它把成本的事前计划、日常控制和最终产品成本的确定有机地结合起来，成为加强成本控制，全面提高生产经营效益的重要工具。

标准成本控制系统包括标准成本的制订、成本差异的分析和处理。其中，标准成本的制订与成本的前馈控制相联系，差异的分析与成本的反馈控制相联系，差异的处理则与成本的日常核算相联系。

1. 标准成本的概念

这里所说的标准成本是指在企业已经达到的生产技术水平和有效经营管理条件下应当发生的成本，它是一种通过精确的调查、分析与技术测定而制订的，用来评价实际成本、衡量工作效率的预计成本。标准成本提供了一个具体衡量成本水平的适当尺度，为成本控制提出了合理的依据，为价格决策、投资决策提供了有用的信息，它将标准成本与成本差异分别列示，能大大简化日常的成本核算工作。

“标准成本”在实际工作中有两种含义：

一是指单位产品的标准成本，是根据单位产品的标准消耗量和标准单价计算出来的，准确地说应称为“成本”标准。

$$成本标准=单位产品标准成本=单位产品标准消耗量\times标准单价 \quad (14\text{-}1)$$

二是指实际产量的标准成本，是根据实际产品产量和单位产品成本标准计算出来的。

$$标准成本=实际产量\times单位产品标准成本 \quad (14\text{-}2)$$

2. 标准成本的种类

（1）根据生产技术和经营管理水平分为理想标准成本和正常标准成本

理想标准成本是在生产技术水平和经营管理水平均处于最佳状态时，利用现有规模和设备能够达到的最低成本。制订理想标准成本的依据，是理论上的业绩标准、生产要素的理想价格和可能实现的最高生产经营能力水平。它是在假定材料无浪费、设备无事故、工时全有效、产品无废品、市场有销路的基础上制订的，这种标准是工厂的最高境界。由于要求过高，常常无法达到，因此一般不宜采用。

正常标准成本是指在效率良好的条件下，根据下期一般应该发生的生产要素消耗量、预计价格和预计生产经营能力利用程度制订出来的标准成本。它是根据已经达到的生产技术水平，以有效经营条件为基础而制订的。它在制订时一般以历史平均水平为基础，剔除生产经营中的异常因素，并考虑今后的变动趋势来进行调整，把现实生产经营条件下难以避免的损耗和低效也计算在内。因此，它是一种经过努力可以达到的成本标准，又因其客观性、科学性、现实性、激励性和稳定性而在实际工作中被广泛采用。

（2）根据适用期分为现行标准成本和基本标准成本

现行标准成本是指根据其试用期间应该发生的价格、效率和生产经营能力利用程度等预计的标准成本。当这些因素发生变化时，需要根据其改变的情况进行修订。这种标准成本可以成为评价实际成本的依据，也可以用来对存货和销货成本计价。

基本标准成本是一经制订，只要生产的基本条件无重大变化，就不予变动的一种标准成本。生产的基本条件的重大变化是指产品的物理结构变化、重要原材料和劳动力价格的重要变化、生产技术和工艺的根本变化等。只有这些条件发生变化，基本标准成本才需要修订。基本标准成本与各期实际成本对比，可反映成本变动的趋势。由于基本标准成本不按各期实际修订，不宜用来直接评价工作效率和成本控制的有效性。

14.4.3 标准成本的制订

标准成本是在对企业生产经营的具体条件进行分析、研究和技术测定的基础上，由会计部门会同采购部门、技术部门和其他相关经营部门，运用科学的方法制订的。标准成本由直接材料、直接人工和制造费用三部分组成。其中，每个成本项目都是由用量标准和价格标准组成。用量标准包括单位产品材料消耗量、单位产品的直接人工工时等，主要由生产技术部门研究制订；价格标准包括原材料单价、小时工资率、小时制造费用分配率等，由会计部门和有关的责任部门如采购部门、人力资源部门和生产部门等共同研究确定。

1. 直接材料标准成本的制订

直接材料的用量标准是指在现有的生产技术条件下生产单位产品所需用的各种材料的数量，其中包括必不可少的消耗，以及各种难以避免的损失。价格标准是预计下一年度实际需要支付的进料单位成本，包括发票价格、运费、检验和正常损耗等成本，是取得材料的完全成本。制订了直接材料的用量标准和价格标准以后，即可依据公式计算出单位产品的直接材料标准成本。

$$\text{某单位产品耗用某种材料的标准成本}=\text{直接材料用量标准}\times\text{直接材料价格标准} \quad (14\text{-}3)$$

$$\text{某单位产品的直接材料标准成本}=\sum\text{该种产品所耗用的各种材料的标准成本} \quad (14\text{-}4)$$

2. 直接人工标准成本的制订

直接人工的用量标准是指在现有的正常生产条件下，生产单位产品所需的标准工时，包括产品制造过程所必需的工时、必要的间歇和停工时间、不可避免的废品损失所耗工时等。确定单位产品所需要的直接生产人工工时，需要按产品的加工工序分别进行，然后加以汇总。

直接人工价格标准是指工资率标准，计件工资制下就是单位产品的计算单价，计时工资制下就是小时工资率，它是在对现行工资水平及有关福利费用进行分析、计量基础上确定的。

某单位产品直接人工标准成本是由该产品生产所需的各工序的直接人工用量标准和相应的价格标准计算求得，计算公式是：

$$\text{单位产品某工序直接人工标准成本}=\text{该工序直接人工用量标准}\times\text{直接人工价格标准} \quad (14\text{-}5)$$

$$\text{单位产品的直接人工标准成本}=\sum\text{单位产品生产工序直接人工标准成本} \quad (14\text{-}6)$$

3. 制造费用标准成本的制订

制造费用标准成本是把同一产品涉及的各部门的单位制造费用加以汇总得到的。而各部门的制造费用标准成本包括变动制造费用标准成本和固定费用标准成本两部分。

（1）变动制造费用标准成本的制订

变动制造费用的用量标准通常用单位产品直接人工工时标准，它在直接人工标准成本制订时已经确定，也有的企业采用机器工时或其他用量标准。变动制造费用的价格标准是每一工时应负担的制造费用，即制造费用分配率。它由制造费用预算和直接人工总工时决定。

$$\text{变动制造费用标准分配率}=\frac{\text{变动制造费用预算总额}}{\text{直接人工标准总工时}} \quad (14\text{-}7)$$

$$\text{变动制造费用标准成本}=\text{单位产品直接人工标准工时}\times\text{变动制造费用标准分配率} \quad (14\text{-}8)$$

（2）固定制造费用标准成本的制订

固定制造费用的用量标准与变动制造费用的用量标准相同，并应保持一致，以便进行差异分析。固定制造费用的价格标准是其每小时的标准分配率，它是由固定制造费用预算和直接人工标准总工时决定的。

$$\text{固定制造费用标准分配率}=\frac{\text{固定制造费用预算总额}}{\text{直接人工标准总工时}} \quad (14\text{-}9)$$

$$\text{固定制造费用标准成本}=\text{单位产品直接人工标准工时}\times\text{固定制造费用标准分配率} \quad (14\text{-}10)$$

14.4.4 成本差异的计算分析

成本差异是实际产量下标准成本与实际成本之间的差额。实际成本低于实际产量下标准成本所形成的差额称为有利差异，实际成本高于实际产量下标准成本所形成的差额称为不利差异。成本差异是反映实际成本脱离预定目标程度的信息。计算分析成本差异，就是要查明产生差异的原因，进而有针对性地采取相应对策，以降低产品成本，加强成本控制。

1. 变动成本差异的计算分析

变动成本包括直接材料、直接人工和变动制造费用，他们的实际成本高低取决于实际用量和实际价格，标准成本高低取决于标准用量和标准价格，因此，变动成本差异分析包括用量脱离标准造成的用量差异和价格脱离标准造成的价格差异两类。

成本差异=实际成本-标准成本=实际数量×实际价格-标准数量×标准价格

=实际数量×实际价格+实际数量×标准价格-实际数量×标准价格-标准数量×标准价格

=实际数量×（实际价格-标准价格）+（实际数量-标准数量）×标准价格

=价格差异+数量差异 （14-11）

（1）直接材料成本差异的计算分析

直接材料成本差异是指直接材料实际成本与实际产量下的直接材料标准成本之间的差额，它包括直接材料用量差异和直接材料价格差异两部分。

直接材料成本差异=直接材料的实际成本-实际产量下直接材料的标准成本

=直接材料用量差异+直接材料价格差异 （14-12）

直接材料用量差异=（实际用量-标准用量）×标准价格 （14-13）

直接材料价格差异=（实际价格-标准价格）×实际用量 （14-14）

【例 1】A 公司生产甲产品 400 件，直接材料的实际用量 2,100 千克，实际价格为 5 元/千克，直接材料的标准用量为 2,000 千克，标准价格为 6 元/千克，则：

直接材料用量差异=（2,100-2,000）×6=600（元）

直接材料价格差异=（5-6）×2,100=-2,100（元）

直接材料成本差异=直接材料用量差异+直接材料价格差异=600-2,100=-1,500（元）

直接材料的用量差异是在材料耗用过程中形成的，反映生产部门的成本控制业绩。产生用量差异的原因很多，如工人用料不精心、新工人上岗造成多用料、操作疏忽造成废品和废料增加等。有时用量差异可能并非是生产部门的责任，如购入材料的质量与规格不符合生产要求，材料在保管中质量受损等。因此，要进行具体分析，才能明确责任。

直接材料的价格差异是在采购过程中形成的，它通常由采购部门负责，而不应由生产部门负责。采购部门未按标准价格进货原因有很多，如供应商价格变动、舍近求远致使运费增加、未按经济批量购货、不必要的罚款、紧急订货的额外成本等。当然，有些因素造成的价格差异可能并非采购部门的责任，如受生产的影响导致采购批量的增减等，因此在分析价格差异时，也要查明原因，以便采取措施予以改进。

（2）直接人工成本差异的计算分析

直接人工成本差异是指直接人工实际成本与实际产量下标准成本之间的差额，它包括直接人工效率差异和工资率差异两部分。

直接人工成本差异=实际成本-实际产量下标准成本

=人工效率差异+工资率差异 （14-15）

人工效率差异=（实际工时-标准工时）×标准工资率　　（14-16）

工资率差异=（实际工资率-标准工资率）×实际工时　　（14-17）

【例 2】A 公司本月生产甲产品实际使用工时 500 工时，支付工资 4,000 元，直接人工的标准工时 520 工时，标准工资率为 6 元/小时，则：

人工效率差异=（500-520）×6=-120（元）

工资率差异=（4,000÷500-8）×500=0（元）

直接人工成本差异=-120+0=-120（元）

直接人工效率差异的形成原因，包括工作环境不良、劳动情绪不佳、机器或工具选用不当、设备故障多等。它主要由生产部门负责，但这也不是绝对的，如材料质量不好也会影响生产效率。

工资率差异形成的原因主要有加班或使用临时工、工人工资结构和工资水平变动、工人升级或降级使用等。一般来说，工资率差异应由人力资源部门负责，但产生差异的原因也会涉及生产部门或其他部门。

（3）变动制造费用差异的计算分析

变动制造费用差异，是指实际变动制造费用与实际产量下标准变动制造费用之间的差额，它包括耗费差异和效率差异两部分。

变动制造费用耗费差异=实际工时×（变动制造费用实际分配率
-变动制造费用标准分配率）　　（14-18）

变动制造费用效率差异=（实际工时-标准工时）×变动制造费用标准分配率　　（14-19）

变动制造费用差异=实际变动制造费用-实际产量下标准变动制造费用
=变动制造费用耗费差异+变动制造费用效率差异　　（14-20）

【例 3】A 公司本月实际发生变动制造费用 4,500 元，实际工时 900 小时，标准工时 1,000 小时，变动制造费用标准分配率为 4 元/小时，则：

变动制造费用耗费差异=900×（4,500/900-4）=900（元）

变动制造费用效率差异=（900-1,000）×4=-400（元）

变动制造费用差异=900-400=500（元）

变动制造费用耗费差异，是实际支出与按实际工时和标准费率计算的预算数之间的差额。它反映了消耗水平即每小时业务量支出的变动制造费用脱离了标准。耗费差异是部门经理的责任，他们有责任将变动制造费用控制在弹性预算额内。

变动制造费用效率差异，是由于实际工时脱离标准工时造成的，其形成原因与人工效率差异相同。

2. 固定成本差异的计算分析

计入产品成本的固定成本主要是指固定制造费用，固定制造费用差异是指固定制造费用实际发生额与其实际产量下标准发生总额之间的差额，其计算公式如下：

固定制造费用差异=实际固定制造费用-实际产量下标准固定制造费用
=实际工时×固定制造费用实际分配率-标准工时×
实际产量固定制造费用标准分配率　　（14-21）

固定制造费用差异的分析有两种方法，即二因素分析法和三因素分析法。

（1）二因素分析法

二因素分析法是将固定制造费用分为耗费差异（又称预算差异）和数量差异（又叫能量差异）。耗费差异是固定制造费用实际金额与预算金额的差额；数量差异是指固定制造费用预算与固定制造费用标准成本的差额。

固定制造费用耗费差异=固定制造费用实际数-固定制造费用预算数 （14-22）

固定制造费用数量差异=（预算产量标准工时-实际产量标准工时）×固定制造费用标准分配率 （14-23）

【例 4】A 公司本月固定制造费用实际发生 2,200 元，预算总额 2,100 元；本月实际产量 600 件，实际工时 1,140 小时；预算产量 500 件，预算工时 1,000 小时，即单件产品标准固定制造费用为 4.2 元，单位产品标准工时 2 小时，标准分配率为 2 元/小时，则：

固定制造费用耗费差异=2,200-2,100=100（元）

固定制造费用数量差异=（500×2-600×2）×2=-400（元）

固定制造费用差异=100-400=-300（元）

（2）三因素分析法

三因素分析法是将固定制造费用成本差异分为耗费差异、效率差异和闲置能量差异三部分。其中耗费差异与二因素分析法中的计算相同，效率差异和闲置能量差异之和等于二因素分析法中的数量差异。固定制造费用的耗费差异表示费用的超支或节约，具体原因应结合实际情况进行具体分析。效率差异和闲置能量差异反映的是现有生产能力的利用程度，出现不利差异，说明现有生产能力未得到充分利用，反之说明生产能力已得到充分利用。

固定制造费用效率差异=（实际产量实际工时-实际产量标准工时）×固定制造费用标准分配率 （14-24）

固定制造费用闲置能量差异=（预算产量标准工时-实际产量实际工时）×固定制造费用标准分配率 （14-25）

依例【4】资料计算，并将数量差异-400 元分解为效率差异和闲置能量差异：

固定制造费用效率差异=（1,140-600×2）×2=-120（元）

固定制造费用能力利用差异=（1,000-1,140）×2=-280（元）

【讨论案例】

百安居（B&Q）的节俭之道

百安居（B&Q），是世界 500 强企业之一的大型家装超市，从 1999 年进入中国内地，至今已开设了 23 家分店。华北区的百安居总部位于北京四季青桥百安居一层卖场偏僻的西南角，与明亮宽敞的卖场相比，办公区显得很简陋。在总经理狭小的办公室内只有一张能容 6 人的会议桌、一个普通的灰白色文件柜和几张没有扶手的座椅。而总经理手中的签字笔只要 1.5 元，由行政部门按不高于公司的指导价统一采购。正是这种节约的意识，百安居的营运费用占销售额的百分比远低于同行。

百安居依照多年来在全球范围内经营活动的相关数据收集，形成了各种费用在不同情况下的不同标准，如核心城市、二类城市；单层店、二层店等不同参考体系。且在已有控制体系中，在标准与具体实施情况比较时，任何有助于降低成本的差异都可以作为修改标准的依据。

以百安居营运成本中的人事成本为例，他们对人事的成本控制，控制的是总量，特别是员工数量，而对员工的个人收入不加限制。在百安居 2 万多平方米的卖场中，只有 230 多名员工，平均 100 平方米配置 1 名。店员由三部分人组成，即固定员工、供应商所派过来的促销员、配送和收银中的部分小时工，临时工占员工总数的 20%～30%。其中临时工目前主要只在部分配送和收银工作中使用。

百安居人员配置的调整，主要考虑部门、全店、全国人力效率（每小时的销售额）的对比，其次是商店的具体情况（如卖场形状、面积、现货比例等）。人员的配置主要包括与销售相关的部门以及支持部门。对销售相关的部门员工配置，他们会设置以各部门为纵向坐标，“标准配置、实际配置、建议配置、销售达成、员工效率”等项为横向坐标的表格进行分析汇总。对防损、物业、行政、团购等支持部门，主要采取定岗编制，调整原因以事实描述为主。

对于直接的、显性的成本项目，每一项费用都有年度预算和月度计划，每一笔支出都有据可依，且执行情况会与考核挂钩。在百安居的营运报表上记录着员工工资、电费、电工安全鞋、推车修理费等 137 类费用项目。其中，人事、水电等可控费用 84 项，固定资产折旧、利息等不可控费用 53 项。尽管单店日销售额曾突破千万元，营运费用仍被细化到几乎不能再细化的地步，有的甚至单月费用不及 100 元。每个月、每个季度、每一年都会由财务部门进行汇总并上报，相关部门要对其超支和异常的数据做出解释。

同时，百安居还制定了标准操作规范（SOP），印制了一套成型的操作流程和控制手册，将如何节俭用制度固化下来。该手册从电能、水、印刷用品、劳保用品、电话、办公用品、设备和商店易耗品八个方面提出控制成本的方法。例如，将用电的节俭规定到了以分钟为单位，如用电时间控制点从 7:00 到 23:30，依据营业、配送、春夏秋冬季和当地的日照情况划分为 18 个时间段，相隔最长的 7 个小时，相隔最短的仅有两分钟。

“我们希望所有员工不要混淆‘抠门’与‘成本控制’的关系，原则上，‘要花该花的钱，少花甚至不花不该花的钱’，我们要讲究花钱的效益。”《营运控制手册》的前言部分如此写道。

案例问题：

1. 百安居实施了哪些财务控制方法和手段？
2. 百安居是如何进行成本控制的？

【专栏或者介绍】

降成本新利器：AZBB（零基预算）

一家顶级跨国银行由于收入持续下降，面临经营困难，该银行当时已经采取精益方法，希望能控制其不断上涨的成本，但并未实现大幅的成本节约。罗兰贝格为这家银行设计了一个一年期的 AZBB 项目，通过深入了解银行的工作方式与流程，解决了从 IT 运营到面对客户的企业融资等部门的问题，最终帮助这家银行优化了企业组织结构，并从其几百亿美元成本中确定了 15%～20%即时可节省的成本。

同这家公司一样，目前许多公司随着各种生产成本的不断上涨，经营出现明显放缓的趋势。从 2006—2012 年，全球商品如煤、石油价格分别上涨了 102%和 40%。同期，东亚国家劳动力成本平均增加了 32%，而商业地产的租赁成本也平均增加了 34%。自 2006 年至今，中国的劳动力成本已经上升了 130%； 2015 年，中国平均工资预计将达到每小时 4.4 美元，是 2000 年的 4 倍。此时，不管是亚洲本土企业还是在亚洲的跨国企业，维持利润率水平都将是一个核心挑战。

【关键词语】

财务控制（financial control）　　采购控制（procurement control）
销售控制（sales control）　　成本控制（cost control）
标准成本（standard cost）　　直接材料成本（direct material costs）
直接人工成本（direct labor costs）　　制造费用（manufacturing expense）
成本差异（cost variance）

复习思考题

一、概念题

1. 财务控制
2. 采购控制
3. 销售控制
4. 成本控制
5. 标准成本
6. 成本差异

二、单项选择题

1. 企业资金周转的第一个重要环节是（　　）。

A. 采购业务　　B. 存货业务　　C. 生产业务　　D. 销售业务

2. 客户信用部门应定期编制应收账款账龄分析表，对账龄较长的客户重点采取措施。这项规定是（　　）。

A. 销售价格政策控制制度　　B. 销售发票控制制度

C. 收款业务控制制度　　D. 退货业务控制制度

3. 下列各项中既可以成为评价实际成本的依据，也可以用来对存货和销货成本计价的是（　　）。

A. 现行标准成本　　B. 基本标准成本

C. 正常标准成本　　D. 理想标准成本

4. 固定制造费用的实际金额与固定制造费用的预算金额之间的差额称为（　　）。

A. 耗费差异　　B. 效率差异　　C. 闲置能量差异　　D. 能量差异

5. 下列变动成本差异中，无法从生产过程的分析中找出产生原因的是（　　）。

A. 变动制造费用效率差异　　B. 变动制造费用耗费差异

C. 材料价格差异　　D. 直接人工效率差异

三、多项选择题

1. 采购与付款业务的内部控制制度设计目标应保证（　　）。

A. 采购与生产、销售的要求保持一致

B. 保持货款支付或负债增加的真实性与合理性

C. 合理揭示企业应享有的购货折扣与折让

D. 防止违法乱纪、侵吞企业资产等不法行为的发生

2. 销售与收款业务的内部控制制度的设计应（　　）。

A. 保证营业收入的真实性、合理性和完整性

B. 保证商业折扣和现金折扣的真实性与适度性

C. 保证销售折让和销售退回的合理处理与揭示

D. 保证应收款记录的真实性和可收回性

3. 标准成本按其所依据的生产技术和经营管理水平的分类包括（　　）。

A. 基本标准成本　　B. 理想标准成本　　C. 正常标准成本　　D. 现行标准成本

4. 在确定直接人工正常标准成本时，标准工时包括（　　）。

A. 直接加工操作必不可少的时间　　B. 必要的工作休息

C. 调整设备时间　　　　　　　　　　D. 不可避免的废品耗用工时

5. 在材料成本差异分析中，（　　）。

A. 价格差异的大小是由价格脱离标准的程度以及实际采购量高低所决定的

B. 价格差异的大小是由价格脱离标准的程度以及标准用量高低所决定的

C. 数量差异的大小是由用量脱离标准的程度以及标准价格高低所决定的

D. 数量差异的大小是由用量脱离标准的程度以及实际价格高低所决定的

四、判断题

1. 货物得采购、验收和记账等工作可由同一人员担任。（　　）

2. 正常标准成本的主要用途是揭示实际成本下降的潜力。（　　）

3. 变动制造费用效率差异形成原因与人工效率差异相同。（　　）

4. 标准成本制度对服务类企业通常不适用。（　　）

5. 在标准成本系统中，直接材料的价格标准是指预计下年度实际需要支付的材料市价。（　　）

五、简答题

1. 财务控制的概念及目标？

2. 财务控制都有哪些方式？

3. 企业采购成本控制有哪些手段？

4. 成本控制有何意义？应遵守哪些原则？

5. 企业生产成本控制方法？

6. 什么是标准成本？标准成本种类？

六、计算题

1. A公司生产甲产品，甲产品直接人工标准成本相关资料如下表所示：

甲产品直接人工标准成本资料

项目	标准
月标准总工时	21,000 小时
月标准总工资	420,000 元
单位产品工时用量标准	2 小时/件

假定 A 公司实际生产甲产品 10,000 件，实际耗用总工时 25,000 小时，实际应付直接人工工资 550,000 元。

要求：

（1）计算甲产品标准工资率和直接人工标准成本。

（2）计算甲产品直接人工成本差异、直接人工工资差异和直接人工效率差异。

2. 某企业3月计划投产并完工A、B两种产品的数量分别为160件和180件，耗用甲材料的标准分别为8千克/件和4千克/件，材料标准单位成本为17元/千克，3月实际生产A、B两种产品的数量分别为150件和200件，实际耗用材料分别为2,100千克和840千克，其实际成本总共为33,600元。

要求：

（1）根据产品所耗用的标准材料耗用量分配A、B产品应分摊的实际材料费用。

（2）计算A产品材料费用的标准单位成本和实际单位成本。

（3）计算分析A产品材料费用的成本差异。

第 15 章 流动资产管理

【引导案例】

丰田的“零库存”计划

丰田汽车公司是继美国通用汽车公司后的世界汽车业巨头，也是世界上利润最高的企业之一。它创造出了一种独特的生产模式，被称为“丰田生产方式”。这种生产方式，简单的说，就是基于杜绝浪费的思想，追求科学合理的制造方法而创造出来的一种生产方式。也就是所谓的“零库存”计划。丰田“零库存”实现的主要前提：一是其环环相扣的拉式生产模式的运用，二是它的独创利器——看板管理在支撑着拉式生产模式的实践，三是其带人字旁的自动化作业方式造就的高效率为零库存下的准时、高效提供了切实保障。所谓拉式生产，即“由后一道工序在需要的时刻到前一道工序去领取需要数量的特定零部件，而前一道工序则只生产所需要领取的数量”。因此，在丰田的车间，看不到分门别类堆积在物架上的零部件，也见不到其他工厂“零部件搬运工往来穿梭”的繁忙景象。而支撑这一切的，就是生产中非常重要的一环：看板方式。根据拉动式生产的实际情况，把生产计划下达给最后的组装线，在指定的时间生产指定数量的指定车型，组装线便依次向前一道工序领取所需要的各种零部件。在这过程中，“用于领取工件或者传达生产指令的媒介”就是为拉动式生产而量身定做的“看板方式”。丰田公司的存货管理制度减少了仓储空间，降低了公共设施和人力的制造费用，消除了浪费，提高了企业的经济效益。

零售业是流动资产管理最具挑战性的行业之一。所有的零售业企业都致力于对流动资产的充分管理。那些管理较好的公司，如沃尔玛已经确立了自己的竞争优势，通过增加市场份额，股票价格上涨实现了股东权益的增加。

【学习目标】

- 了解营运资金的含义与特点；
- 掌握现金持有的动机与成本，了解现金收支日常管理的基本原则；
- 了解应收账款产生的原因，掌握与其相关的收益与成本的含义，包括机会成本、管理成本和坏账成本；

- 掌握应收账款的日常控制内容，包括企业信用调查、企业信用评估和现金折扣；
- 了解存货管理的含义及其日常管理的基本工作内容；
- 掌握存货的经济批量模型。

现金和有价证券的管理主要针对它们的安全性和流动性，其次才是盈利能力最大化。应收账款和存货一定要符合严格的坚持要求。投资不应该是一个偶然性事件或历史性的数量界定问题，任何决策都必须符合同一个投资回报率标准。因此，要研究各种各样流动资产管理的决策方法，这些内容将在本章加以介绍。

15.1 现金管理

15.1.1 现金的概念

现金有广义和狭义之分。广义的现金包括库存现金、银行活期存款、银行本票、银行汇票、信用证存款、信用卡存款等内容。我国会计惯例所称现金为狭义的现金，即库存现金，是可由企业任意支配使用的纸币、硬币。现金是可以立即投入流动的交换媒介，具有普遍可接受性。

15.1.2 企业现金管理的目标和内容

有个小故事说，如果一个非常富有的人身无分文地被单独留在一个陌生的地方一天，他就饿了，超过 10 天，他就死了。故事足以说明现金管理有多么重要。企业的正常生产经营活动要求企业持有一定数额的货币资金，主要用于满足企业的交易性需要、预防性需要和投机性需要。

1. 交易性需要

交易性需要是指满足日常业务的现金支付需要。公司在经营过程中，经常发生现金流入量和现金流出量，两者经常不能同步同量。公司只有保持一定数额的现金，才能维持其业务活动正常、顺利地进行。

2. 预防性需要

预防性需要是指为了应付意外事故而保留的货币资金。公司在经营过程中有时会发生预料之外的开支，从而使现金流量具有一定的不确定性。预防性现金量的大小与企业现金流量的不确定性关系密切，同时也与公司的借款能力有关。如果公司有能力随时筹措短期资金，也可以减少预防性现金的数额；若筹资能力有限，就该扩大预防性现金量。

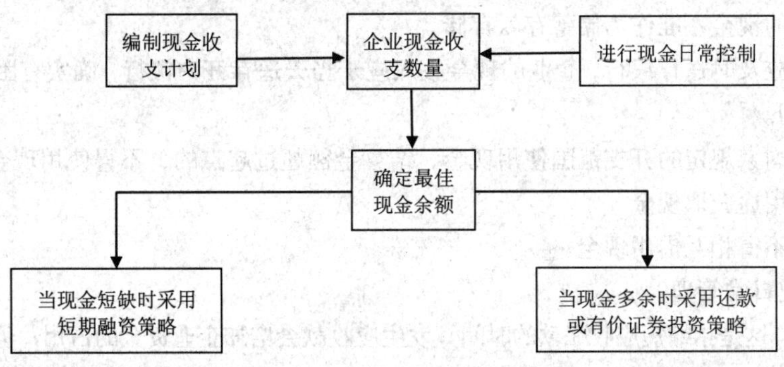

图 15-1 现金管理的内容

3. 投机性需要

投机性需要是用于不寻常购买计划的需要。一般金融和投资公司该项现金储备较多。

15.1.3 现金管理主要环节

1. 现金收支计划表

表 15-1 现金收支计划表 单位：元

序号	现金收支计划表	本月计划
1	（一）现金收入	
2	（1）营业现金流入	
3	（2）其他现金流入	
4	（3）现金流入合计（3）=（1）+（2）	
5	（二）现金支出	
6	（4）营业现金流出	
7	（5）其他现金流出	
8	（6）现金流出合计（6）=（4）+（5）	
9	（三）净现金流量	
10	（7）现金收入-现金支出（7）=（3）-（6）	
11	（四）现金余额	
12	（8）期初现金余额	
13	（9）净现金流量	
14	（10）期末现金余额（10）=（8）+（9）=（8）+（3）-（6）	
15	（11）最佳现金余额	
16	（12）现金多余或短缺（12）=（10）-（11）	

2. 现金日常管理

（1）现金管理的基本原则

现金管理就是对现金的收、付、存等各环节进行的管理。依据《现金管理暂行条例》，现金管理的基本原则如下。

① 开户单位库存现金一律实行限额管理。

② 不准擅自坐支现金。

③ 企业收入的现金不准作为储蓄存款存储。

④ 收入现金应及时送存银行，企业的现金收入应于当天送存开户银行，确实有困难的，应由开户银行确定送存时间。

⑤ 严格按照国家规定的开支范围使用现金，结算金额超过起点的，不得使用现金。

⑥ 不准编造用途套取现金。

⑦ 企业之间不得相互借用现金。

（2）现金收支日常管理

① 加速收款。这是指缩短应收账款的时间。发生应收款会增加企业资金的占用；但它又可以扩大销售规模，增加销售收入。要在两者之间找到适当的平衡点，并需实施妥善的收账政策。

② 推迟付款。企业在不影响自己信誉的前提下，尽可能推迟付款的支付期。

③ 力争现金流量同步。即尽量使它的现金流入与流出发生的时间趋于一致。

④ 控制支出。通过控制支出时间，选择支付模式及运用现金浮游量来控制支出。

（3）最佳现金持有量的确定

现金管理非常重要，但最佳现金持有量应为多少？克莱斯勒公司为美国三大汽车公司之一。1996年该公司持有的现金、银行存款及短期债券达到了空前的87亿美元，这些资金项目的报酬率在税后仅有3%。克莱斯勒汽车公司之所以如此谨慎地对待现金项目，是因为在1991—1992年的萧条期间，公司产生了40亿美元的现金赤字，使公司陷入了前所未有的危机之中。因此，克莱斯勒汽车公司的管理层认为高额现金持有量可以提前为下一次经济衰退做好准备。但是公司的一些股东对这种过于谨慎的管理政策提出了质疑。他们认为，公司的现金持有量保持在20亿美元就已经足够了，过多的现金存量会导致公司丧失很多其他更高回报的投资机会。他们认为，如果出现现金短缺问题，克莱斯勒公司可以通过借款等其他筹资方式取得资金，多余的67亿美元可以用来投资其他项目，为股东赢得更多回报。要想解决上述问题，应对持有现金的收益与成本进行分析，最佳现金持有量应是权衡了相关的收益与成本后，满足公司收益最大化的现金持有量。

最佳现金持有量又称为最佳现金余额，是指现金满足生产经营的需要，又指现金使用的效率和效益最高时的现金最低持有量。即能够使现金管理的机会成本与转换成本之和保持最低的现金持有量。对企业而言，最佳持有量意味着现金余额为零，但是，由于企业有交易、预防、投机的需要，企业又必须保持一定数量的现金，企业能否保持足够的现金余额，对于降低或避免经营风险与财务风险具有重要意义。确定最佳现金持有量的模式主要有成本分析模式、存货模式、因素分析模式、现金周转模式及随机模式。

① 成本分析模式。成本分析模式是根据现金有关成本，分析预测其总成本最低时现金持有量的一种方法。运用成本分析模式确定最佳现金持有量时，需要考虑持有现金的相关成本，包括机会成本、管理成本及短缺成本。

表 15-2　　现金持有成本与现金持有量的关系

成本种类	含义	与现金持有量的关系
机会成本	占用现金的代价，表现为因持有现金不能将其投资到生产经营领域而丧失的收益	同向变化关系
管理成本	管理现金的各种开支，如管理人员工资、安全措施费等	无明显的比例关系
短缺成本	缺乏必要的现金，不能应付业务开支所需，而使企业蒙受的损失或为此付出的代价	反向变化关系

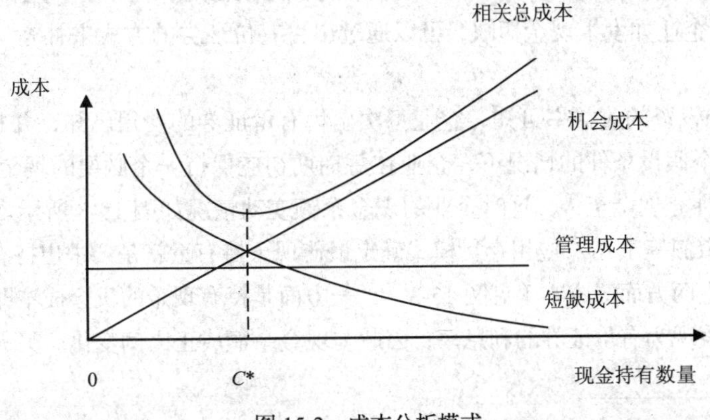

图 15-2　成本分析模式

运用成本分析模式确定最佳现金持有量的步骤是：根据不同现金持有量测算并确定有关成本数值；按照不同现金持有量及其有关成本资料编制最佳现金持有量测算表；在测算表中找出总成本最低时的现金持有量，即最佳现金持有量。在这种模式下，最佳现金持有量，就是持有现金而产生的机会成本、管理成本与短缺成本之和最小时的现金持有量。

【例 1】GH 公司有四种现金持有方案，它们各自的机会成本、管理成本、短缺成本如表 15-3 所示。

表 15-3　　现金持有方案　　单位：元

	甲	乙	丙	丁
平均现金持有量	75,000	150,000	225,000	300,000
机会成本	4,500	9,000	13,500	18,000
管理成本	60,000	60,000	60,000	60,000
短缺成本	36,000	20,250	7,500	0

注：机会成本率即该企业的资本收益率为 6%。

这四种方案的总成本计算结果如表 15-4 所示。

表 15-4　　现金持有总成本　　单位：元

	甲	乙	丙	丁
机会成本	4,500	9,000	13,500	18,000
管理成本	60,000	60,000	60,000	60,000
短缺成本	36,000	20,250	7,500	0
总成本	100,500	89,250	81,000	78,000

将以上各方案的总成本加以比较可知，丁方案的总成本最低，也就是就当公司持有 300,000 元现金时，各方面的总代价最低，对公司最合算，故 600,000 元是该公司的最佳现金持有量。

② 存货模式。存货模式是根据存货的经济批量模型来确定最佳现金持有量的方法。存货的经济批量模型由美国财务学家 William J. Baumol 于 1952 年提出，故又称鲍莫尔模型①，该模型是分析现金管理问题的传统方法，描述了影响现金余额的各个因素，其原理可运用于各种流动资产的管理。根据这种模式，企业的现金持有量非常类似于存货，因此存货的经济订货批量模型可以用来确定最佳现金持有量。利用存货模式确定最佳现金持有量，必须假定以下基本前提。

a. 企业的现金流入量稳定并可预测，也就是说企业一定时期内的现金收入是均匀发生的，并能够可靠地预测其数量。

b. 企业的现金流出量稳定并可预测，即现金支出过程比较稳定、波动较小，并能可靠预测其数量。

c. 在预测期内，企业如发生现金短缺，可以通过出售有价证券的方式来补充，且证券变现的不确定性很小。

d. 有价证券短期投资的收益率可知，企业每次出售有价证券的费用已知，并且是固定的。

在具备了上述四个假设条件的情况下，企业在每期期初应保持一个必要的现金库存 N，当现金在期末耗尽时，企业将补充现金至 N，这时企业的现金余额变动情况如图 15-3 所示。

企业的平均现金余额等于 $N/2$，应用存货模式确定最佳现金持有量就是要求出持有现金成本最低的 N 值。企业持有现金发生两方面的成本（见图 15-3），一方面是持有现金的机会成本即持有现金所放弃的报酬，这种成本通常表现为有价证券的利息率，因此与现金余额成正比例变化。另一方面是现金的转换

① Baumol W. J. On the Theory of Oligopoly[J]. Economics, 1958, 25(99), 187-198.

成本即现金与有价证券之间进行转换的固定成本，如过户费、经纪人费用及其他管理成本等，这种成本一般只与交易次数有关，而与持有现金的数额无关。

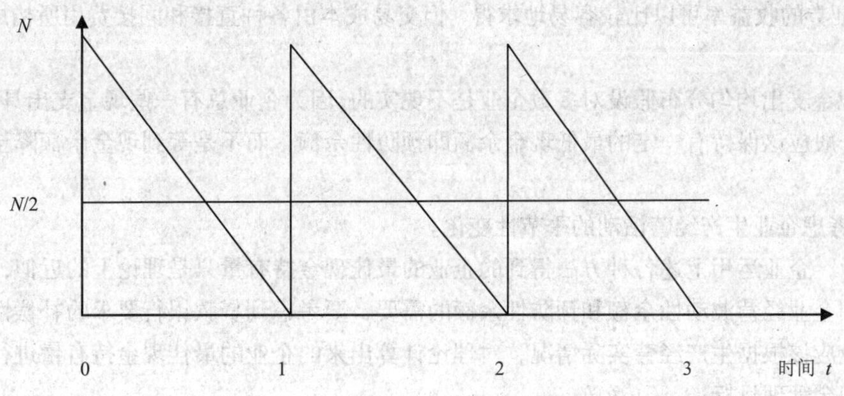

图 15-3 确定最佳现金持有量的存货模式

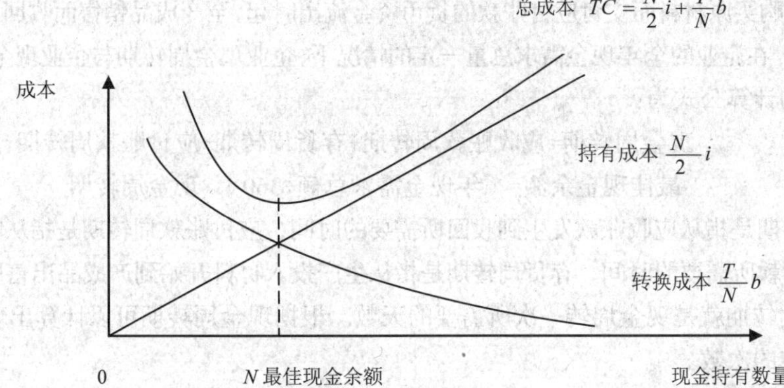

图 15-4 最佳现金持有量

N 代表企业货币资金余额即每次出售有价证券或借款所得的货币资金数额，i 代表有价证券的收益率，则持有成本为 $N*i/2$。企业出售有价证券所花费的交易费用，则为出售有价证券的次数与每次出售有价证券的固定交易费用的乘积，这就是转换成本。用 T 代表在一定时期内现金需求总量，TC 代表持有现金的总成本；b 代表现金与有价证券的转换成本；则持有现金的总成本可用式（15-1）来表示：

$$TC=\frac{N}{2}i+\frac{T}{N}b \tag{15-1}$$

可以看出，现金的持有成本与现金的持有量成正比，持有量越大，现金的持有成本就越高，而现金的转换成本则与现金与有价证券的转换次数密切相关，在全年现金需求总量一定的情况下，现金的持有量越大，现金与有价证券转换次数就越少，所以，现金的转换成本与转换次数成正比，与现金持有量成反比。这样，现金的持有成本与转换成本就呈反方向变化。在现金需求总量一定的情况下，现金持有量越高，其持有成本就越大，而转换成本则越小。因此，两种成本之和最低时的现金持有量就是企业的最佳现金持有量。

对 TC 求导，即 $TC'(N)=\frac{i}{2}-\frac{Tb}{N^2}$ （15-2）

令 $TC'=0$，则：$N=\sqrt{\frac{2Tb}{i}}$ （15-3）

此即为企业的最佳现金持有量。

存货模式确定最佳现金持有量的缺陷主要有以下几点。

a. 有价证券的收益率可以比较容易地求得，但交易成本由各种直接和间接费用所构成，比较难以确定。

b. 企业现金支出均匀分布假设对多数企业是不现实的，因为企业总有一些现金支出具有突发性质。因此，企业一般应该保持有一定的最低现金余额即预防性余额，而不是等到现金余额降至为零时再出售有价证券。

c. 没有考虑企业生产经营活动的季节性变化。

总地来说，企业运用上述各种方法得到的企业的最佳现金持有量只是理论上的近似，在实际工作中还要考虑到企业经营波动性余额和预防性余额的需要，要考虑到贷款银行要求的补偿性存款余额的需要等。企业应该根据生产经营实际情况，对理论计算出来的企业的最佳现金持有量进行经验校正，实现企业的现金管理目标。

③ 现金周转模式。现金周转模式是根据企业现金周转期来确定最佳现金持有量的一种方法。现金周转期是指企业从因购买原材料而支付应付账款的货币资金流出时起，至产成品销售而收回应收账款的货币资金流入这段时间。在企业的全年现金需求总量一定的情况下，企业现金周转期与企业现金持有量成反比。

现金周转期的计算公式为：

现金周转期=应收账款周转期+存货周转期−应付账款周转期　　（15-4）

最佳现金余额=（年现金需求总额÷360）×现金周转期　　（15-5）

应收账款周转期是指从应收账款发生到收回所需要的时间；应付账款周转期是指从收到尚未付款的材料开始到偿还货款所需要的时间；存货周转期是指从生产投入材料开始到产成品出售所需要的时间。

因此，现金周转期就是现金周转一次所需要的天数。根据现金周转期可以计算出现金周转率，即现金在一年中周转的次数。

计算公式为：

现金周转率=360／现金周转期　　（15-6）

现金周转模式操作比较简单，但该模式要求有一定的前提条件：现金流出的时间发生在应付账款支付的时间；现金流入量等于现金流出量，即不存在资金过剩或不足；企业的供—产—销过程持续稳定进行；企业的货币资金需求不存在不确定性因素。

因此，如果以上四个假设条件不存在的话，按此计算的企业最佳现金持有量将发生偏差，但现金周转模式确定现金最佳持有量的方法简单清晰，在企业的生产经营活动稳定的情况下，用此方法计算出的最佳现金持有量还是有一定参考价值的。

【例 2】企业的原材料采购和产品销售都采用信用方式，其应收账款的平均收款天数为 40 天，应付账款的平均付款天数为 40 天，平均存货期为 60 天。预计该企业某年的现金需求总量为 7,200 万元，采用现金周转模式确定该企业该年的最佳现金持有量。

该企业的现金周转期为：

现金周转期=40+60−40=60（天）

现金周转率=360/60=6（次）

该企业的最佳现金持有量=7,200/6=1,200（元）

④ 随机模式[①]。随机模式是在现金需求量难以预知的情况下进行现金持有量控制的方法。对企业

① Miller, M., D. Orr. A Model of the Demand for Money by Firms[J]. Quarterly Journal of Economics, 1966, 109: 68-92.

来讲，现金需求量往往波动大且难以预知，但企业可以根据历史经验和现实需要，测算出一个现金持有量的控制范围，即制定出现金持有量的上限和下限，将现金量控制在上下限之内。当现金量达到控制上限时，用现金购入有价证券，使现金持有量下降；当现金量降到控制下限时，则出售有价证券换回现金，使现金持有量回升。

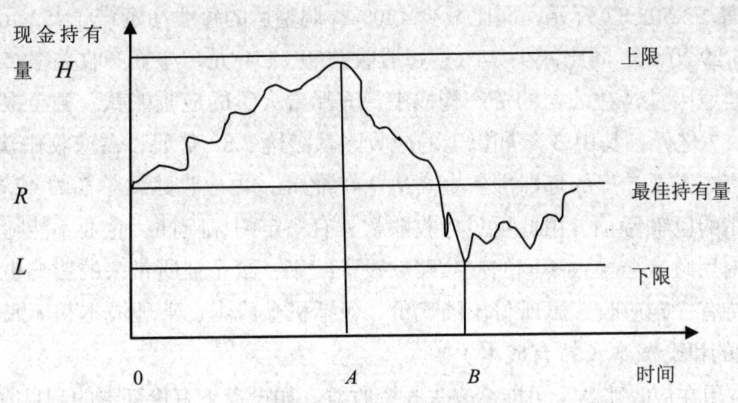

图 15-5　随机模式下最佳现金持有量

在上图中，*A*、*B* 点是转换点，在两点之间不用控制现金持有量。

$$最佳持有量\ R=\sqrt[3]{3F\delta^2/4i}+L \tag{15-7}$$

$$H=3R-2L \tag{15-8}$$

$$平均现金余额=\frac{4R-L}{3} \tag{15-9}$$

式中：

F——每次证券转换的交易成本

δ^2——每天现金流量的方差

I——有价证券的日利率

L——资金下限

【例 3】某公司有价证券年利率 9%，每次转换成本为 50 元，公司认为在任何时候的现金不低于 1000 元，以往的方差为 800 元。

$$R=\sqrt[3]{3F\delta^2/4i}+L=\sqrt[3]{\frac{3\times50\times800}{4\times0.025\%}}+1{,}000=5{,}579\text{（元）}$$

$$H=3\times5{,}579-2\times1{,}000=14.727\text{（元）}$$

平均现金余额=7,105（元）

当现金达到 H 时，买入 9,148 有价证券。现金达到 1,000 时，卖出 4,579 有价证券，持有量为 5,579 元。

15.2　应收账款管理

15.2.1　应收账款的成本

应收账款是指企业在生产经营过程中因销售商品或提供劳务而应向购货单位或接受劳务单位收取的款项。企业对商业信用的投资虽然可以增加企业的销售收入，进而获取更多的收益，但是这种投资是有一定成本和风险的。2002 年 4 月 13 日，金杯汽车发布了业绩预亏公告；金杯汽车 2001 年年度业绩将出现巨额亏损。随后，该公司又公布了经营业绩亏损的补充公告，公告中解释，造成巨额亏损是由于公司变更会计政策，计提坏账准备产生的。金杯汽车在公布了预亏公告及补充公告之后，直到 4 月底才公布了 2001 年年度报告。金杯汽车 2001 年年度报告显示，主营业务收入 64,846.90 万元，同比减少 18%；净利润-82,503.87 万元，同比减少 420%；调整后的每股净资产 1.252 元，同比减少 27%；股东权益 155,085.29 万元，同比减少 34%；每股收益-0.7551 元，净资产收益率-53.2%。造成金杯汽车巨额亏损的主要原因是，在公司的资产构成中，充斥着大量的应收账款。截至报告期末，该公司的应收账款高达 19.87 亿元，其中 5 年期以上的应收账款高达 7.88 亿元，占应收账款总额的 39.6%。按账龄分析法金杯汽车需要计提的坏账准备金高达 9.47 亿元，占应收账款总额的 47.6%。正是巨额的坏账，导致金杯汽车的巨额亏损。由此可见应收账款具有一定的风险性，企业不能随意进行应收账款投资，因为不同的信用政策会导致不同的应收账款投资结果，给企业所带来的影响也不相同。应收账款的成本是指企业持有一定应收账款所付出的代价，包括机会成本、管理成本和坏账成本。

1. 应收账款的机会成本（持有成本）

企业的资金占用在应收账款上可能会丧失投资收益，如投资于有价证券的利息收益等。机会成本的大小与企业应收账款占用资金的数量相关，占用的资金数量越大，机会成本就越高。

2. 应收账款的管理成本

应收账款的管理成本是指企业对应收账款进行管理所发生的各项费用支出，主要包括：对客户进行信用品质调查的费用；收集各种相关信息的费用；应收账款账簿记录的费用；催收到期账款发生的费用；其他用于应收账款的管理费用。

3. 应收账款的坏账成本

企业因无法收回应收账款而发生坏账所产生的损失。坏账成本是使企业的应收账款投资受到限制的核心问题。信用期越长、信用额越大、信用标准越低，客户的信用品质就越差，坏账损失率和坏账成本就越高。这种成本一般与企业的信用政策有关，与应收账款的数量成正比例关系。一般来说，企业实行严格的信用政策，发生坏账的概率就较小，宽松的信用政策则比较容易产生坏账。

15.2.2 应收账款的政策

企业最佳的信用政策，也就是说最佳的应收账款投资水平，取决于企业自身的生产经营状况和外部环境。在市场激烈竞争的今天，企业采用赊销的经营方式，不但可以降低企业的仓储及管理费用，还可以增加自己的客户占领市场，但是该方式必须要付出代价。因此，作为企业制定与应收账款信用有关的条件、标准、政策等是必须的。应收账款的信用政策是通过对应收账款的规划及对应收账款的控制，来达到企业应收账款的投资成本与企业收益的良性发展。

1. 评价信用等级、建立客户信用档案

企业管理中确定信用标准的依据是坏账损失率，这里指的是预期的坏账损失率，企业将最低信用条件作为给予客户的标准。企业在制定信用标准时，一般要考虑的问题是违约风险和收账费用，企业在确定信用标准的过程中要不断地调整应收账款的风险及成本之间的关系。这两者之间的关系是对称性的，对此企业要考虑同行业竞争对手，要考虑企业承担的违约风险，要考虑与企业来往的客户的资信程度，企业要根据实际情况对相应客户的违约风险做出判断，只有这样才可以提高应收账款的投资收益。

2. 收账政策

收账政策也称收账方针，是指当客户违反信用条件，拖欠甚至拒付账款时企业所采用的收款策略。收账政策是企业信用政策的一个重要组成要素，它涉及对企业现有应收账款的监控和对逾期货款的追索措施。应收账款周转期和账龄表是企业监控应收账款的管理效率和回收情况的重要指标，一般来说，如果企业信用政策没有发生变化，而应收账款周转期出现延长，就说明客户违约拖欠货款数额增加，从而坏账比率也将增加；而账龄表就是对在不同时间发生的应收账款进行账龄分类，对企业全部应收账款回收情况进行分析的一种方法。

在一定范围内相应的收账费用越高，坏账比率越低，平均收账期也就越短，但收账费用和坏账损失之间也不是线性关系，少量的收账费用不会使坏账损失减少许多，随着收账费用的逐渐增加，它对坏账损失减少的作用也越来越大，当达到某种限度时，收账费用的追加对进一步减少坏账损失的作用逐渐减小。收账费用和坏账损失之间的关系可用图 15-6 表示。

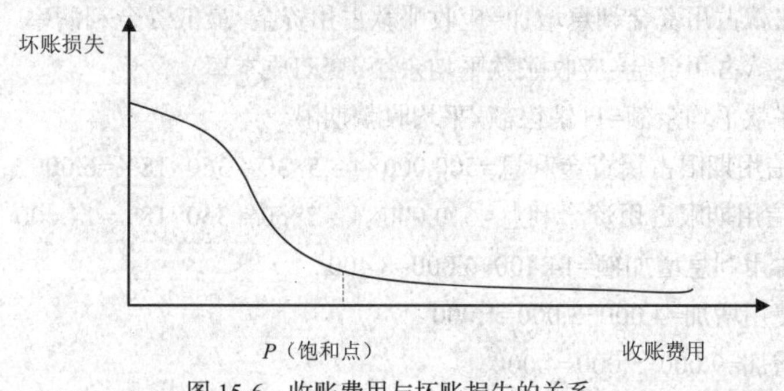

图 15-6　收账费用与坏账损失的关系

从图 15-6 可以看出，当收账费用增加时，坏账损失就随之减少，但是，随着收账费用增加到一定程度时，坏账损失减少的速度开始下降。如图中当收账费用增加到 P 点时，坏账损失减少的数量就不明显了，这一点 P 称为饱和点。这说明在市场经济中，发生一定数量的坏账损失是不可避免的，企业在制定收账政策时，应当考虑到饱和点问题，大量地增加收账费用，有时是得不偿失的。

3. 信用期限

信用期限是指企业允许顾客从购货到付款之间的时间，或者说企业给客户的付款时间。信用期间是企业用来增加产品需求量的手段，同样需要在增加销售的获利水平与净增加应收账款投资成本之间进行权衡。例如，若某企业允许顾客在财务预算后的 20 天内付款，则信用期限为 20 天。信用期过短，不足以吸引顾客，在竞争中会使销售额下降；信用期过长，对销售额增加固然有利，但只顾及销售增长而盲目放宽信用期，所得的收益有时会被增长的费用抵消，甚至造成利润减少。因此，企业必须慎重研究，确定出恰当的信用期限。

【例 4】甲公司现在采用 30 天收款的政策，拟将信用期限放宽至 60 天，没有折扣。公司最低的资金利润率为 18%。

放宽信用期限，带来收益增加（销售额）和成本增加，是否采用宽松的信用政策，主要看收益和成本比较后，对企业是否有利。

表 15-5

项目	30 天	60 天
销售金额（万元）	50	60
销售成本		
变动成本（80%销售额）	40	48
固定成本	5	5

续表

项目	30 天	60 天
毛利	5	7
可能发生的收账费用	0.3	0.4
可能发生的坏账损失	0.5	0.9

（1）收益增加=销售增加额×边际贡献

=(600,000−500,000)×(5−4)÷5

=20,000（元）

（2）成本增加

应收账款占用资金利息增加=应收账款占用资金×最低资金利润率

应收账款占用资金=应收账款平均余额×变动成本率

应收账款平均余额=日销售额×平均收款期限

30 天信用期限占用资金利息=500,000×4÷5×30÷360×18%=6,000

60 天信用期限占用资金利息=600,000×4÷5×60÷360×18%=14,400

资金占用利息增加额=14,400−6,000=8,400

收账费用增加=4,000−3,000=1,000

坏账增加=9,000−5,000=4,000

（3）改变信用期限的净损益=20,000−(8,400+1,000+4,000)=6,600（元）

所以，应采用 60 天信用政策。

15.2.3 应收账款的日常控制

1. 企业的信用调查

企业的信用调查就是企业对客户的信用品质、偿债能力、财务状况、担保情况以及经营情况等进行调查，搜集客户的信用记录。信用调查是决定是否赊销给客户产品的准备工作，也是企业做出赊销决策的关键。

（1）直接调查法

直接调查法是企业的信用调查人员与客户直接接触，通过当面采访、询问、观察、记录等方式获取客户的信用资料。这种方法及时性强，但准确性往往不够，客户的缺点和不足容易被客户隐瞒。

（2）间接调查法

间接调查法是以客户或者其他单位保存的有关客户的各种原始记录和核算资料为基础，通过加工整理获取客户信用资料的方法。采用间接调查法的信用资料主要包括以下几个方面。

① 客户的财务报表。这是客户最主要的信用资料，企业应当详细审查和分析，这是企业判断客户信用的一个重要依据。

② 来自与客户有往来的银行及供应商等方面的信用资料。银行是企业信用资料的一个重要来源，银行在向客户提供贷款时，一般都要严格审查客户的信用情况，但是银行的信用资料一般很难取得。

③ 其他方面。如企业的上级主管部门、工商管理部门、税务机构、消费者协会等。

2. 企业的信用评估

（1）5C 评估法

① C（Character）品质，表示顾客的信誉，偿债的可能性；

② C（Capacity）能力，表示顾客的偿债能力；

③ C（Capital）资本，表示顾客的财务实力；

④ C（Collateral）抵押品，表示顾客可以用来抵押的资产；

⑤ C（Conditions）条件，表示影响顾客付款的经济环境。

（2）信用评分法

信用评分法是指先对一系列财务比率和信用情况进行评分，然后进行加权平均，得出客户综合的信用分数，并以此进行信用评估的一种方法。下面介绍一种信用评分公式：

$$信用评价分数=k_1\times（收益利息倍率）+k_2\times（速动比率）-k_3\times（债务资产比率）+k_4\times（企业经营年限） \quad (15\text{-}10)$$

式中，k_1，k_2，k_3，k_4是评分的权数。

按上述公式，当

信用评价分数＞50，则信用风险较小；

信用评价分数=40～50，则为平均风险；

信用评价分数＜40，则信用风险大。

3. 现金折扣

现金折扣是企业财务管理中的重要因素，企业为了尽快收回货款，加速资金周转，减少应收账款成本，可以在信用期限内再规定一个优惠期限，如果客户在优惠期限内支付货款，则可以享受一定比率的现金折扣，优惠期限就是折扣期限。企业采用现金折扣的目的是为了鼓励客户尽快支付货款。企业提供的现金折扣的比率越大，就越能促进产品销售，就越能加快应收账款的收款速度，但是付出的现金折扣成本也越高。企业在确定现金折扣时，应当比较提供现金折扣的成本与加速收款带来的收益，如果提供现金折扣的成本小于加速收款带来的收益，提供的现金折扣就是合理的。对于销售企业，现金折扣有两方面的积极意义：缩短收款时间，减少坏账损失。负作用是减少现金流量。

信用期限和现金折扣这两个要素构成了企业的信用条件。信用条件一般表示为，“1/10，*n*/30”，其含义就是 10 天内付款，可以享受 1%的现金折扣，如果客户放弃现金折扣，全部款项则必须在 30 天内付清。该信用条件的含义是：30 天为信用期限，10 天为折扣期限，1%为现金折扣。

企业通常针对不同的商品在不同的市场上制定出不同的信用条件，企业只有在某种特定的信用条件下，相对收益大于相对费用时，信用条件才可行。

为了鼓励顾客提前付款，给予对方的一定付款优惠政策。一般为 10 天付款 2%折扣，10～30 天付款没有折扣等。

15.2.4 应收账款的日常管理

对已经发生的应收账款，企业还应进一步强化日常管理工作，采取有力的措施进行分析、控制，及时发现问题，提前采取对策。这些措施主要包括应收账款追踪分析、应收账款账龄分析、应收账款收现率分析和建立应收账款坏账准备制度。

1. 应收账款追踪分析

赊销企业有必要在收款之前，对该项应收账款的运行过程进行追踪分析，重点要放在赊销商品的变现方面。企业要对赊购者的信用品质、偿付能力进行深入调查，分析客户现金的持有量与调剂程度能否满足兑现的需要。应将那些挂账金额大、信用品质差的客户的欠款作为考察的重点，以防患于未然。

2. 应收账款收现率分析

由于企业当期现金支付需要量与当期应收账款收现额之间存在着非对称性矛盾，并呈现出预付性与滞后性的差异特征（如企业必须用现金支付与赊销收入有关的增值税和所得税，弥补应收账款资金占用等），这就决定了企业必须对应收账款收现水平制定一个必要的控制标准，即应收账款收现率。

应收账款收现率是为适应企业现金收支匹配关系的需要，所确定出的有效收现的账款应占全部应收账款的百分比，是二者应当保持的最低比例。公式为：

$$\text{应收账款收现率}=\frac{\text{当期必要现金支付总额}-\text{当期其他稳定可靠的现金流入总额}}{\text{当期应收账款总计金额}} \quad (15\text{-}11)$$

式（15-11）中的其他稳定可靠现金流入总额是指从应收账款收现以外的途径可以取得的各种稳定可靠的现金流入数额，包括短期有价证券变现净额、可随时取得的银行贷款额等。

应收账款收现率指标反映了企业既定会计期间预期现金支付数量扣除各种可靠、稳定性来源后的差额，必须通过应收款项有效收现予以弥补的最低保证程度，其意义在于：应收账款未来是否可能发生坏账损失对企业并非最为重要，更为关键的是实际收现的款项能否满足同期必需的现金支付要求，特别是满足具有刚性约束的纳税债务及偿付不得展期或调换的到期债务的需要。

【例 5】某企业预期必须以现金支付的款项有：支付工人工资 180 万元，应纳税款 75 万元，支付应付账款 240 万元，其他现金支出 15 万元。预计该期稳定的现金收回数是 230 万元。记载在改期“应收账款”明细期末账上客户有 A（欠款 240 万元）、B（欠款 300 万元）和 C（欠款 60 万元），应收展开收现率计算如下：

当期现金支付总额=180+75+240+15=510（万元）

当期应收账款总计金额=240+300+60=600（万元）

应收账款收现率=（510−210）÷600×100%=50%

以上计算结果表明，该企业当期必须收回应收账款的 50%，才能最低限度保证当期必要的现金支出，否则企业便有可能出现支付危机，为此，企业应定期计算应收账款的实际收现率，看其是否达到了既定的控制标准，如果发现实际收现率低于应收账款收现率，应查明原因，采取相应措施，确保企业有足够的现金满足同期必需的现金支付要求。

15.3 存货和其他流动资产管理

15.3.1 存货含义及其分类

1. 存货的概念

存货，指企业在正常生产经营过程中持有以备出售的产成品或商品，或者为了出售仍然处在生产过程中的在产品，或者将在生产过程或提供劳务过程中耗用的材料、物料等，是企业流动资产的重要组成部分。

2. 存货的种类

存货可以按照不同的标准进行分类，主要有以下几种。

（1）按存货的经济内容分类

① 库存商品。库存商品是指企业已完成全部生产过程并已验收入库，合乎标准规格和技术条件，可以按照合同规定的条件送交订货单位，或可以作为商品对外销售的产品以及外购或委托加工完成验

收入库用于销售的各种商品。

② 产成品。即指已完工验收入库可随时对外销售的产品。

③ 自制半成品、在产品。即指已经完成了一定生产过程但还需进一步加工的中间产品或者正在加工的产品。

④ 原材料。即指构成产品实体的主要原材料和不构成产品实体的燃料、辅助材料等。

⑤ 包装物和低值易耗品等。

（2）按存货的来源分类

存货按照来源不同，可以分为外购存货和自制存货两种。外购存货是指企业从外部购买的存货，如工业企业的外购原材料、外购低值易耗品等。自制存货是指由企业自己生产制造出的存货，如工业企业的产成品、自制材料等。

15.3.2 存货管理的要求

存货管理就是对企业的存货进行管理，主要包括存货的信息管理和在此基础上的决策分析，最后进行有效控制，达到存货管理的最终目的提高经济效益。存货管理是将厂商的存货政策和价值链的存货政策进行作业化的综合过程。一般来说，企业的存货管理应当保证企业生产正常进行的要求，满足市场销售的需要，实现降低成本的目的，同时还要保持一定的保险储备。

15.3.3 存货经济订购批量管理

存货成本主要包括持有成本和短缺成本，其中与存货采购次数和采购批量相关的成本主要是存货储存与管理成本和订货成本。如果在一定时期内，企业需求的存货总量是固定的，那么存货的每次订购批量越大，储存的存货就越多，储存和管理成本就会越高，但由于订货次数的减少，则会使订货成本降低；反之，减少存货的每次订购批量，会使存货的储存和管理成本随之减少，但由于订货次数的增加，订货成本就会上升。由此可见，存货的订货成本和储存、管理成本一般与存货的采购批量呈反方向变动。存货管理的目的就是要降低存货成本，能使订货成本与储存和管理成本之和最低的采购批量叫作经济批量，也就是经济订购批量。存货的经济订购批量可以用图 15-7 表示。

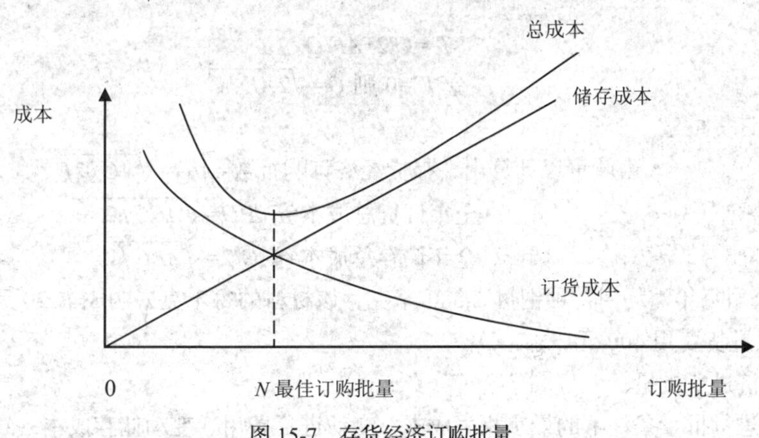

图 15-7 存货经济订购批量

1. 存货基本数学模型

数学模型的建立必须假设存在以下基本前提：

① 企业在一定时期内存货的总需求量可以准确地预测；

② 存货的耗用是均衡的，即按一个确定的比例逐渐耗用的；

③ 没有在途存货；

④ 存货的价格稳定，不存在数量折扣；

⑤ 存货的订购数量和订购日期由企业决定，当存货数量降为零时，下一批存货能马上到位；且多种存货间不存在交互作用。

在这种情况下，企业的存货变动情况如图 15-8 所示。

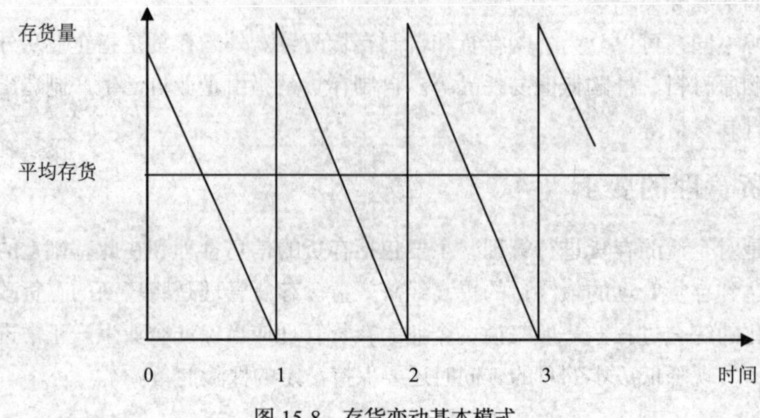

图 15-8　存货变动基本模式

设 T 为全年存货总成本，A 为全年存货总需要量；Q 为存货每批订货量，F 为每批存货订货成本；C 为每单位存货的年平均储存成本，则有：

$$存货订购批数=A/Q$$

$$存货平均库存量=Q/2$$

$$全年订货总成本=F*A/Q$$

$$全年储存总成本=C\cdot Q/2$$

全年存货总成本 $T=C\cdot Q/2+F\cdot A/Q$ 根据上面的公式，为了确定存货经济订货批量，可求 T 对 Q 的导数，有：

$$T'=C/2-AF/Q^2$$

$$令\ T'=0,则\ Q=\sqrt{2AF/C} \quad (15\text{-}12)$$

此即为存货经济订货批量。

$$由此可以计算出，存货经济订购批数=A/Q=\sqrt{AC/2F} \quad (15\text{-}13)$$

$$全年订货总成本=F\cdot A/Q=\sqrt{AFC/2} \quad (15\text{-}14)$$

$$全年储存总成本=C\cdot Q/2=\sqrt{AFC/2} \quad (15\text{-}15)$$

【例 6】某公司每年需耗用特种钢材 2,880 千克，该材料的每千克采购成本 20 元，单位储存成本 40 元，平均每次进货费用 400 元。求：

（1）计算经济进货批量；

（2）在经济进货批量条件下的最小相关成本、变动进货费用、变动储存成本；

（3）存货平均占用资金和最佳订货次数。

解：

（1）$Q=(2KD/Kc)^{1/2}=(2\times2{,}880\times400/40)^{1/2}=240$（千克）

（2）$TC=(2KDKc)^{1/2}=(2\times2{,}880\times400\times40)^{1/2}=9{,}600$（元）

变动进货费用=2,880÷240×400=4,800（元）

变动存储成本=240÷2×40=4,800（元）

（3）存货平均占用资金=$PQ/2$=240×20/2=2,400（元）

最佳订货次数=D/Q=2,880/240=12（次）

2. 逐批测试（见表15–6）

表15-6 经济批量逐批测试表

项目	甲零件各种采购批量				
A/Q（订购批数）	3	4	5	6	7
Q（可购批量）	666.67	500	400	333.33	285.71
$C\cdot Q/2$（年储存成本）	666.67	500	400	333.33	285.71
$F\cdot A/Q$（年订货成本）	240	320	400	480	560

从以上成本项目的计算可以很清楚地看出，当订货批量为400公斤时，与批量有关的总成本最低；小于或超过这一批量，都是不合算的。

3. 存货基本数学模型的扩展

存货经济订货批量的基本模型是在前述各假设条件下建立的，但现实生活中能够满足这些假设条件的情况是不存在的。为了使模型更接近于实际情况，具有较高的可用性，需要逐步放宽假设条件，进行模型改进。

（1）订货提前期

一般情况下，企业的存货不能做到随用随时补充，因此不能等到存货全用完后再去订货，而需要在没有用完前就提前订货。在提前订货的情况下，当企业再次发出订货单时，也即当订购下一批存货时本批存货的储存量称为再订货点，用 R 来表示。它的数量等于交货时间（L）和每日平均存货需用量（d）的乘积，如图15-9所示，即

$$R=L\times d \tag{15-16}$$

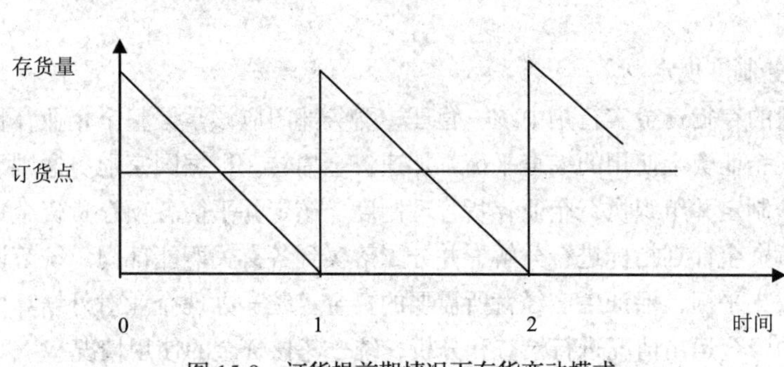

图15-9 订货提前期情况下存货变动模式

（2）保险储备

按照某一订货批量和再订货点发出订单后，如果需求增大或送货延迟，就会发生缺货或供货中断。为防止由此造成的损失，就需要多储备一些存货以备应急之需，称为保险储备，记为 s。

设：m——存货可能发生的日最大消耗量；

n——存货每日平均消耗量；

t——订货间隔期或订货提前期（从发出订单到货物验收完毕所用时间）；那么，保险储备可用下式计算：

$$s=(m-n)\times t \tag{15-17}$$

订货点 R 可用下式计算：

$$R=nt+s=mt \tag{15-18}$$

有保险储备情况下存货变动模式如图 15-10 所示。

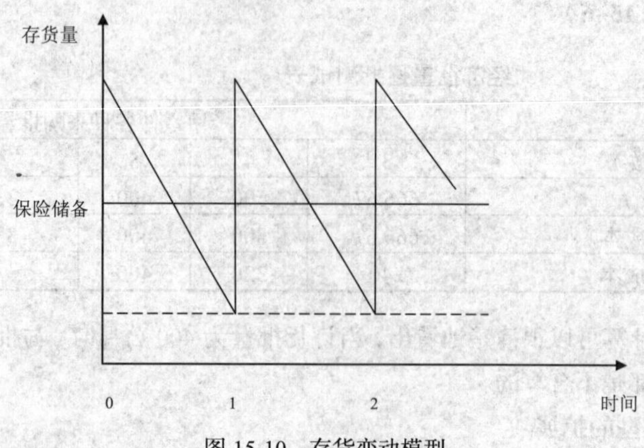

图 15-10　存货变动模型

在实际工作中，无论是订货点还是订货提前期，哪个先碰到，都要立即发出订单购货。正常情况下两者往往是同时出现的。

影响存货订购数量的因素还有存货陆续供应问题、存货数量折扣问题、存货季节性供应问题及通货膨胀因素等，在此不一一赘述。

15.3.4　存货日常管理

存货日常管理是指在企业的生产经营过程中，按照存货资金计划的要求，对存货的采购、使用和销售情况进行实时组织和控制。加强对存货的日常管理，对于改善企业生产经营活动，提高资金利用效率具有重要的作用。

1. 严格执行财务制度规定

财务部门对企业的存货资金实行集中统一管理，财务部门应该掌握整个企业存货资金的占用、耗费和周转情况，实现企业资金使用的综合平衡，加速资金周转。根据国家财务通则、制度的规定和企业的具体情况，统一制定并组织执行企业存货管理制度。核定并平衡各项存货资金定额，编制存货资金计划。将各项存货资金计划指标进行分解，并分配落实到各有关职能部门。统筹调度各项存货资金的使用，实现资金收支平衡，保证生产经营所需要的资金。统一办理企业对外结算，加速企业存货资金周转。对各单位的资金运用情况进行检查和分析，统一考核资金的使用情况。

2. ABC 分类管理

ABC 分类管理，也称 ABC 控制法，是 19 世纪意大利经济学家巴勒特引入经济管理领域的。存货的 ABC 分类管理就是按照一定的标准，将企业的存货划分为 A、B、C 三类，最重要的存货为 A 类，一般存货为 B 类，不重要的存货为 C 类。

通常分类的标准主要有两个：一是金额标准；二是品种数量标准。其中金额标准是最基本的标准，品种数量标准只是作为参考。所以，A 类存货一般是种类少，但资金占用较多的存货；C 类存货通常是种类繁多，但资金占用不多的存货；B 类存货是介于 A 类和 C 类之间的存货。对于 A 类存货要进行重点规划和控制，对于 B 类存货作为次重点管理，对于 C 类存货只进行一般管理。

15.3.5 其他流动资产管理

流动资产除了包括现金、银行存款等货币资金和短期投资，应收及预付款项，原材料、低值易耗品、包装物、在产品和产成品等存货以外，还包括待处理流动资产损益等，但其他流动资产因其流动性不同和管理要求也不同，企业应根据流动资产的不同特点，采用相应的管理方法，合理有效利用流动资产，加速流动资产周转，努力以较少的资金占用，完成更多的生产经营活动。

【讨论案例】

CCC 公司的存货制度

CCC 公司是一家大型生产性企业，存货数额很大。如何控制存货的采购，有效地利用存货为企业创造经济效益，妥善地保管存货，并采用合理的会计处理程序处理存货信息，是该公司管理存货工作的重点。

1. CCC 企业财会部对存货所做的定义

存货是指企业在日常活动中持有以备出售的产成品或商品、处在生产过程中的在产品、在生产过程或提供劳务过程中耗用的材料和物料等。必须同时满足下列条件的，才能予以确认：与该存货有关的经济利益很可能流入企业；存货的成本能够可靠地计量。

2. 存货的成本包括采购成本、加工成本和其他成本

采购成本包括买价款、相关税费、运输费、装卸费、保险费以及其可归属于存货采购成本的其他费用；存货的加工成本，包括直接人工以及按照一定方法分配的制造费用。

在同一生产过程中，同时生产两种或两种以上的产品，并且每种产品的加工成本不能直接区分的，其加工成本应当按照合理的方法在各种产品之间进行分配。

与采购存货有关的各项凭证：请购单、订购单、验收单、卖方发票、付款凭单、转账凭证。

3. 与销售存货有关凭证

顾客订货单、销售单、发运凭证、销售发票、商品价目表。

4. 存货业务会计处理程序

存货采购、验收、付款程序是存货业务会计处理程序的核心内容。首先由供货单位将存货购买发票和运输提货单函寄业务部门；业务部门根据有关存货购买通知单和合同编制存货验收单，一式四联，将发票、提货单、验收单给财会部门；储运部门到供货单位提取货物将货物送到仓库并将验收单给财会部门，同时凭提货单去供货单位提取货物送到仓库；仓库编制入库单，一式三联，然后分别通知业务部门和财务部门；财会部门核对合同副本和存货购买通知单，经确认无误后，办理货款结算，并登记有关总账和明细账。

该流程的控制内容主要有：提货、验收、付款分管；存货验收、付款均要核对有关合同和有关凭证；定期进行账账、账实核对。

案例问题：

该公司的存货制度是否健全？

【专栏或者介绍】

零营运资本

零营运资本从其本质而言，其实是“零”存货的扩展。营运资本指的是企业的流动资产减流动负债后的余额。顾名思义，“零”营运资本就是指企业的流动资产等于企业的流动负债，在“零”存货的概念上加进了应收账款等于应付账款和短期投资等于短期借款的含义。

传统财务管理强调流动性比率，要求公司保持适量的营运资本，以应付财务风险。然而在实际运作中，这种观念往往会导致企业的大量存量资产被固化、沉淀，反而加剧了企业的财务风险。事实上，营运资金如果管理得好、效率高，那么较少数额甚至是“零”营运资金也能发挥同样甚至更大的效益，如青岛海尔的零库存、零距离、零营运资本管理模式。

【关键词语】

现金管理（cash management）　应收账款（accounts receivable）
存货管理（inventory control）　保险准备（insurance reserve）
机会成本（opportunity cost）　坏账准备（bad debt reserves）

复习思考题

一、概念题

1. 现金管理
2. 应收账款
3. 存货管理
4. 保险准备
5. 机会成本
6. 坏账准备

二、单项选择题

1. 各种持有现金的原因中，属于应付未来现金流入和流出随机波动的需求是（　　）。
   A. 交易性需求　B. 预防性需求　C. 投机性需求　D. 长期投资需求
2. 在信用期间、现金折扣的决策中，必须考虑的因素是（　　）。
   A. 货款结算需求的时间差　B. 公司所得税税率
   C. 销售增加引起的存货资金增减变化　D. 应收账款占用资金的应计利息
3. 在下列各项中，属于应收账款机会成本的是（　　）。
   A. 收账费用　B. 坏账损失
   C. 应收账款占用资金的应计利息　D. 对客户信用进行调查的费用
4. 建立存货合理保险储备的目的是（　　）。
   A. 在过量使用存货时保证供应
   B. 在进货延迟时保证供应
   C. 使存货的缺货成本和储存成本之和最小
   D. 降低存货的储存成本
5. 下列各项中，与再订货点无关的因素是（　　）。
   A. 经济订货量　B. 日耗用量　C. 交货天数　D. 保险储备量

三、多项选择题

1. 为了提高现金使用效率，企业应当（　　）。

A. 加速收款
B. 在不影响信誉的前提下推迟应付款的支付
C. 使用现金浮游量
D. 力争现金流入与现金流出同步

2. 对信用区间的叙述，不正确的有（　　）。

A. 信用期间越长，企业坏账风险越小
B. 信用期间越长，表明客户享受的信用条件越优越
C. 延长信用期间，不利于销售收入的扩大
D. 信用期间越长，应收账款的机会成本越低

3. 下列各项因素中，影响经济订货量大小的有（　　）。

A. 仓库人员的固定月工资
B. 存货的年耗用量
C. 存货资金的应计利息
D. 保险储备量

4. 确定建立保险储备量时的再订货点，需要考虑的因素有（　　）。

A. 交货时间　B. 平均日需求量　C. 保险储备量　D. 平均库存量

5. 引起缺货问题的原因主要有（　　）。

A. 需求量的变化
B. 交货期日需求量增大
C. 延迟交货
D. 存货过量使用

四、判断题

1. 公司的信用标准严格，给予客户的信用期限很短，使得应收账款周转率很高，将有利于公司利润的提高。（　　）

2. 若应收账款的资金来源于公司内部，则没有资金成本。（　　）

3. 经济订货批量越大，进货周期越长。（　　）

4. 建立保险储备的目的就是为了防止需求增大而发生缺货或供货中断。（　　）

5. 经济订货批量是指在一定时期内公司存货成本和订货成本达到最低水平时的采购批量。（　　）

五、简答题

1. 简述现金收支日常控制的主要内容。

2. 公司持有货币资金的原因是什么？

3. 简述应收账款投资成本的构成。

4. 存货成本的主要构成有哪些？

六、计算题

某企业的资金成本率为10%，上年销售收入为4,000万元，总成本为3,000万元，其中固定成本为600万元。本年该企业有两种信用政策可供选用：

甲方案给予客户60天信用期限，预计销售收入为5,000万元，信用成本为140万元。预计不会增加固定成本，不会改变变动成本率；

乙方案的信用条件为（2/10，1/20，*n*/60），预计销售收入为5,400万元，将有40%的货款于第10天收到，10%的货款于第20天收到，由于考虑到可能会有部分客户拖欠付款，因此，预计平均收现期为60天。预计收账费用为25万元，坏账损失为50万元。预计将会增加20万元固定成本。预计变动成本率比上年提高2个百分点。

求：

（1）计算该企业上年的下列指标：

① 变动成本总额；

② 以销售收入为基础计算的变动成本率。

（2）计算乙方案的下列指标：

① 应收账款平均余额（全年按360天计算）；

② 维持应收账款所需资金；

③ 应收账款机会成本。

（3）计算甲、乙两方案信用成本后收益。

（4）为该企业做出采取何种信用政策的决策，并说明理由。

第 16 章 财务困境与企业并购

【引导案例】

S*ST 天香数项债务和解再启重组

在达成数项债务和解之后，S*ST 天香董事会审议决定，向中国证监会重新申报公司重大资产出售及向特定对象发行股份购买资产暨关联交易相关材料。

在公司披露的公告中，公司详细说明了 5 项债务和解的进展。

在与农行上海长宁支行的纠纷中，公司表示，截至 2008 年 12 月 20 日，上海树丰结欠农行上海长宁支行贷款本金 826 万元，利息 108.2922 万元，公司具有担保责任。2009 年 1 月 12 日，公司签订《债务重组及减免息协议书》，协议约定，上海树丰于 2011 年 6 月前归还农行上海长宁支行贷款本金 826 万元；天津滨海和华通置业同意在公司重大资产重组及定向增发获得证监会批准且股权分置改革获得通过后，开始承担连带保证还款责任，同时免除公司承担的担保责任。

而在与农行上海浦东分行的纠纷中，公司结欠农行上海浦东分行贷款本金 2,413.646 万元，利息 951.0156 万元。2009 年 1 月 12 日，公司签订的《债务重组及减免息协议书》中约定，公司与华通置业共同偿还农行上海浦东分行贷款本金 2,413.646 万元；天津滨海在公司重大资产重组及定向增发获得证监会批准、股权分置改革获得通过且本协议生效后，就华通置业所承接的债务及相关利息以及之后产生的利息向农行上海浦东分行承担连带担保责任。

在公司披露的债务减免事项中，公司与工行五一支行的涉诉金额最高。截至 2008 年 11 月 21 日，公司积欠工行五一支行贷款本息合计 9,913.2 万元、诉讼费和保全费 349,567 元。公司与工行五一支行等各方约定，公司与华通置业共同偿还上述贷款本金 7,546 万元及诉讼、保全费 349,567 元；工行五一支行在公司与华通置业按期足额偿还债务之后减免相应利息。

而公司与长城资产上海分行则约定，公司于本协议签订之日起 2 日内支付长城资产 320 万元，之后长城资产对公司剩余的债务不再追索，长城资产对公司的债权总额为 945 万元。

此外，公司与中信银行成都分行的纠纷也达成了协议。截至 2009 年 1 月 9 日，成都利创尚欠中信银行成都分行贷款本金人民币 471.30 万元及相应利息及费用，公司承担担保责任。2009 年 1 月 13 日，公司签订《债务和解协议书》，约定公司与成都利创于 2009 年 2 月 28 日前向中信银行成都分行一次性偿还贷款本金 471.3 万元。

【学习目标】

- 掌握财务困境的概念及分类。
- 了解财务困境预警模型与方法，以及财务危机的管理模式。
- 掌握公司并购的概念与类型，了解公司并购中的企业价值计量。
- 掌握并购中协同效应的来源。
- 了解并购中的风险及其主要规避方法。
- 了解毒丸计划。

在现代经济社会的激烈竞争中，财务困境是任何企业都可能遭遇到的，若财务困境预测不及时或者应对策略无效，企业则可能遭遇破产。兼并与收购作为现代企业资本运作的主要形式之一，不仅能促成企业快速成长，而且能实现企业对产业链控制、业务转型、控制竞争、掌握核心技术等战略功能。本章在界定财务困境的定义，分析财务困境产生的原因的基础上介绍了几种常用的财务困境预警方法以及财务困境发生时企业可以采取的应对策略，对兼并与收购进行概述后，分析了并购的协同效益、并购中的价值计量以及并购风险与防御措施。

16.1 财务困境概述

16.1.1 财务困境定义

破产是企业经营的一种结果，达到这一结果的过程是一系列可识别的环节：稳健经营—不稳健经营—财务困境—破产。

财务困境又称财务危机，指的是现金流量不足以补偿现有债务。

企业界在使用财务困境这个词时，其含义也是多样的，具体如下。

含义 1：当企业债务的相对价值“微不足道”时，发生财务困境。

含义 2：企业现金流量不足以抵偿其现有债务的情况，这些债务包括应付未付款、诉讼费用、违约的利息和本金等。财务困境通常导致企业与其中至少一个债权人的重新谈判。

含义 3：企业现有流动资产与流动负债的不匹配。

由此可见，从不同的角度来看，其含义截然不同。应从事件的结果来分析其原因。在现实中，可以看到当企业现有资产价值不足以偿还负债价值（净资产出现负数）或企业经营现金流量不足以补偿现有债务（包括利息、应付账款等）即所谓的经营不善时，公司通常有破产和重组两种后果。企业现有资产价值不足以偿还负债价值是指资本收益能力的绝对低下，因此破产是其必然后果。企业经营现金流量不足以补偿现有债务可能反映资本流动能力的相对低下，可以通过一系列非常行动使企业免于破产，维持企业继续经营的能力。落入财务困境的企业，要恢复其继续经营的能力，必须承担一定的成本，即财务困境成本。

16.1.2 财务困境分类

按照资产收益与资产流动匹配的状态，可以把财务困境分成两类：亏损型财务困境和盈利型财务困境。

1. 亏损型财务困境

亏损企业按其亏损时间，可分为偶然亏损企业、间断亏损企业和连续亏损企业三类。偶然亏损企业是指历史上没有亏损发生，只是目前一年亏损的企业；间断亏损企业是指历史上亏损时有发生，但并非连续亏损的企业，也就是时盈时亏的企业；连续亏损企业是指连续两年以上亏损的企业。弄清这一点很必要。因为我国财务制度规定，企业亏损可由以后年度利润弥补，企业盈利可以先弥补以前年度亏损，然后计缴所得税，但弥补期限不能超过三年。若三年连续亏损，则第一年亏损就无法弥补。企业亏损的主要原因可能是：

① 销售收入过小，成本费用过大；

② 销售收入过小，现金短缺；

③ 成本费用过大，现金短缺；

④ 销售收入过小，成本费用过大，现金短缺。

对于前三种情况企业若能加强管理，问题不难解决。但是第四种情况则是进入财务困境。若不采取强力措施，企业只能破产。

例如1976年，北美农机业三巨头Massey Ferguson、国际Harvester和Deere的市场份额分别34%、28%、38%。随后由于石油价格上涨，通货膨胀高居不下。1979年联邦储备银行提高利率，希望抑制通货膨胀。但此举增加了用户融资购买农机的资金成本，农机需求显著下降。Massey Ferguson和国际Harvester公司由于债务负担重而陷入严重的财务困境。而债务负担轻的Deere利用未使用的债务融资能力进行必要的投资，支援陷入困境的经销商。1980年，Deere公司在北美农机市场占有率上升到49%，而Massey Ferguson、国际Harvester分别下降到28%、22%。1980年年底，农机业需求仍不景气。由于债务融资能力下降，Deere公司面临削减投资专案和再发行新股（可能导致公司股票价格下降）的抉择。1981年1月5日，Deere公司宣布发行172亿美元新股，用于投资必要的专案，同时偿还部分债务，降低债务比例。Deere公司因此重新储备了债务融资能力。而债务沉重的竞争对手Massey Ferguson公司和国际Harvester公司一直处于财务困境，最终均宣布破产。

2. 盈利型财务困境

盈利企业按其发展状况，可分为稳健发展的盈利企业和超常发展的盈利企业。超常发展是只求利润，不顾风险的直线发展或急剧成长。尽管不乏有通过贷款、高负债进行高风险的投资扩张获得超常发展而成功的企业家和企业，但“技改和扩建债务危机现象”非常普遍，财务危机深重，甚至破产的企业不胜枚举。盈利型财务困境往往始发于扩大销售。为了扩大销售，于是增加产成品存货，原材料存货，增加应收款项，增加设备投资。具体表现为一见订货踊跃，就唯恐生产能力不足；增加设备，进行固定资产投资，而自有资金又不充裕，于是借款。导致了固定资产过大，负债过大。

而固定资产购置后，需要较多的相关原材料和在产品资金。这就造成存货过大并促使产成品资金上升。同时，由于借债或赊购的增加，负债进一步增大。这样产成品存货过大，造成赊销量过大，应收款项过大；应收款项过大又进一步导致借款的增加或应付款的无力支付，负债再次增加，这就出现了恶性循环。一旦市场变化，销货锐减，势必出现现金短缺，进入“有利可图，无钱可用”的财务困境。

16.1.3 财务困境的预警方法

企业财务困境的预警方法很多，但比较有代表性的主要是 F 预警模型和 Z 预警模型[①]。

1. F 预警模型

F 预警模型主要用于企业财务失败的预警分析。其 F 值的计算公式如下：

$$F=-0.1774+1.1091X_1+0.1074X_2+1.9273X_3+0.0302X_4+0.4961X_5 \quad (16\text{-}1)$$

式中：

X_1——期末营运资本/期末总资产；

X_2——期末留存盈利/期末总资产；

X_3——（税后净利+折旧）/平均总负债；

X_4——期末股东权益的市场价值/期末总负债；

X_5——（税后净利+折旧+利息）/平均总资产。

在上述 5 个变量中，X_1 反映企业资产的流动性；X_2 反映企业的积累能力和全部资产中来自留存盈利的比重；X_3 反映现金流量的还债能力；X_4 反映企业财务结构；X_5 反映企业总资产创造现金流量的能力。

通过上述公式计算的 F 值如果大于 0.0274，企业可以继续生存，反之将被预测为破产企业。

2. Z 预警模型

该模型通过以下公式计算的 Z 值来判断企业破产的概率：

$$Z=0.012X_1+0.014X_2+0.033X_3+0.006X_4+0.999X_5 \quad (16\text{-}2)$$

式中：

X_1——营运资本/总资产；

X_2——累计留存盈利/资产总数；

X_3——息税前利润/资产总额；

X_4——股票市价/负债账面价值；

X_5——销售收入/资产总额。

与 F 值的计算公式比较，其 5 个变量中有 X_1、X_4 两个变量是相同的，其他三个变量则不同或不完全相同。通过上述公式计算的 Z 值如果大于 2.99，则企业破产的概率低；如果小于 1.81，则企业破产的概率高；若 Z 值介于 1.81～2.99，较难估计企业破产的可能性，应结合其他方法具体分析。

除了常见的 F 预警和 Z 预警模型外，还出现了多元逻辑回归模型及多元概率比回归模型等[②]。多元逻辑回归模型的目标是寻求观察对象的条件概率，从而据此判断观察对象的财务状况和经营风险。这一模型建立在累计概率函数的基础上，不需要自变量服从多元正态分布和两组间协方差相等的条件。Logit 模型假设了企业破产的概率 p（破产取 1，非破产取 0），并假设 $\mathrm{Ln}[p/(1-p)]$可以用财务比率线性解释。假定 $\mathrm{Ln}[p/(1-p)]=a+bX$，根据推导可以得出 $p=\exp(a+bX)/[1+\exp(a+bX)]$，从而计算出企业破产的概率。判别方法和其他模型一样，先是根据多元线性判定模型确定企业破产的 Z 值，然后推导出企业破产的条件概率。其判别规则是：如果 p 值大于 0.5，表明企业破产的概率比较大，可以判定企业为即将破产类型；如果 p 值低于 0.5，表明企业财务正常的概率比较大，可以判定企业为财务正常。Logit 模型的最大优点是，不需要严格的假设条件，克服了线性方程受统计假设约束的局限性，具有了更广

① 吴世农，卢贤义. 我国上市公司财务困境的预测模型研究[J]. 经济研究，2001（6）.

② 张鸣，张艳，程涛. 企业财务预警研究前沿[M]. 北京：中国财政经济出版社，2004.

泛的适用范围。目前，这种模型的使用较为普遍，但其计算过程比较复杂，而且在计算过程中有很多的近似处理，这不可避免地会影响到预测精度。

多元概率比回归模型同样假定企业破产的概率为 p，采用的概率函数则是累积标准正态分布函数：

$$P(X_i,\beta)=F(\alpha+\beta X_i)=\int_{-\infty}^{\alpha+\beta_i}\frac{1}{(2\pi)^{\frac{1}{2}}}\mathrm{e}^{\frac{-t^2}{2}}\,\mathrm{d}t \tag{16-3}$$

其计算方法与多元逻辑回归模型类似，先是确定企业样本的极大似然函数，通过求似然函数的极大值得到参数 α 和 β，然后求出企业破产的概率。如果概率 p 值低于 0.5，就判别为财务正常型；如果 p 值大于 0.5，为财务危机型。

多元概率比回归模型与多元逻辑回归模型比较相似，区别在于对变量的概率分布假设不同。多元概率比回归预警模型采用的是累计正态概率函数，即假设因变量服从累计正态分布，而多元逻辑回归模型采用的是逻辑概率分布函数，将预测（0，1）事件的概率问题转化为实数轴上预测一个事件发生的机会比率问题。

随着统计技术和计算机技术的不断发展，递归分类、人工智能及人工神经元网络等技术也逐渐被引入到财务危机预警模型中。当然，企业财务困境不能仅仅依靠数学模型来预测，必须结合实际，将定性方法与定量方法相结合，建立适合企业的财务困境预测系统，才能更好地实现财务困境的预测与管理。

16.2 财务困境管理办法

16.2.1 财务困境管理的一般模式

根据不同企业的实际情况，处理财务困境主要有三种形式[①]：第一种是资产重组，企业通过出售部分资产，与其他企业合并，减少资本支出等方法来取得现金流，以偿还到期债务。例如，全美第一大汽车制造商通用汽车公司，2009 年 6 月 1 日通用汽车在美国纽约正式向当地法院提出破产保护申请。根据申请材料，通用汽车将在未来 60～90 天时间内进行重组，并成为一家规模更小但包含了相对优质资产和业务部门的“新通用汽车”公司。此外，新公司将对美国联邦政府有着更强的依赖性：美国财政部已经允诺向通用汽车提供 301 亿美元的救助贷款，但强调之后不会再增加贷款数额，这将使美国联邦政府在新公司中的持股比例升至 60%；加拿大政府也将对“新通用汽车”提供 95 亿美元的救助贷款，而其持股比例也将因此增至 12%。经过本次破产重组，原通用汽车公司将损失 880 亿美元的资产。第二种是破产清算，法人资格消失，通过清算来结束各种债权和股权关系。第三种是债务重组，企业与债权人就原债务合同进行谈判以确定新的债务合同，包括债务展期、债务减免和债转股等。

在财务困境的处理方面，最主要的方法是债务重组。重组是为了使有复苏希望的企业在发生暂时支付困难时，避免进入破产清算程序。

债务重组包括三种模式：

（1）正式重组，也就是在破产保护下重组，即在第三方——法院的领导下进行重组也称庭内重组；

（2）私下重组也称庭外重组，企业与债权人私下达成债务重组协议；

（3）预包装破产重组，即先与债权人达成协议，再通过法律程序重组。

① 李耀. 公司并购与重组导论[M]. 上海：上海财经大学出版社，2010.

16.2.2 我国企业财务困境的管理

在市场经济发达的国家，由于对财务困境理论的认识较为深刻，破产和重组立法方面的理论和实际操作的技术都比较成熟，但我国由于还处在计划经济向市场经济转型的过程中，不仅在技术层面上遇到很多难题，而且在理论上也存在不少困惑的地方。

1. 资产重组

资产重组在国际上是相对简单的一种处理方式，最主要的形式就是通过出售部分非核心资产，一般在 10%～20%，或者业务来变现资金以偿还到期债务，或者通过被并购等方式来获得还债的能力，政府几乎不干预。

在我国，由于国有企业的特殊性，资产重组更多的是政府行为而不是经济行为。一些经营状况良好但不具备兼并条件的企业在政府干预下，被迫兼并没有经济效益的困境企业，以避免破产引发的职工安置压力。但由于加大了企业负担，许多优秀企业被拖垮，随后也陷入困境，而有的上市公司为避免摘牌或配股的需要甚至仅仅为了股价炒作而进行资产重组，这些都严重影响了资产重组的资源优化配置功能。

2. 债务重组

债务重组在我国被称作企业整顿，并包含了资产重组的内容，主要体现在《中华人民共和国企业破产法》中的整顿条款，以及 1992 年 7 月发布的《全民所有制工业企业转换经营机制条例》对破产程序外整顿的规定。债务重组在我国经济生活中具有重要意义，对于改善我国企业不合理的债务结构，减轻企业特别是国有企业的债务负担有积极作用，同时又避免了破产程序容易引起社会震荡等消极因素。

与债务重组根本目的是为了解决债权债务问题，不同的是，我国的企业整顿是与国民经济的整顿结合在一起的，目的是为了治理经济环境、整顿经济秩序，手段以行政命令为主。因此在具体规定上，存在很大的差异，在适用范围上，只是针对全民所有制企业；在程序上，由企业上级主管部门提出并组织实施，并以企业与债权人达成和解协议为前提。

这些显然已经不适应当今经济环境，破产保护应该适合所有类型的企业，而如果能直接与债权人达成和解协议，也没有必要经过复杂的法律程序、承担昂贵的时间损失和费用。

债务重组涉及市场、会计与法律制度，但由于目前我国资本市场的不成熟、法律法规体系的不完善，条例规定破产程序外的整顿，涉及的主要是企业内部的一些整顿措施，对最为重要的企业与债权人之间的关系界定模糊。我国企业真正通过整顿获得成功的案例并不多，而且暴露出大量的问题：一方面通过重组和破产逃避债务成为债务重组的根本动力，严重侵害了债权人特别是银行的利益；另一方面，由于上市指标和配股资格作为一种稀缺资源，引发了地方政府主导的以“保壳保配”和“借壳上市”为直接目标的上市公司重组浪潮，侵害了中小投资者的利益和资本市场的健康发展。因此，从财务困境理论角度研究如何完善法律、法规以规范债务重组行为，不同财务困境处理模式在我国的应用和选择，内部控制人对财务困境处理的影响等方面应该成为我国财务理论界的研究方向。

3. 破产清算

破产清算是解决财务困境最为极端的方式，也是我国研究财务困境最深入的领域。我国从 1986 年开始试行《中华人民共和国破产法》，经过十几年的实践，使政府官员和企业职工逐渐了解和接受了破产，积累了大量的经验，为建立更为完善的破产制度打下了基础。但在企业的破产过程中，无论从条文还是程序均暴露出不少的问题，主要表现如下。

由于现在公司的类型出现了有限责任、股份、合伙制、国有控股、国有参股等多种形式，而且非国有企业已经是我国经济增长和解决就业的重要动力，因此原来只适用于全民所有制企业的破产法已失去现实意义。

现有破产法将社会稳定置于债权人利益之上，首先考虑的全民所有制企业职工安置的问题。企业在破产以后，首先要用企业存留财产变现后的收入来安置职工，剩下的钱才能还债。实际上这已经不是纯粹经济意义上的破产，而是一种政策破产，所以债务清偿率极低，债权人合法利益受到了严重的侵蚀。特别是我国企业的债务绝大部分是银行贷款，在实践中，存在大量的违规出售产权、脱壳经营、母体裂变、假破产兼并等逃避银行债务的现象，银行被迫承担了大部分改革的社会成本。破产和重组对国有企业来说，不但不是一种威胁和制约机制，反而成了一种诱惑，在很大程度上失去了促进公司治理结构和管理进步的作用。

国务院《在若干城市试行国有企业破产有关问题的通知》和《在若干城市试行国有企业兼并破产和职工再就业有关问题的补充通知》中规定，试点城市国有企业的破产实行预先报批的计划管理制度，使法院失去对破产案件受理的决定权，在破产清算中，清算组的组成也完全以政府行政官员为主体。而国际通行的做法是通过重组、破产管理人等制度，利用市场化的独立中介机构、专业人士（如会计师、律师、审计师等）来进行。这种制度上的欠缺为政府出于自身的利益行政干预提供了法律上的依据。

16.3 兼并与收购

16.3.1 兼并与收购的定义

兼并是指通过产权的有偿转让，把其他企业并入本企业或企业集团中，使被兼并的企业失去法人资格或改变法人实体的经济行为。通常是指一家企业以现金、证券或其他形式购买取得其他企业的产权，使其他企业丧失法人资格或改变法人实体，并取得对这些企业决策控制权的经济行为。

兼并的概念有广义和狭义之分。

广义的兼并是指一个企业获得另一个企业的控制权，从而使若干个企业结合成一个整体来经营。

狭义的兼并概念是指两个规模大致相当的企业结合起来将其资源整合成一个实体。兼并前企业的股东或所有者在兼并企业中拥有股份，同时原来企业的高级管理人员继续在兼并后的企业中担任高级管理职位。

收购是一个商业公司管理学的术语，是指一个企业以购买全部或部分股票（或称为股份收购）的方式购买了另一企业的全部或部分所有权，或者以购买全部或部分资产（或称资产收购）的方式购买另一企业的全部或部分所有权。是透过取得控制性股权而成为一个公司的大股东的过程。

商业收购意指一个公司（收买方）买断另一个公司（收购目标）。该事件后果类似于合并，不过并没有形成一个新公司。

股票收购可通过兼并或标购来实现。兼并特点是与目标企业管理者直接谈判，或以交换股票的方式进行购买，目标企业董事会的认可通常发生在兼并出价获得目标企业所有者认同之前。使用标购方式，购买股票的出价直接面向目标企业所有者。收购其他企业部分与全部资产，通常是直接与目标企业管理者谈判。

收购的目标是获得对目标企业的控制权，目标企业的法人地位并不消失。

16.3.2 并购的类型

企业并购的形式多种多样，按照不同的分类标准可划分为许多不同的类型。

1. 按并购双方产品与产业的联系划分

（1）横向并购

当并购方与被并购方处于同一行业、生产或经营同一产品，并购使资本在同一市场领域或部门集中时，称之为横向并购。如奶粉罐头食品厂合并咖啡罐头食品厂，两厂的生产工艺相近，并购后可按并购企业的要求进行生产或加工。这种并购投资的目的主要是确立或巩固企业在行业内的优势地位，扩大企业规模。

（2）纵向并购

纵向并购是对生产工艺或经营方式上有前后关联的企业进行的并购，是生产、销售的连续性过程中互为购买者和销售者（即生产经营上互为上下游关系）的企业之间的并购。如加工制造企业并购与其有原材料、运输、贸易联系的企业。其主要目的是组织专业化生产和实现产销一体化。纵向并购较少受到各国有关反垄断法律或政策的限制。

（3）混合并购

混合并购是对处于不同产业领域、产品属于不同市场，并与其产业部门之间不存在特别的生产技术联系的企业进行并购，如钢铁企业并购石油企业，因而产生多种经营企业。采取这种方式可实现分散投资和多样化经营以降低企业风险，达到资源互补、优化组合和扩大市场活动范围的目的。

2. 按并购的实现方式划分

（1）承担债务式并购

在被并购企业资不抵债或资产债务相等的情况下，并购方以承担被并购方全部或部分债务为条件，取得被并购方的资产所有权和经营权。

（2）现金购买式并购

现金购买式并购有两种情况：

① 并购方筹集足额的现金购买被并购方全部资产，使被并购方除现金外没有持续经营的物质基础，成为有资本结构而无生产资源的空壳，不得不从法律意义上消失。

② 并购方以现金通过市场、柜台或协商购买目标公司的股票或股权，一旦拥有其大部分或全部股本，目标公司就被并购了。

（3）股份交易式并购

股份交易式并购也有两种情况。

① 以股权换股权。以股权换股权是指并购公司向目标公司的股东发行自己公司的股票，以换取目标公司的大部分或全部股票达到控制目标公司的目的。通过并购，目标公司或者成为并购公司的分公司或子公司，或者解散并入并购公司。

② 以股权换资产。以股权换资产是指并购公司向目标公司发行并购公司自己的股票，以换取目标公司的资产，并购公司在有选择的情况下承担目标公司的全部或部分责任。目标公司也要把拥有的并购公司的股票转让给自己的股东。

3. 按涉及被并购企业的范围划分

（1）整体并购

整体并购指资产和产权的整体转让。其目的是通过资本迅速集中，增强企业实力，扩大生产规模，提高市场竞争能力。整体并购有利于加快资金、资源集中的速度，迅速提高规模水平与规模效益。实施整体并购也在一定程度上限制了资金紧缺者的潜在购买行为。

（2）部分并购

部分并购指将企业的资产和产权分割为若干部分进行交易而实现企业并购的行为。具体包括三种形式：对企业部分实物资产进行并购；将产权划分为若干份等额价值进行产权交易；将经营权分成几个部分（如营销权、商标权、专利权等）进行产权转让。部分并购的优点在于可扩大企业并购的范围，弥补大规模整体并购的巨额资金缺口，有利于企业设备更新换代，将企业不需要的厂房、设备转让给其他并购者，更容易调整资产存量结构。

4. 按企业并购双方是否友好协商划分

（1）善意并购

善意并购指并购公司率先与目标公司协商，征得其同意并通过谈判达成收购条件的一致意见而完成收购活动的并购方式。善意并购有利于降低并购行动的风险与成本，使双方能够充分交流、沟通信息，目标公司主动向并购公司提供必要的资料。同时善意行为还可避免因目标公司抗拒而带来额外的支出。但是，善意并购使并购公司不得不牺牲自身的部分利益，以换取目标公司的合作，而且漫长的协商、谈判过程也可能使并购行动丧失其部分价值。

（2）敌意并购

敌意并购指并购公司在收购目标公司股权时虽然遭到目标公司的抗拒，仍然强行收购，或者并购公司事先并不与目标公司进行协商，而突然直接向目标公司股东开出价格或收购要约的并购行为。敌意并购的优点在于并购公司完全处于主动地位，不用被动权衡各方利益，而且并购行动节奏快、时间短，可有效控制并购成本。但敌意并购通常无法从目标公司获取其内部实际运营、财务状况等重要资料，给公司估价带来困难，同时还会招致目标公司抵抗甚至设置各种障碍。所以敌意并购的风险较大，要求并购公司制订严密的收购行动计划并严格保密、快速实施。另外，由于敌意并购易导致股市的不良波动，甚至影响企业发展的正常秩序，各国政府都对敌意并购予以限制。

5. 按并购交易是否通过证券交易所划分

（1）要约收购

要约收购指并购公司通过证券交易所的证券交易持有一个上市公司（目标公司）已发行的股份的一定比例时，依法向该公司所有股东发出公开收购要约，按符合法律的价格以货币付款方式购买股票，获取目标公司股权的收购方式。要约收购直接在股票市场中进行，受到市场规则的严格限制，风险较大但自主性强，速战速决。敌意并购多采取要约收购的方式。

（2）协议收购

协议收购指并购公司不通过证券交易所，而是直接与目标公司取得联系，通过谈判、协商达成共同协议，据以实现目标公司股权转移的收购方式。协议收购易取得目标公司的理解与合作，有利于降低收购行动的风险成本，但谈判过程中的契约成本较高。协议收购一般都属于善意并购。

16.3.3 并购的协同效应

并购是否会创造价值？2011 年 8 月 15 日，谷歌曾宣布与摩托罗拉移动签署最终协议，将以每股 40 美元的现金收购后者，总价约 125 亿美元。然而 2014 年 1 月 30 日，谷歌又以 29 亿美元的价格将摩托罗拉卖给了联想。试问谷歌在这次并购中收获了什么？谷歌是否亏损？实际上，通过重新配置并购双方的优势资源要素，实施产业整合，可以最终实现价值再造和增值[①]。具体体现在以下几个方面。

① 周小春，李善民. 并购价值创造的影响因素研究[J]. 管理世界. 2008（5），134-143.

1. 管理协同效应

管理协同效应产生的前提是收购公司的管理能力可以转移，但是并不是所有的管理能力都可以转移，为此，在分析并购能否带来管理协同效应之前，必须弄清楚收购公司具备哪些管理能力[①]。收购公司的管理能力可以分为以下三类。

（1）一般管理能力

一般管理能力主要是指计划、组织和控制等一般管理职能。一般管理能力的专属性最差，可以转移到其他多数行业和企业中去，所以与此相关的并购类型应是混合并购。

（2）行业专属管理能力

行业专属管理能力是与某一特定行业的生产经营特点相关的特殊管理能力。行业专属管理能力只能在本行业内的企业之间进行转移，所以与此相关的并购应是同行业企业间的兼并，即横向并购或某种混合性并购。

（3）企业专属非管理人员能力

这种能力形成于日常生产和经营，取决于经验和技巧的积累，并与企业的专属信息（如员工特长与工作最佳匹配的信息等）结合非常紧密，企业专属非管理人员能力的可转移性最小，即使在同行业的企业之间也难以转移。

综上分析，当收购公司并购目标公司时，一般管理能力和行业专属管理能力就有可能从“密度较大”的企业转移到“密度较小”的企业，从而实现管理能力的最佳配比，提高并购后的企业整体管理水平，产生管理协同效应。

2. 经营协同效应

经营协同效应主要是指并购后给企业生产经营活动的效率方面带来的变化[②]。由于企业并购模式的差异，经营协同效应的获得，其产生的动因也是不同的，只有动因清楚了，方可知并购行为是否可以获得经营协同效应。根据并购双方产业模式的不同，并购模式可以分为横向并购、纵向并购和混合并购。

（1）横向并购中的经营协同效应

横向并购是生产同类产品或类似产品或生产技术工艺相近的企业之间所进行的并购，这是最常见的一种并购方式，其目的在于扩大企业市场份额，在竞争中取得优势。在横向并购中，经营协同效应的产生主要是由于以下原因。

① 规模经济。规模经济的产生，主要来源于单位固定成本降低、专业效应增强、学习效应带来技术和管理水平提高、采购成本降低等。

② 范围经济。规模经济是利用一套投入要素生产同种产品，而范围经济是用一套投入要素同时生产多种产品或提供多种服务。当一家公司同时生产两种产品的综合成本低于由两家公司分别生产这两种产品的成本之和时，范围经济就产生了。由于并购双方存在某些共有的生产投入要素，当各自生产含有该种投入要素的产品的能力剩余时，通过横向并购活动，显然可以充分利用双方的剩余能力和资源，提高生产经营效率。

③ 市场力量的增强。横向并购可以使市场形态从竞争走向垄断，提高行业集中度，并通过稳定的价格水平，使企业维持较高的利润率。

④ 竞争成本的降低。在一个行业中，多个竞争对手的存在会使某个供应商的谈判次数增加，并且

---

① Masulis, R. W., C. Wang, F. Xie. Corporate Governace and Acquirer Returns [J]. The Journal of Finance, 2007, 62(4): 1851-1889.
② 张新. 并购重组是否创造价值[J]. 经济研究，2003（6）：20-29.

使得需求方的选择余地加大，从而减弱该供应商的价格谈判能力，这都体现为竞争成本。实施横向并购是减少竞争成本的重要手段，一方面通过量的改变（即减少横向竞争者），使竞争对手的谈判干扰力量相对减弱，另一方面通过质的改变（即提高并购公司在竞争中的强势地位），从而减少竞争成本。

（2）纵向并购中的经营协同效应

纵向并购是指对沿收购公司价值链（如生产或营销）方向上有前后衔接关系的企业的并购，形成纵向一体化，实现战略协同。它是通过降低企业交易成本，从而实现经营协同效应。纵向并购是一种以内部组织替代市场交换的一种手段，因此，收购公司能够降低交易搜寻成本、降低讨价还价成本、降低履约成本、有效预测和控制生产成本，从整体上降低收购公司的交易成本，获得经营协同效应。

（3）混合并购中的经营协同效应

混合并购兼具横向和纵向并购的特点，目的在于实施多元化经营战略，降低企业风险。混合并购的经营协同效应主要体现在实现范围经济上。收购公司通过混合并购，使得企业经营业务范围扩大，同时通过共享剩余资源，实现范围经济。它主要体现在以下几个方面：

① 生产上的有效组合。如果收购公司现有的生产线上存在剩余的生产能力，采取混合并购实现多元化经营，可以提高资产和设备的利用率。

② 原材料应用上的有效组合。混合并购后的两个企业，即使两者之间没有直接的投入产出关系，但有可能两者所用的某些原材料是一样的，或其中一家的原材料下脚料恰为另一家所需，这样可以提高资源的利用效率。

③ 市场组合效应。当企业已经具备很强的销售网络和服务系统时，通过混合并购可以使新产品营销充分利用该系统，从而迅速占领市场。

④ 研究开发组合效应。研发具有外溢性，即研发产生的知识和技术创新的应用可能超出企业现有的经营范围，通过混合并购，企业可以将技术应用范围扩大，从而获取更高的收益。

3. 财务协同效应

财务协同效应主要是指并购活动给企业带来的财务方面的收益。财务协同效应主要来源于以下两个方面。

（1）资本成本降低带来的收益

收购公司通过并购，使得自身资产规模扩大、资金偿付能力加强；因此在资本市场上，相对于小公司而言，更具融资优势。债务性融资方面主要表现在，由于并购后企业举债能力上升而引起资本成本降低；权益性融资方面主要表现在，大公司稳定的获利能力更易赢得投资者的信任，从而使得融资时资金筹资成本和使用成本降低；此外，收购公司规模扩大、利润来源增加，使得公司通过留存收益积累自我发展资金能力提高，从而减少对外部融资渠道的依赖和相关资本成本的支出，这样就会减少资本成本方面的现金支出。

（2）由税务会计处理规定等法律法规的作用而产生的收益

只有收购公司的并购方案设计同税法中有关并购方面的优惠规定结合起来，方可产生财务协同效应。主要表现如下。

① 利用非现金支付产生避税效应。如果并购方案设计中支付方式不是现金支付，而是通过换股进行支付，由于交易双方交易过程未转移现金，也未实现资本收益，根据税法可以免税，则可以产生避税效应。

② 利用税法中亏损递延条款来合理减少税负。根据《企业所得税暂行条例》第十四条规定，如果纳税人发生年度亏损，可以利用下一纳税年度的纳税所得来弥补；若下一纳税年度的纳税所得仍不足

以弥补，则可以逐年延续至第五年。如果该企业拥有的累积亏损在税法规定的有效期内无法更早地加以利用或者根本无条件利用，这时，如果该企业被一个盈利的收购公司并购，并满足收购公司与目标公司合并纳税的税法规定，则可以减少所得税支付。

我们可以剖析以下实例：2009 年 6 月，A 公司欲对 B 公司实施并购。2008 年 12 月 31 日，B 公司的财务报表显示利润为-6,300 万元，如实施并购成功后，满足税法合并纳税的规定，即 A 公司在计算所得税时其税前利润可以用 B 公司的亏损额抵减。根据税法，B 公司亏损可在税前抵减，有效期至 2009 年 12 月 31 日。根据经营预测，2009 年、2010 年 B 公司将产生税前利润分别为 4,000 万元、3,000 万元；2009 年、2010 年 A 公司税前利润分别为 1,450 万元、2,150 万元，所得税率为 33%。在不存在并购的情况下，2009 年 B 公司可抵减所得税 1,320 万元，2010 年可抵所得税 759 万元。在存在并购的情况下，2009 年 A 公司可抵所得税 1,798.5 万元，2010 年可抵所得税 280.5 万元。并购的结果是，2009 年 A 公司将会少流出 478.5 万元所得税款，即增加 478.5 万元的现金流入；2010 年 A 公司将多流出 478.5 所得税款，即将增加 478.5 万元的现金流出，即该财务协同效应在 2009 年、2010 年的贡献值分别为 478.5 万元、负 478.5 万元（不考虑货币时间价值）。

4. 无形资产协同效应

无形资产协同效应是指由于无形资产所具有的一些不同于有形资产的特殊本质和机能，比如，形成上的高投入性、发挥作用上的长期性、使用上的不可分割性和不可模仿性、与有效资产的结合性、交易中的不确定性等。无形资产协同效应主要表现在以下几个方面。

（1）品牌协同效应

通过企业并购，首先，可以共享强势品牌的巨大影响力，在相对较短的时间内，提高产品或服务的竞争力；其次，可以向目标公司灌输品牌文化，提高企业员工的凝聚力和吸引力。

（2）技术协同效应

技术协同效应是指通过专利技术、专有技术的低成本扩散，使得技术创新获得规模经济效应。在横向并购中，由于并购双方生产相同的产品，使用相同的技术，目标公司通过获取收购企业的先进技术，可以轻易提高其技术水平，从而节约成本，提高产品的产量和质量；在关联性混合并购中，由于核心技术的相通性，使优势企业的先进技术可以在相关行业进行渗透和扩散。

（3）文化协同效应

文化协同效应的实质是建立共同的价值取向和行为标准，从而形成对内的凝聚力和对外的影响力。文化协同效应是基于积极的企业文化对目标公司的松散文化具有可输出性，从而产生一种强劲的推动潜能，通过文化扩散、渗透和同化，可以提高目标公司的整体素质。文化协同效应的大小主要取决于两方面的因素：一是并购主体企业的文化内涵。如果该企业文化被外部认同程度高、符合时代潮流，则生命力强，发展空间大，对其他文化的协同效应也强；二是并购文化的差异。企业文化都有各自的个性，并购双方文化的这种差异决定了文化冲突的可能性，从而给文化协同效应带来负效应。一般讲，双方文化差异越大，文化的融合难度就较大，文化协同效应也就越小。所以选择并购对象时，应对双方的文化进行分析，应选择文化差异小的企业作为并购目标。

16.4 并购中企业价值计量

并购中企业价值计量主要包括：企业自我价值计量、目标企业价值计量和并购后联合企业的价值计量等三部分[1]。

16.4.1 企业自我价值计量

在评估企业自我价值之前，首先应对本企业进行全面详细的分析与评价，一般包括企业的财务现状、经营管理、人事组织、市场竞争等，这些梳理为预测企业未来的经营状况、评估企业的价值，提供了基础性的数据及资料。

评估企业自我价值与一般的企业价值评估方法大致相同，国际上多为现金流量折现方法。具体方法就是：梳理企业的历史业绩，推测未来绩效（独立经营条件下），选择企业加权平均资本成本，将未来现金流量折为现值。

确定本企业的价值是企业实施并购的基础，对并购过程往往十分重要。没有恰当的自身价值评估，往往会影响并购方案的筹资手段的选择，也会影响到不同并购策略的选择，影响到不同策略给企业带来的价值判断。

16.4.2 目标企业的价值计量

目标企业价值计量是企业并购中最核心的环节，它是制定收购支付价格的主要依据。在选定并购目标，对其所在的产业情况、企业经营、财务状况、人事管理等进行分析，并据此评价并购可能的风险，之后便可以展开目标企业的价值计量。

一般情况下，目标企业不会同意接受低于自身价值的价格，并购方需要接受高于目标企业价值的溢价价格，溢价的多少则视具体情况而定。在国内资本市场的实践中，企业价值评估与国际通行方法还存在较大的差距，国际上通常适用的方法是现金流量折现方法，但国内目前通常使用的是成本加和的方法。

16.4.3 并购后的联合企业价值

在对协同效应进行细致评价的基础上，可以更加合理地预计并购后企业的经营状况，以尽量精确地评价并购后联合企业的价值。而用并购后联合企业的价值减去并购前双方企业的价值之和，就可以得出并购的协同效应结果。在制定支付价格时，协同效应的结果即为溢价的上限，超出这个限度，只能放弃并购。由此可见，评估并购后联合企业的价值也是十分必要的。

总之，根据评估对象的不同，可以将并购中的企业价值计量分为：并购者自身的企业价值计量、目标企业价值计量和并购后联合企业的价值计量。三者既各自独立，又相互联系，缺一不可。当然，其中最为核心的内容是目标企业的价值计量。

16.5 并购的防御与反抗

16.5.1 并购的风险

企业并购风险是指企业在并购活动中达不到预先设定目标的可能性，以及由此给企业正常经营和管理所带来的影响程度。通常分为以下两种情形：一是并购企业采取措施控制了目标企业，但控制权收益不如预期，恰如一部分并购企业在接管目标企业后，经营业绩明显下滑；二是并购企业未能按预

① 张秋生. 并购学——一个基本理论框架[M]. 北京：中国经济出版社，2010.

期要求控制目标企业，又可细分为并购企业接管目标企业失败和接管后整合效果不如预期两种情况①。

16.5.2 规避风险的方法

并购风险规避是指在并购准备阶段预先估计、分析和识别企业并购风险因子及发生的可能性，判断导致其实现的条件和因素，以便在并购战略的制订、目标企业的选择等并购环节中尽可能地避免。即通过放弃整个并购活动或放弃其中的一些项目，以便从根本上消除风险可能造成的损失。风险规避通常并不是放弃整个并购活动，而是通过方案调整或局部放弃，消除某些对企业并购效果影响较大的不确定性因素，以实现风险规避的目的。

并购风险规避的方法主要有以下几种。

1. 质疑式并购法

企业并购的不确定性较高，可谓"一招不慎，满盘皆输"，因此需要做大量的调研和论证工作，进行充分准备。并购方在并购前应当对一些模糊问题、潜藏的风险进行深入思考，并尝试回答，以尽量避免并购带来的负面效应，这是事前规避并购风险的有效方法。一般来说，自问自答的问题有：并购是否与企业发展战略相一致？并购是为荣誉、利润还是为利益？并购企业的优势是什么？并购企业又需要什么？是否对潜在目标企业有充分的了解？潜在目标企业能否满足企业发展战略的需要？潜在目标企业需要什么？并购企业能否通过并购为潜在目标企业及其股东带来收益？外部环境对企业并购的影响如何？

2. 间接式并购法

间接式并购法是指由并购方委托第三者完成的并购。间接并购通常是由并购企业设立一个子公司或控股公司，然后以子公司的名义并购其他企业。并购企业对子公司的投资是象征性的，目的是为了并购而非经营，不同于并购企业直接与目标企业发生关系的直接并购。间接并购在规避并购风险方面具有明显作用：一是并购企业对并购后可能出现的潜在诉讼与或有负债，如担保、产品质量、侵权行为等所造成的损失不承担责任，由子公司承担；二是一旦并购失败，其损失可以控制在子公司的范围之内，对并购企业不会产生重大影响。

3. 两步式并购法

即把正常情况下一次完成的并购分成有明显时间间隔的两步完成，以规避信息不对称等因素可能导致的高风险。可以采用的具体形式有先承包、后并购，先租赁、后并购，先托管、后并购，先参股、后控股，先建立战略联盟、后全面合并等。一般情况下，承包、租赁、托管等过渡形式适用于优势企业对劣势企业的并购，而参股、战略联盟等过渡形式则适用于优势企业之间的并购。在过渡期间，并购企业可以利用自身的地位充分了解目标企业的优势和劣势、发现潜力和可能存在的财务陷阱：对并购双方经营、管理、财务、人事等方面能否协同以及协同程度进行评价，为下一步决定是否并购以及如何合理确定并购价格提供依据；对目标企业主要管理和技术人员的工作能力进行评价，决定其并购之后的去留。

16.5.3 并购防御

并购的防御，也可被称为反并购，是指目标公司管理层为了防止公司控制权转移而采取的旨在预防或挫败收购者收购本公司的行为。反并购的主体是目标公司，反并购的核心在于为防止目标公司控制权的转移。一般来说，并购防御发生在敌意收购的情况下。敌意收购是相对于善意收购而言，它是

① 威斯通，侯格，等. 兼并、重组与公司控制[M]. 北京：经济科学出版社，1998.

指遭到目标公司管理层反对的收购活动[①]。

目标公司抵御收购者的敌意收购，其原因主要包括：第一，现任管理层不希望丧失其对目标公司的控制权。因为一旦公司被收购，目标公司的管理层的职位、权力和待遇可能受到较大损害。第二，管理层通过抵制并购可能达到抬高对方出价的目的。因为目标公司抵制并购的行为会延缓并购公司的并购步伐，从而让其他有兴趣参加并购的公司加入并购行列，最终提高并购价格。第三，目标公司可能会收到以直接出售目标公司从中谋利为目的的敌意收购要约，因为许多敌意并购的目的不是长期经营企业，而是在投机中获利。所以为了公司长期的发展，维护广大股东的利益，目标公司的管理层可能会选择进行防御。第四，由于大多数公司的高级管理者可以获得有关公司发展战略、产品开发等不能公之于世的内部信息，所以当目标公司收到的收购要约明显低于公司自身真实价值，或公司远期发展前景光明，而可预期的未来价值远高于收购价值时，他们会进行并购防御。

目标公司所采取的一系列措施包括预防性措施及主动性措施构筑防御壁垒[②]。预防性措施是指毒丸计划、修订公司条款、金降落伞等措施，他们的实施可能会减少公司对收购者的吸引力或使收购变得更困难、更昂贵，减少敌意收购的可能性；主动性措施是当目标公司收到敌意报价时采取的绿邮勒索、白衣骑士、资本结构调整、诉讼、帕克曼战略等防御措施[③]。

2007 年雅虎应用上述防御措施成功地抵御了微软的恶意收购。2007 年 1 月 29 日，“雅虎发布了意向令人失望的季度报告和一个更令人不安的前景”，导致了该公司的股票处在 4 年来的最低点。1 月 31 日，雅虎宣布，董事会非执行主席、前 CEO 特里·梅塞尔将离开董事会，董事 Roy Bostock 将接任。不久，微软极为罕见的单方面公布要约收购条款，并高调公布收购价格。为了防止微软的收购活动，雅虎采取了一系列的反收购策略。

第一，锡降落伞计划。雅虎 CEO 杨致远 2 月 15 日在一封致员工的电子邮件中公布了一项针对所有员工的增强离职补偿计划，根据该补偿计划，公司管理层及全职员工如果在公司被收购 2 年内离职，将获得至少 4 个月的薪水。

第二，毒丸计划。与大多数的高科技企业一样，雅虎公司早在 2001 年就通过了毒丸计划，规定当任何人收购公司股份超过 15%时，就允许股东购买额外的股份，随着股本的扩大，收购者占有的份额将被稀释，付出的代价也将增加。

第三，白衣骑士。雅虎如果拒绝微软的收购提议，需要寻找另一份收购要约满足投资者的要求。

此后，双方就收购事宜进行了多次谈判，直至 2008 年 5 月 3 日，微软放弃收购。

16.5.4 并购防御的成本与收益分析

1. 并购防御的成本

反并购可能耗费不菲的资金，因此目标公司在做出并购防御决策前，必须对反并购的成本予以足够的重视。

（1）直接成本和间接成本

并购防御并不是没有代价的，防御措施包括直接与间接两种成本。直接成本是付给专业顾问的费用及其他成本，包括商业银行费用、股票经纪人费用、会计师费用、律师费用、公共关系费用、印刷费用等。间接成本是专用于防御的管理时间与企业资源的价值或机会成本。简单地说，在并购防御中

① 帕特里克 A. 高根. 兼并、收购与公司重组[M]. 北京：机械工业出版社，2004.

② Rauh, J. D. Own Company Stock in Defined Contribution Pension Plans: A Takeover Defense? [J]. Journal of Financial Economics, 2006, 81(2): 379-410.

③ 斯蒂芬 A. 罗斯，伦道夫 W. 威斯特菲尔德，杰弗利 F. 杰富. 公司理财[M]. 北京：机械工业出版社，2011.

直接制约目标公司的成本是支付给中介机构的开支。

（2）隐性成本

隐性成本首先体现在各种反并购策略引起的财务风险上。部分并购防御策略可能能够有效阻止外来的入侵，但也可能给目标公司带来不可估量的损失。以焦土术为例，目标公司不仅出售极具获利能力的资产，还把其他资产贱价卖出以减少公司价值；或者充分利用借贷能力，大量举债购入与特定收购者从事的业务无关的资产或无利可图的资产；或提高负债率以降低债券等级；或进行低效益的长期投资从而使目标公司短期内的资本收益率下降等。这种策略将令敌意收购者无利可图而放弃对目标公司的收购。尽管这种抵御策略很有效，但它对目标公司的利益和股东财富都有明显的负效应。因为它令资产质量下降，恶化财务指标，损害了公司的财务健康，加大了公司的运营风险，降低了目标公司对外界环境变化的快速反应能力和适应能力，是以公司自残为代价的。

并购防御的隐性成本还体现在并购防御中各方当事人之间的利益冲突，其中股东和管理层之间的利益冲突尤为突出。国外（尤其是控制权市场发达的英国、美国等国家）学者对目标公司控制权转移的实证研究表明，发生控制权转移的目标公司的股东可以获得巨大的超常收益①。然而，对于管理层而言，为维护自身利益所采取的防御措施，特别是多数破坏性的措施，可能造成与股东的矛盾和冲突。

2. 并购防御的收益

（1）微观收益：目标公司及公司股东

股东权益假说指出，当管理者采取行动防止控制权的变化时，股票持有者的财富会增加。如果管理者阻止敌意收购企图时无需大量使用资源，就被认为是节省成本。延伸该假说可以认为，反并购措施可以通过出价程序最大化股东的利益。虽然关于并购防御措施的股东财富效应一直以来是学术界争议的焦点，但似乎有更多的实证证明管理层对收购意图的抵御会使得股东价值最大化。

从微观角度看，反并购的收益直接体现在对目标公司及其股东利益的保护。利益驱动是目标公司反并购的根本动机。无论何种防御措施，都是希望抬高公司价格，提高目标公司及其股东的还价能力并使其从中受益。Jensen 和 Ruback 的研究发现，成功接管案例中，如果是要约收购活动，目标公司的股东可能获得了高达 30%超常收益。这反映了一个事实：即有时接管开始时，是由投标者向目标企业管理层提出一项善意的兼并建议。如果管理层不接受该要约，投标企业可能就会采取非善意的要约收购方式并直接向目标企业的股东发出要约，而目标企业的管理层也许会积极地采取各种防御策略反对这项要约。双方斗争的结果经常是以投标企业提高收购价格而告终。所以，平均来看，在善意收购中所获得的溢价较在非善意的要约收购中少。换而言之，目标公司管理层的并购防御将以股东的超常收益而告终。

（2）宏观收益：社会性价值和国家性价值

公开收购威胁的存在能够迫使公司管理层努力提高经营管理绩效，因此敌意收购作为公司不良经营状况的事后矫正机制，对于改善公司治理有积极作用，对于整个社会具有积极意义。

国家性价值主要是针对外资并购而言。在中国现时的经济状况下，企业并购防御不仅关系企业的存亡，还肩负着维护国家经济安全的使命。对发展中国家来说，在外资并购行为背后隐藏着对东道国市场、民族产业、知识产权、技术被控制的巨大风险，外资通过并购长驱直入，可能破坏其竞争秩序，压制其幼稚工业、控制其市场，从而危及东道国产业安全。在经济全球化趋势下，国与国之间的竞争

① Jensen, M. C., Ruback, R. S. The Market for Corporate Control: the Scientific Evidence [J]. Journal of Financial Economics, 1998, 11: 5-50.

日趋激烈，并购防御对提高国家的竞争力、维护国家的经济安全尤为重要；同时，它所具备的自身的垄断抑制功能使得该制度的实施有力地缓解了政府应对反垄断的压力。

16.5.5 “毒丸”防御计划

毒丸计划又称股权摊薄反并购策略，是一种提高并购企业并购成本，造成目标企业的并购吸引力极速降低的反收购措施。毒丸计划在平时不会生效，只有在企业面临被并购的威胁时，毒丸计划才启动。实践中，主要有三种毒丸措施：负债毒丸计划、优先股权毒丸计划和人员毒丸计划[①]。

1. 负债毒丸计划

负债毒丸计划是指目标企业在并购威胁下大量增加自身负债，降低企业被并购的吸引力。负债毒丸计划主要通过企业在发行债券或借贷时订立的“毒药条款”来实现。依据该条款，在企业遭到并购时，债权人有权要求提前赎回债券、清偿借贷或将债券转换成股票。

负债毒丸计划设计主要在两方面：一是，权证持有人以优惠条件购买目标企业股票或合并后的新企业股票，以及债权人依“毒丸条款”将债券转换成股票，从而稀释并购者的持股比例，加大并购资金量和并购成本。二是，权证持有人以上述价格向企业售卖手中持股来换取现金，或者债权人依“毒丸条款”立即要求兑付债券或偿还贷款，以此，可耗竭企业现金，恶化企业财务结构，造成财务困难……令并购者在接收目标企业后立即面临巨额现金支出，直至拖累并购者自身。鉴于并购后可能面临的财务问题，迫使并购者止步。

2. 优先股毒丸计划

优先股毒丸计划是一种购股权计划，这种购股权通常发行给老股东，并且只有在某种事件发生时才能行使。优先股毒丸计划，一般分为“弹出”计划和“弹入”计划。

“弹出”计划是目标公司发行优先股的购股权。假如，优先股购股权计划为，以100元购买的优先股可以转换成目标公司200元的股票，则此弹出计划的效果是，提高股东在并购计划中愿意接受的最低价格，如果目标公司的股价为50元，那么股东就不会接受所有低于150元的收购要约。因为150元是股东可以从购股权中得到的溢价，它等于50元的股价加上200元的股票减去100元的购股成本。这时，股东可以获得的最低股票溢价是200%，一般股东都会行使此权利，结果是“稀释”了控股股东的权益。

“弹入”计划是目标公司购回其发行在外的股权（一般是优先权）。例如，方案设计为，一旦出现敌意收购，则目标公司自动生成计划，以溢价高达100%的价格（如以200元的价格购买100元的优先股）购回公司股票，而敌意并购方或者触发这一事件的大股东则不在回购之列。这样，达到了“稀释”并购者在公司目标权益的目的。

一般的方案设计，“弹入”计划经常被包含在“弹出”计划之中。

3. 人员毒丸计划

人员毒丸计划是指企业的绝大部分高级管理人员共同签署协议，在企业被以不公平价格并购，并且这些人中有一人在并购后被降职或解聘时，则全部管理人员将集体辞职。这一策略不仅保护了目标企业股东的利益，而且会使并购企业慎重考虑并购后更换管理层对企业带来的巨大影响。企业的管理层阵容越强大、越精干，实施这一策略的效果将越明显。当目标企业管理层的价值对并购方无足轻重时，人员毒丸计划的作用也就有限了。

---

① 姜宇. 企业并购重组通论——以中国实践为基础的探讨[M]. 北京：经济科学出版社，2009.

【讨论案例】

海信的财务管理

1.“保守”的财务管理

“保守”是个贬义词，但坚持财务上的“保守”却是海信能够稳步、健康发展的重要经验之一。海信认为：财务是一个企业的血液，如果血液不畅通，企业就会休克乃至死亡；企业无力偿还到期债务，才是破产的真正标准；在发展速度与财务健康的选择上，宁要健康不要速度；“做大先要做强”“要面子不如要肚子”。

海信对财务上的“保守”主要表现在三个方面：一是集团内各子公司的一把手必须懂财务，并将其列为任职的首要条件；二是把对财务的考核列为考核要素的第一位；三是牢牢地控制资产负债率，提高资金的周转速度。

海信的决策者们认为，海信在一任班子手里由小变大不算本事，在若干年后，把一个健康的海信交到下一代人手里才是真功夫。近年来，海信的规模、净资产、收入超速增长，但资产负债率却连年下降。

2.“精细”的财务管理

海信实施“恢复利润计划”。他们关掉了不熟悉的产业，通过产权改革对青州海信等部分非主导性企业实行了战略性退出，对主导产品实行漠视数量占有率，重视销售额占有率的战略。从而在此消彼长的中国电子信息百强中保持了坚挺的排名地位，成为同行业中公认的市场健康、财务稳定的企业。

海信已深刻地认识到，企业的利润会流失在每个管理环节中，特别是大企业集团更是如此。“精细化”运动已在企业经营的每个环节同时发起，从产品的开发与生产工艺的精细化、生产制造的精细化和市场营销的精细化，一直到企业管理的精细化，而财务管理的精细化贯穿于整个企业经营的始终。

另外，海信还在总部及各分公司设立监察部，巡回检查、核实分公司及其下属办事处上报的情况数据，以全面掌握人、财、物等各方面的信息。管理的到位使得海信的市场基础稳定，应变能力增强，各级人员的工作效率显著提高，对总部的指令反应灵敏、行动到位，并且经营安全得以保证。

本着“要发展，更要健康”的思路，海信一直坚持“保守”的财务政策，与此同时，海信的财务管理还力求“精细化”，将各个环节的工作精细到了极致。

在海信每月的干部讲评会上，一项主要内容就是财务分析讲评，各种主要产品的毛利率及其分布、新产品的试制、存货周转、应收账款账龄分析、预付账款、其他应收款和铺借产成品等指标都在分析之列。通过对这些数据的分析，进而掌握财务状况，分析经营现状，研究制定相应的对策。

据了解，海信于1997年成立了集团内的资金结算中心，使资金由分散运作改为集团公司的统贷统还，统一调度，这不仅避免了决策的疏漏和使用上的浪费，更主要的是可以利用各控股公司资金使用上的时间差，使1个亿的资金贷出3个亿的效益。由于资金运作效率的提高，使海信在高速扩张中能提前归还银行贷款2亿元。

在多年摸爬滚打中，海信还摸索出了很多行之有效的做法，如选择最佳付款时间，对显像管可以提前3个月付款，就可降低支出3%～5%。海信的财务报表中一般不允许存在应收账款，对代理商一律不再赊销，只对零售大商场可能月初铺底，但月底必须收回。不允许为了追求销量铺垫过多的资金，比如铺200万元卖100万台，而卖到150万台要铺500万元，这样看起来销量上去了，但投入却增加了，海信坚决不这么干。

有人也曾担心“在追求健康而牺牲大量的时间里，市场空间很可能被对手抢占”，海信决策层却自信地说，“如果别人健康的抢占，我们是抢不回来，但如果别人不是健康的抢占，我们照样能抢回来。”

在海信迅猛发展的同时，大量家电行业的国企却相继陷入了困境。同是国企改革，结果为何如此大相径庭？国内家电市场已低迷多年，国家也从未对海信实行财税上的特殊优惠政策，那么，海信如此高速增长的奇迹是怎样创造的呢？根据几天的实地探访，这家老国有企业几十年来的经验启示我们，“保守”和“精细化”的财务管理是海信做大做强的两大“法宝”。

【专栏或者介绍】

亚洲并购得失：PMI 关键实践

近年来，亚洲并购交易占全球并购交易的比例有日益上升的趋势，例如联想收购 IBM 的 PC 业务、吉利收购沃尔沃以及双汇并购史密斯菲尔德。这有赖于中国和印度企业的崛起和增长的雄心。涉及中国企业的并购交易数量过去 10 年已增长了 4 倍，交易金额的增幅更是达到了 6 倍。不过，能够创造价值的并购交易数量非常之少，实际上很多并购活动最终都会以失败告终。研究表明，亚洲并购交易中仅四分之一实现了预期收益，究其缘由是企业并购后整合（Post-merger Integration，PMI）处理不当。其中缺乏沟通、预期不明确、并购后组织结构混乱、领导力不足、缺乏计划、动力不足等都是主要原因。

【关键词语】

财务危机（financial crisis）
资产重组（asset restructuring）
财务困境（financial distress）
债务和解（debt settlement）
破产（bankruptcy）
重组（restructuring）
兼并（merger annexation）
收购（Acquisition）
要约收购（Tender offer）
横向并购（horizontal M&A）
纵向并购（vertical M&A）
混合并购（conglomerate M&A）
协同效应（synergy）
并购防御（M&A Defense）

复习思考题

一、概念题

1. 财务危机
2. 资产重组
3. 债务和解
4. 破产
5. 兼并与收购
6. 协同效应
7. 毒丸计划

二、单项选择题

1. 将一个公司分割成两个新的公司的经济行为是（　　）。

A. 派生分立　　B. 新设分立　　C. 资产剥离　　D. 股权出售

2. 下列各项中，不属于企业财务失败的是（　　）。

A. 破产　　B. 债券违约

C. 经营发生亏损　　　　D. 无力偿还到期债务

3. A公司与B公司合并，合并后A、B两家公司解散，成立一家新的公司C，这种合并是（　　）。

A. 吸收合并　　B. 新设合并　　C. 横向并购　　D. 混合并购

4. 收购公司仅利用少量的自有资本，主要以被收购公司的资产和将来的收益被抵押筹集大量资本用于收购，这种收购属于（　　）。

A. 混合并购　　B. 善意并购　　C. 敌意并购　　D. 杠杆并购

5. 财务协同效应理论对（　　）提供了较现实的解释。

A. 横向并购　　B. 纵向并购　　C. 混合并购　　D. 杠杆并购

三、判断题

1. 财务危机是指企业的经济失败。（　　）

2. 重整程序是一种再建型的债务清偿制度，其目的在于促进债务人复兴。（　　）

3. 公司通过横向并购可以消除竞争，扩大市场份额。（　　）

4. 公司通过混合并购可以实现多元化经营，分散投资风险。（　　）

5. 管理协同效应可以很好地解释混合并购的动因。（　　）

四、简答题

1. 企业遭遇财务困境时，有几种解决办法？

2. 什么是兼并与收购？两者有何异同？

3. 什么是并购的协同效应？体现在哪些方面？

4. 当企业遭遇财务困境时，企业应该如何进行管理？

5. 结合我国证券市场与上市公司发展现状，举例分析上市公司资产重组目的究竟何在？

6. 什么是毒丸计划？试举例说明。

第 1 章　习题参考答案

一、概念题

1. Financial Management，Corporate Finance。

2. 财务管理：是企业获得资金和有效使用资金的管理活动。

3. 企业价值最大化：是指通过企业的合理经营，采用最优的财务决策，在考虑资金的时间价值和风险的情况下使企业的总价值达到最高，进而使股东价值和债权人价值达到最大。

二、单选题

1. D　2. A　3. A　4. D　5. D

三、判断题

1. √　2. √　3. ×　4. √　5. ×　6. √　7. √　8. ×　9. ×　10. √

四、简答题

企业财务管理的目标有以下几种：（1）利润最大化；（2）股东财富最大化；（3）企业价值最大化。

最适宜企业财务管理的目标是企业价值最大化，是指通过企业的合理经营，采用最优的财务决策，在考虑资金的时间价值和风险的情况下使企业的总价值达到最高，进而使股东价值和债权人价值达到最大。

第 2 章　习题参考答案

一、概念题

1. 货币的时间价值：指货币经历一定时间的投资、再投资所增加的价值。

2. 单利：指在规定的期限内只计算本金的利息，每期的利息不计入下一期计息的本金，不产生新的利息收入。

3. 复利：指每期的利息收入在下期转化为本金，产生新的利息收入，即所谓的“利滚利”。

4. 风险：指在一定条件下和一定时期内可能发生的各种结果的变动程度。

5. 利率又称利息率：是衡量资金增值量的基本单位，也就是资金的增值同投入资金的价值之比。

6. 通货膨胀：指一定时期内纸币的发行量超过流通中所需的金属货币量而导致的物价上涨现象。

二、单选题

1. B　2. B　3. B　4. C　5. C　6. A

三、判断题

1. √　2. √　3. ×　4. √　5. √　6. ×　7. ×　8. √

四、计算题

1. FV_7 =123,600×(1+10%)^7=123,600×1.949 =240,896.4（元）；

240,896.4 > 240,000，七年后用这笔款项的本利和购买该设备够用。

2. P=5,000×(P/A,15%,10)−5000(P/A,15%,5)=8,330（元）

或 P=5,000×(F/A,15%,5)×(P/F,15%,10)=8,326.37（元）

或 P=5,000×(P/A,15%,5)×(P/F,15%,5)= 8,329.72（元）

3. 根据公式 $EAR=\left(1+\frac{APR}{m}\right)^{m}-1$ 计算，其中 m 为每年的计息次数。

银行 A 的贷款 $EAR=\left(1+\frac{10\%}{1}\right)^{1}-1=10\%$

银行 B 的贷款 $EAR=\left(1+\frac{9.8\%}{2}\right)^{2}-1=10.04\%$

银行 C 的贷款 $EAR=\left(1+\frac{9.6\%}{4}\right)^{4}-1=9.95\%$

所以，银行 C 的贷款实际年利率最低。

4. （1）2009 年年初投资额的终值 F=100×(F/P,9%,2)=118.81（万元）；

（2）各年现金流入量 2009 年年初的现值

P=50×(P/F,9%,1)+40×(P/F,9%,2)+30×(P/F,9%,3)+20×(P/F,9%,4)

=50×0.917+40×0.842+30×0.772+20×0.708

=45.85+33.68+23.16+14.16=116.85（万元）

5. A 方案的期望收益率为：

$\overline{K}=20\%*80\%+50\%*50\%+30\%*(-70\%)=20\%$

B 方案的期望收益率为：

$\overline{K}=20\%*60\%+50\%*30\%+30\%*20\%=33\%>20\%$

因此，应选取 B 方案。

第 3 章　习题参考答案

一、单项选择题

1. C　2. B　3. D　4. D　5. C

二、多项选择题

1. AC　2. CD　3. CD　4. ABCD　5. AB

三、判断题

1. ×　2. ×　3. ×　4. √　5. √

四、计算题

（1）　　　　单位：万元

项目	方案 1	方案 2
息税前利润	150+150=300	150+150=300
目前利息	48	48
新增利息	50	
税前利润	202	252
税后利润	151.5	189
普通股数（万股）	200	225
每股收益（元）	0.76	0.84

（2）$(EBIT-48-50)\times(1-25\%)/200=(EBIT-48)\times(1-25\%)/225$

$$EBIT=\frac{I_1N_2-I_2N_1}{N_2-N_1}=\frac{98\times225-48\times200}{225-200}=498（万元）$$

（3）财务杠杆系数(1)=300 / (300−48−50)=1.49

财务杠杆系数(2)=300 / (300−48)=1.19

（4）由于方案 2 每股收益(0. 84 元)大于方案 1(0. 76 元)，且其财务杠杆系数(1.19)小于方案 1(1.49)，即方案 2 收益性高且风险低，所以方案 2 优于方案 1。

或：由于增资后的息税前利润 300 万元低于每股收益无差别点处的息税前利润 498 万元，因此采用股益性筹资方案较适宜，即方案 2 优于方案 1。

第 4 章　习题参考答案

一、概念题

1. 商业信用：是指在商品交易中由于延期付款或预收货款所形成的企业间的借贷关系，是“自发性”融资行为。

2. 短期借款：是指企业向银行和其他非银行金融机构借入的期限在一年以内的借款。

3. 信用额度：是指借款企业与银行之间协议规定企业无担保贷款的最高限额，在信用额度内企业可随时申请银行借款。

4. 补偿性余额：是指银行要求企业按照借款的一定比例在银行保留的最低账面平均余额，通常是借款的 10%～20%。

5. 长期负债：是指期限超过一年的负债。

6. 债券：是指经济主体为筹集资金而发行的，用以记载和反映债权债务关系的有价证券。

7. 可转换债券：是指发行人依照法定程序发行，在一定期间内依据约定的条件可以转换成股份的公司债券，这种可转换性实际上是一种股票期权或股票选择权。

8. 债券的信用等级：表示债券质量的优劣，反映债券偿本付息能力的强弱和债券投资风险的高低。

二、单选题

1. B　2. D　3. C　4. A　5. D　6. B　7. A　8. B　9. A　10. D　11. D　12. B　13. D　14. B　15. A

三、简答题

1. 商业信用筹资优势有以下几点。

（1）商业信用属于“自发融资”行为，使用起来较方便。

（2）商业信用融资的弹性较好，时间和规模上更有弹性。

（3）商业信用融资的限制较少。

（4）商业信用融资的成本比较低，有时甚至免费。

2. 优点是短期借款可以随企业的需要安排，便于灵活使用，且取得也较简便。缺点是短期内要归还，特别是在带有诸多附加条件的情况下更使风险加剧。

3. 企业发行期限不超过 1 年的短期融资票据进行融资，要满足有关条件：

（1）对企业发行融资券实行余额管理，待偿还融资券余额不超过企业净资产的 40%；

（2）融资券的期限最长不超过 365 天；

（3）发行利率是以央行票据利率为基础，加上信用利差和流动性溢价形成的。

4. 按照用途，分为固定资产投资借款、更新改造借款、出口信贷、科技开发和新产品试制借款等；按照提供贷款的机构，分为政策性银行贷款、商业银行贷款、其他金融机构贷款等；按照有无担保，分为信用贷款和抵押贷款。

偿还方式包括：（1）定期支付利息、到期一次性偿还本金；（2）如同短期借款那样的定期等额偿还；（3）平时逐期偿还小额本金和利息、期末偿还余下的大额部分。

5. 目前在我国，长期负债筹资主要有银行信贷（长期借款）和债券两种方式。优点：债务人可对债务的归还做长期安排，还债压力或风险相对较小。缺点：长期负债筹资一般成本较高；债权人经常会向债务人提出一些限制性的条件。

6. （1）手续简单，筹资速度快；借款弹性较大；

（2）借款企业可与银行直接交涉，而债券筹资面对的是社会广大投资者；

（3）借款成本较低，一般低于债券利率，属于直接筹资，筹资费用也较少；

（4）长期借款的限制性条款比较多。

7. 构成要素：

（1）标的股票，即按照条款，可转换债券将会转为哪种股票，一般是发行企业的，也可以是其他企业的。

（2）转换价格与转换比率。

（3）转换期，是指可转换债券转换为股票的起始日至结束日的期间。

（4）赎回条款，是指对可转换债券发行企业赎回债券的相关要求，即发行企业需要在什么条件下才能赎回债券。

确定转换时机：

可转换性是可转换债券的重要标志，债券持有人可以按约定的条件将债券转换成股票。因此，可转换的时机是可转换债券管理的另一重要内容。可转换的时机是在实际价格高出可转换价格时实施转换行为。原因是，如果在实际价格低于可转换价格时实施转换行为，企业用“高价”股票换回“低价”的债券，企业将发生“亏损”。

8. 公司债券发行价格的高低，主要取决于下述四项因素。

（1）债券面额。债券的票面金额是决定债券发行价格的最基本因素，债券发行价格的高低，从根本上取决于债券面额的大小。一般而言，债券面额越大，发行价格越高，但是，如果不考虑利息因素，债券面额是债券到期价值，即债券的未来价值，而不是债券的现在价值 即发行价格。

（2）票面利率。债券的票面利率是债券的名义利率，通常在发行债券之前，即已确定并注明于债券票面上。一般而言，债券的票面利率越高发行价格越高，反之，发行价格越低。

（3）市场利率。债券发行时的市场利率是衡量债券票面利率高低的参照系两者往往不一致，因此共同影响债券的发行价格。一般来说，债券的市场利率越高，债券的发行价格越低，反之越高。

（4）债券期限。同银行借款一样，债券的期限越长，债权人的风险越大，要求的利息报酬越高，债券的发行价格就可能较低，反之，可能较高。债券的发行价格是上述四项因素综合作用的结果。

9. 债券筹资的优点如下。

（1）资本成本较低。与股票的股利相比，债券的利息允许在所得税前支付，公司可享受税收上的利益，故公司实际负担的债券成本一般低于股票成本。

（2）可利用财务杠杆。无论发行公司的盈利多少，持券者一般只收取固定的利息，若公司用资后收益丰厚，增加的收益大于支付的债息额，则会增加股东财富和公司价值。

（3）保障公司控制权。持券者一般无权参与发行公司的管理决策，因此发行债券一般不会分散公司控制权。

（4）便于调整资本结构。在公司发行可转换债券以及可提前赎回债券的情况下，便于公司主动地合理调整资本结构。

债券筹资的缺点如下。

（1）财务风险较高。债券通常有固定的到期日，需要定期还本付息，财务上始终有压力。在公司不景气时，还本付息将成为公司严重的财务负担，这有可能导致公司破产。

（2）限制条件多。发行债券的限制条件较长期借款、融资租赁的限制条件多且严格，从而限制了公司对债券融资的使用，甚至会影响公司以后的筹资能力。

（3）筹资规模受制约。公司利用债券筹资一般受一定额度的限制。我国《公司法》规定，发行公司流通在外的债券累计总额不得超过公司净产值的40%。

10. 可转换债券筹资优点如下。

（1）筹资成本低。其利率低于同条件不可转换债券利率，转换为普通股时无需另付筹资费用。

（2）便于筹集资金。可转换债券在固定利息之外，还提供了投资债券或股票的选择权。

（3）有利于稳定股票价格和减少对每股收益的稀释。

（4）减少筹资中的利益冲突。既是债券又是潜在的股份，降低了股东与债权人的冲突。

可转换债券筹资缺点如下。

（1）股价大幅上涨风险。

（2）财务风险，特别是在订有回售条款时。

（3）丧失低息优势。可转换债券转换成普通股后，公司将要承担较高的普通股成本。

四、计算题

1. FV=1000，PMT=100，n=10，发行价格=1,000*（P/F，i，10）+1,000*10%*（P/A，i，10）。i=10 时，价格为 1,000 元。i=8 时，价格为 1,134.2 元；i=12 时，价格为 887 元。

2. 放弃折扣成本=[2%/（1-2%）]×360/（30-10）=36.7%。

因为放弃折扣成本大于银行借款成本，所以不放弃折扣。

3. （100×10%）÷85×100%=11.8%

4. （1）放弃 A 现金折扣的成本=3%÷（1-3%）×360÷（30-10）=55.67%＜60%，所以甲公司应放弃现金折扣，不应该在 10 天内偿还这笔款项。

（2）放弃 A 现金折扣的成本为 55.67%；

放弃 B 现金折扣的成本=2%÷（1-2%）×360÷（30-20）=73%；

既然不得不放弃现金折扣，就应该选择成本较小的一家公司，故甲公司应该选择 A 供应商。

5. （1）采用收款法，实际利率=名义率=14%（2）采用贴现法，实际利率=12%/（1-12%）=13.64%（3）采用补偿性余额，实际利率=10%/（1-20%）=12.5%

6. 应当选择方案二。

如果选择方案一：企业资产负债率将上升，还本付息压力大，两年共需支付利息 9,000 万元，同时 6 亿元本金需要归还

如果选择方案二：集团在二级市场上出售乙上市公司的股权，变现速度快；无还本付息压力；实施方案二可提升集团当年利润。

如果选择方案三：根据国家有关上市规则规定，上市公司应按照招股说明书规定的用途使用募股资金，控股股东不能违规占用上市公司资金，方案三不具可行性。

五、论述题

（1）仔细估算筹资成本，并对其可能带来的企业风险增加做出判断，采取积极有效的应对措施；

（2）切实加强资金管理，提高资金运作效率，避免因不能按期付款或交货而造成的企业信用损失；

（3）积极开拓筹资渠道，尽可能选择低成本的筹资方式和渠道，逐步降低企业资金成本。对生产企业而言，因为有较大的固定资产，应当尽可能选择利用财务风险筹资，而避免使企业的经营风险过高。利用财务风险筹资的主要渠道是银行借款、银行汇票和商业汇票。

（4）努力降低企业成本，降低经营风险，提高企业经营能力和盈利能力，提高资金收益率，从根本上创造改善企业资金状况的条件。一个公司的盈利能力往往是其负债能力的保证与标志，盈利能力较高的企业享有高的信誉，其筹资渠道必然通畅，而盈利能力较低的企业则信誉不可能很高，其筹资必然困难。

第 5 章　习题参考答案

一、概念题

1. 股票：是一种有价证券，是股份公司在筹集资本时向出资人公开或私下发行的、用以证明出资人的股本身份和权利，并根据持有人所持有的股份数享有权益和承担义务的凭证。

2. 普通股：是股份有限公司发行的无特别权利、不加以特别限制、股利不固定的股份。

3. 市场价值：是股票的市场交易价格。

4. 账面价值：用每股净资产表示，每股净资产表明正常运营环境下股东权益受公司净资产的保障程度。

5. 吸收直接投资：是指企业按照“共同投资、共同经营、共担风险共享利润”的原则来吸收国家、法人、个人和外商投入资金的一种筹资方式。

6. 股票发行：是股份有限公司筹措自有资本的基本形式。

7. 股票上市：指股份有限公司公开发行的股票，符合规定条件，经过申请批准后在证券交易所作为交易的对象。

二、单选题

1. C　2. B　3. C　4. C　5. D　6. D　7. C

三、判断题

1. √　2. √　3. ×　4. √

四、简答题

1. 优点：有利于尽快形成生产经营规模；有利于获取先进设备和先进技术；可根据企业经营情况回报投资者，财务成本较小。缺点：资本成本较高；容易分散控制权。

2. 有利方面：

（1）只要企业不破产，就可长期使用；

（2）有固定付息的负担，只有盈利才可能支付股息；

（3）能增加企业资本实力和进一步融资的弹性，同时也增加了企业的信誉。

不利方面：

（1）融资成本大，且股息不冲减应税所得，股东要求回报较高；

（2）股权分散，股权控制困难；

（3）信息公布制度，容易泄露公司的商业机密。

3. （1）票面价值；（2）账面价值；（3）清算价值；（4）市场价值；（5）内在价值。

4. 同次发行的股票，同股同权，同股同利，同股同价。

5. 股票价格确定方法：定价、竞价两种。我国 A 股市场一般采取定价方式，根据证监会确定的市盈率标准和发行公司的每股盈利水平，制定发行价格。竞价是由投资者根据发行公司的财务状况和盈利状况，进行投标竞价，确定发行价格。例如，香港的科技板市场。

6. 优点：

（1）提高公司股票的流动性和变现性，便于投资者认购、交易，分散投资者风险；

（2）促进公司股权的社会化，防止股权过于集中；

（3）提高公司的知名度，吸引更多顾客；

（4）有助于确定公司增发新股的发行价格，便于筹措新资金；

（5）便于确定公司的价值，促进公司实现财富最大化。

缺点：

（1）各种“公开”的要求可能会暴露公司的商业秘密；

（2）股价的人为波动会歪曲公司的实际状况，损害公司形象；

（3）可能分散公司的控制权。

7. 股票的销售方式分为自销和承销。

（1）自销：直接将股票出售给投资者，不经过证券中介机构承销，所售股票通过地区交易市场转让，适用于尚不具备条件进证交所上市的股票。

（2）承销：发行公司将股票销售业务委托给证券承销机构代理。

五、计算题

股票价格=预期股息/银行存款利息率 =面额×预期股息率/银行存款利息率

利率为 2.5%时，股票总价值=50*2,000*4%/2.5%=160,000（元）

利率为 2%时，股票总价值=50*2,000*4%/2%=200,000（元）

股票升值=200,000-160,000=40,000（元）

第 6 章　习题参考答案

一、单选题

1. D　2. D　3. B　4. B　5. B

二、判断题

1. √　2. ×　3. ×　4. √　5. ×

三、简答题

1. 资本成本是企业选择筹资途径和筹资方式的重要依据；资本成本是企业进行投资决策和业绩考核的主要参考指标，是最低的投资收益率指标；资本成本是企业确定最佳资本结构的依据。

2. （1）宏观经济环境：宏观经济环境决定了整个经济中货币的供给和需求，以及预期通货膨胀的水平；货币需求超过货币供给，投资人要求的投资收益率会提高，企业的资本成本就会上升；否则，资本成本下降；当预期通货膨胀水平上升，货币购买力下降，投资者会提高要求的收益率来补偿预期通货膨胀损失，导致企业资本成本上升。

（2）证券市场条件影响：证券市场条件包括市场流动性和价格波动程度；当证券的市场流动性不好，变现风险加大，投资者要求的收益率会提高；当证券的价格波动较大，投资的风险大，要求的收益率也会提高。

（3）企业内部的经营和融资状况：内部的经营和融资状况指企业内部的经营风险和财务风险的大小。

（4）融资规模：企业的融资规模越大，筹资成本和资金占用成本越大，导致资本成本升高。

3. 个别资本成本是指各种筹资方式的成本，主要包括债券成本、银行借款成本、优先股成本、普通成本和留存收益成本，前两者可统称为负债资金成本，后三者统称为权益资本成本。

4. 资本资产定价模型就是在投资组合理论和资本市场理论基础上形成发展起来的，主要研究证券市场中资产的预期收益率与风险资产之间的关系，以及均衡价格是如何形成的。它的作用包括：可以计算资产的预期收益率，也即普通股的资本成本；有助于资产分类，进行资源配置；为资产定价，从而知道投资者行为；投资组合绩效测定；用于对人力资本进行定价。

四、计算题

1.（1）$1,010=1,000\times5.25\%\times(P/A, K_d, 10)+1,000\times(P/F, K_d, 10)$

$1,010=52.5\times(P/A, K, 10)+1,000\times(P/F, K, 10)$

因为：

$52.5\times(P/A, 6\%, 10)+1,000\times(P/F, 6\%, 10)=52.5\times7.3601+1,000\times0.5584=944.81$

$52.5\times(P/A, 5\%, 10)+1,000\times(P/F, 5\%, 10)=52.5\times7.7217+1,000\times0.6139=1,019.29$

所以：

$(K-5\%)/(6\%-5\%)=(1,010-1,019.29)/(944.81-1,019.29)$

解得：债券的税前成本 K=5.12%

则债券税后成本=5.12%×（1−25%）=3.84%

（2）该股票的 β 系数=0.5×3.9/3.0=0.65

普通股成本=5%+0.65×（13%−5%）=10.2%

（3）留存收益成本=3.84%+5%=8.84%

（4）资本总额=1,000+1,500+1,500=4,000（万元）

综合资本成本=1,000/4,000×3.84%+1,500/4,000×10.2%+1,500/4,000×8.84%=8.10%

2. 解：设每股收益无差别点为 EBIT，则得出下列式子：

$$(EBIT-54)\times(1-33\%)/(28+8)=(EBIT-54-36)\times(1-33\%)/28$$

$EBIT=216$

结论：

当预期息税前利润为 216 万元时，权益筹资和债务筹资方式均可；

当预期息税前利润大于 216 万元时，选择债务筹资方式；

当预期息税前利润小于 216 万元时，选择权益筹资方式。

第 7 章　习题参考答案

一、概念题

1. 净现值：是指投资项目投入使用后的净现金流量，按资本成本或企业要求达到的报酬率折算为现值，减去初始投资额现值以后的余额，即特定项目未来现金流入的现值与未来现金流出的现金之间的差额。

2. 内部报酬率（IRR）：是指能够使未来现金流入现值等于未来现金流出现值的折现率，或者说是使投资方案净现值为零的折现率。

3. 静态投资回收期：是指使投资项目带来的累计现金流量等于最初的投资额所需的时间。

4. 动态投资回收期：是把投资项目各年的净现金流量按基准收益率折成现值之后，再来推算投资回收期。

5. 敏感性分析：是判断不确定性因素对投资项目的最终经济效果指标的影响及其程度，是投资项目经济评价中常用的一种研究不确定性的方法。

二、单选题

1. D　2. A　3. C　4. D　5. C　6. C　7. A　8. A

三、判断题

1. ×　2. ×　3. √　4. ×　5. √　6. ×

四、计算题

1. 【解】计算设备每年折旧额：每年折旧额=1,500÷3=500（万元）

（1）预测公司未来三年增加的净利润

2014 年：(1,200−400−500−1,500×8%)×(1−25%)=135（万元）

2015 年：(2,000−1,000−500−1,500×8%)×(1−25%)=285（万元）

2016 年：(1,500−600−500−1,500×8%)×(1−25%)=210（万元）

（2）预测该项目各年经营净现金流量

2014 年净现金流量=135+500=635（万元）

2015 年净现金流量=285+500=785（万元）

2016 年净现金流量=210+500=710（万元）

（3）计算该项目的净现值

净现值=−1,500+635×(*P*/*F*，10%，1)+785×(*P*/*F*，10%，2)+710×(*P*/*F*，10%，3)

=−1,500+635×0.9091+785×0.8264+710×0.7513

=259.47（万元）

2. 【解】（1）甲、乙方案各年的净现金流量：

① 甲方案折旧=(100−5)/5=19（万元）

甲方案各年的净现金流量：*NCF*0=−150（万元）；

*NCF*1～4=(90−60）×(1−30%)+19=40（万元）；*NCF*5=40+5+50=95（万元）

② 乙方案年折旧额=(120+10−10)/5=24（万元）

乙方案各年的净现金流量：*NCF*0=−120（万元）；*NCF* 1=0（万元）；*NCF*2=−80（万元）

*NCF*3～6=(170−80)×(1−30%)+24=87（万元）；*NCF*7=87+80+10=177（万元）

（2）计算甲、乙方案包括建设期的静态投资回收期

① 甲方案包括建设期的静态投资回收期=150/40=3.75（年）

② 乙方案不包括建设期的静态投资回收期=200/87=2.30（年）

乙方案包括建设期的静态投资回收期=2+2.30=4.30（年）

（3）计算甲、乙两方案的净现值

① 甲方案的净现值=40×(*P*/*A*，10%，4)+95×(*P*/*F*，10%，5)−150=35.78（万元）

② 乙方案的净现值=87×(P/A，10%，4)×(P/F，10%，2)+177×(P/F，10%，7) −80×（P/F，10%，2）−120 =132.63（万元）

（4）计算甲、乙两方案的年等额净回收额，并比较两方案的优劣

① 甲方案的年等额净回收额=35.78/(P/A，10%，5)=9.44（万元）

② 乙方案的年等额净回收额=132.63/(P/A，10%，7)=27.24（万元）

因为乙方案的年等额净回收额大，所以乙方案优于甲方案。

第 8 章　习题参考答案

一、概念题

1. 债券的价值或者更确切说债券的内在价值：是指债券未来现金流入量的现值，即债券各期利息收入的现值加上债券到期偿还本金的现值之和。

2. 股票估价的折现模型表明股票的内在价值即由一系列的股利和将来出售股票时售价的现值所构成。

3. 市盈率：是指普通股每股市价与每股收益的比值。

4. 市净率：是指股票市值与资产净值的比值。

二、单选题

1. B　2. C　3. B　4. C　5. A　6. D　7. D　8. B　9. C　10. C　11. A

三、判断题

1. √　2. ×　3. √　4. ×　5. √　6. ×　7. √

四、计算题

1. 解：（1）V_A=0.14×(1+6%)/(8%-6%)=7.42（元）

V_B=0.5/8%=6.25（元）

（2）A 公司股票现行市价为每股 8 元，高于股票价值，不应投资；B 公司股票现行市价为每股 6 元，低于股票价值，可以投资。

2. 解：（1）V=1,000×(1+3×10%)(P/F，8%，3)=1,300×0.7938=1,031.94（元）

债券买价 1,050 元大于债券价值，甲企业购买此债券不合算。

（2）1,050=1,190(P/F，K，2)，(P/F，K，2)=1,050/1,190=0.8824

(P/F，6%，2)= 0.89，(P/F，7%，2)=0.8734

K=6%+(0.89−0.8824)/(0.89−0.8734) ×1%=6.45%

该债券的投资收益率为 6.45%。

3. 解：V=20×(P/A，20%，3)+20×(1+10%)/(20%−10%)×(P/F，20%，3)

=20×2.1065+20×1.1÷10%×0.5787

=169.44（元）

该公司股票的价值为 169.44 元。

第 9 章　习题参考答案

一、概念题

1. 风险：是指在一定条件下和一定时期内可能发生的各种结果的变动程度。

2. 项目风险：是指某一投资项目本身特有的风险，即不考虑与公司其他项目的组合风险效应，单纯反映特定项目未来收益（净现值或内部报酬率）可能结果相对于预期值的离散程度。

3. 市场风险：是站在拥有高度多元化投资组合的角度来衡量投资风险，即无法经多元化投资加以消除的那部分投资风险，通常用投资的贝他系数(β)来表示。

4. 投资组合：是指由一种以上证券或资产构成的集合。

二、单选题

1. B　2. B　3. A　4. D　5. A　6. D　7. B　8. B　9. A　10. D

三、判断题

1. ×　2. ×　3. ×　4. ×　5. √　6. ×

四、计算题

1. 解：K=11%+1.2×(16%−11%)=17%

V=d1/(K−g)=6/(17%−5%)=50（元）

该股票的价值为 50 元。

2. 解：（1）β=1.5×0.3+1.7×0.3+1.8×0.4=1.68

（2）K =7%+1.68× (9%−7%)=10.36%

3. 解：（1）该股票的风险收益率=2.5×(10%−8%)=5%

（2）K=8%+5%=13%

（3）V=1.5÷(13%−6%)=21.42（元）

该股票的价格低于 21.42 元时可购买。

4. 解：（1）风险程度 Q 的计算

甲项目各年的期望值：

E_0=−50（万元）

E_1=30×0.25+20×0.50+10×0.25=20（万元）

E_2=40×0.30+30×0.40+20×0.30=30（万元）

E_3=25×0.20+20×0.60+15×0.20=20（万元）

乙项目各年的期望值：

E_0=−20（万元）

E_1=E_2=E_3=7.5×0.20+10×0.60+12.5×0.20=10（万元）

甲项目各年现金流入的标准差：

$$\sigma_1=\sqrt{(30-20)^2\times0.25+(20-20)^2\times0.50+(10-20)^2\times0.25}=7.07$$

$$\sigma_2=\sqrt{(40-30)^2\times0.30+(30-30)^2\times0.40+(20-30)^2\times0.30}=7.74$$

$$\sigma_3=\sqrt{(25-20)^2\times0.20+(20-20)^2\times0.60+(15-20)^2\times0.20}=3.16$$

乙项目各年现金流入的标准差：

$$\sigma_1=\sigma_2=\sigma_3=\sqrt{(7.5-10)^2\times0.20+(10-10)^2\times0.60+(12.5-10)^2\times0.20}=1.58$$

甲项目三年现金流入的综合标准差，公司要求的最低报酬率可理解为无风险报酬率：

$$D=\sqrt{\frac{7.07^2}{(1+5\%)^2}+\frac{7.74^2}{(1+5\%)^4}+\frac{3.16^2}{(1+5\%)^6}}=10.11$$

甲项目三年现金流入的预期现值：$EPV=\frac{20}{1+5\%}+\frac{30}{(1+5\%)^2}+\frac{20}{(1+5\%)^3}=63.54$

甲项目变化系数即风险程度：$Q=\frac{D}{EPV}=\frac{10.11}{63.54}=0.159$

乙项目三年现金流入的综合标准差，公司要求的最低报酬率可理解为无风险报酬率：

$$D=\sqrt{\frac{1.58^2}{(1+5\%)^2}+\frac{1.58^2}{(1+5\%)^4}+\frac{1.58^2}{(1+5\%)^6}}=2.49$$

乙项目三年现金流入的预期现值：$EPV=10\times(P/A,5\%,3)=27.23$

乙项目变化系数即风险程度：$Q=\frac{D}{EPV}=\frac{2.49}{27.23}=0.0914$

（2）确定项目的风险调整贴现率

甲项目 k=5%+0.1×0.159=6.6%

乙项目 k=5%+0.1×0.0914=5.9%

（3）按照风险调整贴现率计算净现值

甲项目 $NPV=-50+\frac{20}{1+6.6\%}+\frac{30}{(1+6.6\%)^2}+\frac{20}{(1+6.6\%)^3}=11.67$

乙项目 $NPV=-20+\frac{10}{1+5.9\%}+\frac{10}{(1+5.9\%)^2}+\frac{10}{(1+5.9\%)^3}=6.78$

甲项目 NPV>乙项目 NPV

在不存在投资本限制时，应选择甲项目。

第 10 章　习题参考答案

一、概念题

1. 责任中心：是企业业绩管理的手段之一。它是将企业经营体分割成拥有独自产品或市场的几个绩效责任单位，然后将总部的管理责任授权给这些单位，将这些单位置于市场竞争环境之下，透过客观性的绩效指标计算，实施必要的业绩衡量与奖惩，以期达成企业设定的经营成果的一种管理制度，又称责任单位，责任主体。

2. 成本中心：是其责任者只对成本或费用负责的单位，即成本中心的职责是用一定的成本去完成规定的具体任务。

3. 利润中心：能同时控制生产和销售，既要对成本负责又要对收入负责，但没有责任或没有权力决定该中心资产投资的水平，可以根据其利润的多少来评价该中心的业绩的中心称为利润中心。

4. 投资中心：是指既对成本、收入和利润负责，又对投资效果负责的责任中心。投资中心是最高层次的责任中心，拥有最大的决策权，也承担最大的责任。

二、单选题

1. B　2. B　3. D　4. A　5. C　6. A　7. D　8. D　9. A　10. A　11. C

三、判断题

1. √　2. ×　3. √　4. √　5. √　6. √　7. ×　8. ×

四、计算题

解：（1）追加投资前甲剩余收益 = 200 ×(15%−12%)= 6（万元）

（2）追加投资前乙的投资额 =20/(17%－12%)=400（万元）

（3）A 投资报酬率 =(200×15%+400×17%)/(200+400)=16.33%

（4）追加投资后甲剩余利润 =(200×15%+20)−(100+200)×12%=14（万元）

（5）追加投资后乙投资报酬率=(400×17%+15)/(400+100)=16.6%

第 11 章 习题参考答案

一、单项选择题

1. B 2. C 3. B 4. D 5. A 6. C 7. D 8. B 9. B 10. C

二、多项选择题

1. ABD 2. BCD 3. ABC 4. ABC 5. ABCD 6. AB

7. ABC 8. ABC 9. ABD 10. AB 11. CD 12. ABCD

13. ABD 14. ABD 15. ABC

三、判断题

1. √ 2. √ 3. × 4. √ 5. × 6. ×

四、计算题

1. 留存利润=120×60%=72（万元）；

发放股利=100−72=28（万元）；

对外筹资=120−72=48（万元）

2. 100/(1−0.5)=200（万元）

3. 盈余公积=500×15%=75（万元）；现金股利=(200+500−75)×30%=187.5（万元）

第 12 章 习题参考答案

一、概念题

1. 财务战略：是在企业总体战略目标统筹下，以价值管理为基础，以实现企业财务管理目标为目的，以实现企业财务资源的优化配置为衡量标准，所采取的战略性思维方式、决策方式和管理方针。财务战略是企业总体战略的一个重要构成部分，企业战略需要财务战略来支撑。

2. 筹资战略：是设计企业重大筹资方向的战略性筹划。企业重大的首次发行股票、增资发行股票、发行大笔债券、与银行建立长期合作关系等战略性筹划，属于筹资战略问题。它是按职能分类的一类财务战略问题。

3. 投资战略：是投资战略是设计企业长期、重大投资方向的战略性筹划。企业重大的投资行业、投资企业、投资项目等筹划，属于投资战略问题。它是按职能分类的一类财务战略问题。

4. 收益分配战略：是涉及企业长期、重大分配方向的战略性筹划。企业重大的留用利润方案、股利政策的长期安排等战略性筹划，属于收益分配战略的问题。它是按职能分类的一类财务战略问题。

二、多项选择题

1. ABC 2. ABD 3. ABD 4. ABCD 5. ACD 6. ABD

三、判断题

1. × 2. × 3. √ 4. √ 5. √

四、简答题

1. 财务战略与企业战略两者的目标都是为了创造长远的企业价值；财务战略是企业战略的核心；企业战略与财务战略是整体与局部的关系。

2. 财务战略可以按照职能类型和综合类型进行分类。按职能可分为投资战略、筹资战略、营运战略和股利战略；按综合可分为扩张型财务战略、稳增型财务战略、防御型财务战略和收缩型财务战略。

3. 财务战略的管理流程包括财务战略的制订、实施和评价。财务战略的制订包括财务战略环境分析、确定财务战略目标和制订财务战略方案；财务战略的实施包括制订中间计划、拟订行动方案、编制财务预算、确定工作程序和实施战略控制；财务战略的评价包括建立科学合理的评价指标体系、制订恰当的评价标准以及选择合理的评价方法。

第 13 章　习题参考答案

一、概念题

1. 边际贡献：是指产品扣除自身变动成本后给企业所做的贡献，它首先用于收回企业的固定成本，如果还有剩余则成为利润，如果不足以收回固定成本则发生亏损。

2. 盈亏平衡点：是指企业收入和成本相等的经营状态，即边际贡献等于固定成本时企业所处的既不盈利又不亏损的状态。通常用一定的业务量来表示这种状态。确定盈亏平衡点通常有两种方法，即销售量法和销售额法。

3. 全面预算：是企业根据战略规划、经营目标和资源状况，运用系统方法编制的企业整体经营、资本、财务等一系列业务管理标准和行动计划。

4. 经营预算：（又称日常业务预算）是指与企业日常生产经营活动直接相关的生产经营业务预算。就制造企业而言，经营预算一般包括销售预算、生产预算、直接材料预算、直接人工预算、制造费用预算、产品生产成本预算、销售及管理费用预算等。这些预算前后衔接，既有实物量指标，又有价值量和时间量指标。

5. 资本预算：（又称特种决策预算）是对企业投资和筹资业务的预算，最能体现直接决策的结果，它实际是企业特种决策的中选方案的进一步规划。一般包括长期投资预算和长期筹资预算。

二、单项选择题

1. A　2. A　3. C　4. B　5. A　6. D

三、多项选择题

1. ACD　2. BC　3. BC　4. AD　5. ABCD

四、判断题

1. ×　2. ×　3. √　4. ×　5. ×

五、简答题

1. 利润=单价×销量－单位变动成本×销量－固定成本

=（单价－单位变动成本）×销量－固定成本

2. 盈亏分界点销量=固定成本总额/(单位产品售价-单位变动成本)

3. 全面预算是企业根据战略规划、经营目标和资源状况，运用系统方法编制的企业整体经营、资本、财务等一系列业务管理标准和行动计划。企业的全面预算一般包括经营预算、资本预算和财务预算三大类。

企业应根据长期市场预测和生产能力，编制长期销售预算。以此为基础，确定本年度的销售预算，并根据企业财力确定资本支出预算。销售预算是全面预算的编制起点，根据“以销定产”的原则确定生产预算，同时确定所需的销售费用。生产预算的编制，除了考虑计划销售量外，还要考虑现有存货和期末存货，如产品品种较多，可单独编制存货预算。根据生产预算来确定直接材料、直接人工和制造费用预算。在有关预算汇总的基础上编制产品成本预算和现金预算。预计损益表、资产负债表和现金流量表是全部预算的综合。

4. 零基预算（Zero-base Budgeting）是指在编制成本费用预算时，不考虑以往会计期间所发生的费用项目或费用数额，而是以所有的预算支出为零作为出发点，一切从实际需要与可能出发，逐项审议预算期内各项费用的内容及其开支标准是否合理，在综合平衡的基础上编制费用预算的一种方法。

5. 充分认识全面预算的意义；确定科学可行的预算目标；预算编制应采用自上而下、自下而上相结合的方法；预算编制内容应突出重点；加强对预算执行的考核与总结。

六、计算题

1. （1）损益平衡销售量=固定成本/（单价-单位可变成本）=1,700,000/（20×90%-10）=212,500；

（2）税前利润=400,000×(20-2-10)-1,700,000=1,500,000

销售净利率=1,500,000×75%/400,000×20=14.06%

（3）安全边际率=(400,000-212,500)/400,000=46.88%

（4）设单价为 A，则有

税前利润=40×(A-10%A-10)-170

销售净利率 =20%

(40×(A-10%A-10)-170)×75% ÷ 40A=20%

A=22.5

单价增长率=22.5-20/20=12.5%

2. （1）计算经营现金收入

经营现金收入=4,000×80%+50,000×50%=28,200（元）

（2）计算经营现金支出=8,000×70%+5,000+8,400+16,000+900=35,900（元）

（3）计算现金余缺

现金余缺=8,000+28,200-(35,900+10,000)=-9,700（元）

（4）确定最佳资金筹措或运用数额

银行借款数额=5,000+10,000=15,000（元）

（5）确定最佳现金期末余额

最佳现金期末余额=15,000-9,700=5,300（元）

第 14 章　习题参考答案

一、概念题

1. 财务控制：是按照一定的程序和方法，以价值为手段，将不同部门、不同层次和不同岗位的各种业务活动综合起来，实行目标控制，确保企业及其内部机构和人员全面落实及实现财务预算的过程。

2. 采购控制：采购方面的财务控制，主要目的在于控制采购费用、节约采购资金，在保证企业生产经营的前提下，最大限度降低采购成本。

3. 销售控制：是企业财务控制的一项重要内容，销售中财务控制的目的在于降低企业的销售成本、提高企业的销售利润。

4. 成本控制：分为粗放型成本控制和集约型成本控制两类。粗放型成本控制，指是从原材料采购到产品最终售出的整个过程进行控制。具体包括原材料采购成本控制、材料使用成本控制和产品销售成本控制三个方面。集约型成本控制，主要是指通过改善生产技术或产品工艺来降低成本。

5. 标准成本：是指在企业已经达到的生产技术水平和有效经营管理条件下应当发生的成本，它是一种通过精确的调查、分析与技术测定而制定的，用来评价实际成本、衡量工作效率的预计成本。

6. 成本差异：是实际产量下标准成本与实际成本之间的差额。

二、单项选择题

1. A　2. C　3. A　4. A　A　5. C

三、多项选择题

1. ABCD　2. ABCD　3. BC　4. ABCD　5. AC

四、判断题

1. ×　2. ×　3. √　4. ×　5. ×

五、简答题

1. 财务控制是按照一定的程序和方法，以价值为手段，将不同部门、不同层次和不同岗位的各种业务活动综合起来，实行目标控制，确保企业及其内部机构和人员全面落实及实现财务预算的过程。它是财务管理的重要环节或基本职能，与财务规划、财务决策、财务分析与评价一起成为财务管理的系统或全部职能。

财务控制的总体目标是实现企业价值最大化，统一企业现实的低成本和未来的高收益，而不仅仅是确保财务活动的合规性和有效性。财务控制致力于将企业资源加以整合优化，使资源消耗最小、资源利用最高、企业价值最大。

2. 组织规划控制、授权批准控制、实物资产控制、预算控制、审计控制、风险控制、成本控制

3. 采购审批制度、采购价格管理、商业信用的最大限度使用、采购绩效考核与评价。

4. 成本控制，是指运用以成本会计为主的各种方法，预定成本限额，按限额开支成本和费用，以实际成本和成本限额进行比较，衡量经营活动的成绩和效果，并以例外管理原则纠正不利差异，以提高工作效率，实现以至超过预期的成本限额。

5. 成本控制应遵循全面性原则、责权利相结合的原则、讲求效益原则、例外管理原则、因地制宜原则。

6. 生产过程中的成本控制，就是在产品的制造过程中，对成本形成的各种因素，按照事先拟订的标准严格加以监督，发现偏差就及时采取措施加以纠正，从而是生产过程中的各项资源的消耗和费用开支限在标准规定的范围之内。成本控制的基本工作程序如下。

（1）制订成本标准。成本标准是成本控制的准绳，成本标准首先包括成本计划中规定的各项指标。但成本计划中的一些指标都比较综合，还不能满足具体控制的要求，这就必须规定一系列具体的标准。确定这些标准的方法，大致有三种。

A. 计划指标分解法。即将大指标分解为小指标。分解时，可以按部门、单位分解，也可以按不同产品和各种产品的工艺阶段或零部件进行分解，若更细致一点，还可以按工序进行分解。

B. 预算法。即用制订预算的办法来制订控制标准。有的企业基本上是根据季度的生产销售计划来制订较短期的（如月份）的费用开支预算，并把它作为成本控制的标准。采用这种方法特别要注意从实际出发来制订预算。

C. 定额法。即建立起定额和费用开支限额，并将这些定额和限额作为控制标准来进行控制。在企业里，凡是能建立定额的地方，都应把定额建立起来，如材料消耗定额、工时定额等。实行定额控制的办法有利于成本控制的具体化和经常化。

（2）监督成本的形成。这就是根据控制标准，对成本形成的各个项目，经常地进行检查、评比和监督。不仅要检查指标本身的执行情况，而且要检查和监督影响指标的各项条件，如设备、工艺、工具、工人技术水平、工作环境等。所以，成本日常控制要与生产作业控制等结合起来进行。

成本日常控制的主要方面有：

A. 材料费用的日常控制；

B. 工资费用的日常控制；

C. 间接费用的日常控制。

（3）及时纠正偏差。针对成本差异发生的原因，查明责任者，分别情况，分别轻重缓急，提出改进措施，加以贯彻执行。

6. 标准成本控制系统又称标准成本制度，是为克服实际成本计算系统的缺陷，提供有助于成本控制的确切信息而建立的一种成本计算与控制系统。

标准分类：

（1）根据生产技术和经营管理水平分为理想标准成本和正常标准成本；

（2）根据适用期分为现行标准成本和基本标准成本。

六、计算题

1. （1）甲产品标准工资率=420,000/21,000=20（元/小时）

甲产品直接人工标准成本=20×2×10,000=400,000（元）

（2）甲产品直接人工成本差异=550,000−400,000=150,000（元）

甲产品直接人工工资差异=(550,000/25,000−20)×25,000=50,000（元）

甲产品直接人工效率差异=(25,000−2×10,000)×20=100,000（元）

2. （1）A 产品分担的实际材料费用为：

150×8×[33,600÷(200 ×4 +150×8)]=20,160（元）

B 产品分担的实际材料费用为：

200×4×[33,600÷(200×4+150×8)]=13,440（元）

（2）A 产品材料费用标准单位成本为：

8×17=136（元）

实际单位成本为：

20,160÷150=134.4（元）

（3）A 产品材料费用总差异为：

20,160−150×136=−240（元）

其中：

价格差异=2,100×（20,160÷2,100−17）=2,100×(9.6 −17)=−15,540（元）

数量差异=（2,100−150×8）×17 =15,300（元）

第 15 章　习题参考答案

一、概念题

1. 现金管理："现金为王"一直以来都被视为企业资金管理的中心理念。企业现金流量管理水平往往是决定企业存亡的关键所在。在面对日益激烈的市场竞争，企业面临的生存环境复杂多变，通过提升企业现金流的管理水平，才可以合理的控制营运风险，提升企业整体资金的利用效率，从而不断加快企业自身的发展。

2. 应收账款：是指在赊销业务中，从授信方（销售商）将货物或服务提供给受信方（购买商），债权成立开始，到款项实际收回或作为坏账处理结束，授信企业采用系统的方法和科学的手段，对应收账款回收全过程所进行的管理。其目的是保证足额、及时收回应收账款，降低和避免信用风险。应收账款管理是信用管理的重要组成部分，它属于企业后期信用管理范畴。

3. 存货管理：就是对企业的存货进行管理，主要包括存货的信息管理和在此基础上的决策分析，最后进行有效控制，达到存货管理的最终目的提高经济效益。存货管理是将厂商的存货政策和价值链的存货政策进行作业化的综合过程。一般来说，企业的存货管理应当保证企业生产正常进行的要求，满足市场销售的需要，实现降低成本的目的，同时还要保持一定的保险储备。

4. 保险准备：按照某一订货量和再订货点发出订单后，如果需求增大或送货延迟，就会发生缺货或供货中断。为防止由此造成的损失，就需要多储备一些存货以备应急之需，称为保险储备。

5. 机会成本：是指为了得到某种东西而所要放弃另一些东西的最大价值；也可以理解为在面临多方案择一决策时，被舍弃的选项中的最高价值者是本次决策的机会成本；还指厂商把相同的生产要素投入到其他行业当中去可以获得的最高收益。

6. 坏账准备：是指企业的应收款项计提的，是备抵账户。企业对坏账损失的核算，采用备抵法。在备抵法下，企业每期末要估计坏账损失，设置"坏账准备"账户。备抵法是指采用一定的方法按期（至少每年末）估计坏账损失，提取坏账准备并转作当期费用。实际发生坏账时，直接冲减已计提坏账准备，同时转销相应的应收账款余额的一种处理方法。

二、单项选择题

1. B　2. D　3. C　4. A　5. A

三、多项选择题

1. ABCD　2. AC　3. AC　4. ABC　5. ABCD

四、判断题

1. ×　2. ×　3. √　4. √　5. √

五、简答题

1. ① 加速收款。这是指缩短应收账款的时间。发生应收款会增加企业资金的占用；但它又可以扩大销售规模，增加销售收入。要在两者之间找到适当的平衡点，并需实施妥善的收账政策。

② 推迟付款。企业在不影响自己信誉的前提下，尽可能推迟付款的支付期。

③ 力争现金流量同步。即尽量使它的现金流入与流出发生的时间趋于一致。

④ 控制支出。通过控制支出时间，选择支付模式及运用现金浮游量来控制支出。

2. 交易性需求、预防性需求、投机性需求

3. 机会成本、坏帐损失成本、管理成本

4. 购置成本、订货成本、储存成本、缺货成本

六、计算题

（1）计算该企业上年的下列指标：

① 变动成本总额=3,000-600=2,400（万元）；

② 以销售收入为基础计算的变动成本率=2,400/4,000=60%；

（2）计算乙方案的下列指标：

① 应收账款平均余额 5,400×52/360 =780（万元）；

② 维持应收账款所需资金=780×60%=468（万元）；

③ 应收账款机会成本=468×8%=37.44（万元）

（3）计算甲、乙两方案信用成本后收益。

① 甲方案的现金折扣=0；

② 乙方案的现金折扣=5,400×30%×2%+5,400×20%×1% =43.2（万元）；

③ 甲乙两方案信用成本前收益之差=5,000×(1-60%)-[5,400×(1-60%)-43.2]=-116.8（万元）；

④ 甲乙两方案信用成本后收益之差=-116.8-(140-195.44)=-61.36（万元）。

（4）为该企业做出采取何种信用政策的决策，并说明理由。

∵乙方案信用成本后收益大于甲方案，

∴企业应选用乙方案。

第 16 章　习题参考答案

一、概念题

1. 财务危机：是指企业明显无力按时偿还到期的无争议的债务的困难与危机。

2. 资产重组：是指企业资产的拥有者、控制者与企业外部的经济主体进行的，对企业资产的分布状态进行重新组合、调整、配置的过程，或对设在企业资产上的权利进行重新配置的过程。

3. 债务和解：非正式财务重整主要包括债务展期和债务和解。债务和解是指债权人以收获部分现金的形式与债务人解除契约，即所有未还债务按一定的百分比，由债务人用现金支付给所有债权人后，便视同全部清偿。减少债务人的债务，具体包括同意减少债务人偿还本金数额、同意降低利率、同意将一部分债权转为股权，或将上述几种选择混合使用。

4. 破产：是指企业在生产经营中由于经营管理不善，其负债达到或超过所占有的全部资产，不能清偿到期债务，资不抵债的企业行为。

5. 兼并与收购：是企业扩张与增长的一种方式，而且也是通过内部或有机的资本投入实现增长的一种可供选择的方法。兼并、收购、接收一词，都是“并购”这一用语的一部分。在兼并中，多家公司组合起来，为了共同的目标而共享其资源，组合起来的公司中的各股东，通常仍然是这一联合实体的共同所有者。而收购则更类似于一锤子买卖，一家公司购买另一家公司的资产或股权，收购该公司的股份，成为该公司的所有者。该书中“兼并”“收购”一词经常交替使用，尽管在专门的论文中有必要对两个概念加以区分，但我们通常交替使用这两个词。

6. 协同效应：主要是指并购活动给企业带来的财务方面的收益。

7. 毒丸计划：又称股权摊薄反并购策略，是一种提高并购企业并购成本，造成目标企业的并购吸引力极速降低的反收购措施。毒丸计划在平时不会生效，只有在企业面临被并购的威胁时，毒丸计划才启动。实践中，主要有三种毒丸措施：负债毒丸计划、优先股权毒丸计划和人员毒丸计划。

二、单项选择题

1. B　2. C　3. B　4. D　5. A

三、判断题

1. ×　2. √　3. √　4. √　5. ×

四、简答题

1. 根据不同企业的实际情况，处理财务困境主要有三种形式：第一种是资产重组，企业通过出售部分资产，与其他企业合并，减少资本支出等方法来取得现金流，以偿还到期债务。第二种是破产清算，法人资格消失，通过清算来结束各种债权和股权关系。第三种是债务重组，企业与债权人就原债务合同进行谈判以确定新的债务合同，包括债务展期、债务减免和债转股等。

2.

兼并（Merge）通常是指一家企业以现金、证券或其它形式购买取得其他企业的产权，使其他企业丧失法人资格或改变法人实体，并取得对这些企业决策控制权的经济行为。

收购（Purchase）是指企业用现金、债券或股票购买另一家企业的部分或全部资产或股权，以获得该企业的控制权。收购的对象一般有两种：股权和资产。收购股权与收购资产的主要差别在于：收购股权是收购一家企业的股份，收购方成为被收购方的股东，因而要承担该企业的债权和债务；而收购资产则仅是一般资产的买卖行为，由于在收购目标公司资产时并未收购其股份，收购方无需承担其债务。

兼并与收购的相同点：

（1）基本动因相似。要么为扩大企业市场占有率；要么为扩大经营规模，实现规模经营；要么为拓宽企业经营范围，实现分散经营或综合化经营。总之，都是增强企业实力的外部扩张策略或途径。

（2）两者都以企业产权为交易对象。

兼并与收购的区别在于：

（1）在兼并中，被合并企业作为法人实体不复存在；而在收购中，被收购企业可仍以法人实体存在，其产权可以是部分转让。

（2）兼并后，兼并企业成为被兼并企业新的所有者和债权债务的承担者，是资产、债权、债务的一同转换；而在收购中，收购企业是被收购企业的新股东，以收购出资的股本为限承担被收购企业的风险。

（3）兼并多发生在被兼并企业财务状况不佳、生产经营停滞或半停滞之时，兼并后一般需调整其生产经营、重新组合其资产；而收购一般发生在企业正常生产经营状态，产权流动比较平和。

由于在运作中它们的联系远远超过其区别，因而兼并、合并与收购常作为同义词一起使用，统称为“购并”或“并购”，泛指在市场机制作用下企业为了获得其他企业的控制权而进行的产权交易活动。我们在以后讨论中就不再强调三者的区别，并把并购的一方称为“买方”或并购企业，被并购一方称为“卖方”或目标企业。

3. 简单地说，并购的协效应是指两个或多个企业并购后，新的企业的总体效应超过并购之前的各个企业独自经营的效益之和。具体到企业组织中去，是指通过收购或兼并活动能带给企业生产经营活动在效率方面的提高和成本上的下降，实现规模经济效应。并购后的协同效应具有极重要的战略价值，如果不能实现协同效应，就意味着双方的资源和能力没有实现共享，就意味着规模不经济或范围不经济，企业的规模经济自然无从落实，基于并购战略的企业整体战略肯定会受到不良影响，所以实现协同效应是企业并购后整合的最基本目标，是实现并购预期和企业战略目标的基础。并购后两个企业的协同效应主要体现在：经营协同、管理协同、财务协同。

4. 根据不同企业的实际情况，处理财务困境主要有三种形式：第一种是资产重组，企业通过出售部分资产，与其他企业合并，减少资本支出等方法来取得现金流，以偿还到期债务；第二种是破产清算，法人资格消失，通过清算来结束各种债权和股权关系，第三种是债务重组，企业与债权人就原债务合同进行谈判以确定新的债务合同，包括债务展期、债务减免和债转股等。

5. 资产重组在国际上是相对简单的一种处理方式，最主要的形式就是通过出售部分非核心资产，一般在 10%～20%，或者业务来变现资金以偿还到期债务，或者通过被并购等方式来获得还债的能力，政府几乎不干预。

在我国，由于国有企业的特殊性，资产重组更多的是政府行为而不是经济行为。一些经营状况良好但不具备兼并条件的企业在政府干预下，被迫兼并没有经济效益的困境企业，以避免破产引发的职工安置压力。但由于加大了企业负担，许多优秀企业被拖垮，随后也陷入困境，而有的上市公司为避免摘牌或配股的需要甚至仅仅为了股价炒作而进行资产重组，这些都严重影响了资产重组的资源优化配置功能。

6. 毒丸计划又称股权摊簿反并购策略，是一种提高并购企业并购成本，造成目标企业的并购吸引力极速降低的反收购措施。毒丸计划在平时不会生效，只有在企业面临被并购的威胁时，毒丸计划才启动。实践中，主要有三种毒丸措施：负债毒丸计划、优先股权毒丸计划和人员毒丸计划。